Rüdiger Müller · Hauseingangstüren aus Holz

Dipl.-Ing. Rüdiger Müller

Hauseingangstüren aus Holz

Planung, Konstruktion
Gestaltungsgrundsätze

2., überarbeitete Auflage

BAUVERLAG GMBH · WIESBADEN UND BERLIN

Die Deutsche Bibliothek – CIP-Einheitsaufnahme

Müller, Rüdiger:
Hauseingangstüren aus Holz: Planung, Konstruktion, Gestaltungsgrundsätze / Rüdiger Müller. – 2., überarb. Aufl. – Wiesbaden; Berlin: Bauverl., 1994
ISBN 3-7625-2003-8

Umschlaggestaltung: Klaus Neumann

1. Auflage 1988
2., überarbeitete Auflage 1994

Das Werk einschließlich aller seiner Teile ist urheberrechtlich geschützt. Jede Verwertung außerhalb des Urheberrechtsgesetzes ist ohne Zustimmung des Verlages unzulässig und strafbar. Das gilt insbesondere für Vervielfältigungen, Übersetzungen, Mikroverfilmungen und die Einspeicherung und Verarbeitung in elektronischen Systemen.

© 1988 Bauverlag GmbH, Wiesbaden und Berlin

Druck: Druck- und Verlagshaus Chmielorz GmbH, Wiesbaden

ISBN 3-7625-2003-8

Vorwort

Wer Haustüren aus massivem Holz ohne Verwendung von Holz- oder sonstigen Armierungswerkstoffen anfertigt, muß die alten holztechnologischen Grundregeln beherrschen und die entsprechenden technischen Mittel anwenden. Der Schwerpunkt in diesem Buch liegt deswegen auch nicht auf detaillierten Zeichnungen bestehender Konstruktionen, sondern auf der Frage, wie man eine Haustür reklamationsfrei herstellen kann. Es wurde versucht, möglichst viele technische Problempunkte aufzuführen: Fragen wie der zulässige Verformungswert, Vor- und Nachteile verschiedener Konstruktionsaufbauten (z. B. Lamellierung oder die Verwendung von Stahl und Aluminium) oder die Oberflächenbehandlung werden genauso behandelt wie Einbruch-, Wärme- und Schallschutz. Da der Einbruchschutz in Zukunft größere Bedeutung erlangen wird, wird auf ihn ausführlich eingegangen.

Da die Ansprüche der Verbraucher – nicht zuletzt durch die Werbeaussagen großer Haustürenhersteller – steigen, ist die Information der Fachleute von großer Bedeutung. Schreiner, aber auch Planer, Architekten, Ingenieure, Techniker und Sachverständige finden in diesem Buch alle für sie wichtigen Informationen über Hauseingangstüren aus Holz.

Für die zweite Auflage wurden alle Kapitel auf den neuesten Stand gebracht, so daß dem raschen technischen Fortschritt Rechnung getragen wird. Berücksichtigt wurden auch die durch die Harmonisierung der Normen in Europa bedingten Änderungen.

Für kritische Anmerkungen und Vorschläge zur Verbesserung des Buches sind Autor und Verlag dankbar.

Rüdiger Müller

Inhaltsverzeichnis

1	Anforderungen	11
1.1	Ästhetische Anforderungen	11
1.2	Technische Anforderungen	11
1.2.1	Mindestanforderungen	11
1.2.2	Sonderanforderungen	12
2	Gestaltungsgrundsätze	14
2.1	Der Stein als Urform	14
2.2	Funktionsbereiche des Hauseingangs	14
2.2.1	Außenbereich	14
2.2.2	Innenbereich	14
2.3	Gestaltungsmöglichkeiten	16
2.3.1	Rahmentüren (Grundformen A bis E)	16
2.3.2	Schalentür (Grundform F)	24
2.3.3	Vollflächentür (Grundform G)	25
2.3.4	Brettertür (Grundform H)	26
2.3.5	Ausfachung	27
2.3.5.1	Holzfüllungen	27
2.3.5.2	Sprossen, Kreuze, Gitter	27
2.3.6	Profilleisten Wetterschenkel	28
3	Maße, Toleranzen und Passungen	29
3.1	Maße	29
3.1.1	Ableitung der Sollmaße aus den Baurichtmaßen	31
3.1.2	Beispiel	31
3.2	Toleranzen	32
3.3	Passungen	33
4	Konstruktion	34
4.1	Konstruktive Problemfelder	34
4.2	Werkstoff	34
4.3	Türumrahmung	34
4.3.1	Dimensionierungsbeispiel	35
4.4	Türblatt	45
4.4.1	Begriffserläuterungen	45
4.4.2	Querschnittsausbildung	48
4.4.2.1	Allgemeines	48
4.4.2.2	Verformung aufgrund hygrothermischer Belastungen	49
4.4.2.3	Konstruktionsbeispiele zur Reduzierung der Verformung	49
4.5	Falzausbildung	58
4.5.1	Falz oben quer und längs aufrecht	58
4.5.2	Falz unten quer (Schwellenausbildung)	58
4.5.3	Regensperre/Windsperre und Wasserabreißnut	59
4.5.4	Die Lage der Dichtungsebenen im Bereich der Schließkanten	60
4.5.5	Der Glasfalz	61
4.5.5.1	Glasfalzhöhe	61
4.5.5.2	Glasfalzbreite	61
4.5.5.3	Das Verglasungssystem	63
4.5.5.4	Verklotzung	63
4.6	Ausfachung (Füllungen)	64
4.6.1	Nichttransparente Füllungen (Holz, Holzwerkstoffe)	64
4.6.2	Transparente Füllungen (Glas)	66
5	Holzschutz	68
5.1	Allgemeines	68
5.2	Konstruktiver Holzschutz	69
5.3	Holzschutz durch Materialauswahl	70
5.3.1	Massivholz	70
5.3.2	Holzwerkstoffe	73
5.4	Chemischer Holzschutz	75
5.4.1	Anstrichtechnische Behandlung	77
6	Beschläge	80
6.1	Bänder	80
6.1.1	Bandanzahl	81
6.1.2	Bandmontage	81
6.1.3	Holzart	82
6.1.4	Beanspruchung der Bänder durch Türstopper/Türfeststeller	82
6.1.5	Einfluß eines Türschließers auf die Bänder	83
6.2	Schloß und Schließblech	83
6.3	Zusatzbeschläge/Drückergarnitur	84
6.4	Richtungsbezeichnung (DIN links oder DIN rechts)	84

7	Dichtung	86	10.3.4	Schließblech	114
7.1	PVC (Polyvinylchlorid)	86	10.3.5	Sicherheitstürschild/Schutzbeschlag	115
7.2	APTK (Äthylen-Propylen-Terpolymer-Kautschuk; internationale Bezeichnung EPDM)	87	10.3.6	Schließzylinder	115
7.3	Silikone	87	10.4	Ausfachung/Füllung	116
7.3.1	Witterungsbeständigkeit und Lichtechtheit in allen Farben	87	10.5	Montage	116
7.3.2	Bleibende Verformung und Rückstellvermögen	87	10.6	Systemgeprüfte einbruchhemmende Türelemente nach DIN V 18103	117
7.3.3	Kälteelastizität	88	10.7	Sanierung und Nachrüstung	118
7.3.4	Raumformen und Profiltoleranzen	88	10.7.1	Nachrüstung gemäß DIN V 18103	118
7.3.5	Chemische Beständigkeit, Verhalten gegenüber Kontaktmaterialien	88	10.7.2	Nachrüstung durch Anbringen von Sicherungselementen	120
7.4	Dichtungsformen und ihre Problematik	88			
7.5	Forderungen an die Dichtung	89	11	Wärmeschutz	121
7.6	Schließkräfte	89	11.1	Anforderungen	121
7.7	Verarbeitungs- und Kontrollkriterien	91	11.2	Ermittlung der k-Wertes	122
			11.2.1	Einschichtige Bauteile aus Holz oder Holzwerkstoff	122
8	Einbau der Tür (Baukörperanschluß)	93	11.2.2	Mehrschichtige Bauteile	124
8.1	Anschlußbereich Tür–Wand, Tür–Decke bzw. Sturz	94	11.2.3	Berechnungsbeispiel: Haustür mit verschieden aufgebauten Füllungen	125
8.2	Anschlußbereich Haustür–Bodenplatte	95	11.3	Tauwasserbildung	127
8.3	Anschlußarten	96			
8.3.1	Eingeputzter Rahmen	96	12	Feuer-, Rauch-, Strahlenschutz	130
8.3.2	Abdichten mit Bändern, Fugendichtmassen und Folien	96	12.1	Feuerschutz	130
			12.2	Rauchschutz (RS)	132
8.3.3	Montagezarge	97	12.3	Strahlenschutz	133
8.4	Befestigung der Haustür am Baukörper	97			
9	Schallschutz	99	13	Planung	134
9.1	Allgemeines	99	13.1	Leistungsverzeichnis (Ausschreibung)	136
9.2	Einschalige Türblätter	101	13.2	Systembeschreibung	137
9.3	Zwei- und mehrschalige Türblätter	101	13.3	Empfehlungen für die Ausschreibung von Holzhaustüren (Ausschreibungsempfehlungen)	137
9.4	Nebenwegübertragung	102			
9.5	Dichtungsprobleme	102			
9.6	Bodendichtungen	106	14	Wartung	140
9.7	Zarge/Blendrahmen	106			
9.8	Beschläge	106			
9.9	Schlußbetrachtung	106	15	Normung	141
			15.1	Norm-Bereiche	141
10	Einbruchschutz	107	15.1.1	National (DIN)	142
10.1	Türblatt	111	15.1.2	Europäisch (EN)	142
10.2	Türumrahmung	111	15.1.3	International (ISO)	143
10.3	Beschläge	112	15.2	Aufgaben der Normung	143
10.3.1	Bänder	112	15.3	Kennzeichnung	144
10.3.2	Hintergriffe (Bandsicherung)	112	15.4	Normdeutung im Rechtsbereich	145
10.3.3	Schloß	113			

16	Qualitätssicherung	146
16.1	Allgemeines	146
16.2	Das DIN-Prüf- und Überwachungszeichen	147
16.2.1	Prüfstellen	148
16.2.2	Eigenüberwachung	148
16.2.3	Fremdüberwachung	149
16.3	Arbeitsplatz-Qualitätssicherung	150
17	Prüfungen	151
17.1	Allgemeines	151
17.2	Erläuterungen der Prüfmethoden	152
17.2.1	Fugendurchlässigkeit	152
17.2.2	Schlagregendichtheit nach ISO 8247	153
17.2.3	Differenzklima nach ISO 8273	153
17.2.4	Funktionsprüfung bei gebrauchsmäßiger Belastung	153
17.2.4.1	Statische Vertikalbelastung	153
17.2.4.2	Statische Horizontalbelastung	154
17.2.4.3	Dynamische Horizontalbelastung	154
17.2.4.4	Belastung durch einen weichen Stoßkörper	155
17.2.4.5	Belastung durch einen harten Stoßkörper	155
18	Literaturverzeichnis	157
19	Abkürzungsverzeichnis	159
20	Normenverzeichnis	164
	Stichwortverzeichnis	165

1 Anforderungen

Haustüren müssen die an sie gestellten Anforderungen über einen langen Nutzungszeitraum zuverlässig erfüllen. Dies ist am ehesten sicherzustellen, wenn alle Einzelheiten bereits in der Ausschreibung festgelegt werden.

An Haustüren werden sowohl ästhetische als auch technische Anforderungen gestellt.

1.1 Ästhetische Anforderungen

Gerade der Baustoff Holz bietet die vielfältigsten Möglichkeiten einer auf die Architektur des Gebäudes abgestimmten Gestaltung.

Damit eine Haustür den ästhetischen Anforderungen gerecht wird, ist folgendes zu beachten:

– Holzart,
– Oberflächenbehandlung,
– Holzqualität,
– Formgebung, Flächenaufgliederung,
– Materialkombination,
– Profilgestaltung,
– Auswahl der Beschläge,
– Umfeld.

1.2 Technische Anforderungen

Auch die technischen Anforderungen, die an eine Haustür gestellt werden, lassen sich mit Holz erfüllen; nur eines ist sicher: Holz ist kein totes Material. Das Verziehen einer Haustür aus Holz kann auch durch Versteifungen aus Stahl nicht verhindert werden. Es wäre daher unrealistisch, zu fordern, daß Türblätter aus Holz vollkommen plan – also verformungsfrei – sein sollten. Ebenso unrealistisch wäre aber die Zulassung eines Verformungswertes, der z. B. von Dichtungen nicht mehr kompensiert werden kann.

Die wichtigsten technischen Anforderungen sind:

– Konstruktionen, die den zu erwartenden Belastungen wie Bewitterung, Klima und Nutzung standhalten;
– Witterungsbeständigkeit der vorgegebenen Oberfläche und Werkstoffe;
– ausreichende Dichtheit gegen Wind und Regen durch Gestaltung der Konstruktionsfugen und Einbausituation;
– Widerstand gegen mechanische Belastung aufgrund von Nutzerverhalten einschließlich normalem Mißbrauch;
– Verbesserung von Schallschutz, Wärme- und Feuchteschutz, Einbruchschutz, sofern dies nicht durch die Nutzung des Gebäudes bereits vorgeschrieben ist.

Die technischen Anforderungen lassen sich in Mindestanforderungen und Sonderanforderungen unterteilen.

1.2.1 Mindestanforderungen

Mindestanforderungen an Haustüren sind solche, die gewährleisten, daß eine Tür ihrem Verwendungszweck genügt, und zwar über einen langen Zeitraum bis hin zur Lebensdauer des Gebäudes [2]. Diesem hohen Anspruch gerecht zu werden, bedarf es der Einhaltung folgender Punkte:

– präzise Vorgabe vom Planenden (Leistungsverzeichnis);
– geeignete Auswahl von Kombinationswerkstoffen;
– ausreichende Dimensionierung;
– fachgerechte und werkstoffgerechte Konstruktion des Türblattes;
– funktions- und dimensionsgerechte Auswahl der Beschläge;
– gut ausgebildete Falz- und Dichtungsformen;
– sichere Ableitung von eventuell eindringendem Regenwasser;
– geeignete Verglasung;
– sorgfältige Montage und Abdichtung zum Baukörper;
– fachgerechte Wartung und Pflege.

Die Mindestanforderungen, die Haustüren zu erfüllen haben, sind in Abb. 1.1 aufgezeigt. Hierunter sollte auch die Einbruchhemmung fallen, die heute zunehmende Bedeutung erhält.

Seit Juli 1987 sind Mindestanforderungen an Haustüren auch in den RAL-„Güte- und Prüfbestimmungen Haustüren – Aluminiumhaustüren, Holzhaustüren, Kunststoffhaustüren" festgeschrieben. Sofern nach RAL-GZ 996 ausgeschrieben wurde, ist es also im Gutachterfalle möglich, anhand dieser Güte- und Prüfbestimmungen die Beurteilung vorzunehmen.

Weiterhin sind im internationalen Arbeitsausschuß WG 4 in ISO/TC 162/SC 1 Mindestanforderungen an Haustüren erar-

1 Anforderungen

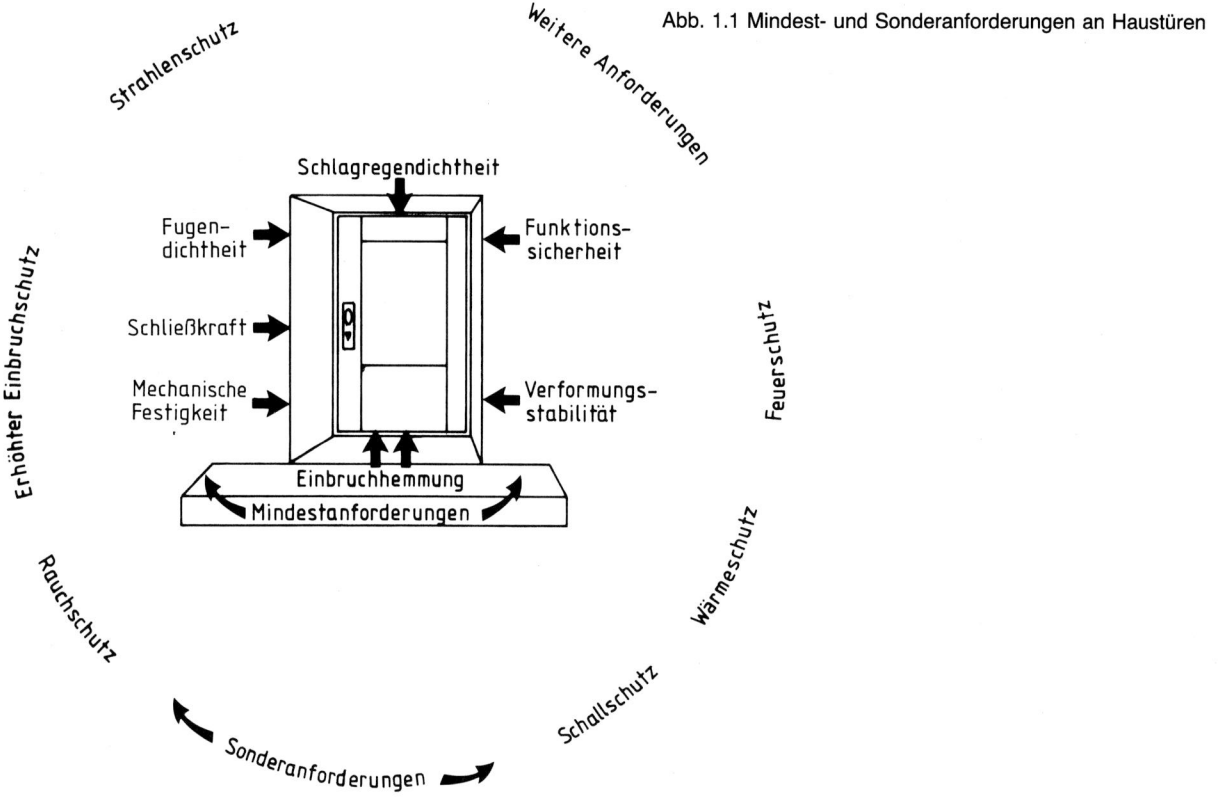

Abb. 1.1 Mindest- und Sonderanforderungen an Haustüren

beitet worden. In diesem internationalen Normentwurf sind die in Abb. 1.2 dargestellten Anforderungen enthalten.

Aus Abb. 1.2 und Tabelle 1.1 ist ersichtlich, daß außer der Anforderung an die Funktionssicherheit alle für den Nachweis der Mindestanforderungen notwendigen ISO-Normen bzw. ISO-Normentwürfe vorliegen. Über sämtliche Anforderungen wird z. Z. bei den europäischen Arbeitsausschüssen intensiv diskutiert.

1.2.2 Sonderanforderungen

Sonderanforderungen sind alle jene Anforderungen, die nicht allgemein zur Funktion einer Haustür erforderlich sind.

Die Sonderanforderungen sind sowohl ihrer Art als auch ihrem Umfang nach klar im Leistungsverzeichnis oder sonstigen „Vertragswerk" zu definieren (z. B. Schallschutz Klasse 4 nach VDI-Richtlinie 3728 „Schalldämmung beweglicher Raumabschlüsse, Türen, Tore und Mobilwände" oder für den Wärmeschutz ein k-Wert von 1,5 W/hm^2).

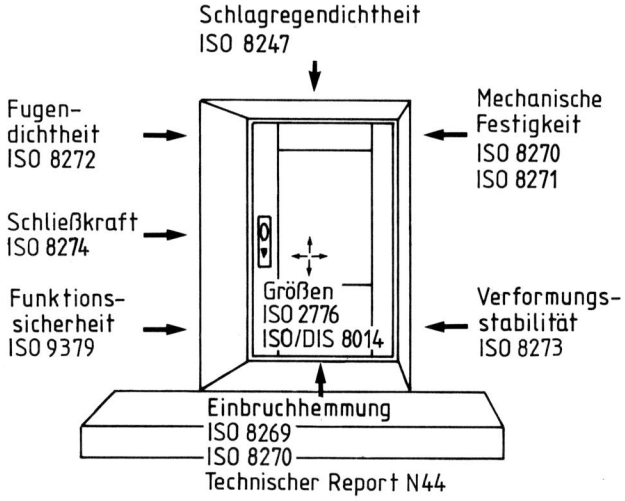

Abb. 1.2 Anforderungen an Haustüren nach ISO/DIS 8276

1.2 Technische Anforderungen

Tab. 1.1 Anforderungen nach ISO/DIS 8276

Belastungsart	Belastungshöhe	Beurteilung
Harter Stoß	Stahlkugel 500 g Masse Fallhöhen 1 000/2 000 mm	Einschläge bleibend max. 20 mm Durchmesser max. 2 mm Tiefe
Weicher Stoß	sandgefüllter Medizinball 30 kg Masse Fallhöhen 400/800 mm	keine Zerstörung
Differenzklima	Innenseite: 23 ± 2 °C 30 ± 5% RLF Außenseite: 3 ± 2 °C 85 ± 5% RLF eventuell zuzüglich am Ende der Belastung 24 Std. Innenseite: wie oben Außenseite: −20 °C	Schließkräfte max. 20 N Dichtheit muß entsprechend der geforderten Klasse A 1 bis A 3 gegeben sein (z. Z. kein Verformungswert festgelegt)
Fugendurchlässigkeit* * Die Prüfung erfolgt jeweils vor und nach der Belastung im Differenzklima	Klassen A 1/A 2/A 3	A 1: 50 Pa $\leq$ 2 m³/m²h 100 Pa $\leq$ 4 m³/m²h A 2: 50 Pa $\leq$ 8 m³/m²h 100 Pa $\leq$ 16 m³/m²h A 3: 50 Pa $\leq$ 16 m³/m²h 100 Pa $\leq$ 32 m³/m²h
Schlagregendichtheit* * Die Prüfung erfolgt jeweils vor und nach der Belastung im Differenzklima	Klassen E 1/E 2/E 3	E 1 $\leq$ 50 Pa E 2 $\leq$ 100 Pa E 3 $\leq$ 150 Pa kein Wasser in das Rauminnere

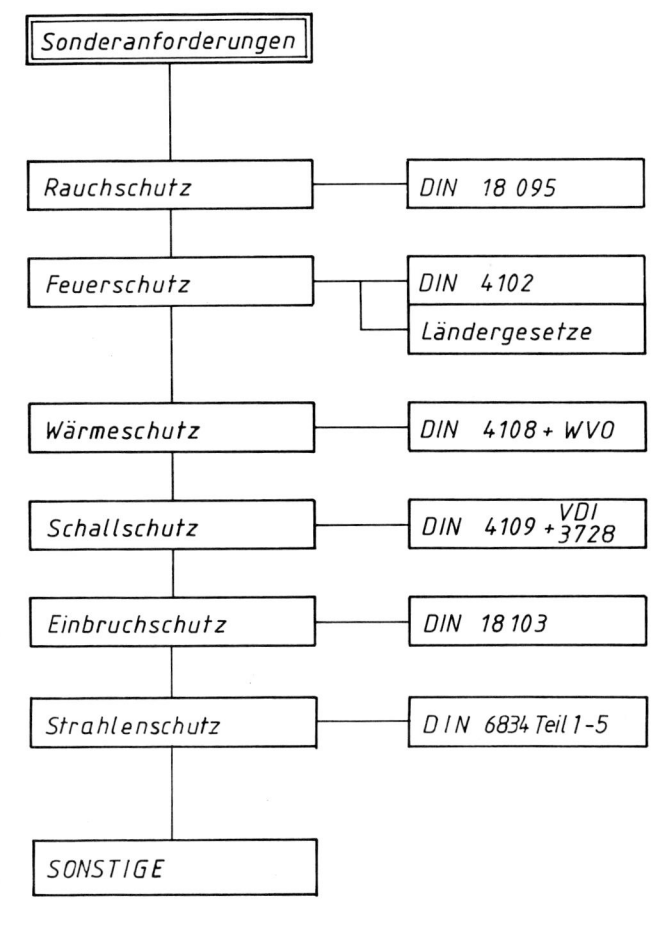

Abb. 1.3 Sonderanforderungen mit den zuständigen Normen

2 Gestaltungsgrundsätze

2.1 Der Stein als Urform

Der Weg vom vor den Höhleneingang gewuchteten Stein über Tierhäute und Gewebe bis hin zum heutigen Türelement erstreckt sich über viele Jahrtausende. Zunächst war Sicherheit, d. h. Schutz vor Kreatur und Natur die Aufgabenstellung; erst später mußte die Tür auch optische, künstlerische und gestalterische Aufgaben erfüllen.

Nach dem Stein als „Urform" des Türblattes und Eingangsverschlusses übernahm bald das Holz diese Aufgabe.

Durch Querriegel verbundene Bohlen stellten das erste Türblatt dar. Riemen und Holzangeln (Vorläufer der Bänder) ermöglichten die Drehfunktion. Gleichzeitig setzte die Entwicklung geeigneter Verschlußsysteme (Querriegel, Hebel und Haken) ein. So gehört seit jeher zu den charakteristischen Funktionen der Haustür, daß sie Wohnbereiche öffnet und gleichzeitig abschließt.

Bereits an dieser vereinfachten Darstellung der Aufgabe von Haustüren wird deutlich, wie vielseitig dieses Bauteil sein muß, um die unterschiedlichen Anforderungen zu erfüllen. Daher müssen neben den funktionalen und konstruktiven Erfordernissen auch die gestalterischen Belange berücksichtigt werden.

Neue Werkstoffe sowie reichhaltiges Zubehör stehen hierbei genauso zur Verfügung wie neue Gestaltungsmittel, die werkstoffspezifisch praktikabel sind.

2.2 Funktionsbereiche des Hauseingangs

2.2.1 Außenbereich

Die einzelnen Elemente des Außenbereichs, z. B. Hausnummer, Namensschild, Klingel und Briefkasten (vgl. Abb. 2.1), sollten übersichtlich angeordnet sein.

Dadurch erhält ein Gebäude Maßstab, Stil und Charakter.

Ein Vordach bietet ausreichenden Wetterschutz und ist zugleich eine bauliche Holzschutzmaßnahme! Hausnummer, Namensschild, Klingel, Briefkasten sollen leicht zu finden sein. Auch eine ausreichende Beleuchtung ist wichtig. Ein Vorplatz bietet Platz für einen Fußabtreter und betont darüber hinaus den Hauseingang (vgl. Abb. 2.2).

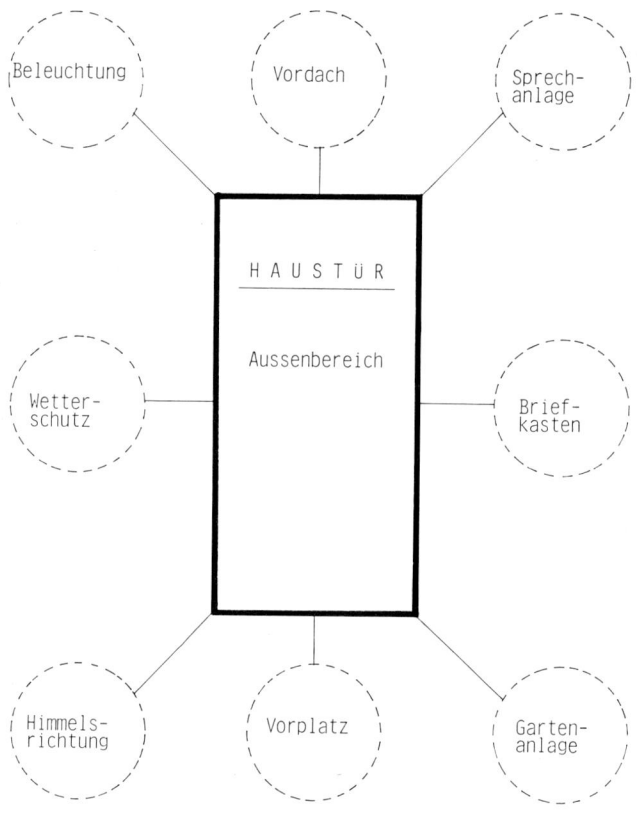

Abb. 2.1 Zu berücksichtigende Faktoren im Außenbereich

2.2.2 Innenbereich

Auch im Innenbereich ist eine Reihe von funktionalen Anforderungen zu erfüllen (vgl. Abb. 2.3). Ein Windfang ist z. B. nicht nur eine praktische Nutzfläche, etwa für das Schuhregal; er führt auch zur Verbesserung der Schalldämmung in dem hinter der Haustür gelegenen Wohnbereich.

Des weiteren ist auf ausreichende Beleuchtung zu achten. Das Hereinlassen von Tageslicht spart nicht nur Energie, sondern erlaubt zudem eine optische Kommunikation mit dem Außenbereich.

Als weitere Faktoren für die Gestaltung sind zu nennen: Öffnungsrichtung der Tür, Garderobe und Treppenaufgang.

2.2 Funktionsbereiche des Hauseingangs

Abb. 2.2 Beispiel für einen übersichtlich gestalteten Hauseingang

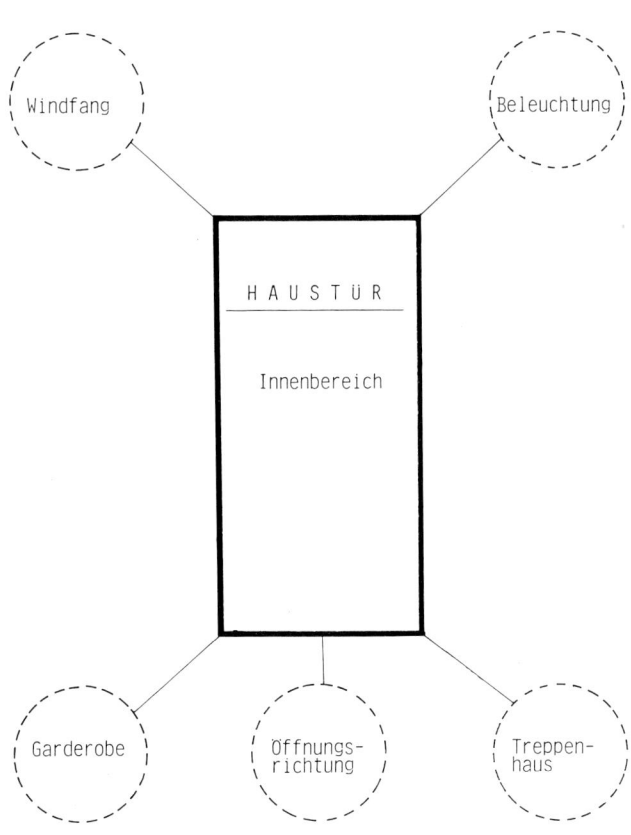

Abb. 2.3 Zu berücksichtigende Faktoren im Innenbereich

2 Gestaltungsgrundsätze
2.3 Gestaltungsmöglichkeiten

Das Gesamtobjekt Holzhaustür (ob einflügelig, zweiflügelig oder Anlage) läßt sich auf vielfältige Weise gestalten. Durch Kombination von Funktion und Konstruktion mit gestalterischen Aspekten soll ein interessanter Hauseingang entstehen. Dabei gibt es die in Abb. 2.4 dargestellten grundsätzlichen Gestaltungsmöglichkeiten.

Flächenmäßig ist das Türblatt das größte Bauteil und liefert daher die meisten Ansatzpunkte für gestalterische Maßnahmen. Holzhaustüren lassen sich den im folgenden beschriebenen Grundformen A bis H zuordnen. Die einzelnen Merkmale und damit die Typisierung ergeben sich primär aus dem konstruktiven Aufbau eines Türblattes; daraus lassen sich sämtliche Gestaltungsvariationen entwickeln.

Abb. 2.4 Gestaltungsmöglichkeiten bei Haustüren

2.3.1 Rahmentüren (Grundformen A bis E)

Bei der Beschreibung der Rahmentüren wird neben der Grundform auf die grundsätzliche Art der Füllung sowie auf mögliche Varianten, aufbauend auf diese Form, eingegangen.

Grundform A

Einfacher Rahmen, bestehend aus zwei Aufrecht- und zwei Querfriesen.

Füllung: Glas oder Holz in verschiedenen Ausführungen.

Varianten in der Ausführung:

– Ausführung und Größe des Wetterschenkels;
– breites Querfries unten, evtl. sichtbar zusammengesetztes Querfries unten mit betonter Fuge;
– Querfries oben geschweift, gebogen oder als Doppelbogen gestaltet;
– profilierte Friese/ein- und aufgeleimte Profilleisten;
– Griffbrett;
– Art und Ausführung der Beschläge und Bänder.

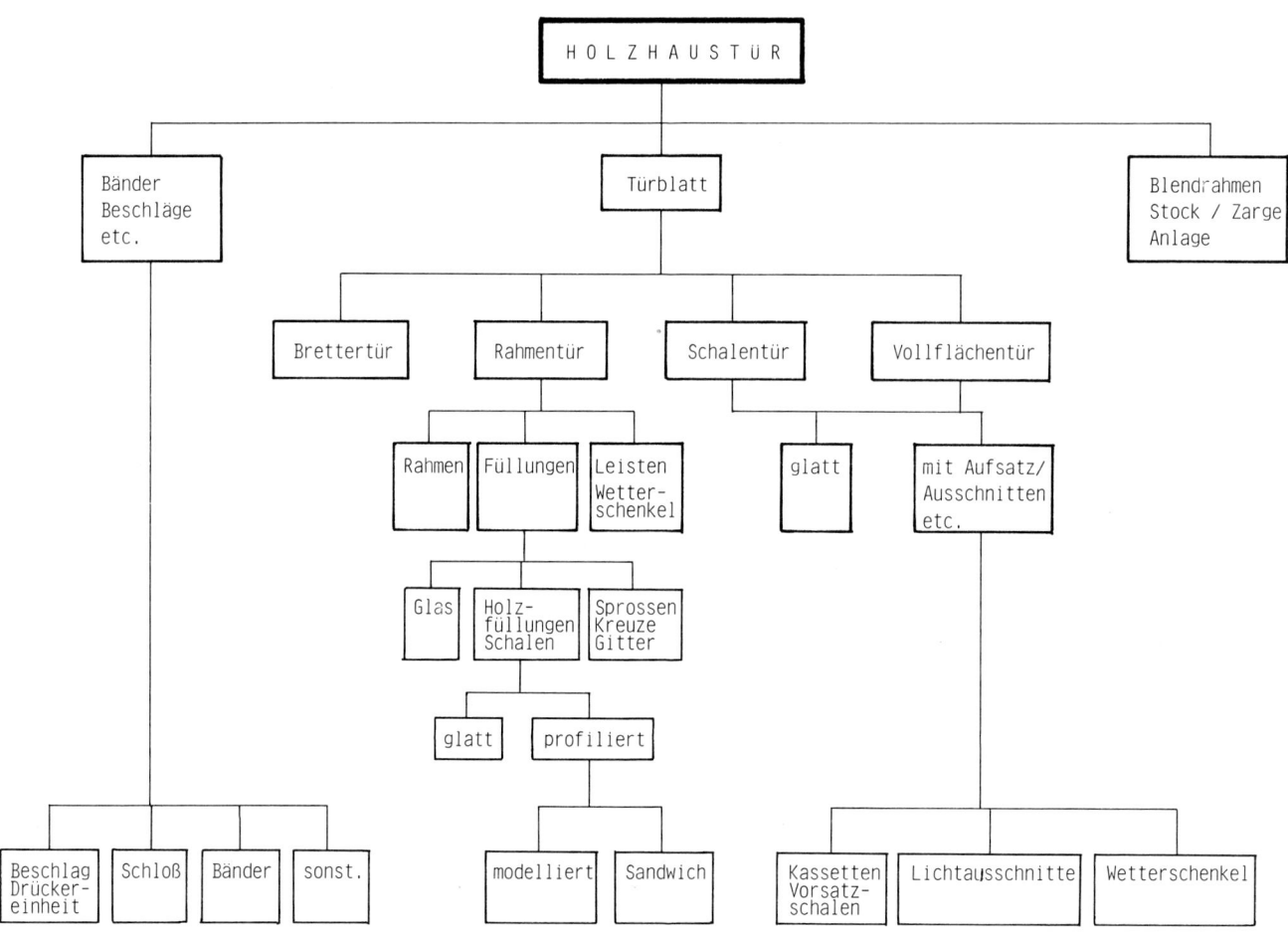

2.3 Gestaltungsmöglichkeiten

Abb. 2.5 Haustüren der Grundform A

2 Gestaltungsgrundsätze

Grundform B

Rahmen bestehend aus zwei Querfriesen, einem Mittelfries und zwei Aufrechtfriesen.

Füllung: Glas und/oder Holz und Holzwerkstoffe in verschiedenen Ausführungen und Kombinationen, jedoch nicht Glas unten – Holz oben.

Varianten in der Ausführung:

- Ausführung und Größe des Wetterschenkels;
- Querfries unten wie Grundform A;
- Lage und Ausführung des Mittelfrieses (z. B. zusammengesetzes Mittelfries mit sichtbarer Fuge, geschweiftes Mittelfries);
- Querfries oben geschweift, gebogen oder als Doppelbogen gestaltet;
- profilierte Friese/ein- und aufgeleimte Profilleisten;
- Sonderform: „Nebeneingangstür" mit Felderaufteilung ca. 1/3–2/3.

Abb. 2.6 Haustüren der Grundform B

2.3 Gestaltungsmöglichkeiten

2 Gestaltungsgrundsätze

Grundform C

Rahmen bestehend aus zwei Quer-, zwei Aufrechtfriesen und einem geteilten Mittelfries.

Füllung: Glas und/oder Holz und Holzwerkstoffe in verschiedenen Ausführungen und Kombinationen, jedoch Mittelfriesfeld meist in Holz, nicht Kombination Glas unten – Holz oben, Füllung oben und unten oft gleiche Ausführung, Mittelfriesfeld Seitenverhältnis b : h 1 : 4 . . . 1 : 6

Varianten in der Ausführung:

- Ausführung und Größe des Wetterschenkels;
- Querfries unten wie Grundform A;
- Mittelfries und Mittelfriesfeld in Lage und Seitenverhältnis gering variabel;
- Breite der beiden Mittelfriese, evtl. zusammengesetzt mit sichtbarer Fuge;
- Querfries oben geschweift, gebogen oder als Doppelbogen gestaltet;
- profilierte Friese/ein- und aufgeleimte Profilleisten.

Die Grundform C kann als Übergangsform zwischen der Grundformen B und D angesehen werden.

Abb. 2.7 Haustüren der Grundform C

2.3 Gestaltungsmöglichkeiten

Grundform D

Rahmen bestehend aus zwei Quer-, zwei Aufrecht- und zwei Mittelfriesen; Querfries oben selten geschweift bzw. gebogen.

Füllung: Glas und/oder Holz und Holzwerkstoffe in verschiedenen Ausführungen und Kombinationen, symmetrischer Aufbau, dabei alle drei oder die zwei äußeren Füllungen gleich und die mittlere Füllung größer.

Varianten in der Ausführung:

- Ausführung und Größe des Wetterschenkels;
- Querfries unten wie Grundform A;
- Abstand der zwei Mittelfriese zueinander bzw. Größe der Mittelfüllung;
- profilierte Friese/ein- und aufgeleimte Profilleisten;
- Sonderform: ein durchgehendes mittleres Aufrechtfries.

Abb. 2.8 Haustüren der Grundform D

2 Gestaltungsgrundsätze

Grundform E

Rahmen bestehend aus zwei Quer- und zwei Aufrechtfriesen sowie mehr als zwei Mittelfriesen (bis zu zehn und mehr Felder) und evtl. einem mittleren aufrechten Fries (vgl. Grundform A mit Sprosseneinsatz).

Füllung: Glas und/oder Holz und Holzwerkstoffe in verschiedenen Ausführungen und Kombinationen, jedoch in der Regel symmetrisch angeordnet; Füllungen/Felder in der Regel gleich groß.

Geschweifte bzw. gebogene obere Querfriese sind hier selten anzutreffen.

Abb. 2.9 Haustüren der Grundform E

2.3 Gestaltungsmöglichkeiten

2 Gestaltungsgrundsätze

2.3.2 Schalentür (Grundform F)

Als Schalentüren werden Türen bezeichnet, bei denen die tragende Konstruktion (Basistürblatt) nicht sichtbar ist. Gestaltungsgegenstand ist die Türschale, die dem Basistürblatt vorgehängt ist und die aufgrund der Tatsache, daß sie keine tragende Funktion besitzt, in vielfältiger Weise gestaltet werden kann. Häufig bestehen Schalen aus einer Grundplatte aus Holzwerkstoffen, auf die profilierte Leisten oder Bretter in gerader Richtung oder in anderen geometrisch aufgebauten Anordnungen aufgebracht sind.

Abb. 2.10 Haustüren der Grundform F

2.3 Gestaltungsmöglichkeiten

2.3.3 Vollflächentür (Grundform G)

Hier handelt es sich um Türblätter, die im Aufbau mit Schalentüren vergleichbar sind und deren Vollflächen meist in hochwertigen Furnieroberflächen ausgeführt sind. Dieser Grundkörper wird anschließend entweder durch Aufleimen von profilierten Platten, Leistenrahmen usw. und/oder durch das Ausschneiden rechtwinkliger, runder oder anderer geometrischer Formen konfektioniert.

Abb. 2.11 Haustüren der Grundform G

2 Gestaltungsgrundsätze

2.3.4 Brettertür (Grundform H)

Die Brettertür gehört entwicklungsgeschichtlich zu den ursprünglichsten Türformen. Eine Brettertür besteht im wesentlichen aus senkrecht angeordneten, meist über ein Nut-Feder-Profil gefügten Brettern, die in der Regel durch Gratleisten, evtl. mit Diagonalstrebe, und/oder Bänder fest miteinander verbunden sind. Ansatzpunkte für die Gestaltung finden sich im Fugenbereich der Bretter (Verbindungsprofil usw.) und in der künstlerischen Gestaltung der Bänder und Gratleisten sowie des Wetterschenkels. Auch das Einlassen eines Lichtausschnittes ist möglich.

In der modernen Türenfertigung ist diese Form des Türenaufbaues nur noch selten zu finden.

Abb. 2.12 Haustüren der Grundform H

2.3 Gestaltungsmöglichkeiten

2.3.5 Ausfachung

2.3.5.1 Holzfüllungen

Füllungen aus Holz oder Holzwerkstoffen werden in Rahmen eingesetzt, vorstehend eingesetzt oder vorgehängt, wobei die Rahmenkonstruktion im wesentlichen sichtbar bleibt. Bei den Füllungen sind generell drei Typen anzutreffen, die sich im wesentlichen aus konstruktiven, z. T. aber auch aus gestalterischen Notwendigkeiten und Bedürfnissen ergeben:

a) Füllungen aus dünnen oder profilierten Vollholz- bzw. Holzwerkstoffplatten, deren Gestaltungsmöglichkeiten sich auf die Ausführung des Holz-/Furnierbildes und auf die Farbgebung beschränken; diese Art der Füllung wird ohne besondere Gestaltung vorzugsweise bei Nebeneingangstüren eingesetzt;

b) Füllungen aus Vollholz bzw. Holzwerkstoffen in größeren Stärken gegenüber a), abgeplattet und profiliert sowohl an sichtbaren Kanten wie in der Fläche und von Fall zu Fall verziert mit maschinellen oder handwerklichen Schnitzereien (Vollholz);

c) Füllungen aus Vollholz bzw. Holzwerkstoffen, wobei Strukturen und Profile nicht aus dem Vollmaterial herausgearbeitet, sondern im „Sandwichaufbau" gestaltet sind. Ausgehend von einer Grundplatte, meist aus Holzwerkstoff, werden aus Vierkant- und Profilleisten, gelegentlich kantenprofilierten Platten und Profilbrettern – in der Regel durch Aufleimen – Füllungen in allen nötigen Größen und in verschiedensten Ausführungen gestaltet.

2.3.5.2 Sprossen, Kreuze, Gitter

Vor allem bei großen Füllungsflächen werden aus konstruktiven und optischen Gründen Unterteilungen der Flächen nötig. Folgende Ausführungen sind gebräuchlich:

– einzelne Sprossen in waagerechter oder senkrechter Anordnung, in der Regel nicht mehr als zwei senkrecht und bis zu acht waagerecht. Sie werden in den Rahmen eingesetzt oder auf den Rahmen aufgesetzt;
– Sprossenkreuze aus einer waagerechten und einer senkrechten Sprosse. Sie werden meist in den Rahmen eingesetzt;
– Gitter aus mehreren senkrechten und waagerechten Sprossen; sie werden ebenfalls meist in den Rahmen eingesetzt.

Sprossen, Kreuze und Gitter werden aus glatten Vierkantstäben mit – gelegentlich auch ohne – Profilfalzleisten oder aus profilierten Leisten aufgebaut. In die entstehenden Felder werden Füllungen aus Holz und/oder Glas eingesetzt.

Abb. 2.13 Verschiedene Füllungsformen

2 Gestaltungsgrundsätze

Kreuze, vor allem aber Gitter, werden häufig zunächst mit einem schmalen Konstruktionsrahmen zusammengesetzt und anschließend in den fertig verleimten Rahmen eingesetzt (vor allem bei der Ausführung der Rahmentür Typ A).

Für Füllungen aus Glas werden Glassorten verschiedener Ausführung verwendet, heute meist Mehrscheibenisoliergläser. Zur optischen Gestaltung und aus Gründen der Sicherheit werden vor allem großen Glasflächen Gitter aus Schmiedeeisen oder Schmiedeeisenimitationen vorgesetzt.

2.3.6 Profilleisten und Wetterschenkel

Leisten sind Funktionselement und Gestaltungsmittel. Sie finden beim Aufbau von Türen Verwendung als

- Glas- und Füllungsleisten,
- Sprossen, Kreuze, Gitter,
- Einzelteile im „Sandwichaufbau" von Füllungen,
- Zierleisten,
- Wetterschenkel

in Form von geraden, gebogenen oder geschwungenen Stäben, stumpf oder auf Gehrung gestoßen.

3 Maße, Toleranzen und Passungen

3.1 Maße

Genormte Maße für Haustüren liegen nicht vor, obwohl ein hoher Anteil von industriell gefertigten Haustüren nach einem bestimmten Maßraster hergestellt wird. Manche Hersteller sprechen daher auch von „Normmaßen".

Eine Orientierung für die Außenmaße an Haustüren ist in DIN 18100 „Türen, Wandöffnungen für Türen, Maße entsprechend DIN 4172" zu finden (DIN 4172 „Maßordnung im Hochbau"); allerdings handelt es sich bei den dort (in Tabelle 3) ausgewiesenen Vorzugsmaßen offensichtlich um Maße für Innentüren.

Die lichte Durchgangshöhe einer Haustür wird bestimmt von der durchschnittlichen Körpergröße eines Erwachsenen (vgl. Abb. 3.1 und Tab. 3.1).

Ein weiteres einzuhaltendes Maß ist DIN 18025, Teil 1 „Wohnungen für Schwerbehinderte – Planungsgrundlagen – Wohnungen für Rollstuhlbenutzer" zu entnehmen. Hierin wird u. a. gefordert, daß Hauseingangstüren eine lichte Durchgangsbreite von mindestens 950 mm und maximal 1100 mm aufweisen müssen.

Demnach wäre es sinnvoll, wenn die lichten Durchgangsmaße einer Haustür 1 × 2 m betragen würden.

Diesen Maßen entspricht nach Abb. 3.2 das Maueröffnungsmaß von 1125 × 2125 mm. Auch hieraus ist ersichtlich, daß die Grundidee zu DIN 18100 auf Innentüren basiert, da diese Vorzugsgröße bereits die maximal mögliche darstellt. (Außerdem sind die mit Ziffern gekennzeichneten Größen ebenfalls auf Innentüren abgestimmt.)

Eine Ausnahme stellen die Laubengangtüren dar; sie haben meist Abmessungen nach DIN 18100.

Die Blendrahmenaußenmaße sogenannter Normhaustüren liegen zwischen 210 und 215 cm in der Höhe sowie 105 und 115 cm in der Breite. Bei größeren Höhen, insbesondere größere Geschoßhöhen, erfolgen meist Kopplungen durch Oberlichte. Desgleichen wird durch Kopplung von Seitenteilen eine Verbreiterung vorgenommen (Haustüranlagen).

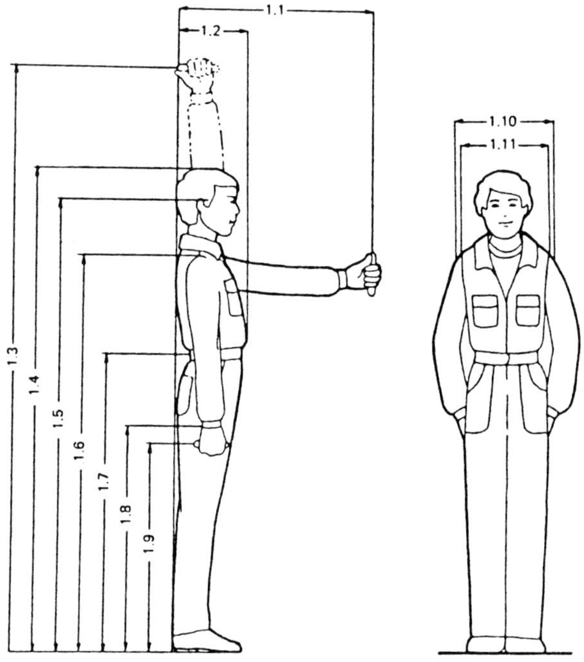

Abb. 3.1 Körpermaße für stehende Körperhaltung [1]

Tabelle 3.1 Zusammenstellung der wichtigsten Körpermaße stehender Personen [1]

Abmessungen in mm	männlich 5%	50%	95%	weiblich 5%	50%	95%
1.1 Reichweite nach vorn (Griffachse)	662	722	787	616	690	762
1.2 Körpertiefe	233	276	318	238	285	357
1.3 Reichweite nach oben beidarmig (Griffachse)	1910	2051	2210	1748	1870	2000
1.4 Körperhöhe	1629	1733	1841	1510	1619	1725
1.5 Augenhöhe	1509	1613	1721	1402	1502	1596
1.6 Schulterhöhe	1349	1445	1542	1234	1339	1436
1.7 Ellenbogenhöhe ü. d. Standfläche	1021	1096	1179	957	1030	1100
1.8 Schritthöhe	752	816	886	–	–	–
1.9 Höhe der Hand (Griffachse) ü. d. Standfläche	728	767	828	664	738	803
1.10 Schulterbreite zwischen den Akromien	367	398	428	323	355	388
1.11 Hüftbreite stehend	310	344	368	314	358	405

* Perzentile sind Grenzwerte einer Verteilung. So repräsentiert z. B.
  das 5. Perzentil die Körpergröße „klein", d. h. nur 5% aller Körpergrößen liegen unter diesem Grenzwert.
  das 95. Perzentil die Körpergröße „groß", d. h. nur 5% aller Körpergrößen liegen über diesem Grenzwert, und
  das 50. Perzentil ist der Medianwert der Verteilung.

3 Maße, Toleranzen und Passungen

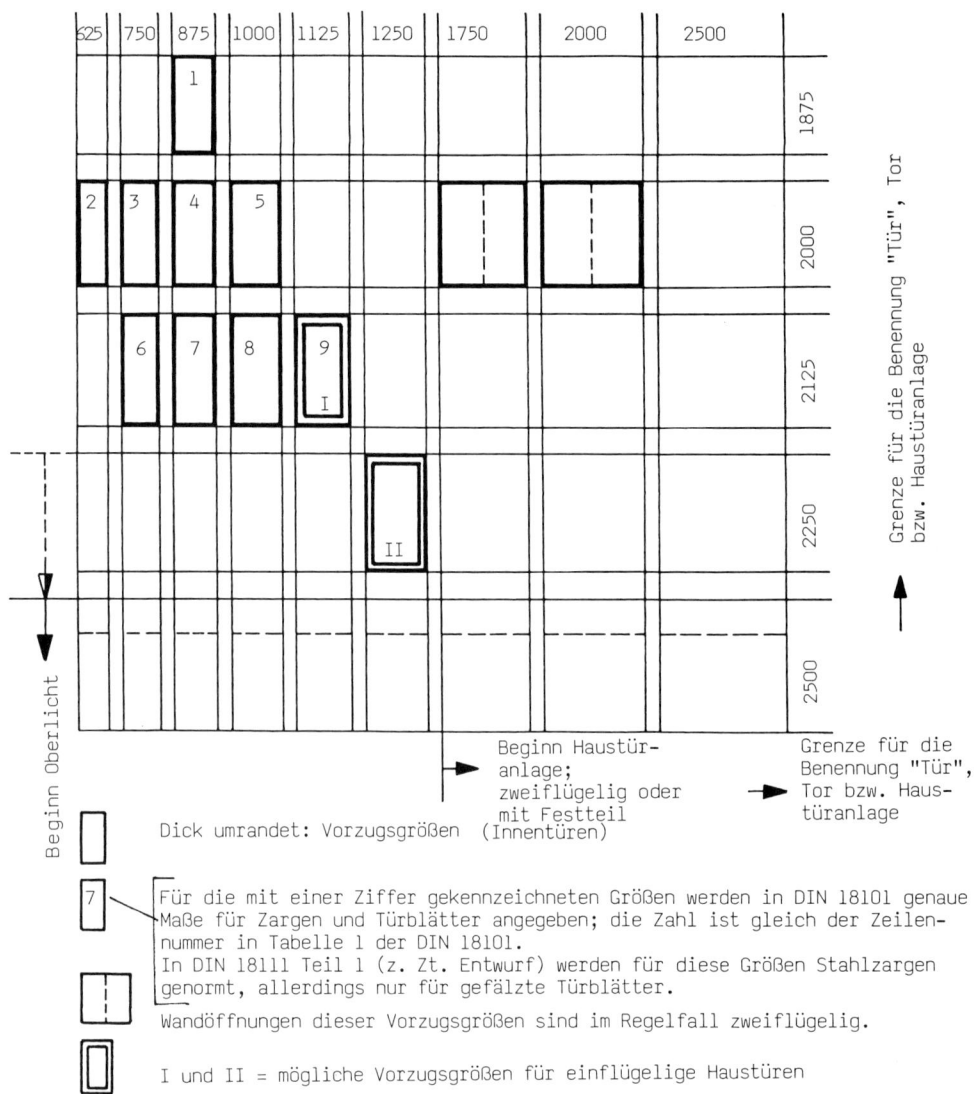

Abb. 3.2 Maße nach DIN 4172 für Wandöffnungen (Grundraster aus DIN 18 100) auf Haustüren übertragen

Wenn auch im nationalen Bereich keine normativen Festlegungen für Größen von Haustüren vorliegen, wurde dies doch auf internationaler Ebene für sinnvoll erachtet. Der Arbeitsausschuß WG 2 im ISO TC 162/SC 1 „Türen" erarbeitete die im Jahre 1974 herausgegebene Norm ISO 2776 „Modul coordination – coordination sizes for doorsets – External and Internal". Hierin sind, aufbauend auf dem 10er-Modul (1 M = 100 mm), für Innen- und Außentüren Größen angegeben.

Zwischen dem Baurichtmaß, dem Nennmaß der Wandöffnung und dem Sollmaß besteht nach DIN 18100, Anhang A der im folgenden Abschnitt dargestellte Zusammenhang.

Tab. 3.2: Koordinierungsmaße für Außen- und Innentürelemente nach ISO 2776

Breite		Höhe	
Außentüren	Innentüren	Außentüren	Innentüren
∕	7 M	21 M	21 M
∕	8 M	24 M	24 M
9 M	9 M	27 M	27 M
10 M	10 M	30 M	30 M
12 M	12 M		
15 M	15 M		
18 M	18 M		
21 M	21 M		
24 M	∕		

3.1.1 Ableitung der Sollmaße aus den Baurichtmaßen

1. Festlegung: Stoßfuge 10 mm breit.
2. Festlegung: waagerechte Bezugsebene ist die planmäßige Lage (Sollage) der Oberfläche des fertigen Fußbodens OFF (siehe DIN 18101).
3. Festlegung: Auswahl aus den nach DIN 18202 Teil 1, Ausgabe März 1969, Tabelle 1 zulässigen Abweichungen:
   hier: ± 10 mm für die Breite
   + 10 mm und
   − 5 mm für die Höhe.

Im Rahmen dieser Norm gilt:

Baurichtmaß + 10 mm = Nennmaß der Wandöffnungsbreite

Baurichtmaß + 5 mm = Nennmaß der Wandöffnungshöhe

zulässiges Kleinstmaß = Baurichtmaß (Nennmaß − 10 mm für Wandöffnungsbreite, Nennmaß − 5 mm für Wandöffnungshöhe)

zulässiges Größtmaß = Baurichtmaß + 20 mm für Wandöffnungsbreite (Nennmaß + 10 mm)
Baurichtmaß + 15 mm für Wandöffnungshöhe (Nennmaß + 10 mm

3.1.2 Beispiel:

Wandöffnung DIN 18100 − 875 × 2000

Größe im Baurichtmaß:

875 mm × 2000 mm (Eintrag in Entwurfszeichnung, siehe DIN 1356 [z. Z. Entwurf])

Größe im Nennmaß:
885 mm × 2005 mm (Eintrag in Ausführungszeichnung, siehe DIN 1356 [z. Z. Entwurf])

zulässiges Kleinstmaß: 875 mm × 2000 mm
zulässiges Größtmaß: 895 mm × 2015 mm

Anmerkung:
Da sich die Nennmaße für die Höhe auf OFF beziehen, muß der Planer (Architekt) Überlegungen anstellen, wie er diese in Ausführungszeichnungen einträgt bzw. bei Ausschreibungen und ähnlichem berücksichtigt.

Bei Bezug auf OFF ist die Anbringung von „Meterrissen" (Markierung der Sollage des fertigen Fußbodens + 1000 mm an den Wänden) unumgänglich, da hiernach z. B. auch Feuerschutztüren und Türzargen usw. eingebaut werden (siehe auch DIN 18093 [z. Z. Entwurf], DIN 18111 Teil 1 [z. Z. Entwurf] sowie DIN 18360).

Die Abb. 3.3 und 3.4 sollen die vorgenannten Angaben verdeutlichen.

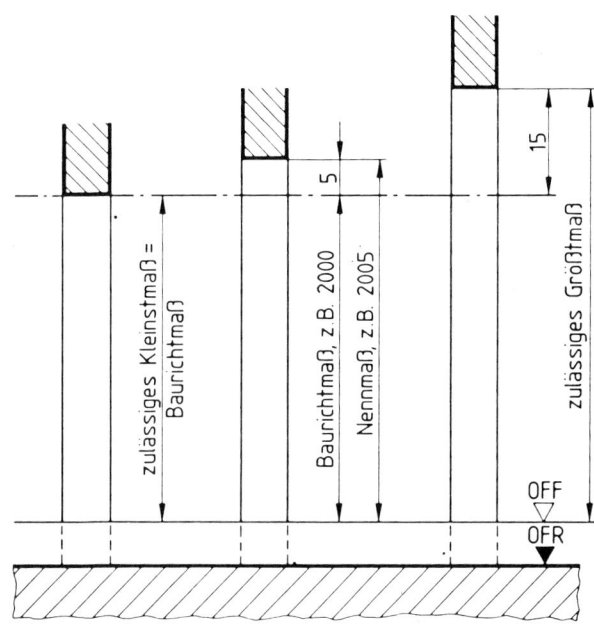

Abb. 3.3 Schnitt für Höhenmaße

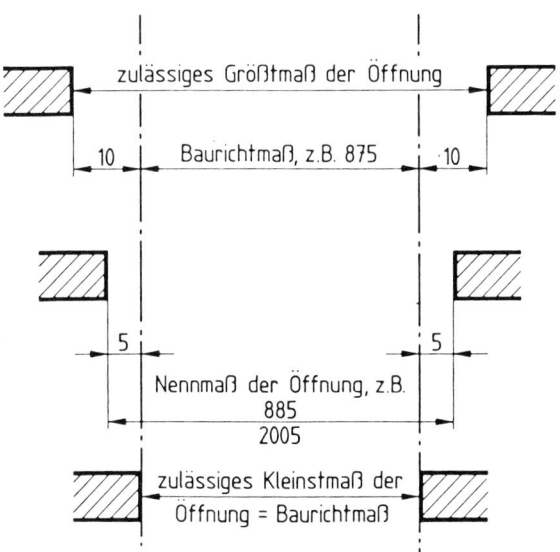

Abb. 3.4 Grundriß für Breitenmaße

3 Maße, Toleranzen und Passungen

3.2 Toleranzen

Die Toleranz ist die Differenz zwischen dem zugelassenen Größt- und Kleinstwert einer meßbaren Eigenschaft.

Im Gegensatz zu Sperrtüren nach DIN 68706 Teil 1 und Stahlzargen nach DIN 18111 liegen für Haustüren keine spezifischen Maßnormen und damit Toleranzen vor. Somit kann bei Unstimmigkeiten (z. B. inwieweit das Blendrahmenaußenmaß noch innerhalb oder schon außerhalb des Toleranzbereiches liegt) nur auf allgemein gültige Normen zurückgegriffen werden. Diese Regelungen über Maßtoleranzen im Bauwesen bzw. im Hochbau sind in den folgenden Normen enthalten:

DIN 18201 „Maßtoleranzen im Bauwesen, Begriffe, Grundsätze, Anwendung, Prüfung"
DIN 18202 „Toleranzen im Hochbau, Bauwerke" Mai 1986
DIN 18203 Teil 1 „Toleranzen im Hochbau, vorgefertigte Teile aus Beton, Stahlbeton und Spannbeton"
DIN 18203 Teil 2 „Toleranzen im Hochbau, vorgefertigte Teile aus Stahl, Stahlbeton und Spannbeton"
DIN 18203 Teil 3 „Toleranzen im Hochbau, Bauteile aus Holz und Holzwerkstoffen" (gilt nur für Bauteile wie Stützen, Träger, Binder, Wand-, Boden-, Decken- und Dachtafeln; also nicht für Bauelemente wie Türen und Fenster)
DIN 68100 Toleranzen für Längen- und Winkelmaße bei Holz und Holzwerkstoffen im Austauschbau.

Die in diesen Normen zugestandenen Abweichungen können bei ungünstigem Zusammentreffen durchaus Differenzen ergeben, die sich beim Einbau der Haustür nur noch mit erheblichen Schwierigkeiten oder gar nicht ausgleichen lassen. Schon deswegen ist das Maßnehmen am Bau eine nach wie vor unabdingbare Voraussetzung. Sollte dies nicht möglich sein, so empfiehlt es sich, daß der Auftraggeber oder Architekt sowohl die Blendrahmenaußenmaße als auch die Einbauart an Hand einer Zeichnung bestätigt.

Da das Aufmaß, d. h. das meßtechnische Erfassen der Türöffnungen auf der Baustelle (Rohbaumaße) für die Abmessung der Haustür die Grundlage darstellt, ist diese Arbeit mit größter Sorgfalt auszuführen.

Bei unzulässigen Abweichungen ist mit der Bauleitung zu klären (am besten schriftlich), in welcher Weise ein Ausgleich geschaffen werden kann, falls die Haustüren – bei größerer Stückzahl – nicht, wie im Auftrag vorgesehen, in einer Serie gleicher Größe ausgeführt werden können oder Nacharbeiten, z. B. an den Rohbauöffnungen, erforderlich werden (vgl. auch VOB DIN 18355 „Tischlerarbeiten" 3.1.3 bis 3.1.5 sowie 0.1 ff).

Es empfiehlt sich, jede Rohbauöffnung dreimal zu messen, und zwar für die Breite (oben/Mitte/unten) und für die Höhe (rechts/Mitte/links). Maßgebend ist jeweils das kleinste Maß.

Tabelle 3.3 Dimensionen und Toleranzen einflügeliger Außentürelemente (Quelle: ISO/DIS 8014)

Dimensionen	Beschreibung	Größe*	Toleranz (mm)
A	Rohbau-Richtmaß der Wandöffnung in der Höhe	21 M	
A_2	Höhe der Zarge (Unterkante Schwelle – Oberkante Zargenoberteil)	2090	±2,5
B	Rohbau-Richtmaß der Wandöffnung in der Breite	9 M 10 M	
B_2	Breite der Zarge (Außenkante Seitenzarge – Außenseite Seitenzarge)	890 990	±2,5 ±2,5
G	wie (A), nur mit Oberfenster oder Füllung über der Tür (fest eingebaut)	24 M 27 M 30 M	
G_2	wie (A_2), nur mit Oberfenster oder Füllung über der Tür (fest eingebaut)	2 385 2 685 2 985	±2,5 ±2,5 ±2,5

* M ist in ISO 1006 als Grund-Modul mit einer Größe von 100 mm definiert (siehe a. ISO 2776).

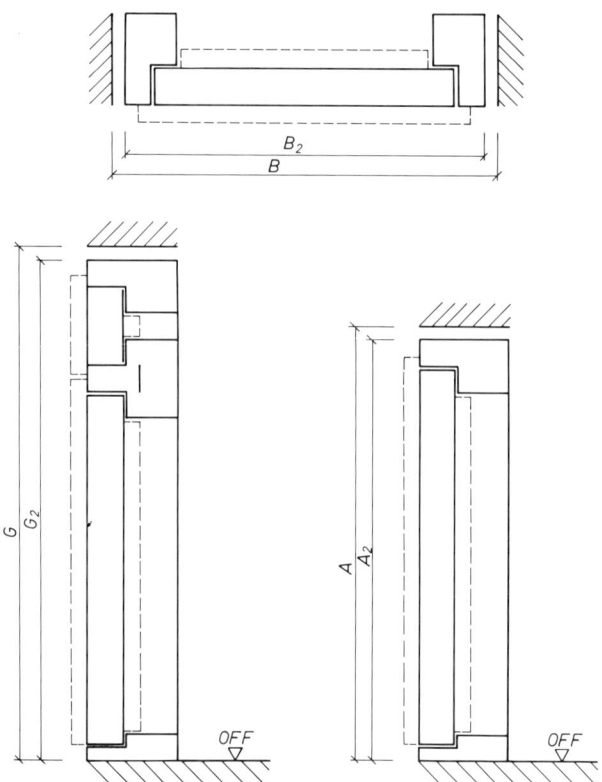

Abb. 3.5 Maßbeziehungen zur Tabelle 3.3 (Quelle: ISO/DIS 8014)

Für die Höhe ist außerdem der Meterriß maßgebend, der lt. VOB von der Bauleitung anzubringen ist! (vgl. VOB DIN 18360, 3.1.15)

Das Zusammenspiel der Abmessung einschließlich zulässiger Toleranzen – ähnlich DIN 18111 – ist aus ISO/DIS 8014 „Doorsets – External single-leaf doorsets – Principal dimensions" ersichtlich. Dies ist die einzige „Norm", die auch Toleranzen für Blendrahmenaußenmaße beinhaltet. Daher werden hier sowohl die Maßtabelle mit den Toleranzen (s. Tabelle 3.3) als auch die erläuternden Bilder (Abb. 3.5) wiedergegeben.

3.3 Passungen

Von einer Passung wird gesprochen, wenn zwei Teile eine Funktion miteinander eingehen, z. B. Sperrtür nach DIN 68706 Teil 1 und Stahlzarge nach DIN 18111 Teil 1 (s. Abb. 3.6), für den Band- und Schloßsitz DIN 18101 Teil 1.

Die Passung legt fest, in welchem Maß die beiden Teile gegeneinander beweglich sein oder fest ineinander sitzen sollen.

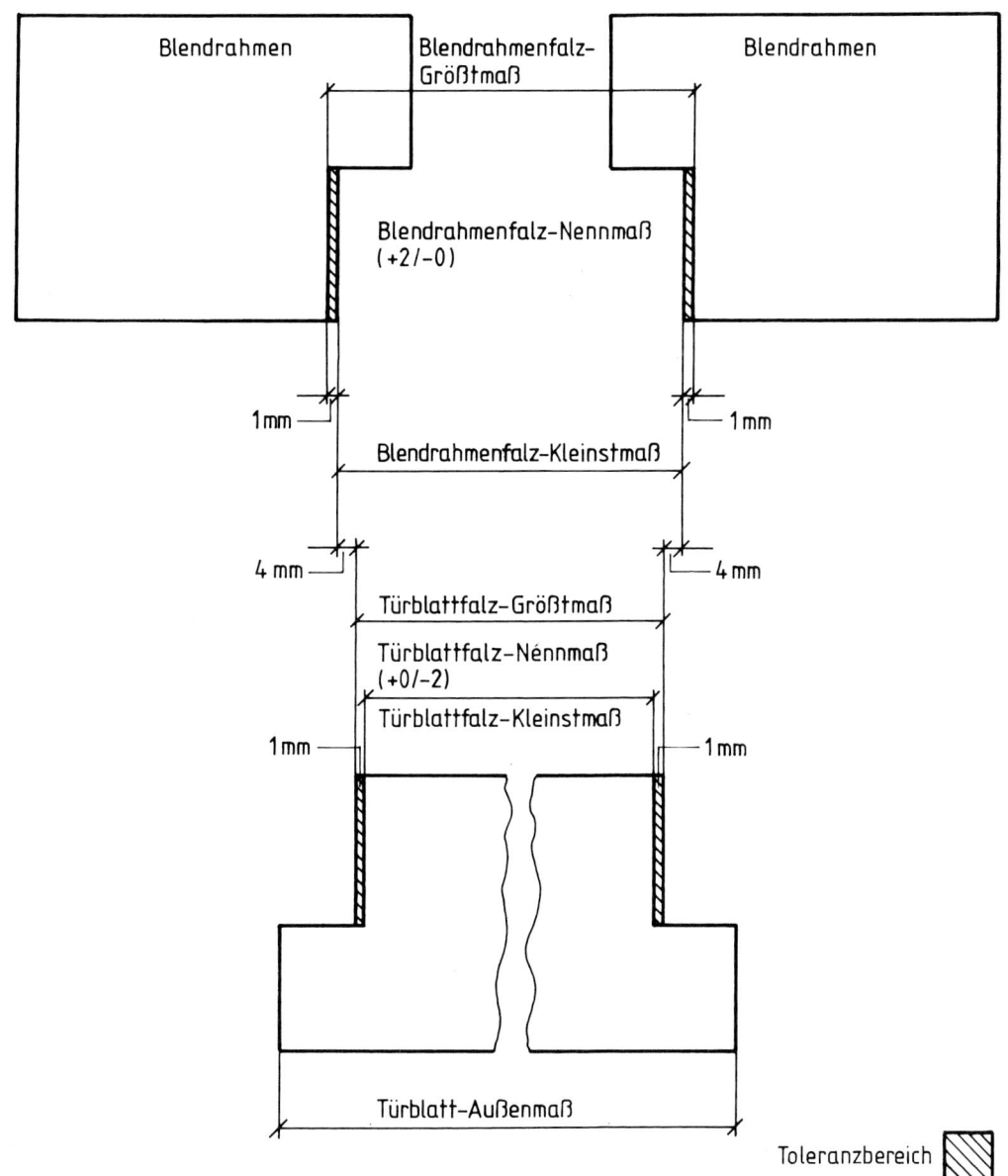

Abb. 3.6 Maßzusammenspiel für eine ordnungsgemäße „Passung" ohne Nacharbeit

4 Konstruktion

Die Haustür aus Holz erfährt heute geradezu eine Renaissance. Bietet doch der Baustoff Holz wie kaum ein anderer die vielfältigsten Möglichkeiten der Gestaltung in Abstimmung mit der Architektur des Gebäudes. Auch die Anforderungen, die heute an eine Haustür gestellt werden, lassen sich mit Holz hervorragend erfüllen.

Der technische Aufbau und die Form einer Haustür sind bestimmend für die Konstruktion und Gestaltung. Sie finden als Entwurfsarbeit in der Systembeschreibung ihren Niederschlag. Im handwerklichen Betrieb ist die Entwurfsarbeit und der Produktionsprozeß meist in einer Hand. Daher ist es gerade für den Tischler wichtig, Anhaltspunkte für „seine" individuell herzustellende Haustür zu erhalten. Aber auch der Konstrukteur soll aus den nachfolgenden Ausführungen seinen Nutzen ziehen.

4.1 Konstruktive Problemfelder

Haustür ist allgemein der Oberbegriff für eine Reihe gestalterisch veränderbarer Türelemente:

- Haustür ein- und zweiflügelig mit und ohne Oberlichte (Haustürelement);
- Haustür ein- und zweiflügelig mit und ohne Oberlichte mit einem oder mehreren Seitenteilen (Haustüranlage).

Folgende Einzelelemente werden nachfolgend in technisch konstruktiver Sicht unter Zugrundelegung der Mindestanforderungen behandelt:

- Türblatt (Türflügel, Drehflügel),
- Türumrahmung (Türstock, Türzarge, Türrahmen, Blendrahmen),
- Oberlichte und Seitenteile.

Für diese drei Einzelelemente ergeben sich entsprechende neuralgische Punkte in den folgenden Details:

- Werkstoff,
- Türumrahmung (Blendrahmen),
- Türblatt,
- Falzausbildung,
- Ausfachung (Füllungen).

Darüber hinaus werden jeweils in eigenen Kapiteln behandelt:

- Dichtung (Kap. 7),
- Beschläge (Kap. 6),
- Einbau der Tür (Kap. 8).

4.2 Werkstoff

Abgeleitet von den obigen Ausführungen werden an den Werkstoff Holz folgende Anforderungen gestellt:

- dekoratives Aussehen (nur bei naturbelassener Oberfläche erforderlich),
- gutes Stehvermögen,
- gute Bearbeitbarkeit und Anstrichverträglichkeit,
- ausreichende Witterungsbeständigkeit.

Weitere Ausführungen über Holz und Holzwerkstoffe siehe Kapitel 5 HOLZSCHUTZ.

4.3 Türumrahmung

Die Türumrahmung hat die Aufgabe, das Türblatt zu tragen und den Verschluß des Türblattes sowie die Dichtfunktion zwischen Türblatt und Türumrahmung bzw. Türumrahmung und Mauerwerk zu übernehmen. Sie muß eine ausreichende Befestigung für die Montage und die Beschläge gewährleisten.

Bei Türanlagen mit Verglasung müssen die Profile so bemessen sein, daß sich die Mehrscheiben-Isolierglaseinheit um nicht mehr als 1/300 bzw. max 8 mm durchbiegt. Zudem ist

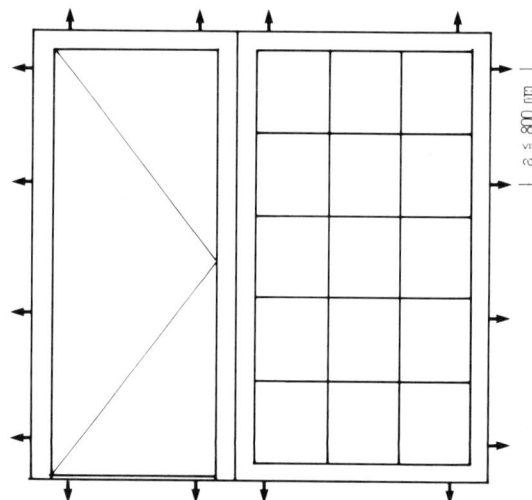

Abb. 4.1 Mindestabstände und Mindestbefestigungspunkte bei einer Haustüranlage

4.3 Türumrahmung

Abb. 4.2 Kopplungsprofile

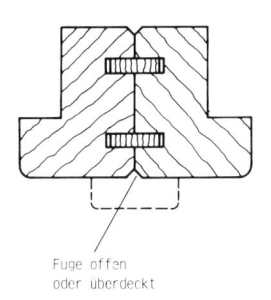

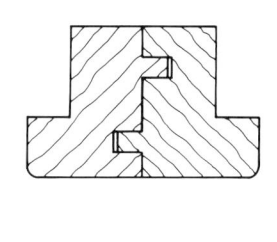

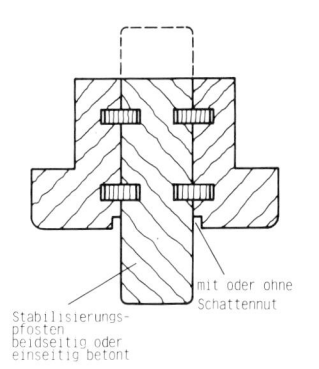

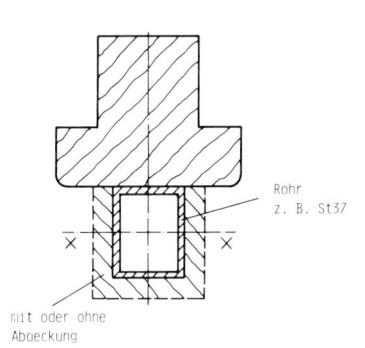

a) Kopplung gefedert
Fuge offen oder überdeckt

b) Kopplung überschoben Links/rechts oder beidseitig

c) Kopplung mit Stabilisierungspfosten
Stabilisierungspfosten beidseitig oder einseitig betont
mit oder ohne Schattennut

d) Kopplung mit Kombinationswerkstoff
Rohr z. B. St37
mit oder ohne Abdeckung

darauf zu achten, daß der aufrechte schloßseitige Blendrahmen (Mittelpfosten) nicht zu schwach dimensioniert ist. – Ein häufiger Mangel ist gerade die unzureichende Steifigkeit des Mittelpfostens. – Er muß außerdem fest mit den Baukörper verbunden werden. Es ist daher unerläßlich, direkt am Mittelpfosten oben und unten eine Befestigung vorzusehen.

Die Ausbildung der Pfostenprofile kann entweder durch einen entsprechenden Holzquerschnitt oder durch Kombination von Werkstoffen höherer E-Moduln erfolgen. Gerade bei größeren Anlagen empfiehlt sich entweder ein „Kombinationsprofil" oder die Kopplung mindestens zweier Profile. Gekoppelte Profile haben zudem den Vorteil, daß die Bauteile – Drehflügel und Festteil – leichter zu handhaben sind. Werden Profile gekoppelt, so sind zwei tief eingreifende Federn oder eine mehrfach überschobene Verbindung erforderlich. Bei Profilen mit Kombinationswerkstoffen kann der metallische Werkstoff entweder mit einem Kastenprofil aus Holz abgedeckt oder als gestalterisches Mittel sichtbar – evtl. in einer Kontrastfarbe – ausgeführt werden.

Mögliche Kopplungsprofile sind, stellvertretend für eine Reihe weiterer Ausführungsvarianten, schematisch in Abb. 4.2 dargestellt. Die Dimensionsierung der in den Beispielen a) und c) aufgeführten Profile für den Mittelpfosten bei Haustüranlagen soll im nachfolgenden Beispiel erläutert werden. Die Dimensionierung des zusammengesetzten Profils im Beispiel d) ist z. B. durch das im Bauingenieurwesen bekannte „n-Verfahren" möglich. Hierbei wird unter Zugrundelegung nur eines Elastizitätsmoduls der beiden Werkstoffe ein ideelles Trägheitsmoment I_{id} für den Gesamtquerschnitt errechnet. Des weiteren ist noch der Verbund zwischen den beiden Werkstoffen zu berücksichtigen. Allerdings können hier nicht auch für derartige Profilquerschnitte einfach nachvollziehbare Berechnungen aufgezeigt werden. Am besten wird es sein, wenn der Schreiner oder Konstrukteur nur das Metallprofil in seine statische Betrachtung einbezieht. Damit sind genügend Reserven geschaffen, um Reklamationen aus dem Wege zu gehen. Für den Interessenten sei auf den relativ leichtverständlichen Artikel von A. Mucha [4] verwiesen.

4.3.1 Dimensionierungsbeispiel

Gegeben ist eine Haustüranlage aus Holz und Holzwerkstoffen mit einem festen Seitenteil in geschoßhoher Ausführung für ein Einfamilienhaus; Seitenteil in Sprossenaufteilung mit Isolierverglasung (Abb. 4.3).

Gesucht sind die Profilquerschnitte für die Ausführung der Kopplung entsprechend den Beispielen a), c) und d) aus Abb. 4.2.

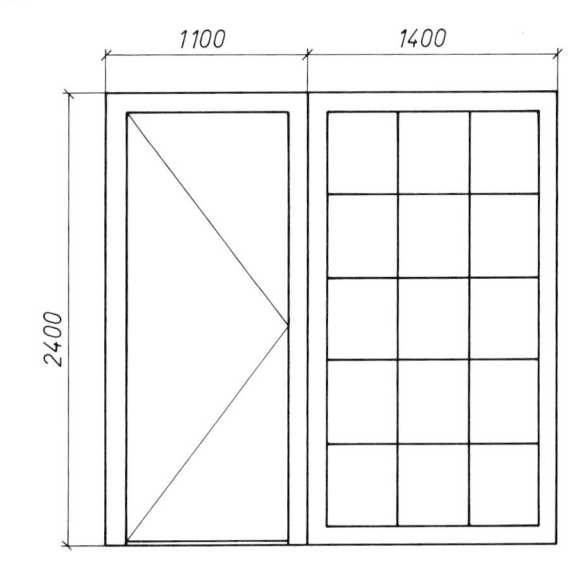

Abb. 4.3 Ansicht Türanlage (vereinfacht)

Annahmen

Belastungen: nach DIN 1055, Blatt 4 – Lastannahmen im Hochbau; ohne Trennung von Druck und Sogbelastung (werden gleichgesetzt bei voller Windlast).

Die Windlast eines Bauwerkes ist von seiner Gestalt abhängig. Sie setzt sich aus Druck- und Sogwirkung zusammen. Die auf die Flächeneinheit entfallende Windlast w wird in Vielfa-

4 Konstruktion

chen des Staudruckes gemessen und ausgedrückt in der Form
w = c · q in kN/m²,
wobei c ein von der Gestalt des Bauwerks abhängiger Beiwert (unbenannte Zahl) ist, z. B. c = 1,2 für geschlossene Bauwerke allgemein,
c = 1,6 für turmartige Bauwerke.

Die in verschiedenen Höhen über dem umgebenden Gelände in Rechnung zu stellende Windgeschwindigkeit und der zugehörige Staudruck sind in Tabelle 4.1 angegeben.

Tabelle 4.1 Windgeschwindigkeit und Staudruck in Abhängigkeit von der Höhe

Höhe über Gelände m	Windgeschwindigkeit m/s	Staudruck kN/m²
von 0 bis 8	28,3	0,5
über 8 bis 20	35,8	0,8
über 20 bis 100	42,0	1,1
über 100	45,6	1,3

Verformung: gemäß den Richtlinien der Isolierglashersteller max. 8 mm bzw. 1/300 × Länge des zu berechnenden Profils. Eine Aussteifung der Rahmenkonstruktion durch die transparente oder nichttransparente Ausfachung (Verglasung; Füllung, Beplankung) ist nicht berücksichtigt; des weiteren bleibt auch die Verankerung zum Baukörper und die Einspannung der Sprossen oder evtl. Riegel zum Rahmen unberücksichtigt.

Als Materialkennwerte für den E-Modul werden angesetzt:

für Holz	1×10^3 kN/cm²,
für Aluminium	7×10^3 kN/cm²,
für Stahl (St 37)	21×10^3 kN/cm²,

Als Belastungsfall wird ein auf zwei Stützen frei aufliegender Träger mit Trapezlast angenommen. Die Lastaufteilung erfolgt nach DIN 1055 und ist in Abb. 4.4 wiedergegeben.

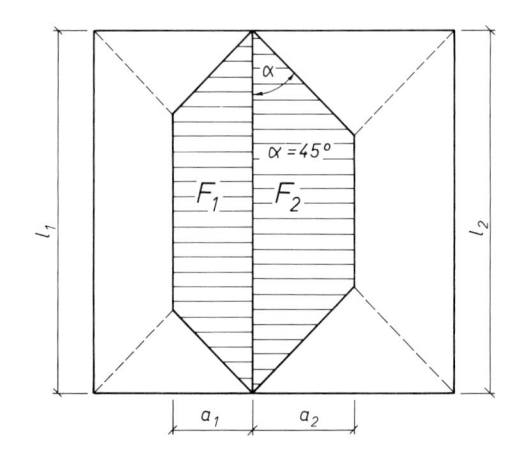

Abb. 4.4 Lastaufteilung nach DIN 1055

Gemäß dieser Lastaufteilung liegt der in Abb. 4.5 aufgezeigte Belastungsfall vor, der in Abb. 4.5 als freigemachtes System wiedergegeben ist.

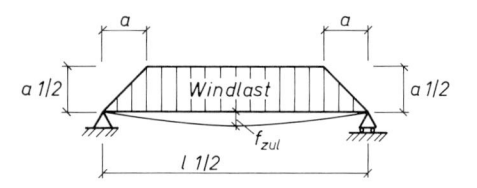

Abb. 4.5 Belastungsfall, Trapezlast auf Pfosten

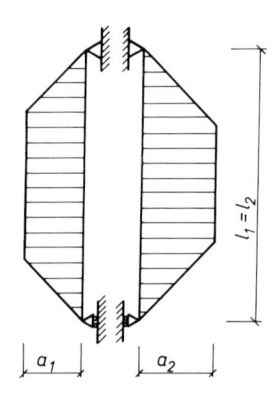

Abb. 4.6 Freigemachtes System gemäß Belastungsfall nach Abb. 4.5 für die Haustüranlage

1. Schritt:
Festlegen der Belastungsbreiten a_1 und a_2 und der Stützweite 1

Für die Berechnung kann als Stützweite die Gesamthöhe der Haustüranlage eingesetzt werden.

Die Belastungsbreite ergibt sich durch Eintragungen der Belastungsfelder in die Ansicht der Haustüranlage. Allgemein kann angenommen werden, daß die Belastungsbreite jeweils die halbe Strecke vom Mittelpfosten ausgehend darstellt (vgl. Abb. 4.7).

Für die Berechnung des Mittelpfostenquerschnitts ist die Ermittlung des erforderlichen Trägheitsmoments notwendig. In dem vorgegebenen Beispiel wird der Mittelpfosten durch eine Trapezlast belastet, so daß das erforderliche Trägheitsmoment wie folgt zu berechnen ist:

$$I_{xT} = \frac{P_{wT}\, l^4}{1920\, E\, f_{zul}} \cdot \left(25 - 40\, \frac{a^2}{l^2} + \frac{a^4}{l^4} \cdot 16\right) \; [\text{cm}^4] \qquad (1)$$

Es bedeuten:

I_{xT} = Trägheitsmoment in der x-Achse unter Trapezstreckenlast in cm⁴.

P_{wT} = Streckenlast durch Wind in kN/cm.

4.3 Türumrahmung

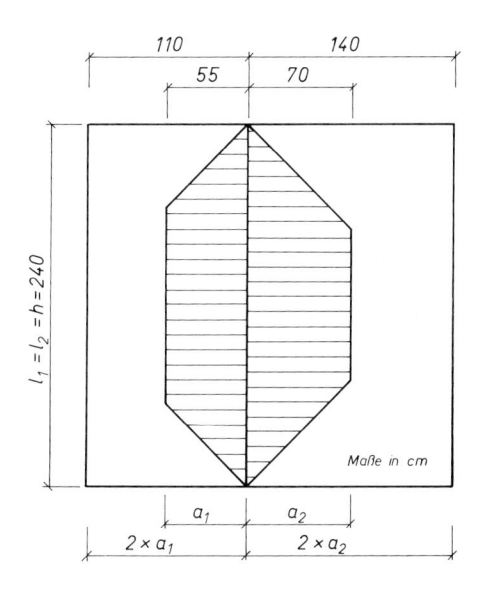

Abb. 4.7 Aufteilung der Windlast an der in Abb. 4.3 dargestellten Haustüranlage

Es gilt: $P_{wT} = a \cdot w$.

Da I_{xT} nur für eine einseitige Belastung gilt, ist der errechnete Wert $I_{xT\,erf}$ bei einer symmetrischen Belastung ($a_1 = a_2$ bzw. Türflügel = Seitenteilbreite) zu verdoppeln. Liegen ungleiche Belastungsbreiten vor, d. h. $a_1 \neq a_2$ (in dem zitierten Beispiel: $a_1 = 55$ cm; $a_2 = 70$ cm), dann sind die errechneten erforderlichen Trägheitsmomente $I_{xT\,erf}$ einzeln für a_1 und a_2 zu berechnen und zu addieren:

$$I_{xT\,erf\,ges} = I_{xT\,a_1} + I_{xT\,a_2} \; (cm^4) \qquad (2)$$

Bei Haustüren wird allgemein für die Dimensionierungsberechnung eine Windlast von 0,6 kN/m² für Gebäudehöhen bis 8 m angenommen. Bei Laubengangtüren richtet sich die Windlast unter anderem auch nach der Gebäudehöhe. Sie liegt bei normalen Gebäuden bis zu einer Höhe von 20 m bei 0,96 kN/m² und bis zu einer Höhe von 100 m bei 1,32 kN/m². Bei exponierten Standorten ist daher die Windlast unbedingt in der Ausschreibung anzugeben.

E = E-Modul des Werkstoffes in kN/cm²
l = Höhe der Haustüranlagen in cm
a = Belastungsbreite in cm
w = Windlast in kN/cm²
f_{zul} = Zulässige Durchbiegung in cm; allgemein gilt:

$f_{zul} \leq \dfrac{l}{300}$ bzw. für Isoliergläser max. 0,8 cm.

2. Schritt:
Berechnung der erforderlichen Trägheitsmomente

Das erforderliche Trägheitsmoment errechnet sich für das vorliegende Beispiel wie folgt:

$$I_{erf\,a_1} = \frac{P_{wT}\,l^4}{1920\,E\,f_{zul}} \cdot \left(25 - 40\,\frac{a_1^2}{l^2} + \frac{a_1^4}{l^4} \cdot 16\right) \; [cm^4] \text{ aus (1)}$$

a_1 = 55 cm $\qquad\qquad P_{wT} = w \cdot a_1$
l = 240 cm $\qquad\qquad$ w = 0,00006 kN/cm²
E = 10³ kN/cm² $\qquad a_1$ = 55 cm
f_{zul} = l/300 = 0,8 cm $\qquad P_{wT}$ = 0,0033 kN/cm

$$I_{erf\,a_1} = \frac{0,0033 \cdot 240^4}{1920 \cdot 10^3 \cdot 0,8} \cdot \left(25 - 40 \cdot \frac{55^2}{240^2} + \frac{55^4}{240^4} \cdot 16\right)$$

$\underline{\underline{I_{erf\,a_1} \simeq 163 \; cm^4}}$

Da die beiden Belastungsbreiten ungleich sind ($a_1 \neq a_2$) ist auch für a_2 das erforderliche Trägheitsmoment zu errechnen. Es ändern sich a_2 und P_{wT} wie folgt:

a_2 = 70 cm; $P_{wT} = w\,a_2 = 0,0006 \cdot 70 = 0,0042$ kN/cm

$$I_{erf\,a_2} = \frac{0,0042 \cdot 240^4}{1920 \cdot 10^3 \cdot 0,8} \cdot \left(25 - 40 \cdot \frac{70^2}{240^2} + \frac{70^4}{240^4} \cdot 16\right) \; [cm^4] \text{ aus (1)}$$

$\underline{\underline{I_{erf\,a_2} \simeq 195 \; cm^4}}$

Das gesamte erforderliche Trägheitsmoment beträgt:

$$I_{erf\,ges} = I_{erf\,a_1} + I_{erf\,a_2} \rightarrow \underline{\underline{I_{erf\,ges} = 358 \; cm^4}}$$

Bei einer exponierten Lage oder einer Laubengangtüranlage müßte dieses erforderliche Trägheitsmoment noch mit den Windlastfaktoren 1,6 für eine Windlast von 0,96 kN/m² bzw. 2,2 für eine Windlast von 1,32 kN/m² multipliziert werden (jeweils Normallage; 8 bis 20 m bzw. 20 bis 100 m Gebäudehöhe). In unserem Beispiel beträgt die Windlast 0,6 kN/m², der Windlastfaktor 1,0 bleibt unberücksichtigt (Normallage; bis 8 m Gebäudehöhe).

Die Berechnung der erforderlichen Trägheitsmomente ist ohne EDV-Unterstützung relativ aufwendig und zeitraubend. Für den Fensterbauer sind hierfür Tabellen und Diagramme ausgearbeitet worden, deren sich auch der Türenbauer bedienen sollte.

Systemneutrale Tabellen für die Werkstoffe Holz, Aluminium und Stahl wurden z. B. vom Institut für Fenstertechnik e. V., Rosenheim, herausgegeben. Anhand dieser Tabellen kann mit Hilfe der Grunddaten – Windlast, zulässige Durchbiegung = 1/300, Belastungsbreite und Stützweite – das erforderliche Trägheitsmoment abgelesen werden.

4 Konstruktion

Für den Haustürbereich reichen allgemein die in Tabelle 4.2 berechneten Trägheitsmomente (auf- bzw. abgerundet) für die Werkstoffe Holz, Aluminium und Stahl aus.

Die Tabelle ist aufgestellt für eine Windbelastung von 0,6 kN/m². Bei Änderung der Windlasten muß eine Umrechnung vorgenommen werden.

Tabelle 4.2 Erforderliche Trägheitsmomente I (cm⁴) zur Dimensionierung eines Pfostens bei Haustüranlagen in bezug auf Stützweite und Belastungsbreite.

J (cm⁴)	Belastungsbreite cm →								
	20	30	40	50	60	70	80	90	100
Holz E = 1 · 10³ kN/cm²									
200	36,9	54,2	70,2	84,6	96,8	107	114	119	120
210	42,7	63,0	81,8	98,9	114	126	136	142	145
220	49,2	72,6	94,6	115	132	148	160	168	174
230	56,3	83,2	109	132	153	171	186	198	205
240	64,0	94,7	124	151	175	197	215	230	240
Aluminium E = 7 · 10³ kN/cm²									
200	5,3	7,7	10,0	12,1	13,8	15,3	16,3	17	17,1
210	6,1	9,0	11,7	14,1	16,3	18,0	19,4	20	21
220	7,0	10,4	13,5	16,4	18,9	21	23	24	25
230	8,0	11,9	15,6	18,9	22	24	27	28	29
240	9,1	13,5	17,7	22	25	28	31	33	34
Stahl E = 21 · 10³ kN/cm²									
200	1,8	2,6	3,3	4,0	4,6	5,1	5,4	5,7	5,7
210	2,0	3,0	3,9	4,7	5,4	6,0	6,5	6,8	6,9
220	2,3	3,4	4,5	5,5	6,3	7,0	7,6	8,0	8,3
230	2,7	4,0	5,2	6,3	7,3	8,1	8,9	9,4	9,8
240	3,0	4,5	5,9	7,2	8,3	9,4	10,2	10,9	11,4

3. Schritt:
Ermittlung des Profilquerschnittes

Anhand des berechneten oder aus der Tabelle 4.2 entnommenen erforderlichen Trägheitsmomente ergibt sich der Soll-Querschnitt, der mit dem Ist-Querschnitt zu vergleichen ist und größer oder gleich dem Ist-Querschnitt zu sein hat.

a) Berechnung des Gesamtträgheitsmomentes

Wir betrachten den in den Beispielen a) und d) der Abb. 4.2 dargestellten Querschnitt und legen zur Berechnung folgende Voraussetzungen zugrunde:

- Der Querschnitt ist verleimt und gegebenenfalls verschraubt und wird als starrer Verbund betrachtet.
- Das Profil besitzt einen Einfachfalz und weist die in Abb. 4.8 a dargestellten Abmessungen auf.

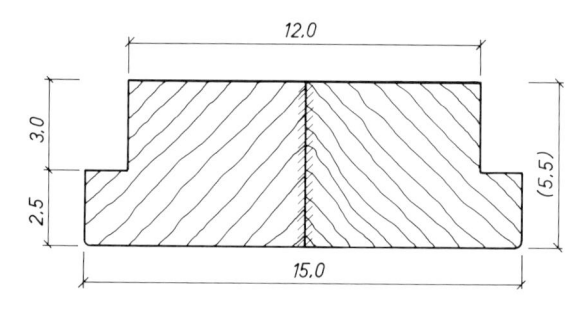

a) Abmessungen in cm

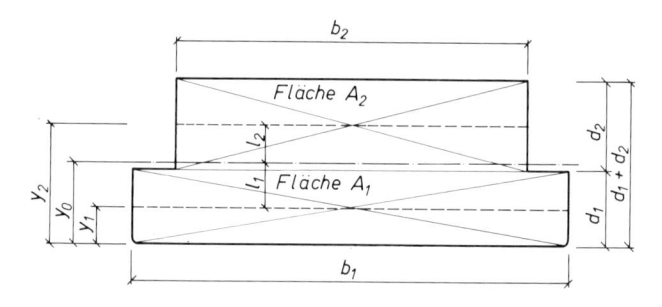

b) Aufteilung des Profils in Einzelfelder

Bild 4.8 Mittelpfosten einer Haustüranlage

Da es sich bei dem dargestellten Profil um einen zusammengesetzten Querschnitt handelt, muß zur Errechnung des Gesamtträgheitsmomentes wie folgt vorgegangen werden.

Das vorhandene Gesamtträgheitsmoment errechnet sich nach Gleichung (3) (Satz von Steiner):

$$I_{vorh\,ges} = \Sigma I_i + \Sigma A_i \cdot e_i^2 \qquad (3)$$

ΣI_i ist die Summe der Einzelträgheitsmomente

$\Sigma A_i \cdot e^2$ ist die Summe der Einzelflächen multipliziert mit dem Quadrat der Einzel-Schwerpunktabstände von der gemeinsamen Schwerpunktachse (Systemschwerelinie)

4.3 Türumrahmung

● Aufteilung des Profils in Einzelfelder und Berechnung der Systemschwerelinie y_o (Abb. 4.8 b):

$$y_o = \frac{\Sigma A_i \cdot y_i}{\Sigma A_i} \; [\text{cm}]$$

$$y_o = \frac{A_1 y_1 + A_2 y_2}{A_1 + A_2}$$

$$= \frac{b_1 d_1 \frac{d_1}{2} + b_2 d_2 \left(d_1 + \frac{d_2}{2}\right)}{b_1 d_1 + b_2 d_2}$$

$$= \frac{15 \cdot 2{,}5 \cdot \frac{2{,}5}{2} + 12 \cdot 3 \left(2{,}5 + \frac{3}{2}\right)}{15 \cdot 2{,}5 + 12 \cdot 3}$$

$\underline{y_o \simeq 2{,}6 \text{ cm}}$

● Ermittlung der Abstände e_i

$e_i = y_o - y_i$
$e_1 = y_o - y_1 = 2{,}6 - 1{,}25$
$\underline{e_1 = 1{,}35 \text{ cm}} \rightarrow e_1^2 \simeq 1{,}82 \text{ cm}^2$
$e_2 = y_o - y_2 = 2{,}6 - 4$
$\underline{e_2 = -1{,}4 \text{ cm}} \rightarrow e_2^2 \simeq 1{,}96 \text{ cm}^2$

● Ermittlung des Gliedes $\Sigma A_i e_i^2 \rightarrow$ (3)

$A_1 e_1^2 = 37{,}5 \cdot 1{,}82$ = 68,25 cm^4
$A_2 e_2^2 = 36 \cdot 1{,}96$ = 70,56 cm^4
$\underline{\underline{\Sigma A_i e_i^2 = \hspace{4em} = 138{,}81 \text{ cm}^4}}$

● Ermittlung der Summe der Einzelträgheitsmomente ΣI_i (1. Glied aus 3)

$$\Sigma I_{i_x} = \Sigma b_i h_i^3 \cdot \frac{1}{12} \rightarrow I_{\text{Rechteck}} = \frac{B H^3}{12} \qquad (4)$$

$\xrightarrow{\text{siehe}}$ Tabelle 4.3, $B = b$; $H = h$

$I_1 = b_1 d_1^3 \cdot \frac{1}{12} = 15 \cdot 2{,}5^3 \cdot \frac{1}{12} \simeq 19{,}53 \text{ cm}^4$ (im Beispiel gilt: $h_i = d_i$)

$I_2 = b_2 d_2^3 \cdot \frac{1}{12} = 12 \cdot 3^3 \cdot \frac{1}{12} \simeq 27{,}00 \text{ cm}^4$

$\underline{\underline{\Sigma I_{i_x} \hspace{10em} = 46{,}53 \text{ cm}^4}}$

● Ermittlung des vorhandenen Gesamtträgheitsmomentes

$I_{\text{vor ges}} = \Sigma I_i + \Sigma A_i e_i^2 \rightarrow$ aus (3)
$\hspace{3em} = 46{,}53 + 138{,}81 = 185{,}34 \text{ cm}^4$
$\underline{I_{\text{vor ges}} \simeq 185 \text{ cm}^4}$

$A_1 = b_1 \cdot d_1 = 37{,}5 \text{ cm}^2$
$A_2 = b_2 \cdot d_2 = 36 \text{ cm}^2$

$y_1 = \frac{d_1}{2} = \frac{2{,}5}{2} = 1{,}25 \text{ cm}$

$y_2 = d_1 + \frac{d_2}{2} = 2{,}5 + \frac{3}{2} = 4 \text{ cm}$

$b_1 = 15 \text{ cm}$
$d_1 = 2{,}5 \text{ cm}$
$b_2 = 12 \text{ cm}$
$d_2 = 3 \text{ cm}$

A_i = Einzelflächen
y_i = Einzelschwerpunktabstände von einer willkürlichen Bezugslinie

● Vergleich des erforderlichen Gesamtträgheitsmomentes mit der Forderung:

$I_{\text{vor ges}} \geq I_{\text{erf ges}} \rightarrow$ Forderung
$\hspace{2em} \downarrow \hspace{5em} \downarrow$
$185 \text{ cm}^4 \not\geq 358 \text{ cm}^4 \rightarrow$ Ist

Ergebnis der Berechnung: Der gekoppelte Mittelpfosten ist zu schwach.

b) Maßnahmen zur Erhöhung des Gesamtträgheitsmomentes

● Verstärkung mit Stahl bzw. Aluminium

Zur Verstärkung und damit Erhöhung des Gesamtträgheitsmomentes bieten sich mehrere Möglichkeiten an. Wegen der problematischen und vor allem zeitraubenden Berechnung von kombinierten Verbundwerkstoffen, z. B. Holz-Aluminium oder Holz-Stahl, wird vorgeschlagen, die Dimensionierung allein auf den metallischen Werkstoff zu beschränken. Der „mittragende" Anteil Holz einschließlich der Überdeckung kann dann als Reserve angesehen werden.

Aussteifung mit einem Stahl- bzw. Aluminiumprofil

Betrachten wir den im Beispiel berechneten Profilquerschnitt und doppeln diesen mit einem Metallprofil auf (Beispiel d in Abb. 4.2), so ist folgendes Stahl- bzw. Aluminiumprofil erforderlich:

● Ermittlung des erforderlichen Gesamtträgheitsmomentes aus Tabelle 4.2

Stützweite = 240 cm;
Belastungsbreite $a_1 = 55$ cm; $a_2 = 70$ cm

Die Belastungsbreite 55 cm ist in der Tabelle 4.2 nicht enthalten; es kann jedoch mit hinreichender Genauigkeit zwischen

4 Konstruktion

Tabelle 4.3: Trägheits- und Widerstandsmomente verschiedener Querschnitte [11]

Querschnitte	Trägheitsmoment J in cm^4 J_x, J_y für Schwerachse X–X und Y–Y	Widerstandsmoment $W = \dfrac{J}{e}$ in cm^3 W_x, W_y für Achse X–X und Y–Y	Trägheitshalbmesser i Schwerpunktabstand e
Rechteck:	$J_x = \dfrac{BH^3}{12} = 0{,}083333\, BH^3$ $J_y = \dfrac{HB^3}{12} = 0{,}083333\, HB^3$	$W_x = \dfrac{BH^2}{6} = 0{,}166667\, HB^2$ $W_y = \dfrac{HB^2}{6} = 0{,}166667\, BH^2$	$i_x = \dfrac{H}{\sqrt{12}} = \dfrac{H}{3{,}4641} = 0{,}2887 \cdot H$ $i_y = \dfrac{B}{\sqrt{12}} = \dfrac{B}{3{,}4641} = 0{,}2887 \cdot B$ $e_2 = \dfrac{B}{2}\,;\; e_1 = \dfrac{H}{2}$
Quadrat:	$J_x = \dfrac{H^4}{12} = 0{,}083333\, H^4$ $J_y = J_x$	$W_x = \dfrac{H^3}{6} = 0{,}166667\, H^3$ $W_y = W_x$	$i_x = \dfrac{H}{\sqrt{12}} = \dfrac{H}{3{,}4641} = 0{,}2887 \cdot H$ $i_y = i_x$ $e = \dfrac{H}{2}$
Kreis:	$J_x = \dfrac{\pi D_1^4}{64} = 0{,}0491 \cdot D_1^4$ $J_x = \dfrac{\pi r_1^4}{4} = 0{,}7854 \cdot r_1^4$ $J_y = J_x$	$W_x = \dfrac{\pi D_1^3}{32} = 0{,}0982 \cdot D_1^3$ $W_x = \dfrac{\pi r_1^3}{4} = 0{,}7854 \cdot r_1^3$	$i_x = \dfrac{D_1}{4} = \dfrac{r}{2}$ $i_y = i_x$ $e = \dfrac{D_1}{2}$
Kreisring:	$J_x = \dfrac{\pi}{64}\cdot(D_1^4 - D_2^4) = 0{,}0491\,(D_1^4 - D_2^4)$ $J_x = \dfrac{\pi}{4}(r_1^4 - r_2^4) = 0{,}7854\,(r_1^4 - r_2^4)$ $J_y = J_x$	$W_x = \dfrac{\pi}{32}\left(\dfrac{D_1^4 - D_2^4}{D_1}\right) = 0{,}0982\left(\dfrac{D_1^4 - D_2^4}{D_1}\right)$ $W_x = \dfrac{\pi}{4}\left(\dfrac{r_1^4 - r_2^4}{r_1}\right) = 0{,}7854\left(\dfrac{r_1^4 - r_2^4}{r_1}\right)$ $W_y = W_x$	$i_x = \dfrac{\sqrt{D_1^2 + D_2^2}}{4} = 0{,}25\sqrt{D_1^2 + D_2^2}$ $i_y = i_x$ $e = \dfrac{d}{2}$
	$J_x = \dfrac{1}{12}(BH^3 - bh^3) = 0{,}083333\,(BH^3 - bh^3)$ $J_y = \dfrac{1}{12}(Hs^3 + 2db^3) + Hs\left(e_2 - \dfrac{1}{2}s\right)^2$ $\qquad + 2db\left(a_3 - \dfrac{1}{2}b\right)^2$ $J_y = \dfrac{1}{3}\left[He_3^3 - h(e_2 - s)^3 + 2de_3^3\right]$	$W_x = \dfrac{BH^3 - bh^3}{6H}$ $W_{y1} = \dfrac{J_y}{e_2}$ $W_{y2} = \dfrac{J_y}{e_3}$	$i_x = \sqrt{\dfrac{BH^3 - bh^3}{12\,(BH - bh)}}$ $i_y = \sqrt{\dfrac{J_y}{A}}$ $A = BH - bh$ $A = Hs + bd$ $e_1 = \dfrac{H}{2}$ $e_2 = \dfrac{Hs^2 + 2bd\,(b + 2s)}{2\,(Hs + 2bd)}$ $e_3 = B - e_2$
	$J_x = \dfrac{1}{12}\left[BH^3 - b\,(H - 2d)^3\right]$ $J_y = \dfrac{1}{12}\left[H\,(B+b)^3 - 2b^3h - 6bB^2h\right]$	$W_x = \dfrac{1}{6H}\left[BH^3 - b\,(H - 2d)^3\right]$ $W_y = \dfrac{H\,(B+b)^3 - 2b^3h - 6\,dB^2\,h}{6\,(2B - d)}$	$i_x = \sqrt{\dfrac{J_x}{A}}$ $i_y = \sqrt{\dfrac{J_y}{A}}$ $A = d\,(H + 2b)$ $e_1 = \dfrac{1}{2}H$ $e_2 = \dfrac{1}{2}(2B - d)$

4.3 Türumrahmung

Profil	J_x, J_y	W_x, W_y	i_x, i_y, A, e
Rechteckrohr	$J_x = \dfrac{B \cdot H^3 - b \cdot h^3}{12}$ $J_y = \dfrac{HB^3 - h \cdot b^3}{12}$	$W_x = \dfrac{BH^3 - bh^3}{6H}$ $W_y = \dfrac{HB^3 - hb^3}{6B}$	$i_x = \sqrt{\dfrac{BH^3 - bh^3}{12(BH - bh)}}$ $i_y = \sqrt{\dfrac{HB^3 - hb^3}{12(HB - hb)}}$
Quadratrohr	$J_x = \dfrac{H^4 - h^4}{12}$ $J_y = J_x$	$W_x = \dfrac{H^4 - h^4}{6H}$ $W_y = W_x$	$i_x = \sqrt{\dfrac{H^2 + h^2}{12}} = 0{,}2887\sqrt{H^2 + h^2}$
Ungleichschenklig	$J_x = \tfrac{1}{3}[d(H - e_1)^3 + Be_1^3 - b(e_1 - d)^3]$ $J_y = \tfrac{1}{3}[d(B - e_3)^3 + He_3^3 - h(e_3 - d)^3]$	$W_{x_1} = \dfrac{J_x}{e_1}$ $W_{x_2} = \dfrac{J_x}{e_2}$ $W_y = \dfrac{J_y}{e_4}$	$i_x = \sqrt{\dfrac{J_x}{A}}$ $i_y = \sqrt{\dfrac{J_y}{A}}$ $A = d(b + H)$ $e_1 = \dfrac{db + H^2}{2(b + H)}$ $e_2 = H - e$ $e_3 = \dfrac{dh + B^2}{2(h + B)}$
Gleichschenklig	$J_x = \tfrac{1}{3}[de_2^3 + H(H - e_2)^3 - (H - d)(H - e_2 - d)^3]$ $J_y = J_x$	$W_{x_1} = \dfrac{J_x}{e_1}$ $W_{x_2} = \dfrac{J_x}{e_2}$ $W_y = W_x$	$i_x = \sqrt{\dfrac{J_x}{A}}$ $i_y = i_x$ $A = d(2H - d)$ $e_1 = \dfrac{H^2 + Hd - d^2}{2(2H - d)}$ $e_2 = H - e$
T-Profil	$J_x = \tfrac{1}{12}(Bd^3 + sh^3) + Bd(e_1 - \tfrac{d}{2})^2 + sh(e_2 - \tfrac{1}{2}h)^2$ $J_y = \tfrac{1}{12}(dB^3 + hs^3)$	$W_{x_1} = \dfrac{J_x}{e_1}$ $W_{x_2} = \dfrac{J_x}{e_2}$ $W_y = \dfrac{dB^3 + hs^3}{6B}$	$i_x = \sqrt{\dfrac{J_x}{A}}$ $i_y = \sqrt{\dfrac{dB^3 + hs^3}{12(Bd + hs)}}$ $A = Bd + hs$ $e_1 = \dfrac{Bd^2 + hs(h + 2d)}{2(Bd + hs)}$ $e_2 = H - e_1;\ e_3 = \tfrac{1}{2}B$
I-Profil	$J_x = \tfrac{1}{12}(BH^3 - 2bh^3)$ $J_y = \tfrac{1}{12}(2dB^3 + hs^3)$	$W_x = \dfrac{BH^3 - 2bh^3}{6H}$ $W_y = \dfrac{2dB^3 + hs^3}{6B}$	$i_x = \sqrt{\dfrac{BH^3 - 2bh^3}{12(BH - 2bh)}}$ $i_y = \sqrt{\dfrac{2dB^3 + hs^3}{12(BH - 2bh)}}$ $A = BH - 2bh$ $e_1 = \tfrac{1}{2}H;\ e_2 = \tfrac{1}{2}B$

/ 4 Konstruktion

Tabelle 4.4 Stahl-Quadrat- und Rechteckrohre; St 37

Bezugsdaten	a in mm	s in mm	≈r	F cm²	G kg/m	J cm⁴	W cm³	i cm	a in mm	s in mm	≈r	F cm²	G kg/m	J cm⁴	W cm³	i cm	a in mm	s in mm	≈r	F cm²	G kg/m	J cm⁴	W cm³	i cm
	Quadrat-Hohlprofile																							
	40	1,5	1,5	2,29	1,80	5,64	2,82	1,57	80	3	3	9,16	7,19	90,2	22,6	3,14	140	4	8	21,3	16,8	651	92,9	5,52
		2	2	3,01	2,36	7,21	3,60	1,55		3,6	3,6	10,9	8,55	106	26,4	3,11		5	10	26,3	20,7	789	113	5,47
		2,5	2,5	3,70	2,90	8,63	4,31	1,53		4	8	11,7	9,22	111	27,8	3,07		5,6	7,8	29,6	23,3	885	126	5,47
		2,9	2,9	4,23	3,32	9,66	4,83	1,51		4,5	4,5	13,4	10,5	127	31,7	3,08		7,1	9,9	37,0	29,0	1080	154	5,40
		3	3	4,36	3,43	9,91	4,95	1,51		5,6	5,6	16,4	12,9	151	37,6	3,03		8,8	12,3	45,0	35,3	1280	182	5,33
		4	4	5,62	4,41	12,1	6,05	1,47	90	3	6	10,2	8,01	127	28,3	3,53	150	4	8	22,9	18,0	808	108	5,94
	45	2	2	3,44	2,70	10,6	4,72	1,76		3,6	3,6	12,3	9,68	153	34,0	3,52		5	10	28,3	22,3	981	131	5,88
		3	6	4,70	3,69	13,4	5,93	1,69		4	8	13,3	10,5	162	36,0	3,48		6	12	33,6	26,4	1150	153	5,84
	50	2	2	3,81	2,99	14,6	5,83	1,96		4,5	4,5	15,2	11,9	185	41,0	3,48	160	4	8	24,5	19,3	991	124	6,35
		2,5	2,5	4,70	3,69	17,6	7,04	1,94		5,6	5,6	18,6	14,6	220	49,0	3,44		5	10	30,3	23,8	1200	150	6,29
		2,9	2,9	5,39	4,23	19,8	7,94	1,92	100	3	6	11,3	8,87	175	34,9	3,93		5,6	11,2	33,7	26,5	1330	166	6,26
		3	3	5,56	4,37	20,4	8,16	1,91		4	4	15,2	12,0	233	46,6	3,91		6,3	12,6	37,7	29,6	1460	183	6,23
		4	4	7,22	5,67	25,4	10,1	1,87		5	5	18,3	14,7	281	56,3	3,87		7,1	14,2	42,1	33,0	1610	202	6,19
	60	2	2	4,61	3,62	25,7	8,58	2,36		6,3	6,3	22,8	18,3	339	67,8	3,82		8,8	17,6	51,2	40,2	1910	239	6,11
		2,5	2,5	5,70	4,47	31,3	10,4	2,34	110	3	4,5	12,7	9,95	241	43,8	4,36		10	20	57,4	45,1	2100	263	6,05
		2,9	2,9	6,55	5,14	35,5	11,8	2,33		4	5,6	16,7	13,1	311	56,5	4,31	180	5	15	33,9	26,6	1700	189	7,08
		3	3	6,76	5,31	36,5	12,2	2,32		5	7	20,4	16,0	368	66,8	4,25		6,3	12,6	42,8	33,6	2120	236	7,05
		3	6	6,50	5,10	34,3	11,4	2,30		6,3	8,8	25,5	20,0	453	82,3	4,21		7,1	22	46,9	36,9	2280	253	6,97
		4	4	8,82	6,93	44,9	15,3	2,28	120	4	6	18,4	14,5	471	68,6	4,72		8,8	17,6	58,3	45,7	2800	311	6,93
		5	5	10,8	8,47	54,1	18,0	2,24		4,5	6,3	20,5	16,1	452	75,3	4,70		10	20	65,4	51,4	3090	343	6,87
	65	5	10	8,67	6,80	63,7	19,6	2,40		5	7,5	22,6	17,7	493	82,1	4,67	200	8	16	59,8	46,9	3620	362	7,78
	70	3	3	7,96	6,25	59,4	17,0	2,73		5,6	7,8	25	19,7	544	90,6	4,65		10	20	73,4	57,6	4340	434	7,69
		3,2	3,2	8,46	6,64	62,7	17,9	2,72		6,3	8,8	28	22,0	598	99,7	4,62	220	8	16	66,2	52,0	4890	445	8,60
		4	4	10,4	8,18	75,3	21,5	2,69	125	4	8	18	14,9	457	73,1	4,91		10	20	81,4	63,9	5890	535	8,50
		5	5	12,8	10,0	89,6	25,6	2,65		5	10	23	18,4	552	88,4	4,86	260	8	17,6	86,4	67,8	8980	691	10,2
		6	12	14,0	11,0	91,4	26,1	2,56		6	12	27	21,7	641	103	4,81		11	22	106	83,6	10830	833	10,1

Bezugsdaten	h×b in mm	s	≈r	F cm²	G kg/m	J_x cm⁴	W_x cm³	i_x cm	J_y cm⁴	W_y cm³	i_y cm	h×b in mm	s	≈r	F cm²	G kg/m	J_x cm⁴	W_x cm³	i_x cm	J_y cm⁴	W_y cm³	i_y cm
	Rechteck-Hohlprofile																							
	40×20	2	2	2,21	1,73	4,31	2,16	1,40	1,41	1,41	0,80	100×60	3	3	9,16	7,19	124	24,9	3,68	56,0	18,7	2,47
		3	6	3,01	2,36	5,21	2,60	1,32	1,69	1,68	0,75		3,6	3,6	10,9	8,55	146	29,1	3,66	65,2	21,7	2,45
	40×30	2	2	2,61	2,05	5,76	2,88	1,49	3,65	2,44	1,18		4	4	12,0	9,44	159	31,8	3,64	71,0	23,7	2,43
		3	6	3,61	2,83	7,27	3,63	1,42	4,60	3,07	1,13		4,5	4,5	13,4	10,5	176	35,1	3,62	77,9	26,0	2,41
	50×20	2	2	2,61	2,05	7,65	3,06	1,71	1,73	1,73	0,82		5	10	14,0	11,0	174	34,9	3,52	78,9	26,3	2,37
	50×30	2	2	3,01	2,36	9,95	3,98	1,82	4,44	2,96	1,22		6,3	6,3	18,2	14,3	228	45,6	3,53	99,6	33,2	2,33
		2,9	2,9	4,23	3,32	13,4	5,36	1,78	5,88	3,92	1,19	110×60	3,6	5	11,5	9,05	182	33,0	3,97	70,2	23,4	2,47
		3	3	4,36	3,43	13,8	5,50	1,78	6,02	4,01	1,17		4,5	6,3	14,2	11,1	219	39,7	3,93	83,7	27,9	2,43
		4	4	5,62	4,41	16,9	6,75	1,73	7,25	4,83	1,14	120×60	3	6	10,2	8,01	189	31,5	4,30	64,4	21,5	2,51
	50×40	2	2	3,41	2,67	12,3	4,90	1,90	8,65	4,33	1,59		5,6	13,5	10,6	247	41,1	4,27	82,7	27,6	2,47		
	55×34	2	2	3,37	2,64	13,7	4,99	2,02	6,45	3,79	1,38		5	7	16,6	13,0	296	49,3	4,22	98,2	32,7	2,43
	60×30	2	2	3,41	2,67	15,6	5,22	2,14	5,23	3,48	1,24		6,3	8,8	20,5	16,1	354	59,0	4,16	116	38,6	2,38
	60×40	2	2	3,81	2,99	19,0	6,34	2,23	10,1	5,05	1,63	120×80	3	6	11,4	8,96	230	38,4	4,49	123	30,9	3,29
		2,9	2,9	5,39	4,23	26,0	8,67	2,20	13,7	6,83	1,59		4	5,6	15,1	11,8	300	50,0	4,45	160	39,9	3,25
		3	6	5,30	4,16	24,6	8,18	2,15	13	16,56	1,57		5	7	18,6	14,6	362	60,3	4,41	192	47,9	3,20
		4	4	7,22	5,67	33,3	11,1	2,15	17,3	8,65	1,55		6	12	21,2	16,6	393	65,5	4,31	210	52,5	3,15
	70×30	2,9	2,9	5,39	4,23	31,5	9,01	2,41	8,01	5,34	1,22		6,3	8,8	23,0	18,0	435	72,5	4,35	229	57,2	3,15
		4	4	7,22	5,67	40,4	11,5	2,36	9,97	6,65	1,17	140×70	4	12	15,5	12,2	379	54,1	4,95	130	37,1	2,90
	70×40	2	2	4,21	3,30	27,7	7,91	2,57	11,5	5,77	1,66		5	15	18,9	14,9	450	64,3	4,88	153	43,8	2,85
		3	3	6,16	4,84	39,1	11,2	2,52	16,1	8,04	1,62		6,3	18	23,2	18,2	529	75,6	4,78	179	51,2	2,78
		4	8	7,75	6,08	45,9	13,1	2,44	18,9	9,44	1,56	140×80	4	5,6	16,7	13,1	438	62,5	5,12	183	45,7	3,31
	80×40	2	2	4,61	3,62	38,4	9,61	2,89	13,0	6,49	1,69		5	7	20,6	16,2	529	75,6	5,07	220	55,0	3,27
		2,5	2,5	5,70	4,47	46,8	11,7	2,87	15,7	7,83	1,66		5,6	7,8	22,9	17,9	582	83,0	5,03	241	60,1	3,24
		2,9	2,9	6,55	5,14	53,1	13,3	2,85	17,7	8,83	1,64		6,3	8,8	25,5	20,0	639	91,3	5,01	261	65,3	3,20
		3	6	6,50	5,10	50,7	12,7	2,79	17,2	8,61	1,63		7,1	9,9	28,4	22,3	702	100	4,96	287	71,8	3,17
		3,6	3,6	8,01	6,28	61,4	15,8	2,81	20,8	10,4	1,61	160×80	4	6	18,4	14,5	614	76,7	5,77	207	51,8	3,36
		4	8	8,55	6,71	64,8	16,2	2,75	21,5	10,7	1,59		5	10	22,6	17,7	735	91,8	5,71	247	61,8	3,31
		4,5	4,5	9,81	7,70	75,5	18,8	2,77	24,4	12,2	1,57	160×90	5	10	23,3	18,3	782	97,7	5,78	319	71,0	3,69
	80×60	2,5	2,5	6,70	5,26	61,8	15,4	3,04	35,5	13,2	2,43		6,3	12,6	28,8	22,6	943	118	5,71	383	85,0	3,64
		3,2	5	8,29	6,51	73,8	18,5	2,98	47,3	15,8	2,39		8	16	35,7	28,0	1130	141	5,61	455	101	3,56
		4	9	10,1	7,97	87,9	22,0	2,94	56,1	18,7	2,35	180×100	4	8	21,3	16,8	926	103	6,59	374	74,7	4,18
		5	10	12,0	9,45	99,4	24,9	2,87	63,7	21,2	2,30		5	10	26,3	20,7	1120	125	6,53	451	90,3	4,13
	90×50	3,2	3,2	8,46	6,64	89,7	19,9	3,26	35,5	14,2	2,05		5,6	11,2	29,3	23,0	1240	137	6,50	496	99,1	4,11
		4	4	10,4	8,18	108	24,0	3,22	42,6	17,0	2,02		6,3	20	32,0	25,1	1310	145	6,39	527	105	4,06
		5,6	5,6	14,1	11,1	140	31,1	3,14	53,8	21,5	1,95		7,1	14,2	36,4	28,6	1500	167	6,41	597	119	4,05
	100×40	2	2	5,40	4,24	67,1	13,4	3,52	15,9	7,94	1,71		8,8	17,6	44,2	34,7	1760	196	6,32	696	139	3,97
		3	3	7,96	6,25	96,1	19,2	3,47	22,3	11,1	1,67	200×120	6,3	12,6	37,7	29,6	2010	201	7,30	910	152	4,91
		4	8	10,1	7,97	116	23,1	3,38	26,7	13,3	1,62		10	20	57,4	45,1	2890	289	7,10	1290	216	4,75
	100×50	3	6	8,41	6,60	106	21,3	3,56	36,1	14,4	2,07	220×120	6,3	12,6	40,2	31,6	2540	231	7,95	992	165	4,97
		3,6	3,6	10,2	7,98	129	25,8	3,56	42,9	17,2	2,05		10	20	61,4	48,2	3680	335	7,74	1410	236	4,80
		4	8	10,9	8,59	134	26,8	3,50	44,9	18,0	2,03	260×140	8	16	59,8	46,9	5220	402	9,35	1990	284	5,77
		4,5	4,5	12,0	9,83	155	31,0	3,50	50,9	20,4	2,02		10	20	73,4	57,6	6260	481	9,23	2370	339	5,68
		5	10	13,0	10,2	152	30,4	3,41	51,2	20,5	1,98	260×180	8	16	66,2	52,0	6240	480	9,71	3540	393	7,31
		5,6	5,6	15,3	12,0	184	36,8	3,47	59,4	23,8	1,97		10	20	81,4	63,9	7510	578	9,60	4240	472	7,22

4.3 Türumrahmung

Tabelle 4.5 Aluminium-Quadrat- und Rechteckrohre, stranggepreßt, AlMgSi 0,5

Bezugsdaten	Querschnitts-abmessung H × B × d mm	Querschnitts-fläche A cm²	Gewicht kg/m	Statische Werte für die Biegeachse						
				X – X			Y – Y			
				J_x cm⁴	W_x cm³	i_x cm	J_y cm⁴	W_y cm³	i_y cm	
	15 × 15 × 2	1,040	0,281	0,300	0,400	0,537	0,300	0,400	0,537	
	20 × 12 × 2	1,120	0,302	0,220	0,366	0,443	0,527	0,527	0,686	
	20 × 15 × 1	0,660	0,178	0,233	0,311	0,594	0,368	0,368	0,747	
	20 × 20 × 2	1,440	0,389	0,787	0,787	0,739	0,787	0,787	0,739	
	25 × 15 × 1	0,760	0,205	0,282	0,376	0,609	0,635	0,508	0,914	
	25 × 25 × 2	1,840	0,497	1,635	1,308	0,943	1,635	1,308	0,943	
	30 × 20 × 2	1,703	0,460	0,998	0,998	0,765	1,882	1,255	1,051	
	30 × 30 × 2	2,240	0,605	2,942	1,961	1,146	2,942	1,961	1,146	
	30 × 30 × 2,5	2,750	0,743	3,495	2,330	1,127	3,495	2,330	1,127	
	34 × 34 × 2	2,560	0,691	4,386	2,924	1,309	4,386	2,924	1,309	
	34 × 34 × 3	3,720	1,004	6,014	3,538	1,271	6,014	3,538	1,271	
	35 × 20 × 2	1,903	0,514	1,160	1,160	0,781	2,794	1,596	1,212	
	35 × 35 × 2	2,640	0,713	4,809	2,748	1,350	4,809	2,748	1,350	
	40 × 20 × 2	2,240	0,605	1,438	1,438	0,801	4,446	2,223	1,409	
	40 × 20 × 2,5	2,750	0,743	1,682	1,682	0,782	5,307	2,654	1,389	
	40 × 30 × 2,5	3,076	0,813	4,100	2,733	1,155	6,438	3,219	1,447	
	40 × 30 × 3	3,840	1,037	5,083	3,389	1,151	8,139	4,070	1,456	
	40 × 40 × 2	3,040	0,821	7,337	3,668	1,553	7,337	3,668	1,553	
	40 × 40 × 2,5	3,750	1,012	8,828	4,414	1,534	8,828	4,414	1,534	
	40 × 40 × 3	4,440	1,199	10,197	5,099	1,515	10,197	5,099	1,515	
	50 × 20 × 2	2,640	0,713	1,763	1,763	0,817	7,855	3,142	1,725	
	50 × 20 × 4	4,960	1,339	2,729	2,729	0,742	13,425	5,370	1,645	
	50 × 30 × 3	4,440	1,199	6,181	4,121	1,180	14,213	5,685	1,789	
	50 × 34 × 1,5	2,430	0,656	4,709	2,770	1,392	8,596	3,438	1,881	
	50 × 40 × 2,5	4,250	1,148	10,589	5,294	1,578	15,089	6,035	1,884	
	50 × 40 × 4	6,560	1,771	15,198	7,599	1,522	21,910	8,764	1,828	
	50 × 50 × 4	7,360	1,987	26,153	10,461	1,885	26,150	10,461	1,885	
	60 × 20 × 2	3,040	0,821	2,089	2,089	0,829	12,585	4,195	2,035	
	60 × 34 × 3	5,280	1,426	9,774	5,749	1,361	24,458	8,153	2,152	
	60 × 40 × 2,5	4,750	1,283	12,349	6,174	1,612	23,460	7,820	2,223	
	60 × 40 × 4	7,360	1,987	17,801	8,900	1,555	34,505	11,502	2,165	
	60 × 60 × 3	6,840	1,847	37,141	12,380	2,330	37,141	12,380	2,330	
	60 × 60 × 4	8,960	2,419	47,070	15,690	2,292	47,070	15,690	2,292	
	70 × 70 × 4	10,560	2,851	76,947	21,985	2,699	76,947	21,985	2,699	
	80 × 40 × 2,5	5,750	1,553	15,870	7,935	1,661	47,620	11,905	2,878	
	80 × 40 × 4	8,960	2,419	23,006	11,503	1,602	71,134	17,783	2,818	
	80 × 50 × 4	9,760	2,635	38,801	15,552	1,996	82,697	20,674	2,911	
	80 × 80 × 6	17,760	4,795	163,155	40,789	3,031	163,155	40,789	3,031	
	100 × 20 × 3	6,840	1,847	4,517	4,517	0,813	69,765	13,953	3,194	
	100 × 40 × 4	10,560	2,851	28,811	14,106	1,634	125,683	25,137	3,450	
	100 × 50 × 4	11,360	3,067	47,366	18,946	2,042	144,126	28,825	3,562	
	100 × 100 × 3	11,640	3,143	182,709	36,542	3,962	182,709	36,542	3,962	
	120 × 40 × 4	12,160	3,283	33,417	16,708	1,658	201,353	33,559	4,069	
	150 × 40 × 4	14,560	3,931	41,225	20,612	1,683	361,457	48,194	4,983	
	150 × 50 × 4	15,360	4,147	68,579	27,432	2,113	404,099	53,880	5,129	
	150 × 100 × 5	24,000	6,480	399,500	79,900	4,080	754,500	100,600	5,607	

4 Konstruktion

der nächst kleineren und nächst größeren Belastungsbreite linear interpoliert werden.

$I_{erf\,a_1}$ = $(I_{a=50\,cm} + I_{a=60\,cm})\,1/2 = (7{,}2 + 8{,}3)\,1/2$
$I_{erf\,a_1}$ = 7,8 cm^4
$I_{erf\,a_2}$ = 9,4 cm^4
$\underline{I_{erf\,ges} = 17{,}2\ cm^4}$

Für Aluminium ergibt sich nach gleichem Verfahren $I_{erf\,ges}$ = 51,5 cm^4.

● Festlegen des notwendigen Versteifungsprofils

Anhand des ermittelten erforderlichen Gesamtträgheitsmoments muß man nun aus Profiltabellen für Stahl- bzw. Aluminiumprofile das passende Profil mit einem Trägheitsmoment von größer oder gleich 17,2 cm für Stahl bzw. 51,5 für Aluminium heraussuchen. Für Hohlprofile aus Stahl und Aluminium sind die entsprechenden Profile den Tabellen 4.4 und 4.5 zu entnehmen.

Wichtig ist, daß das Profil auch so montiert wird, wie dies aufgrund des Trägheitsmomentes erforderlich ist. Als Regel gilt bei rechteckigem Querschnitt, daß die x-Achse des Profils parallel zur Fläche der Haustüranlagen liegt bzw. die längere Seite des Profils senkrecht auf der Fläche der Haustüranlage steht.

Gewählt wird ein Profil St 37, Rechteckrohr, 60 × 40 × 2 mm (2 mm Wandung): I_x = 19,0 cm^4; es ist gemäß Abb. 4.9 zu montieren.

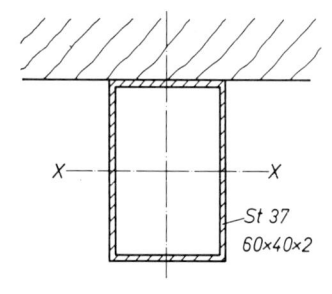

Abb. 4.9 Verstärkung mit Stahl-Rechteckprofil

Wird das Profil mit der kürzeren Seite senkrecht zur Fläche der Haustüranlage montiert (vgl. Abb. 4.10), so beträgt das Trägheitsmoment des Profils nur noch I_y = 10,1 cm^4. Wird diese Montage jedoch aus gestalterischen Gründen gewünscht, so ist ein Profil 60 × 40 × 4 mm erforderlich. Das Trägheitsmoment beträgt dann I_y = 17,3 cm^4 (vgl. Abb. 4.11).

Wie das Beispiel zeigt, ist das Auffinden des notwendigen Verstärkungsprofils anhand der Tabellen relativ einfach.

● Verstärkung mit Holz

Will man das zusätzlich erforderliche Verstärkungsprofil in Holz ausführen, so ist unter dem Gesichtspunkt des geringsten Materialeinsatzes zunächst ein Verstärkungsprofil abzuschätzen und die gesamte Berechnung für das neue vorhandene Gesamtträgheitsmoment durchzuführen.

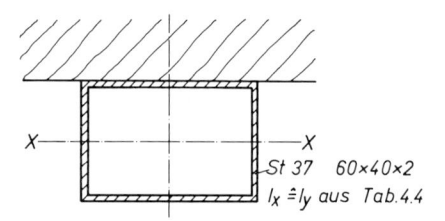

Abb. 4.10 Verstärkung mit Stahl-Rechteckprofil mit der kürzeren Seite senkrecht zur Fläche der Haustüranlage

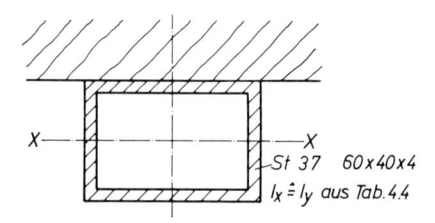

Abb. 4.11 Verstärkung mit Stahl-Rechteckprofil

Näherungsweise empfiehlt es sich, das vorhandene Gesamtträgheitsmoment nicht nach der Formel (3) auszurechnen, sondern überschlägig über einen Rechteckquerschnitt nach der Formel (4) zu ermitteln, wobei die Trägheitsmomente häufig direkt aus Tabellen zu entnehmen sind.

Für das in Abb. 4.2 a aufgeführte Pfostenprofil läßt sich näherungsweise ein nach Abb. 4.12 aufgezeichnetes Rechteck entnehmen.

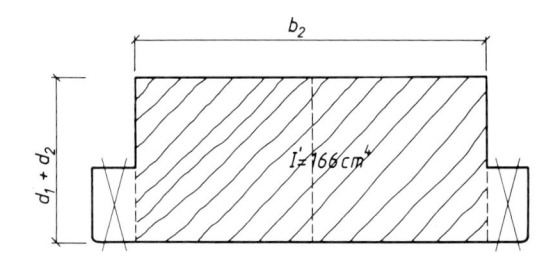

Abb. 4.12 Rechteckdarstellung (schraffierte Fläche) zur überschlägigen Ermittlung des Trägheitsmoments I'

Das Trägheitsmoment errechnet sich nach (4) wie folgt:

Breitenbestimmung (b):

$$I = \frac{b h^3}{12} \rightarrow b = \frac{I \cdot 12}{h^3}$$

Dickenbestimmung (h = a):

$$I = \frac{b h^3}{12} \rightarrow h = \sqrt[3]{\frac{I \cdot 12}{b}}$$

Das exakt berechnete Trägheitsmoment beträgt 184 cm⁴, so daß das näherungsweise berechnete Trägheitsmoment nicht so stark davon abweicht und als Schätzwert gut herangezogen werden kann.

Aus praktischen Erwägungen heraus kann man so auch für das Verstärkungsprofil verfahren.

Aus Gestaltungsgründen wird man bei dem relativ breiten Mittelpfosten keine „Zierleiste" aufdoppeln. Wir entscheiden uns für eine Aufdoppelung von 8,0 × 3,0 cm (vgl. Abb. 4.13).

Das Trägheitsmoment für das aus dem Profil entnommene Rechteck (Querschnitt: 8,0 × 8,5 cm; in Abb. 4.13 schraffierte Fläche) beträgt $I'' = 410$ cm⁴.

Bei einer Dicke der Aufdoppelung von 2,5 cm beträgt das Trägheitsmoment $I' = 341$ cm⁴; auch diese Verstärkung reicht unter Berücksichtigung der relativ hohen Reserven noch gut aus, obwohl $I_{erf} = 358$ cm⁴ beträgt.

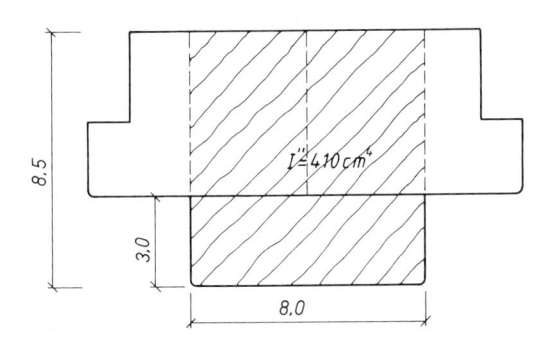

Abb. 4.13 Aufdoppelung mit ideellem Trägheitsmoment I" (schraffierte Fläche)

Zum Abschluß dieses kleinen „Statikausfluges" sei noch auf die Möglichkeit einer überschlägigen Dicken- bzw. Breitenbestimmung durch Umstellen der Formel (4) für das Trägheitsmoment aus der Rechteckform hingewiesen.

$$I' = \frac{B \cdot H^3}{12} \xrightarrow{siehe} \text{Tabelle 4.3} \quad B = b_2 = 12 \text{ cm}$$
$$H = d_1 + d_2 = 5,5 \text{ cm}$$

$$I' = \frac{12 \cdot 5,5^3}{12}$$

$$I' \simeq 166 \text{ cm}^4$$

Des weiteren soll auf die Tabellen in [5] verwiesen werden, mit denen der Fensterbauer relativ gut umzugehen weiß und die durchaus auch für eine überschlägige und zeitsparende Ermittlung des Trägheitsmoments herangezogen werden können.

Die Ausführungen sollen zeigen, daß die Notwendigkeit einer Profilquerschnittsberechnung auch bei Haustüren erforderlich werden kann. Dies sollte aber auf Haustüranlagen begrenzt sein. Sofern es sich nicht um große Stückzahlen handelt, sondern um Einzelelemente, die in kleinen Schreinereien gefertigt werden, empfiehlt es sich, mit dem gesunden handwerklichen Gefühl gut dimensionierte Profile auszuwählen. Dies ist durchaus wirtschaftlich vertretbar und vermeidet unnötigen Zeitaufwand bei evtl. Reklamationen.

4.4 Türblatt

Das Türblatt ist der bewegliche Teil der Tür, der in der Regel nach innen aufgeht. Man unterscheidet:

– Massivholztürblatt in Rahmen- oder Flächenbauweise,
– Vollraumtürblatt,
– Hohltürblatt,
– Türblatt mit Vorsatzschale,
– Schalentürblatt.

Immer wieder werden Türblätter bzw. Haustüren falsch bezeichnet. Es erscheint sinnvoll, wenn nachfolgend einige Begriffe definiert werden.

4.4.1 Begriffserläuterungen

● Massivholz- oder Vollholztürblatt (Abb. 4.14):

Durchgehend aus der bezeichneten Holzart hergestelltes Türblatt ohne Holzwerkstoffe (vgl. auch DIN 68706 Teil 2 [Entwurf]); Furnieren ist nicht zulässig.

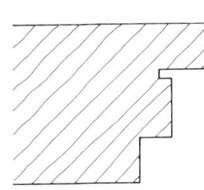

a) Flächenbauweise; breite Bohlen

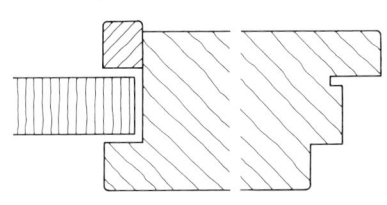

b) Rahmenbauweise;

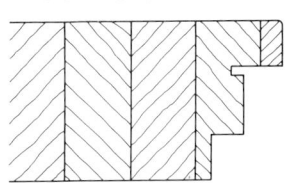

c) Flächen- oder Rahmenbauweise; Leimholz

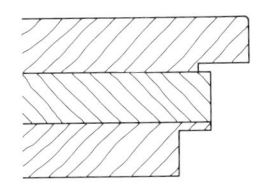

d) Flächen- oder Rahmenbauweise; lamelliert

Abb. 4.14 Massivholztürblatt

4 Konstruktion

Bei Füllungstüren sind auch die Füllungen aus massivem Holz der bezeichneten Holzart.

Wegen der relativ starken Verzugsgefahr von großflächigen Massivholzplatten, die zudem nur an wenigen Punkten gehalten werden (Bänder, Schloß oder Schlösser), ist die Massivholzhaustür in Flächenbauweise nur noch selten vertreten. Die Messe SAIEDUE 85 in Bologna (Italien) zeigte jedoch wieder positive Konstruktionen in Leimholzbauweise.

Bei Massivholztürblättern in Rahmenbauweise ist immer dann auch die Füllung zu bezeichnen, wenn diese nicht aus Massivholz bestehen, z. B. „Massivholztürblatt mit Glas- bzw. Isolierglasfüllung" oder „Massivholztürblatt mit Sandwichfüllung".

● Vollraumtürblatt mit Einlagen ohne Hohlräume (Abb. 4.15):

Türblatt bestehend aus Deckplatten und einer Einlage. Die Einlage muß geschlossen sein und aus vollem Material bestehen. Je nach Einlagenmaterial kann ein Massivholzrahmen erforderlich werden.

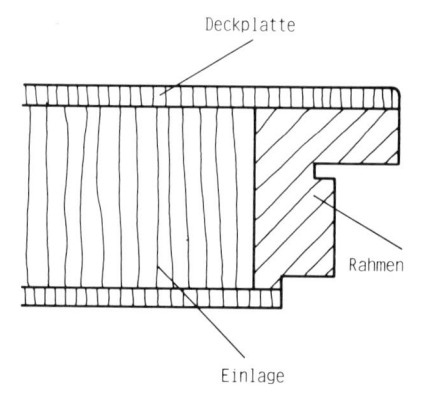

a) mit Holzwerkstoffplatteneinlage (z. B. Tischlerplatten)

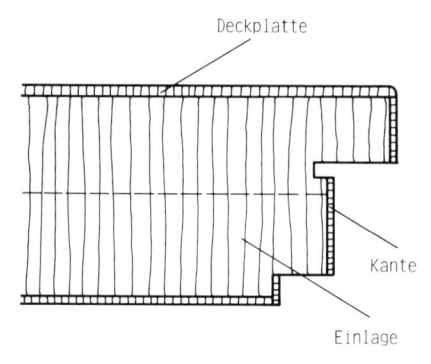

b) mit Furnierplatteneinlage (z. B. Multiplex)

Abb. 4.15 Vollraumtürblatt mit Einlagen

● Vollraumtürblatt mit Einlagen mit geringen Hohlräumen (Abb. 4.16):

Türblatt bestehend aus Deckplatten und einer Einlage. Die Einlage weist geringe Hohlräume auf, die jedoch innerhalb der Einlage liegen müssen. Ein Massivholzrahmen ist immer erforderlich.

Bei Strangpreßplatten ist darauf zu achten, daß keine Feuchtigkeit an die Platten kommt. Die Verwendung von Dampfsperren (z. B. Aluminiumfolie) wird empfohlen.

Die Deckplatten müssen entsprechend den Einlagenmaterialien eine ausreichende Dicke aufweisen.

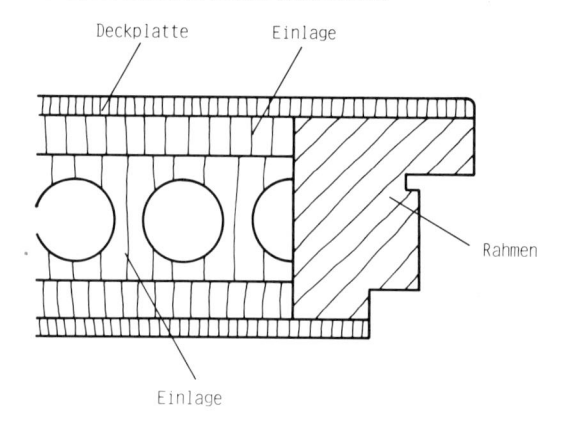

a) mit Hohlraumplatten-Einlage

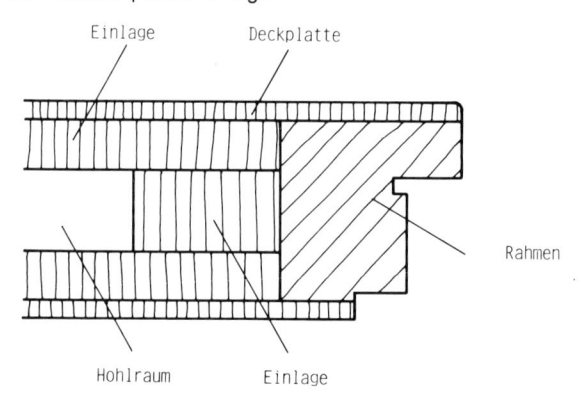

b) mit Holzwerkstoffplatten und Distanzleisten als Einlage

Abb. 4.16 Vollraumtürblatt mit Hohlraum-Einlagen

● Vollraumtürblatt mit Einlagen aus Isoliermaterialien (Abb. 4.17):

Türblatt bestehend aus Deckplatten und einer Einlage aus Materialien mit isolierenden Eigenschaften (Wärmedämmstoffe). Ein Massivholzrahmen ist immer erforderlich. Je nach verwendeten Materialien der Einlagen, der Breite und Dicke der Massivholzrahmen wird zusätzlich noch eine Armierung (Stabilisator) erforderlich.

4.4 Türblatt

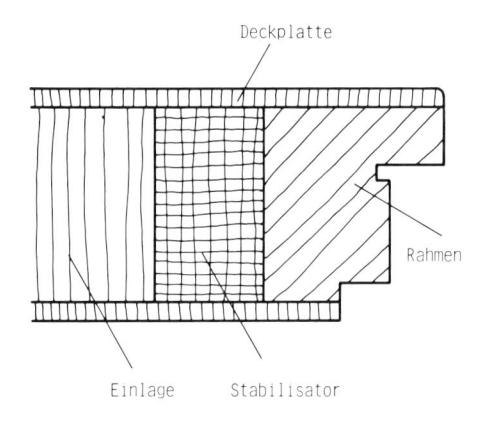

a) mit Isolierkern-Einlage und Stabilisator

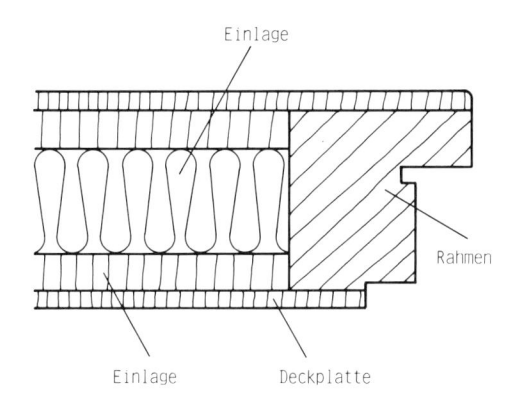

b) mit Isolierkern und Holzwerkstoffplatten-Einlagen

Abb. 4.17 Vollraumtürblatt mit Einlagen aus Isoliermaterial

● Hohltürblatt (Abb. 4.18):

Türblatt bestehend aus Deckplatten und einer Einlage aus Materialien mit groß- oder kleinzelligen Hohlräumen. Ein Massivholzrahmen und ein Armierungsrahmen (Stabilisator) sind immer erforderlich. Der Stabilisator sollte ein Stahlrohrrahmen sein.

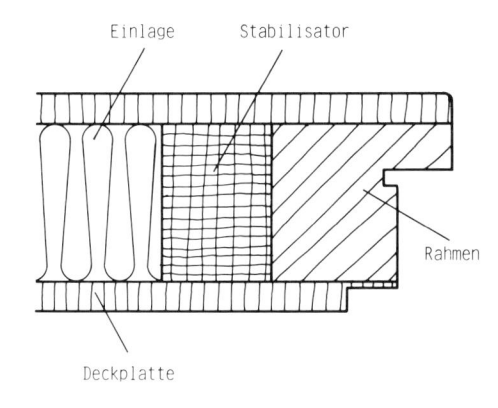

Abb. 4.18 Hohltürblatt mit Stabilisator

● Türblatt mit Vorsatzschale (Abb. 4.19):

Türblatt bestehend aus einem Basistürblatt beliebiger Konstruktion und einer vorgesetzten Schale. Die Schale, die meist aus Holzwerkstoffen besteht, muß so auf das Basistürblatt montiert sein, daß sie sich unabhängig von diesem entsprechend ihrer Maßänderung bewegen kann (gleitende Montage).

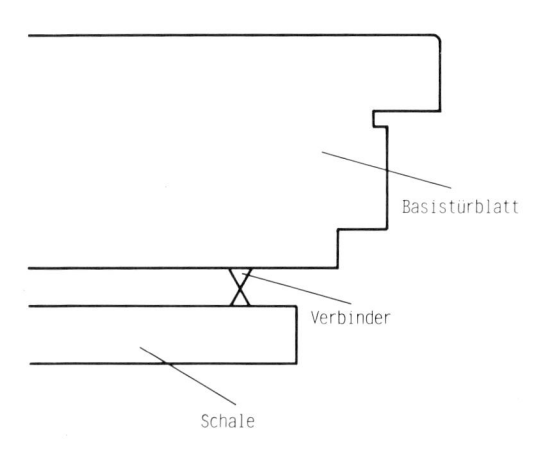

a) Vorsatzschale auf Distanz, mit oder ohne Hinterlüftung

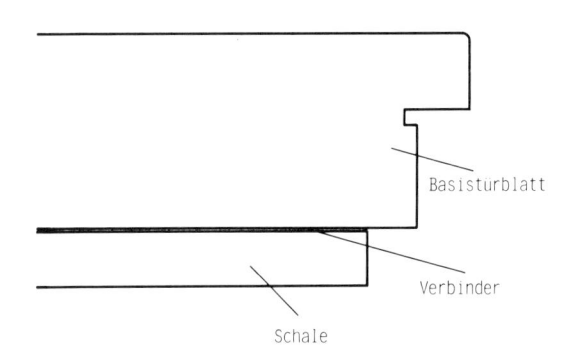

b) Vorsatzschale ohne Distanz und Hinterlüftung

Abb. 4.19 Türblatt mit Vorsatzschale

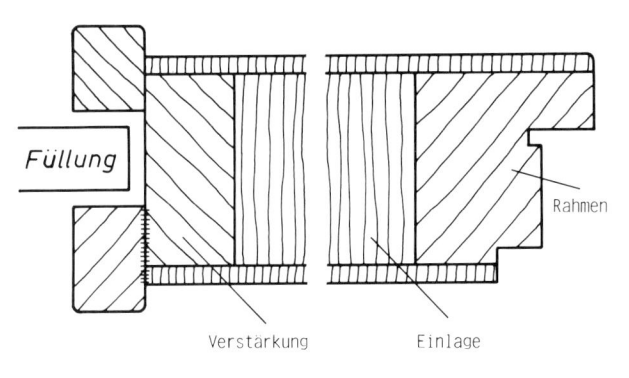

Abb. 4.20 Füllungstür in Rahmenbauweise

4 Konstruktion

● Füllungstürblatt in Rahmenbauweise (Abb. 4.20):

Türblatt bestehend aus vertikalen und horizontalen Friesen (Rahmen) mit zumindest einer eingelegten Füllung. Je nach Füllungsart wird das Füllungstürblatt in Rahmenbauweise mit dieser benannt, z. B.
Füllungstürblatt in Rahmenbauweise mit Isolierglasfüllung(en) oder
Füllungstürblatt in Rahmenbauweise mit Massivholzfüllung(en).

Ein Füllungstürblatt kann sowohl ein Massivholz- als auch ein Vollraumtürblatt, jeweils in Rahmenbauweise, sein.

● Füllungstürblatt in Vollbauweise:

Türblatt bestehend aus einem Vollraumtürblatt mit zumindest einer eingelegten Füllung, die Ausnehmung für die Füllung wird meist aus dem vollflächigen Türblatt herausgeschnitten.

4.4.2 Querschnittsausbildung

4.4.2.1 Allgemeines

Bei den Forderungen, die an eine Haustür gestellt werden, nimmt das „Stehvermögen" – die Formstabilität des Türblattes bei Klimaänderung – eine zentrale Stellung ein. Eine Auswertung der in den letzten Jahren erstellten Gutachten zeigt, daß 60% der Reklamationsfälle auf verformte Haustürblätter zurückzuführen sind.

Die Formstabilität ist entscheidend für Dichtheit, Wärme- und Schalldämmung usw. In den RAL-Güte- und Prüfbestimmungen für Haustüren wird für die Verformung nach der Differenzklimaprüfung ein Grenzwert von 4,5 mm angegeben. Daneben müssen Türblattsteifigkeit, Verschließsystem (ein- oder mehrfach), Dichtungsart und Anforderungsprofil mit berücksichtigt werden.

Bei Verwendung von Lippendichtungen darf man davon ausgehen, daß der Verformungswert wie bei Innentüren [6] auch bei Haustüren bei 3,5 mm liegen kann (bei in Gebrauch befindlichen Türen). Ein geringerer Verformungswert ist unter wirtschaftlichen Gesichtspunkten meist unrealistisch, ein höherer Verformungswert führt aber leicht zu Reklamationen.

● Zeitpunkt der Reklamationen wegen Verformung von Türblättern

Es werden immer wieder Klagen erhoben, daß unmittelbar nach Fertigstellung eines Hauses bzw. einer Wohnung die Türblätter verzogen sind. Sehr oft liegt dies an den klimatischen und z. T. anstrichtechnischen Unzulänglichkeiten in der Neubauphase.

Deswegen können Türen bzw. Türblätter im Hinblick auf die Verzugserscheinung (bis 3,5 mm Verformung sind zulässig bei entsprechender Dichtung und ausreichendem Dichtschluß sowie Funktionserhaltung) erst nach Beendigung der zweiten Heizperiode reklamiert werden.

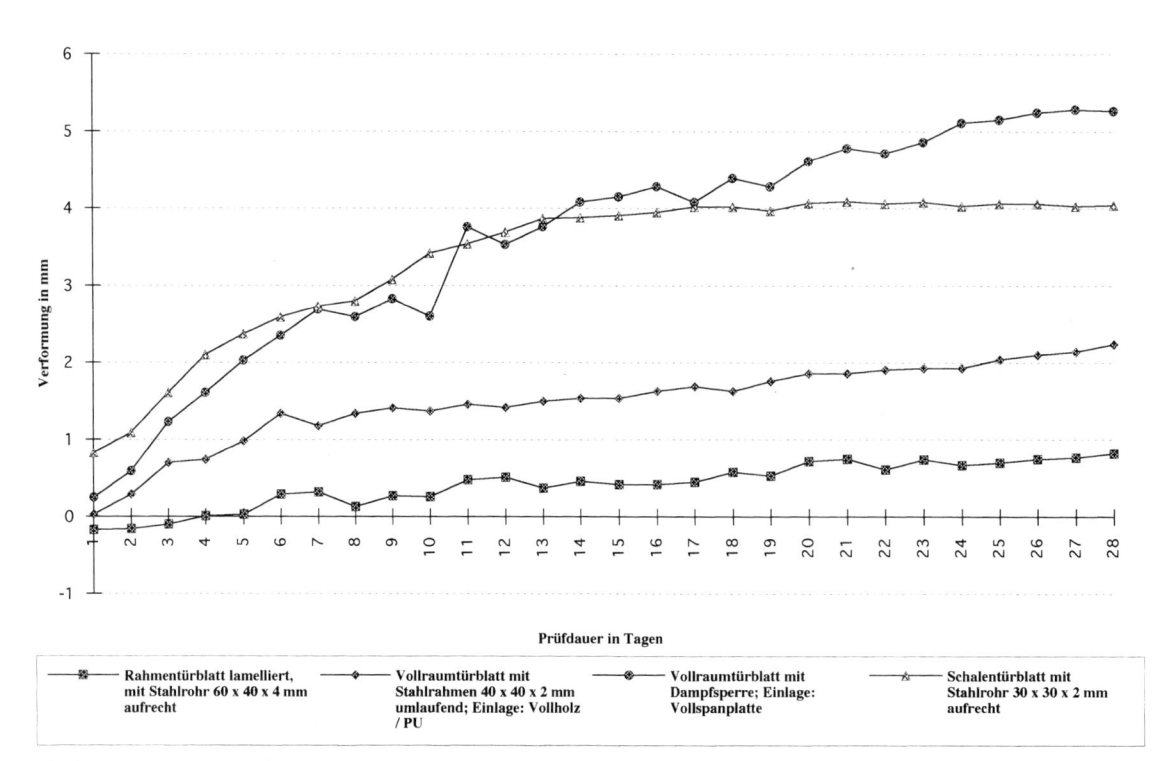

Abb. 4.21 Verformungskurven von Haustüren verschiedener Konstruktionen im Differenzklima ISO/8273 KAT III

Ist die Gefahr des Gewährleistungsverlustes (VOB: 2 Jahre) gegeben, so sollte die Gewährleistung bis Ende der zweiten Heizperiode (etwa Mai) verlängert werden.

Der Einfluß der Konstruktion auf die Verformungscharakteristik geht aus Abb. 4.21 hervor; sie zeigt Verformungskurven von Haustüren, die im Klimaraum belastet wurden. Eine für die Praxis bewährte Konstruktion ist diejenige, deren Verformungsanstieg im Verhältnis zur Zeit gering ist (Verformung ≤ 2 mm nach dem dritten Tag im Prüfklima).

4.4.2.2 Verformung aufgrund hygrothermischer Belastungen

Die Haustür befindet sich im Gegensatz zu normal belasteten Innentüren genau in der Trennungsebene zwischen zwei Klimazonen, wobei sich der Charakter dieser Klimazonen im jahreszeitlichen Rhythmus verändert.

Ein Holztürblatt kann daher auf Dauer nicht völlig plan sein, und so ist es ein Ziel der konstruktiven Gestaltung, die Verformung auf ein Mindestmaß zu beschränken (max. 3,5 mm!).

Eine wesentliche Ursache der Verformung ist die Feuchtigkeitsaufnahme und -abgabe und damit das Quellen und Schwinden des Holzes bzw. Holzwerkstoffes. Daher ist sowohl die verwendete Holzart als auch das bei der Verarbeitung vorhandene Holzfeuchtegleichgewicht bedeutend.

Die temperaturbedingte Formänderung ist bei Holz und Holzwerkstoff von untergeordneter Bedeutung, sollte jedoch insbesondere wegen seiner gegenläufigen Wirkung nicht unbeachtet bleiben.

Unterschiedliche Klimate im Außen- und Innenbereich führen zu unterschiedlichen Spannungen in den äußeren Schichten.

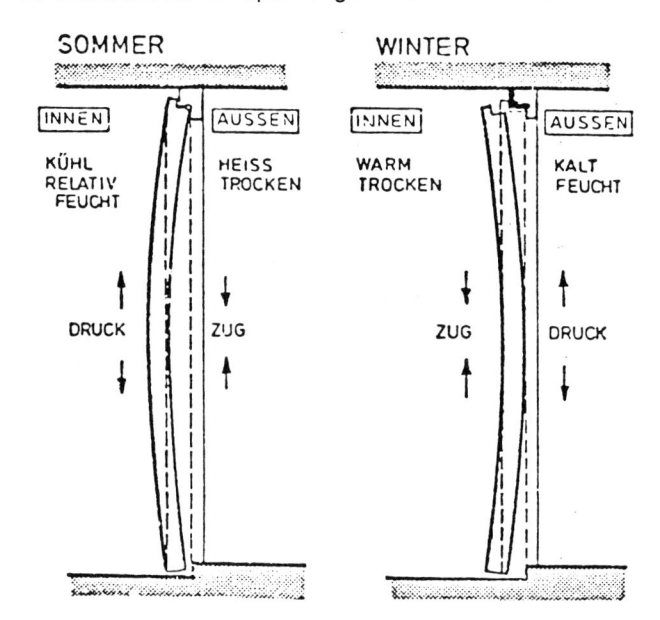

Abb. 4.22 Verformung von Holzhaustüren durch Klimaeinfluß

Eine einfache Berechnung der Änderung des Holzquerschnitts durch Feuchte und der dadurch bedingten Fugenbreitenänderung (Δ_b) ist nach der folgenden Formel möglich (nach [25]):

$$\Delta_b = d \cdot q_m \cdot \Delta_u \cdot \alpha_1 \cdot 0,5$$

Es bedeuten

d = Bauteildicke (Breite),

q_m = Mittlerer Quellungskoeffizient (einprozentige Quellung bzw. Schwindung bei Feuchteänderung und Holzfeuchten zwischen 5 und 20 Prozent),

Δ_u = Feuchteänderung bis 13 Prozent ± 2 Prozent gegenüber Einbaufeuchte (deckender Anstrich ± 3 Prozent, Lasuranstrich ± 6 Prozent),

α_1 = Quellung (DIN 1052, Blatt 1 – üblich 0,01 Prozent längs zur Faser und 0,1–0,4 Prozent quer zur Faser).

Tab. 4.6 q_m-Werte einiger Holzarten

Holzart	q_m (mm/m % Δ_u)
Fichte	0,29
Kiefer	0,26
Dark Red Meranti	0,25
Sipo	0,23

Quelle: Schriftenreihe des Bundesministers für Raumordnung, Bauwesen und Städtebau, Schrift 04.053 – Fensteranschluß zum Baukörper, Falzausbildung am Fenster (bearbeitet vom Institut für Fenstertechnik e. V., Rosenheim).

4.4.2.3 Konstruktionsbeispiele zur Reduzierung der Verformung

Zur Verbesserung des Stehvermögens gibt es heute folgende Möglichkeiten:

- Verwendung quellungs- bzw. schwindungsarmer Werkstoffe;
- Erhöhung der Türblattdicke;
- Lamellierung;
- Verwendung von Dampfsperren;
- Einbau von Armierungen;
- Vorsatzschalen;
- Schalentüren.

● **Verwendung quellungs- bzw. schwindungsarmer Werkstoffe**

Da die Verformung bei Holz bzw. Holzwerkstoffen im wesentlichen in den hygroskopischen Eigenschaften der eingesetzten Holz- und Holzwerkstoffart begründet ist, sollten Materialien verwendet werden, die einen niedrigen Feuchteausdehnungskoeffizienten (α-Wert) aufweisen.

Bei Holzwerkstoffen beträgt der Feuchteausdehnungskoeffizient etwa 0,02% je 1% Holzfeuchteänderung; bei Massivhölzern liegt er je nach Jahrringlage im Bereich von 0,05% bis

4 Konstruktion

0,40 % je 1 % Holzfeuchteänderung. Dies bedeutet, daß sich z. B. eine Holzwerkstoffplatte von 1 m Länge bei 5 % Feuchteänderung – im Haustürenbereich eine durchaus realistische Größe – um 1 mm verlängern kann. Bei Massivholzplatten würde die Änderung, bezogen auf 1 m, bei 5 % Feuchteänderung 2,5 bis 20 mm betragen!

● **Erhöhung der Türblattdicke**

Eine Reduzierung der Verformung kann durch Erhöhung der Türblattdicke erreicht werden.

Allgemein gilt, daß eine Verdoppelung der Türblattdicke (Türfriesdicke) eine Halbierung der Verformung zur Folge hat.

Der Erhöhung der Türblattdicke sind allerdings Grenzen gesetzt, und zwar einmal aus wirtschaftlichen Überlegungen und zum anderen, weil Holz kein homogener Werkstoff ist und somit im holztechnologischen Verhalten starken Schwankungen unterlegen ist.

Untersuchungen an verschieden dick ausgeführten Türfriesen ergaben die folgenden durchschnittlichen Verformungswerte (Durchbiegungen, gemessen nach DIN EN 24):

Friesdicke	Verformung
56 mm	ca. 5 mm
68 mm	ca. 4 mm
78 mm	ca. 3 mm
92 mm	ca. 2 mm
Haustür 100 mm mit Füllungen	ca. 1 mm

Die Türfriese wurden hierbei dem Differenzklima Kategorie III nach ISO/DIS 8273 ausgesetzt.

Es kann daher davon ausgegangen werden, daß ein Türfries mit einer Dicke von 55 mm sich eher verformt als ein Türfries etwa von 80 mm Dicke.

Andererseits eignen sich gerade dünnere Türen besser für den Einsatz von Mehrfachverriegelungen, da die Schließkräfte am Profilzylinder wegen der geringen Biegesteifigkeit bei der Reverformung des Türblattes geringer sind.

Die Verbreiterung der Türfriese führt nur unwesentlich zu einer Verbesserung des Verformungsverhaltens. Auch die Verwendung von Hölzern mit höherem E-Modul läßt bei sonst gleichen hygrothermischen Eigenschaften keine ausreichende Verbesserung des Verformungsverhaltens zu.

● **Lamellierung**

Die Lamellierung bietet bei sorgfältiger Anwendung die Gewähr, daß die so hergestellten Haustürfriese in etwa ein gleiches Verhalten und die gleichen spezifischen Eigenschaften wie Vollholz aufweisen. Die zwei häufigsten Lamellierungsarten sind in Abb. 4.23 dargestellt.

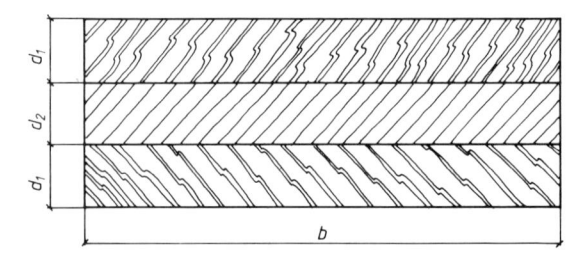

a) mehrschichtig mit jeweils einschichtigen Lagen

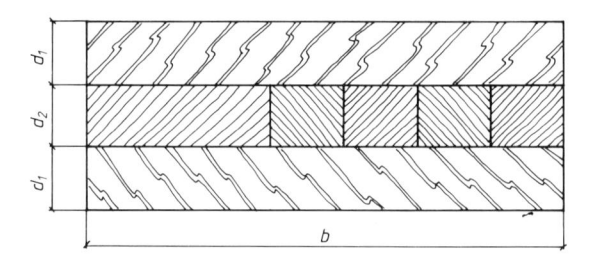

b) mit einschichtigen Decklagen und mehrschichtigen Mittellagen

Abb. 4.23 Lamelliertes Haustürfries

Außerdem sei die in Abb. 4.24 aufgeführte Konstruktion erwähnt. Dieser Konstruktionsaufbau hat mehr mit einer Stäbchen-Tischlerplatte als mit einer Lamellierung zu tun. Er erreichte jedoch bei vergleichenden Untersuchungen, die auch Massivholz-Türfriese und solche mit einem Aufbau wie in Abb. 4.23 einbezog, sehr gute Ergebnisse. Es ist allerdings darauf zu achten, daß sowohl die Mittellamellen nicht zu breit als auch die Decklagen (d_1) nicht zu dünn gewählt werden. Bei Verwendung von zu dünnen Furnieren ist sowohl mit Rißbildung als auch mit einem Sichabzeichnen der Mittellamellen zu rechnen.

Optimal wäre, die Decklagen aus einem qualitativ guten wasserfesten AW 100 verleimten Sperrholz mit $d_1 \geq 4$ mm auszubilden.

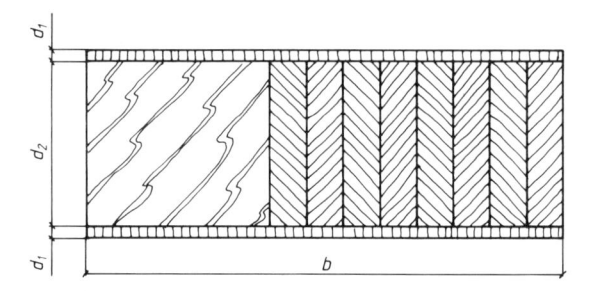

Abb. 4.24 Haustürfries mehrschichtig in „Tischlerplatten-Bauweise"

Bei der Lamellierung von Rahmenhölzern wie in Abb. 4.23 a) treten aber immer wieder Probleme mit dem Stehvermögen des Rahmenholzes und insbesondere der Verleimung auf.

4.4 Türblatt

Die folgenden Hinweise sollen helfen, Fehlerquellen zu vermeiden, sie können aber nicht die eigene Erfahrung auf diesem Gebiet ersetzen:

- Eine Lamellendicke von mindestens 15 mm und ein symmetrischer Aufbau des Querschnittes sind wichtig, um ein gutes Stehvermögen zu erreichen.
- Zur Lamellierung eignen sich nur Leime der Beanspruchungsgruppe B 4 gemäß DIN 68 602. Bei einigen exotischen Hölzern, z. B. Teak, ist auf eine Verträglichkeit des Leimes mit den Holzinhaltsstoffen zu achten.
- Leimfugen dürfen nicht der unmittelbaren Bewitterung ausgesetzt sein.
- Alle im Außenbereich einsetzbaren Hölzer können auch für die Herstellung von lamellierten Rahmen verwendet werden. In einem Rahmenholz sollen aber nur Mittellagen und Deckschichten verwendet werden, die sich in Materialeigenschaften und Holzqualität gleichen.
- Die Holzfeuchte muß vor der Verleimung im Bereich zwischen 11 und 15% liegen. Zwischen einzelnen Lamellen eines Rahmenholzes sollte die Holzfeuchte um nicht mehr als 1% streuen.
- Das Verleimen sollte unmittelbar nach dem Hobeln bei einer Temperatur zwischen 15 und 20 °C erfolgen.
- Nach dem Verleimen ist zum Spannungs- und Feuchtigkeitsausgleich eine Konditionierung von ca. 2 bis 3 Tagen erforderlich.
- Die Vorschriften des Leimherstellers sind unbedingt einzuhalten.

● **Verwendung von Dampfsperren**

Bei der Verwendung von Trägerplatten ist es sinnvoll, das System durch geeignete Maßnahmen vor Feuchtigkeitsaufnahme zu schützen. Als wirkungsvoll erweisen sich die Dampfsperren, die ein Eindringen des Dampfes in das Bauteil verhindern. Wesentlich ist, daß die Dampfsperre innerhalb des Bauteils möglichst in den äußeren Schichten – d. h. möglichst direkt unter dem Deckfurnier – und auf der Warmseite des Türblatts eingebaut wird. Da jedoch die Warmseite im Winter die Innenseite und im Sommer die Außenseite der Tür ist, muß der Einbau beidseitig erfolgen.

Als Dampfsperre eignet sich wegen ihrer guten Verarbeitbarkeit und des hohen Dampfdiffusionswiderstandes Aluminiumfolie besonders gut.

Dampfsperren sind geeignet, Verformungen an Türblättern abzubauen. Die gebräuchlichsten Dicken liegen zwischen 0,1 und 0,5 mm, wobei darauf zu achten ist, daß die Dampfsperren kein „Eigenleben" entwickeln; sie sollen zwar die Feuchtigkeit abhalten, nicht aber bei Temperatureinwirkung so starke Maßänderungen aufweisen, daß das Türblatt durch die Dampfsperre verformt wird. Für Türblätter mittlerer Dicken sollten die Dampfsperren folgende Dicken aufweisen:

Türblattdicke bis ca. 50 mm – Dampfsperre bis ca. 0,2 mm
Türblattdicke bis ca. 80 mm – Dampfsperre bis ca. 0,5 mm

Dickere Türblätter (ab etwa 80 mm) benötigen aufgrund ihrer Türblattdicke keine Dampfsperren mehr.

Das Verwenden von Haushaltsfolien aus Aluminium ist nicht zu empfehlen. Die Folie ist zu dünn und zu schmal und gewährleistet keine dauerhafte Verleimung, wenn auch die Sperrwirkung – Verhinderung von Feuchteaufnahme des dahinterliegenden Holzes bzw. Holzwerkstoffes – durchaus gegeben sein kann.

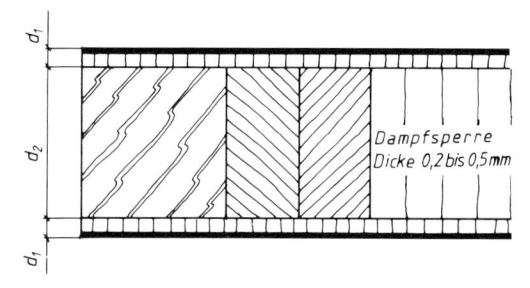

Abb. 4.25 Haustürquerschnitt mit Dampfsperre

Der Einsatz glasfaserverstärkter Kunststoffplatten ist noch nicht so erprobt, daß man diese Art der Dampfsperren mit der Dampfsperre von Aluminium gleichsetzen kann.

● **Einbau von Armierungen**

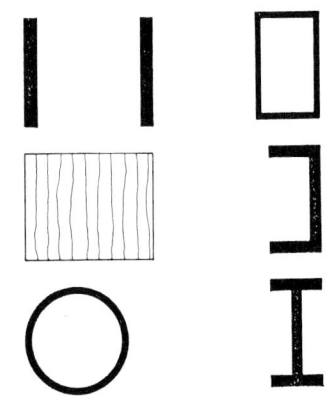

Abb. 4.26 Armierungen

Zur Armierung wird meist Stahl St 37 in Form von U- T- oder C-Profilen oder Rechteck- und Quadratrohren verwendet (vgl. Abb. 4.26). Aluminiumwerkstoff hat sich wegen seines geringen E-Moduls nicht so gut bewährt, wird jedoch – mit entsprechender Dimensionierung – ebenfalls gelegentlich eingesetzt.

4 Konstruktion

Armierungen mit Metallprofilen können lose eingelegt oder eingeklebt werden. Versuche haben ergeben, daß sich ein starrer Verbund zwischen Armierung und Holz verformungstechnisch als günstiger erweist.

Beachte: Im Bereich der Aussteifung ist mit erhöhter Tauwasserbildung zu rechnen. Hinweise zur Vermeidung finden sich im Kapitel 11 WÄRMESCHUTZ.

Die durch die Armierung zu erwartende Reduzierung der Verformung hängt sehr stark von dem Verhältnis der Biegesteifigkeit des Türblattes ohne Armierung zur Biegesteifigkeit der Armierung ab. Theoretische Betrachtungen sagen aus, daß die Türblattverformung um so geringer wird, je größer das Verhältnis Elastizitätsmodul des Türblattes ohne Armierung (E_0) mal dem Flächenträgheitsmoment I_0 des Türblattes zu Elastizitätsmodul der Armierung (E_A) mal dem Flächenträgheitsmoment der Armierung (I_A) wird ($E_0 \cdot I_0 : E_A \cdot I_A$). Liegen vom Türblatt ohne Armierung gleiche Größen wie von der Armierung vor (Verhältnis = 1), so ist mit etwa einer halb so starken Verformung zu rechnen. Dies erklärt, weshalb auch Türblätter mit Armierungen noch Verformungen aufweisen. Daher kann nicht oft genug der Hinweis kommen, daß es keine verformungsfreien Türblätter geben kann. Diese Aussage ist übrigens werkstoffunabhängig! Allerdings ist bei Holztüren die hygrothermische Verformung größer als z. B. bei Stahlblechtüren. Es ist daher Aufgabe einer richtig ausgewählten und eingebrachten Armierung, die Verformung auf ein tolerierbares Maß zu reduzieren.

Eine Armierung führt nicht zu einem Spannungsabbau; sie nimmt die während des Verformungsvorganges auftretenden Spannungen auf. Dampfsperren dagegen führen zu geringeren Spannungen, da sie die Feuchtigkeitsaufnahme herabsetzen. Versuche haben gezeigt, daß eine mit einem Stahlrohr armierte volle Tischlerplatte größere Verformungen aufweist, als wenn diese mit einer 0,2 mm dicken Alufolie als Dampfsperre ausgestattet ist (Abb. 4.21). Hingegen führt ein umlaufender Metallrahmen in Hohlraumkonstruktionen zu einem besseren Ergebnis.

Die Armierung kann einseitig längs (Schloßseite), beidseitig längs oder vierseitig als Rahmen eingebaut werden. Bei einem vierseitig armierten Türblatt (Rahmen) ist die Verwindung geringer als bei einem einseitig armierten.

Die Ausnehmung des Schloßkasten an den Armierungsprofilen beeinflußt das Verformungsverhalten des Türblattes geringfügig negativ. Es wird daher geraten, auf der Schließseite ein zweites, hinter dem Schloßkasten verlaufendes Profil in den umlaufenden Rahmen einzuschweißen (s. Abb. 4.28).

Die folgende Graphik (Abb. 4.29) soll bei der überschlägigen Abschätzung der Mindestquerschnitte der Rahmenhölzer als Hilfe dienen. Sie zeigt die notwendige Rahmenbreite in Abhängigkeit von der Rahmendicke für verschiedene Hölzer und Armierungsarten. Es handelt sich hierbei um eine sehr vereinfachte Berechnung bei einer zulässigen Verformung (Durchbiegung) von 3,5 mm.

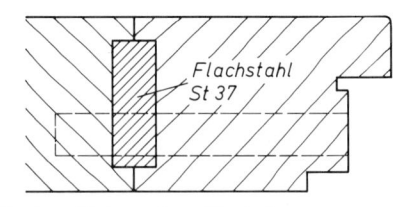

a) formschlüssiger Einbau eines Flacheisens

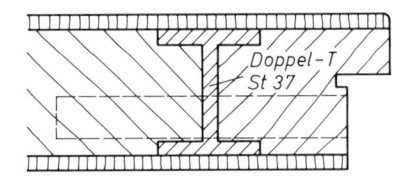

b) formschlüssiger Einbau eines Doppel-T-Trägers

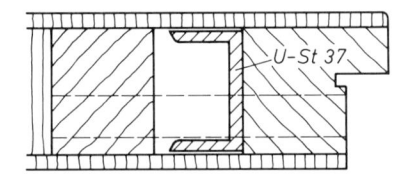

c) loser oder formschlüssiger Einbau eines U-Eisens

Abb. 4.27 Beispiele verschiedener Armierungsprofile

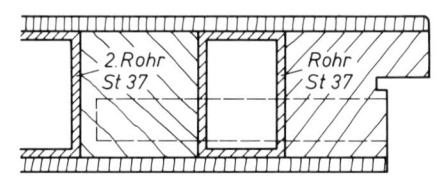

Abb. 4.28 Zweiter, hinter dem Schloßkasten verlaufender Profilstab

Sehr wichtig ist, daß die Armierung kraftschlüssig mit den Deckplatten oder den Rahmen verbunden ist (z. B. durch Einkleben mit Epoxidharzkleber). Je weniger ein Kraftschluß vorliegt, desto mehr kann sich das Türblatt verformen.

● **Vorsatzschale**

Die Vorsatzschale ist neben der Schalentür eine der interessantesten Lösungen, Verformungen an Türblättern zu verhindern bzw. zu reduzieren. Konstruktiv bedeutet dies, daß einem Basistürblatt eine Schale gleitend aufgesetzt wird. Eine Vorsatzschale hat folgende Vorteile:

— leichte Austauschbarkeit und damit Ersetzbarkeit durch Platten anderer Werkstoffe, Oberflächenart und Oberflächengestaltung;
— geringerer Verzug des Basistürblattes, da die direkte intensive Belastung von der Schale aufgefangen wird;
— Wartungsfreudigkeit durch leichtere Handhabbarkeit des „Türblattes" bzw. der Schale;

4.4 Türblatt

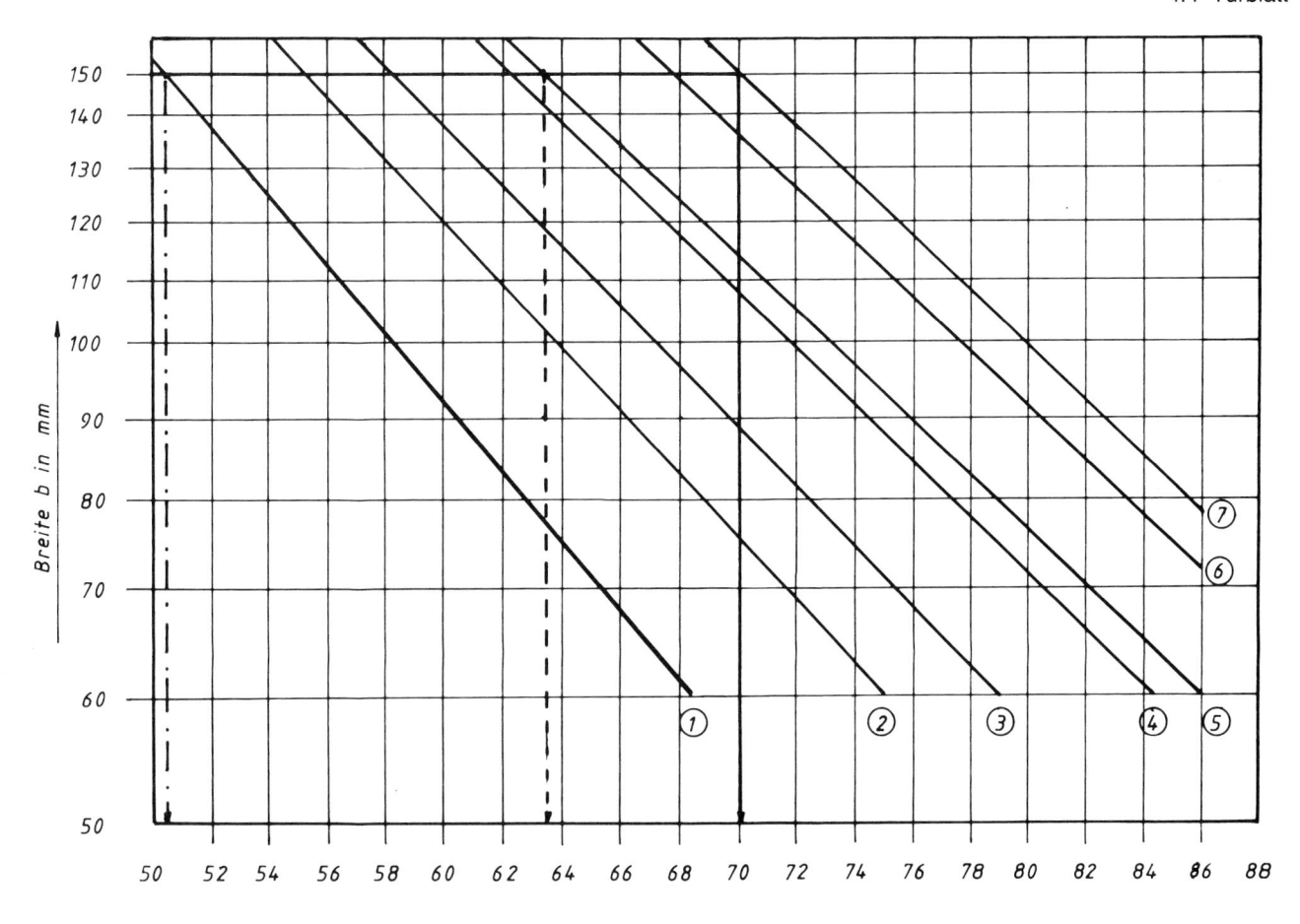

Abb. 4.29 Dimensionierungsempfehlung für Türfriese

Armierte Türfriese:
① Stahlrohr □ 30 × 40 × 4
② Flachstahl 2 Stück 35 × 4
③ Kunstharzpreßholz

Massivholz Türfriese
④ Eiche lamelliert
⑤ Eiche
⑥ Pitch Pine
⑦ Fichte

- höhere Dichtheit durch Vergrößerung der Wind- und Regensperre;
- bessere Einbruchhemmung durch Zusatzfalz und Verhinderung eines zu leichten Werkzeugeinsatzes (Sicherheitsfalz);
- optische Verbesserung durch größere Gestaltungsfreiheit (asymmetrischer Aufbau);
- kostengünstiger durch Reduzierung der Dicke des Basistürblattes.

Denkbar sind auch Konstruktionen mit beidseitiger Anbringung von Vorsatzschalen auf einem ausreichend steifen Basistürblatt (Träger).

Mit einer Vorsatzschale können nachträglich Verbesserungen in bezug auf Schallschutz, Wärmeschutz, Einbruchschutz usw. erreicht werden.

Vorsatzschalen können auf verschiedenste Art und Weise angebracht werden. Als heute schon im Einsatz befindliche Methoden seien genannt:

a) schubfest aufgebrachte Faßleisten, in die die Schale von unten eingeschoben wird (Abb. 4.30). Die Faßleisten können beliebig profiliert sein und tragen mit zur Gestaltung der Haustürfläche bei.

4 Konstruktion

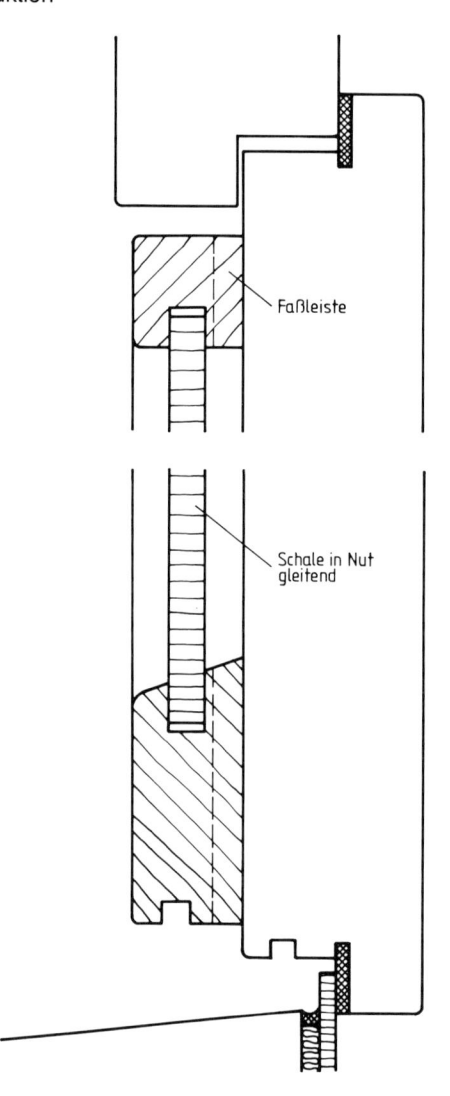

Abb. 4.30 In genutete Faßleisten eingeschobene Vorsatzschale

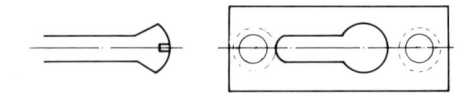

Abb. 4.31 Bettbeschlag

geschlossenem Zustand ist bei entsprechend geringem Freiraum oben zum Blendrahmen nicht möglich.

● Clipse bzw. Druckknöpfe (z. B. HNT-Clips; s. Abb. 4.32)
Die Clipse haben den Nachteil, daß zum einen die Vorsatzschale nicht frei gleiten kann, und zum anderen ist das Aufbringen relativ zeitaufwendig, kann allerdings durch geeignete Bohraggregate und -schablonen erleichtert werden. Ein Aushängen der Schale (Einbruch!) ist auch bei geschlossener Tür möglich!

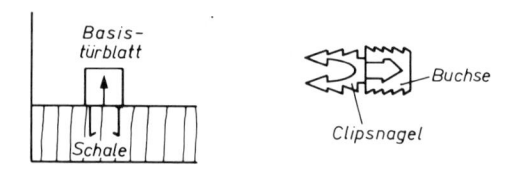

Abb. 4.32 HNT-Clips

● Haas Verbindungsbeschlag (s. Abb. 4.33)

Die Vorsatzschale wird wie beim Bettbeschlag eingehängt und nach unten gedrückt. Sie kann bei entsprechend geringem Freiraum im geschlossenen Zustand – Fuge Oberkante Schale/Unterkante Blendrahmen quer kleiner als 6 mm – nicht ausgehängt werden. Die Schlitze für die Verbinder werden mit einem Einschlagwerkzeug eingebracht und die Verbinder mit einem Spezialkleber eingeklebt; eine mechanische Verbindung ist nicht möglich!

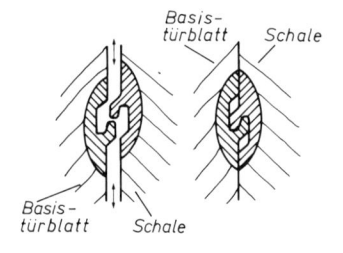

Abb. 4.33 Haas Verbindungsbeschlag

Diese Konstruktion hat den Nachteil, daß sie aufgrund der Faßleisten asymmetrisch ist zur Hinterlüftung des Hohlraumes. Zwischen Vorsatzschale und Basistürblatt müssen Lüftungsschlitze an den verlaufenden Faßleisten ausgefräst werden. Wird der Freiraum nicht hinterlüftet, so könnte die Gefahr einer Feuchteanreicherung bestehen.

b) Gleitend aufgebrachte Vorsatzschalen mit Hilfe von Aufhängebeschlägen. An Aufhängebeschlägen seien genannt:
● Bettbeschlag (Linsenkopfschraube mit Gegenplatte; s. Abb. 4.31).

Die Schale kann vertikal gleiten; sie wird relativ leicht eingehängt und nach unten gedrückt. Ein Aushängen der Schale in

● TROXI® Verbinder (s. Abb. 4.34)

Der Beschlag ist ebenfalls ein Verbinder für eine unsichtbare, jederzeit wieder lösbare Verbindung. Er besteht aus einem Topf von 40 mm Durchmesser und 10 mm Höhe mit einem starken, vorstehenden Lappen. Dank der geringen Einbau-

4.4 Türblatt

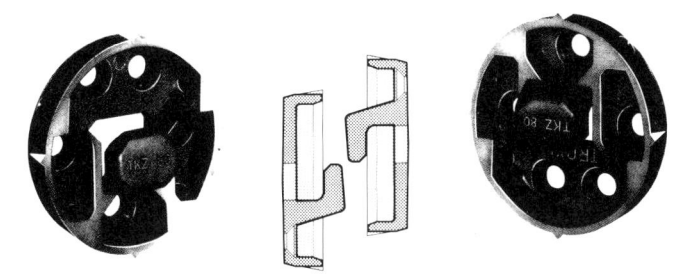

Abb. 4.34 TROXI® Verbinder [34]

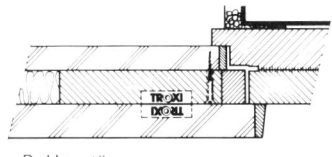

z.B. Haustüren

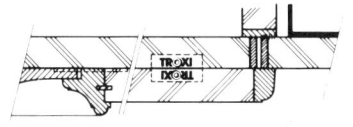

z.B. schwere Zimmertüren

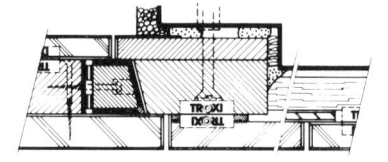

z.B. Schallhemmende Türen mit anschliessender Wandverkleidung

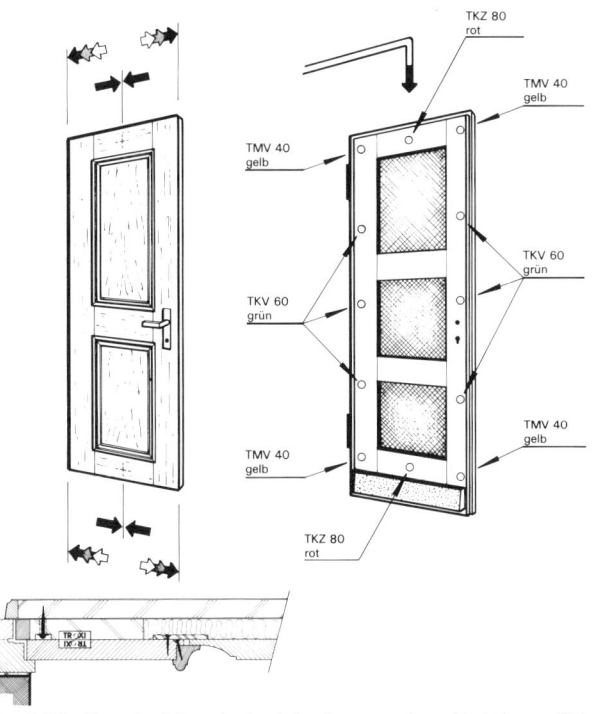

Abb. 4.35 Konstruktionsbeispiel einer mehrschichtigen Tür mit TROXI®- Verbinder [34]

tiefe können Vorsatzschalen schon ab 14 mm Dicke, dank der großen Zugfestigkeit der Lappen aber auch schwerere Vorsatzschalen eingehängt werden.

Die Töpfe bestehen entweder aus Nylon oder aus Druckguß. Sie werden durch Schrauben befestigt. Die Montage ist relativ einfach, zudem gibt es optimal ausgefeilte Montagehilfen.

Ist bei den vorgenannten Verbindern entweder keine oder nur eine Bewegung der Schale in die vertikale Achse möglich, so erlauben die TROXI®-Verbinder die Verschiebung in zwei Achsen, horizontal und vertikal. Gerade beim Werkstoff Holz ist eine ungehinderte Quell- und Schwindbewegung in beiden Achsen unumgänglich, um nicht doch noch Verformungsspannungen auf das Basistürblatt aufzubringen.

Die Frage, ob Hinterlüftung notwendig ist oder nicht, kann noch nicht abschließend beantwortet werden. Bei einer gleitenden Aufhängung der Vorsatzschale sowie beim Anbringen von Isolierung empfiehlt sich eine Hinterlüftung. Das Eindringen von Feuchtigkeit, insbesondere durch Schlagregen, läßt sich bei dieser Art der Schalenaufbringung nie ganz vermeiden. Nach dem Grundsatz, daß Wasser durchaus in die Konstruktion eindringen darf, wenn kontrolliert wieder abgeleitet wird, sollte die Schale hinterlüftet aufgebracht werden.

● **Schalentüren**
Diese Türblätter sind als Haustüren noch nicht auf dem Markt.

Das Grundprinzip ist die konsequente Weiterverfolgung des Gedankens, daß Türblätter dann keine Verformung aufweisen, wenn keine Eigenspannung der Werkstoffe auftritt. Da dies so gut wie unmöglich ist, muß der Freigabe von Eigenspannung derart nachgekommen werden, daß die Spannung sich in eine ungehinderte Längenausdehnung abbauen kann. Genau dies wird durch gleitende Aneinanderreihung von Holzwerkstoffplatten erreicht. Untersuchungen laufen zur Zeit im Prüfinstitut Türentechnik + Einbruchsicherheit, Rosenheim. (s. Abb. 4.37–4.39)

Neue Konstruktionsideen
Andere in der Entwicklung, Planung oder Erprobung befindliche Möglichkeiten zur Verbesserung des Stehvermögens von Haustüren seien hier aufgeführt, ohne daß die technische Verwendbarkeit erörtert werden soll:

– Einsatz von verstärkten Kunststoffen direkt unter den Deckfurnieren, wobei durch Auswahl der richtigen Verstärkungsmaterialien die nötige Zugfestigkeit eingestellt wird. Gleichzeitig dienen diese Einlagen als Dampfsperren;

– Einbau von Materialien (z. B. Hanfseile oder dgl.), die sich bei Feuchtigkeitsaufnahme verkürzen. Diese Materialien werden direkt in die Beplankung eingebaut und sollen einer Quellung entgegenwirken.

4 Konstruktion

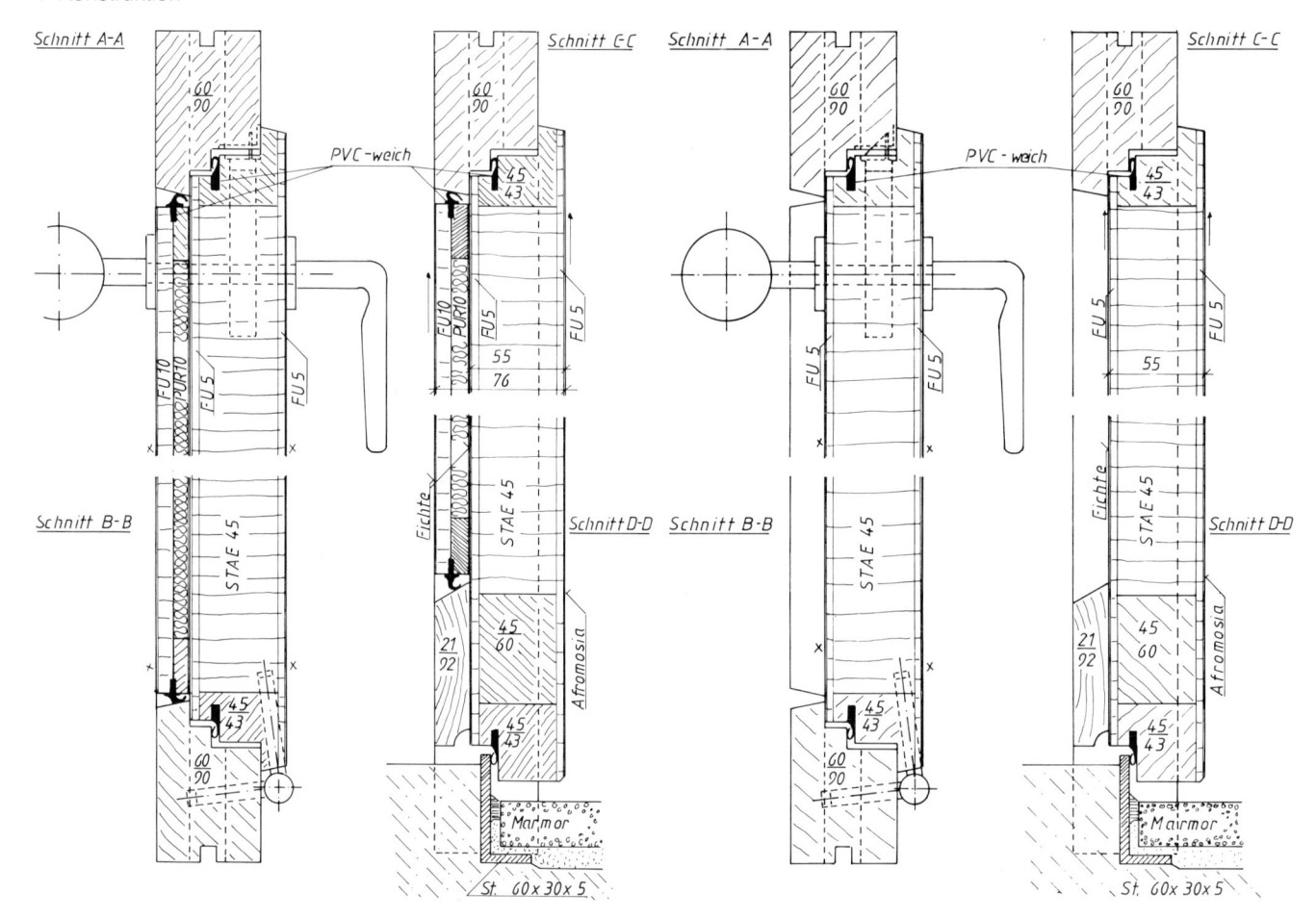

Abb. 4.36 Durch Anbringen einer Vorsatzschale mit Hilfe eines Bettbeschlages sanierte Haustür [35]

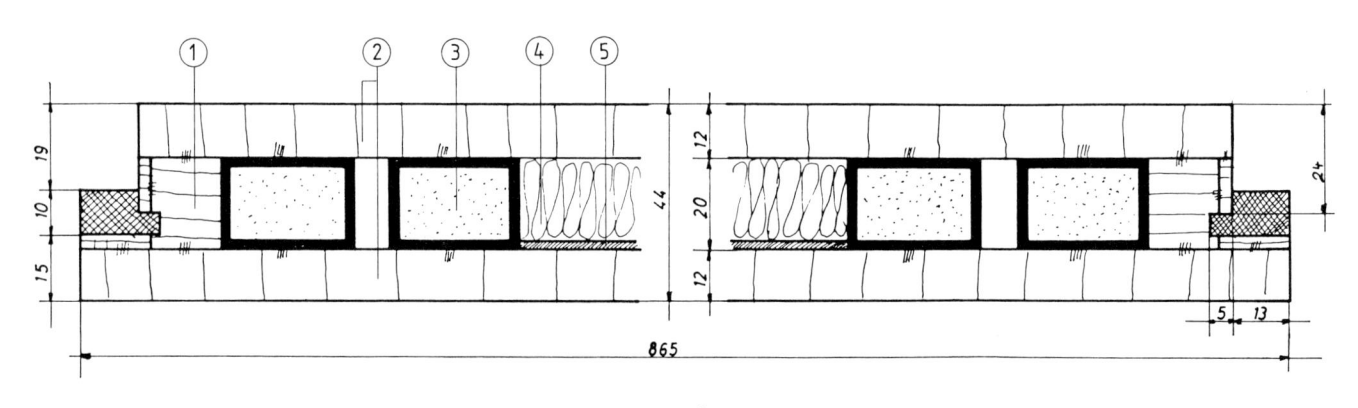

Abb. 4.37 Schalentürblatt durch je zwei aufrechte mit den Deckplatten verklebte Aluminiumrohre [36]

① MDF 16 × 20
② MDF 12
③ Alu-Vierkantrohr 30 × 20 × 2
④ Glaswolle 15/10
⑤ Teroson-Schalldämmatte 2 mm

4.4 Türblatt

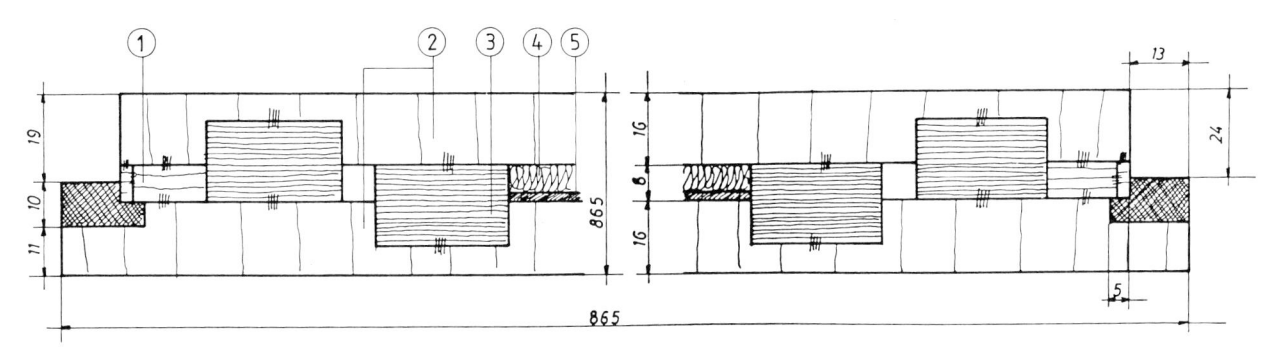

Abb. 4.38 Schalentürblatt durch je zwei aufrechte mit den Deckplatten verklebte Delignit Panzerholz®-Leisten. Die Delignit Panzerholz®-Aussteifung ist in die Deckplatte eingenutet und in der Ebene versetzt angeordnet [36]

① MDF 16 × 8
② MDF 16
③ Delignit-Panzerholz® 18 × 30
④ Glaswolle 15/5
⑤ Teroson-Schalldämmatte 2 mm

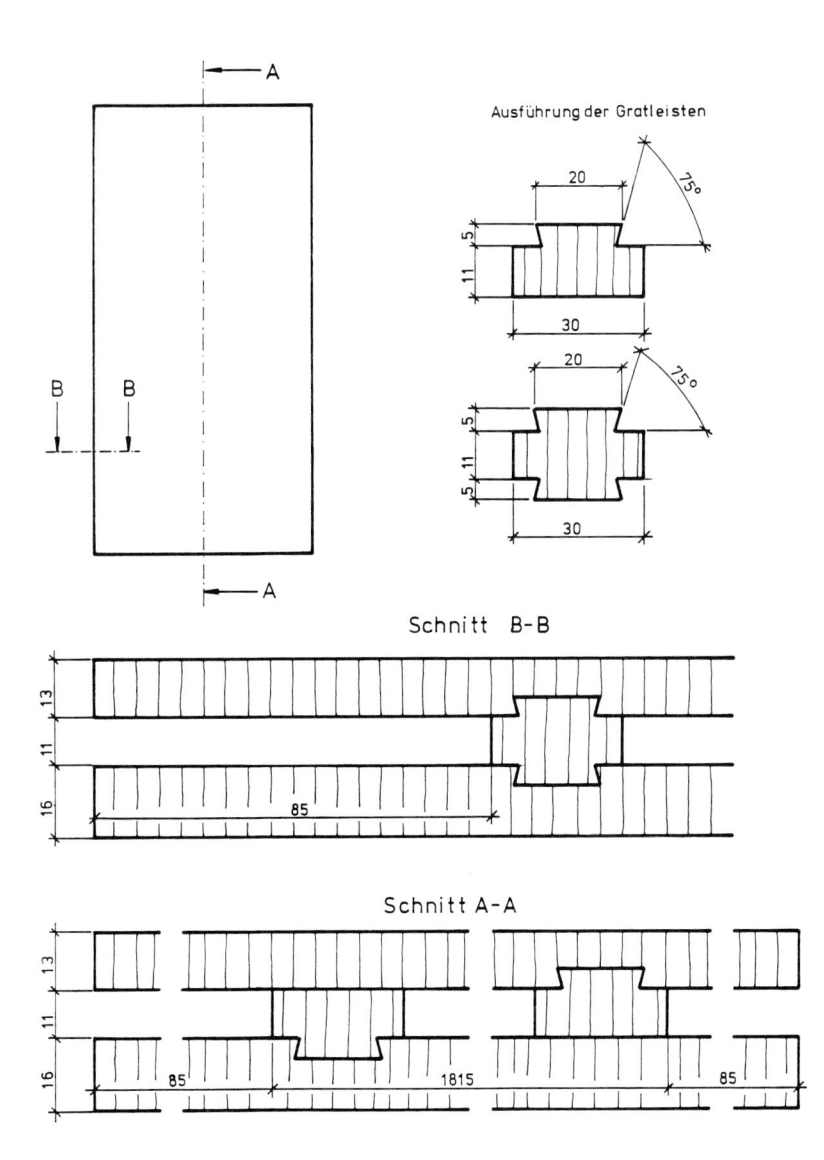

Ausführung der Gratleisten

Schnitt B-B

Schnitt A-A

Abb. 4.39 Schalentürblatt mit Hilfe „lose" eingeschobener Gratleisten aus Delignit Panzerholz® [37]

4 Konstruktion

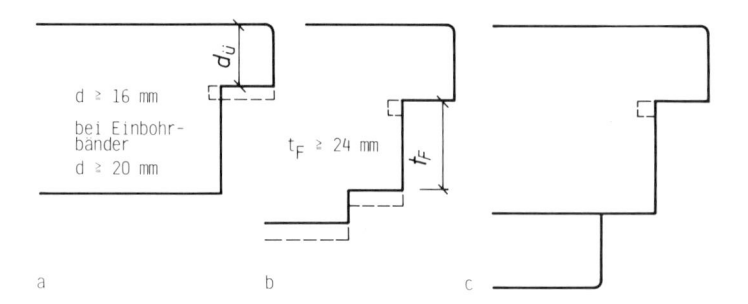

Abb. 4.40 Schematische Darstellung der Falzausbildung

a) Einfachfalz
b) Doppelfalz
c) Doppelfalz durch Kombination von Basistürblatt und Vorsatzschale

4.5 Falzausbildung

Die Falzausbildung ist unter anderem entscheidend für:

– Dichtfunktion/Fugendurchlässigkeit,
– Schlagregendichtheit,
– Einbruchschutz,
– optische Wirkung,
– Kammermaß (Falzluft),
– Bandbefestigung.

In der Regel liegen zwei Falzbereiche vor: einerseits der Schwellenbereich, andererseits die Falze oben quer und längs aufrecht. Ist der Falz an allen vier Seiten des Türblatts gleich profiliert, spricht man von einem umlaufenden Falz bzw. – wenn er eine Dichtung trägt – von einer umlaufenden Dichtungsebene.

4.5.1 Falz oben quer und längs aufrecht

Die Einhaltung der technischen Anforderungen hängt wesentlich von dem verwendeten Dichtungssystem ab. Für die Schlagregendichtheit haben sich Konstruktionen mit Einfachfalz und innenliegender Dichtungsebene eher bewährt als solche mit Doppel- oder Mehrfachfalz und Mitteldichtung. Optimal scheint es zu sein, wenn der zweite, äußere Falz durch die Vorsatzschale gebildet wird (vgl. Abb. 4.40). Zur ausreichenden Befestigung des Schlosses sollte der Falz eine Mindesttiefe von 24 mm aufweisen; des weiteren sollte der Überschlag aus optischen Gründen nicht dünner als 16 mm und aus technischen Gründen bei Verwendung von Einbohrbändern nicht dünner als 20 mm sein.

Die Falzausbildung wird daher im wesentlichen von der Lage der Dichtungsebene bestimmt (s. Kapitel 7 DICHTUNGEN). Sind mehrere Dichtungsebenen am Türblatt vorgesehen, so ist der Mehrfachfalz unumgänglich.

4.5.2 Falz unten quer (Schwellenausbildung)

Die Ausbildung des Schwellenbereiches ist außer von der Wahl des Dichtungssystems noch abhängig von der Ausbildung des Boden-Anschlagsystems. Zu empfehlen ist in jedem Fall eine Dichtungsebene bei gleichzeitigem Schwellenanschlag.

Die Anschlaghöhe sollte sowohl innen als auch außen ausreichend sein. Gemäß DIN 18025 Teil 1 darf die Anschlaghöhe maximal 25 mm betragen.

Es ist ratsam, diese Höhe auszuschöpfen und vor allem vom äußeren Bodenniveau bis Oberkante Schwelle eine ausreichende Höhe vorzusehen, damit zum einen der Schlagregen zusätzlich abgehalten und zum anderen kein angestautes Wasser über die Schwelle gedrückt wird. Gerade im Holzbereich ist die Ausbildung des Anschlags durch Flach- oder Winkeleisen noch stark verbreitet. Bei dieser Anschlagart ist auf eine ausreichende Neigung des äußeren Bodens zu achten (s. Abb. 4.41).

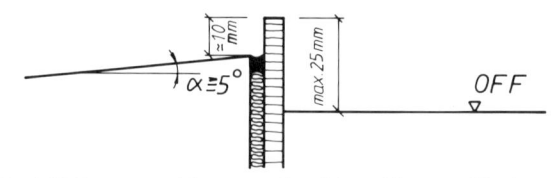

Abb. 4.41 Zusammenhänge von Anschlagschiene und Bodenneigung

Langfristig wäre es wünschenswert, statt der einfachen Anschlagschiene entwässerbare „Regenschutzschienen" zu verwenden, wie dies bei Fenstern der Fall ist. Des weiteren sollten die aus metallischem Werkstoff bestehenden Anschlagschienen oder „Regenschutzschienen" zur Vermeidung stärkerer Tauwasserbelastung und insbesondere Eisbildung eine thermische Trennung aufweisen.

Die Probleme der Verschmutzung von Austrittsöffnungen und Wassersammelnuten sind bekannt. Hinzu kommt die meist geringere mechanische Belastungsfähigkeit der Trittflächen beim Werkstoff Aluminium. Trotzdem sollte nicht mehr an den zwar bewährten, jedoch den heutigen Anforderungen kaum noch gerecht werdenden Anschlagschienen in Form von Flach- oder Winkeleisen festgehalten werden.

Beispielhaft seien hier die für Kunststoff- und Aluminiumhaustüren gefertigten Schwellen genannt. Neben einer ausreichenden Schwellenhöhe sind noch folgende bauliche Detail-

4.5 Falzausbildung

punkte zu beachten (die Ziffern entsprechen denen der Abb. 4.42):

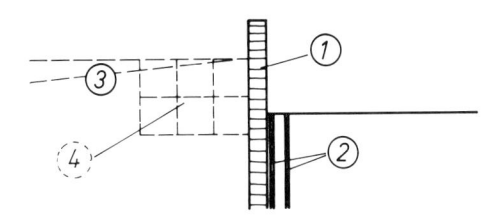

Abb. 4.42 Bauliche Detailpunkte einer sachgerechten Schwellenausbildung (Erläuterungen im Text)

1. Anschlagschwelle

Sie muß ausreichend stabil und nach Möglichkeit thermisch getrennt sein.

Korrosionsbildungen oder sonstige negative Erscheinungen sind durch Auswahl bzw. Kombination geeigneter Materialien zu vermeiden. Korrosionsbildung tritt z. B. bei verzinktem Stahlblech in Verbindung mit Messing auf, ebenso bei der Kombination Aluminium/Messing sowie bei nicht säurefreien Schmiermitteln und Silikon.

Die Trittschwelle ist ausreichend auf dem Rohboden zu verankern (mindestens drei Unterstützungspunkte oder Anschweißlaschen je Meter Breite zusätzlich zur Blendrahmenbefestigung). Während der Bauzeit empfiehlt sich ein Abdecken z. B. mit Bohlen.

2. Sperrschichten

Sperrschichten (z. B. Folien) müssen den Feuchteübertritt vom äußeren Bodenaufbau in den Innenraum und von den Wandquerschnitten zum Blendrahmen verhindern.

3. Gefälle

Bei einer nur geringen äußeren Schwellenaufkantung muß ein deutliches Gefälle (mind. 5° Neigung) vorliegen.

4. Wassersammler

Ist die Aufkantung nur wenige Millimeter hoch oder ist gar keine vorhanden, so ist zur Vermeidung eines Übertretens von Niederschlagswasser neben einer in den Türflügel eingelassenen Bodensenkdichtung noch ein Gitterrost mit Wassersammelbecken anzubringen.

4.5.3 Regensperre/Windsperre und Wasserabreißnut

Der Zusammenhang zwischen Wind- und Regensperre ist in Abb. 4.43 wiedergegeben. Die Regensperre ist die am weitesten nach außen vorgelagerte Wasserabreißkante. Als Windsperre gilt die Dichtungsebene. Um zu vermeiden, daß die durch die Wasserabreißnut entstehende Wasseransammlung in den Raum gelangt, müssen Regen- und Windsperre möglichst weit auseinander liegen, mindestens jedoch 20 mm. Bei mehreren umlaufenden Dichtungsebenen ist der Abstand von der Abreißkante (Regensperre) bis zur am weitesten nach innen gelagerten Dichtungsebene maßgebend.

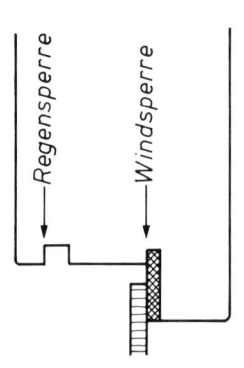

Abb. 4.43 Zusammenhang zwischen Wind- und Regensperre

Diese Bedingung einzuhalten, erfordert größere Bautiefen im Schwellenbereich. Folgende Möglichkeiten bieten sich hierfür an:

– ein dickeres Türblatt,
– Einsatz eines Wetterschenkels, an dem die Regensperre eingenutet wird,
– Anbringen von Vorsatzschalen,
– Anbringen der Dichtungsebene in den raumseitigen Falz.

Die Mindestmaße für die Profilgestaltung im Schwellenbereich sind in Abb. 4.44 dargestellt. Die Wasserabreißnut sollte mindestens eine Breite von 7 mm und eine Tiefe von 5 mm aufweisen. Eine runde oder schräge Ausführung der Wasserabreißnut (Wassernase) kann den Abriß des Wassers auch an der Kante nicht mehr gewährleisten.

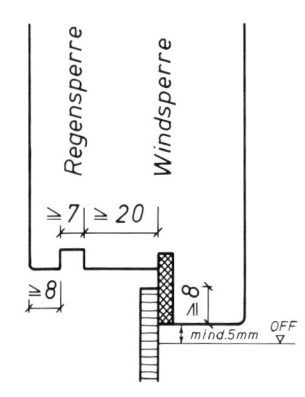

Abb. 4.44 Mindestmaße und Profilgestaltung im Schwellenbereich

4 Konstruktion

4.5.4 Die Lage der Dichtungsebenen im Bereich der Schließkanten

Üblicherweise werden die Dichtungen an Holzhaustüren in folgenden Ebenen angeordnet:

- als Anschlagdichtung innen hinter dem Überschlag,
- als Anschlagdichtung außen im Blendrahmen oder Türblatt bzw. in der Vorsatzschale,
- als Mitteldichtung im mittleren Falz,
- als Kombination mehrerer Dichtungsebenen.

a) Anschlagdichtung hinter dem Überschlag

b) Mitteldichtung

c) Anschlagdichtung außen im Türblatt bzw. in der Vorsatzschale

d) Anschlagdichtung außen im Blendrahmen

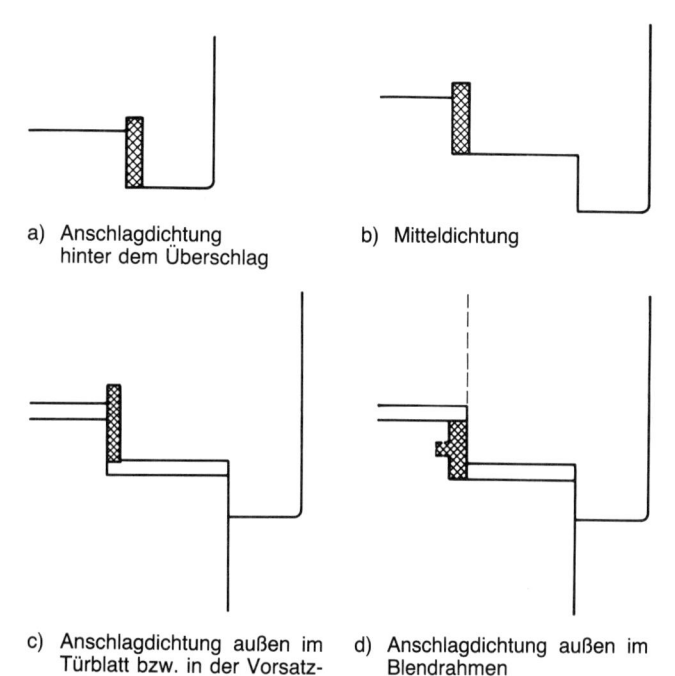

Abb. 4.45 Lage der Dichtungsebene im einstufigen System

Zur Absicherung einer ausreichenden Schlagregendichtheit ist mindestens eine umlaufende Dichtungsebene erforderlich. Jeder Versatz in der Dichtungsebene führt zum Eintritt von Schlagregen und evtl. zu stärkerer lokaler Zugbelastung.

Haben sich im Fensterbau die Mitteldichtungen bewährt, so gilt dies im Türenbau nur bedingt; durch die Anordnung des Schlosses beispielsweise rückt die Mitteldichtung mehr nach außen, so daß der Mindestabstand von 20 mm zwischen Wind- und Regensperre häufig nicht mehr gegeben ist. Für Türen sind daher eher Dichtungsebenen im Überschlag zu empfehlen. Damit liegt eine gute Trennung von Regen- und Windsperre vor. Die witterungsseitig am Außenanschlag angeordnete Dichtung ist in einem erheblich größeren Maße der Bewitterung ausgesetzt. Soll die Dichtung gleichzeitig den Wind- und Schlagregenschutz übernehmen (wie in Beispiel d von Abb. 4.45), so sind auf Dauer selbst witterungs- und alterungsbeständige Dichtungsprofile überfordert.

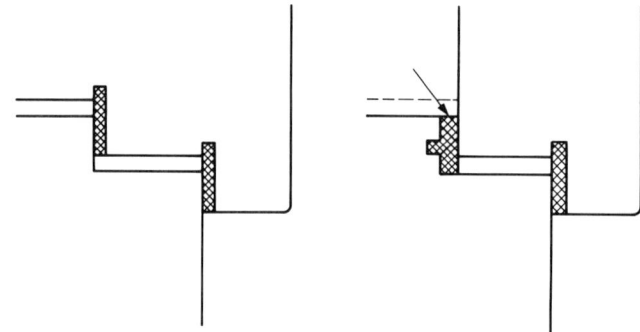

a) zwei Dichtungsebenen im Türblatt

b) eine Dichtungsebene im Türblatt, eine dreiseitig umlaufende im Blendrahmen

Abb. 4.46 Lage der Dichtungsebenen im mehrstufigen System

Bei Haustüren, an die erhöhte Schallschutzanforderungen gestellt werden, empfiehlt sich ein zweistufiges umlaufend in einer Ebene liegendes Dichtungssystem (s. DIN 4109, Teil 6 Beispiel Fenster). Es darf allerdings nicht übersehen werden, und das zeigen Gutachten relativ häufig, daß meist nur eine Dichtungsebene wirksam ist. Hinzu kommt, daß gerade bei Türen die Frage der Schließbarkeit im Zusammenhang mit dem eingesetzten Schloßsystem sowie der Schließkräfte eine nicht unwesentliche Rolle spielt (s. auch Kap. 7 Material/Dichtungen). Als optimal ist die Lösung gemäß Abb. 4.46 mit Doppelfalz anzusehen.

Die äußere Dichtung dient hierbei als Dämpfung gegen das Türenzuschlagen und die innere Dichtung (im Überschlag) als Dichtung im Sinne der Regen- und Windsperre. Durch die Lage des Doppelfalzes ist die äußere Dichtung vor direkter Bewitterung geschützt. Optisch ist sowohl von außen durch den Falz als auch von innen durch die Dichtung eine noch zu tolerierende Verformung (= 3,5 mm) nicht so leicht erkennbar.

Nicht zu empfehlen ist eine im Schwellenbereich versetzte Dichtungsebene (dreiseitig umlaufende Dichtung im Blendrahmen und eine Dichtung unten quer im Türblatt).

Günstige und ungünstige Anordnungen von Dichtungsebenen und Wasserabreißnut sind in Abb. 4.47 dargestellt.

Dazu läßt sich folgendes ausführen:

zu a)
Gefahr der Bewitterung der Dichtung und des Schlagregeneintrittes gegeben;

zu b)
besser gegen Schlagregen; jedoch Dichtung zum Teil der Bewitterung ausgesetzt; $h \geq 8$ mm;

zu c)
keine Bewitterung der Dichtung, gute Schlagregendichtheit durch ausreichende räumliche Trennung von Regen- und Windsperre;

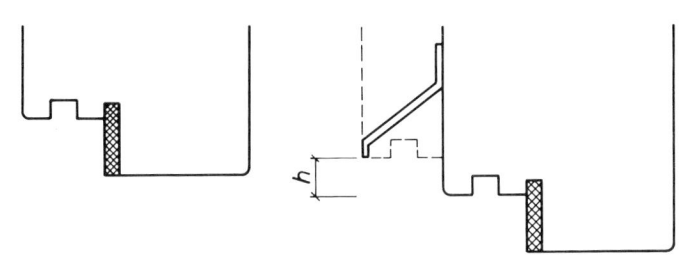

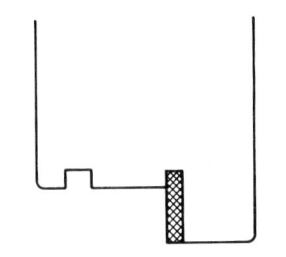

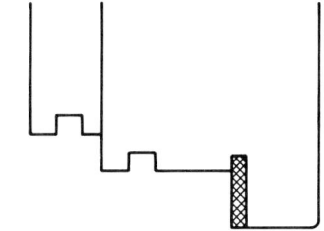

4.5 Falzausbildung

a) Anschlagdichtung außen
b) Anschlagdichtung außen mit zusätzlicher vorgelagerter Wasserkante
c) Anschlagdichtung innen
d) Anschlagdichtung innen mit zusätzlicher vorgelagerter Wasserabreißkante

Abb. 4.47 Anordnung von Dichtungsebene und Wasserabreißnut

zu d)
keine Bewitterung der Dichtung, optimale Schlagregendichtheit durch weite Trennung von Wind- und Regensperre und vorgelagerte Wasserabreißkante durch Wetterschenkel oder Vorsatzschale.

4.5.5 Der Glasfalz

Die Ausbildung des Glasfalzes hat DIN 18545 Teil 1 und den Richtlinien der Isolierglashersteller zu entsprechen. Da es speziell für Haustüren keine Verglasungsrichtlinien gibt, gelten alle für das Bauteil Fenster und Fenstertür zuständigen Normen und Richtlinien auch für Haustüren.

4.5.5.1 Glasfalzhöhe

Die Glasfalzhöhe ist so zu bemessen, daß neben der Höhe der Dichtstoffvorlage eine ausreichende Haftfläche für die Versiegelung verbleibt. Bei Verwendung von Isolierglas ist somit eine Falzhöhe von mindestens 18 mm erforderlich. Der Glaseinstand soll ⅔ der Glasfalzhöhe betragen, jedoch nicht 20 mm überschreiten.

Damit ist sichergestellt, daß die Verglasungseinheit unter mechanischer Belastung nicht „herausfallen" kann. Des weiteren ist der erforderliche Schutz des Randverbundes gegen UV-Strahlung gegeben.

Bei kleineren Sprosseneinteilungen (bis ca. 500 mm Glaskantenlänge) kann die Glasfalzhöhe bis auf 14 mm reduziert werden (11 mm Glaseinstand und 3 mm freier Spielraum).

Als freier Spielraum wird die Höhe verstanden, die von Unterkante Isolierglas bis Glasfalzgrund im eingebauten Zustand vorliegt. Der freie Spielraum soll außer der vorgenannten Ausnahme 5 mm nicht unterschreiten; dies soll verhindern, daß sich zwischen Unterkante Isolierglas und Glasfalzgrund eine Tropfbrücke bildet [8] – eine Annahme, die jedoch aufgrund vieler Gutachten an Fenstern, bei denen dieser Abstand nicht eingehalten wurde, nicht bestätigt wird.

4.5.5.2 Glasfalzbreite

Die Falzbreite ist die Summe aus der Dicke der Verglasungseinheit (e), den notwendigen Dichtstoffvorlagen (a_1, a_2) und einer ausreichenden Auflagebreite (c) für die Glashalteleiste (vgl. Abb. 4.48).

Bei Holz muß die Auflagebreite (c) mindestens 14 mm betragen. Bei Verschraubung der Glashalteleiste kann die Glasfalzbreite auf 12 mm reduziert werden.

Die Mindestdicke der Dichtstoffvorlagen a_1 und a_2 sind in DIN 18545, Teil 1, Tabelle 2 vorgegeben. Sie liegen bei dem Werkstoff Holz im Haustürenbereich üblicherweise bei 3 mm

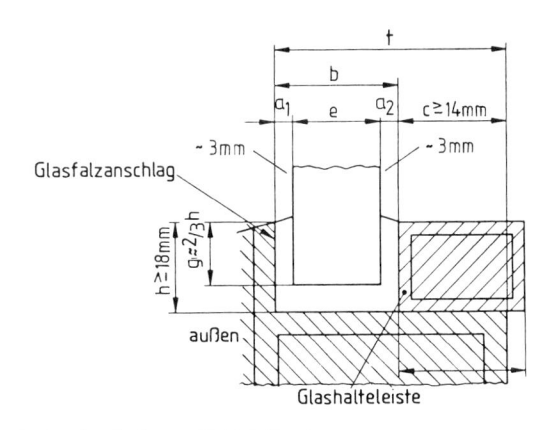

a_1 Dicke der äußeren Dichtstoffvorlage
a_2 Dicke der inneren Dichtstoffvorlage
b Glasfalzbreite
c Auflagebreite der Glashalteleiste
d Breite der Glashalteleiste
e Dicke der Verglasungseinheit
g Glaseinstand
h Glasfalzhöhe
t Gesamtfalzbreite

Abb. 4.48 Elemente des Glasfalzbereiches (aus DIN 18545 Teil 1)

4 Konstruktion

Tabelle 4.7 Verglasungssysteme (aus DIN 18545, Teil 3)

Beanspruchungsgruppe		1	2	3	4	5
		\multicolumn{5}{c}{Verglasungssysteme mit ausgefülltem Falzraum}
Kurzzeichen		Va1	Va2	Va3	Va4	Va5
Schematische Darstellung						
Dichtstoffgruppe nach DIN 18 545 Teil 2	für Falzraum	A1)	B	B	B	B
	für Versiegelung	–	–	C	D	E
		\multicolumn{5}{c}{Verglasungssysteme mit dichtstofffreiem Falzraum}
Kurzzeichen				Vf3	Vf4	Vf5
Schematische Darstellung		2)	2)			
Dichtstoffgruppe nach DIN 18 545 Teil 2	für Versiegelung			C	D	E

▨ Dichtstoff des Falzraumes ▨ Dichtstoff der Versiegelung ▨ Vorlegeband

1) Für das Verglasungssystem Va1 dürfen auch Dichtstoffe der Gruppe B eingesetzt werden, wenn sie von den Herstellern dafür empfohlen werden.
2) Für die Beanspruchungsgruppen 1 und 2 sind Verglasungssysteme mit dichtstofffreiem Falzraum nicht möglich.

(längste Seite der Verglasungseinheit bis 2 000 mm), wobei die innere Dichtstoffvorlage a_2 bis zu 1 mm dünner sein darf.

„Bei gebogenen Verglasungseinheiten (im Haustürenbereich häufig anzutreffen, Anm. d. Verf.) müssen die Dicken der Dichtstoffvorlagen so gewählt werden, daß die Glasfalzbreite mindestens 20 mm größer als die Dicke der Verglasungseinheit ist [8]."

4.5.5.3 Das Verglasungssystem

Der Glasfalzbereich bildet zusammen mit den richtig ausgewählten Dichtstoffen eine der drei Dichtungsebenen der Haustür. Eine richtige Auswahl des Verglasungssystems und der Glasfalzausbildung ist entscheidend für die Funktionstüchtigkeit der Verglasung; sie ist gleichzeitig ein Teil des konstruktiven Holzschutzes. Im allgemeinen sind die Vorschriften der Hersteller der Verglasungseinheiten und des Dichtstoffes bindend. Daneben wird die Beachtung der Technischen Richtlinien des Glaserhandwerks für Verglasungstechnik und Fensterbau empfohlen.

Die Bestimmungen für das Herstellen von Verglasungssystemen mit Dichtstoffen nach DIN 18545 Teil 2 bei Bauelementen mit Glasfalzen nach DIN 18545 Teil 1 ist DIN 18545 Teil 3 zu entnehmen. Als Verglasungssystem wird hier definiert:

„'Verglasungssystem' ist der Oberbegriff für die verschiedenen Ausführungen der Glasfalze, des Einbaues der Verglasungseinheiten und der Abdichtung zwischen Verglasungseinheiten und Rahmen.

Es werden unterschieden:
– Verglasungssysteme mit freier Dichtstoffase (Va1)
– Verglasungssysteme mit Glashalteleisten und ausgefülltem Falzraum (Va2 bis Va5)
– Verglasungssysteme mit Glashalteleisten und dichtstofffreiem Falzraum (Vf3 bis Vf5)."

Durch die beim üblichen Gebrauch der Haustür auftretenden Erschütterungen hat es sich als sinnvoll erwiesen, mindestens ein Verglasungssystem der Beanspruchungsgruppe Va3 (nach DIN 18545, Teil 3) vorzusehen. Die für das gewählte Verglasungssystem notwendige Dichtstoffgruppe ist ebenfalls in der DIN 18 545, Teil 3, aufgeführt. Grundsätzlich muß bei der Auswahl der Dichtstoffe auf eine Verträglichkeit mit dem Oberflächenschutz geachtet werden. Generell müssen alle Hilfsstoffe für die Verglasung mit den Stoffen, mit denen sie bestimmungsgemäß in Berührung kommen, verträglich sein.

Wird ein Verglasungssystem mit dichtstofffreiem Falzgrund gewählt, so müssen ausreichend viele Öffnungen zum Dampfdruckausgleich des freien Spielraumes vorhanden sein. (Öffnungen zum Dampfdruckausgleich werden oft fälschlicherweise als Entwässerungs- oder Belüftungsöffnungen bzw. Glasfalzentwässerungen bezeichnet.)

Wegen der Schwierigkeit bei der Herstellung eines funktionsfähigen Dampfdruckausgleiches sollte der Glasfalz bei Haustüren aus Holz für ein Verglasungssystem mit voll ausgefülltem Falzgrund konstruiert werden. Der Glasfalzgrund muß hierfür glatt und so ausgebildet sein, daß eine hohlraumfreie Ausfüllung möglich ist.

4.5.5.4 Verklotzung

Entscheidend für eine einwandfreie Verglasung ist die richtige Einleitung des Scheibengewichts in den Rahmen und über den Rahmen in die Türbänder. Dieses kann nur durch eine fachgerechte Verklotzung der Verglasungseinheit erreicht werden. Die Verklotzung muß des weiteren so ausgeführt werden, daß die Scheibenkanten an keiner Stelle den Rahmen berühren (minimaler Abstand 5 mm bzw. bei Sprossen 3 mm). Hierzu sind sowohl Trag- als auch Distanzklötze erforderlich. Die Verklotzung hat nach den Richtlinien der Isolierglashersteller sowie den Klotzungsrichtlinien für ebene Glasscheiben [9] zu erfolgen.

Als Verklotzungsmaterial eignet sich imprägniertes Hartholz. Wie bei der Oberflächenbehandlung des Falzgrundes muß auch diese Imprägnierung mit dem Dichtstoff und der Verglasungseinheit verträglich sein.

Die Klötzchen sollten 2 mm breiter als die Dicke der Verglasungseinheit sein. Die Länge der Klötzchen beträgt je nach Gewicht der Verglasungseinheit üblicherweise zwischen 60 und 100 mm. Im allgemeinen richtet sich die Verklotzung der Scheiben nach der Öffnungsart der Flügel. Bei Haustüren handelt es sich im allgemeinen um Drehflügel, feststehende Verglasung, bei Vorhandensein eines integrierten Fensters, Drehflügel mit Sprossenaufteilung oder Drehkippflügel.

Bei dichtstofffreiem Falzgrund sind die Klötzchen gegen Verrutschen zu sichern. Der Abstand von den Glasscheibenecken soll etwa eine Klotzlänge betragen.

Für die im Haustürenbereich am häufigsten vorkommenden Öffnungsarten sind die Trag- und Distanzklötzchen wie in Abb. 4.49 dargestellt anzuordnen [9].

Auch bei einer Sprossenverglasung ist auf eine Ableitung der Scheibengewichte in die Bänder zu achten. Sprossenverglasungen sind bei Drehteilen wie Drehfenster und bei Festteilen wie eine feststehende Verglasung aufzufassen.

Die Verklotzung muß auch bei einem Verglasungssystem mit dichtstofffreiem Falzgrund gewährleisten, daß die im Falzgrund möglicherweise angesammelte Feuchtigkeit über die Druckausgleichsöffnungen ungehindert abfließen kann. Bei einem Falzgrund ohne Nut müssen die Klötzchen entsprechend gestaltet sein (Klotzbrücken; vgl. Abb. 4.50).

4 Konstruktion

| 1 ■ | Tragklötzchen | a) Drehflügel und feststehende Verglasung | b) Drehflügel mit Sprossenaufteilung | c) Drehkippflügel |

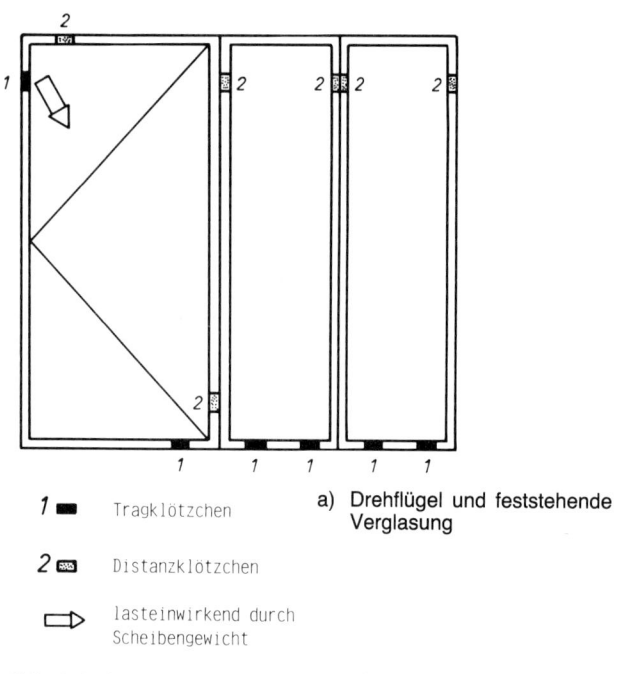

2 ▭ Distanzklötzchen

⇨ lasteinwirkend durch Scheibengewicht

Abb. 4.49 Anordnung der Klötzchen zur fachgerechten Verklotzung

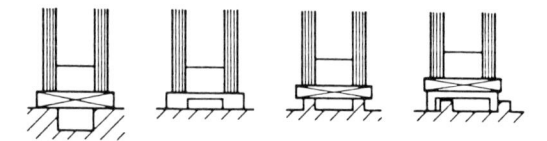

Abb. 4.50 Gestaltung der Klotzhölzchen bei unterschiedlich ausgeführtem Falzgrund

4.6 Ausfachung (Füllungen)

Füllungen in den freien Räumen zwischen den Sprossen bzw. Rahmenstücken können entweder transparent oder nichttransparent gestaltet werden.

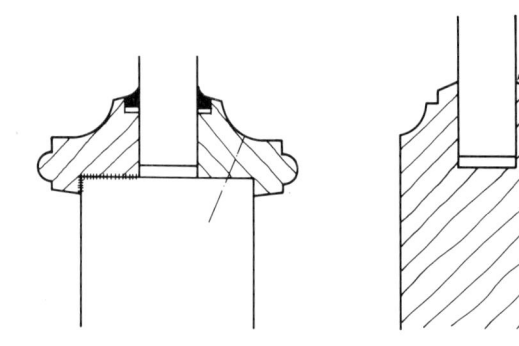

Abb. 4.51 Einbau der Füllung in den Falz

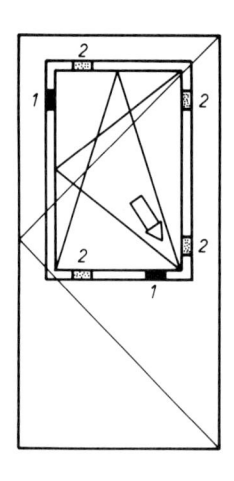

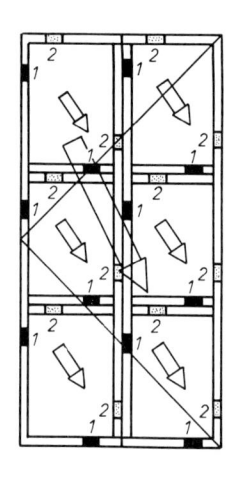

In die Falze, die die Füllung aufnehmen, werden häufig auf der Außenseite (Bewitterungsseite) die profilierten „Glashalteleisten" auf Gehrung eingepaßt und eingeleimt. Hierbei ist ein Leim der BG 4 zu verwenden. Diese Art des Einbaus ist zu empfehlen, einmal aus optischen Gründen zum anderen bietet sie technische Vorteile wie geringere Friesbreite, bessere Fromstabilität im Bereich Füllung/Füllungsnut usw. (vgl. Abb. 4.51).

4.6.1 Nichttransparente Füllungen (Holz, Holzwerkstoffe)

Bei nichttransparenten Füllungen sind folgende Punkte zu beachten:

- Abmessungen,
- Werkstoffeigenschaften,
- Ausdehnungsverhalten der Werkstoffe durch Einwirken von Temperatur und Feuchte,
- Abdichtungssysteme und Einbau.

Bei nichttransparenten Füllungen sind im wesentlichen folgende Werkstoffe zutreffend:

- Holz (Massivholz),
- Holzwerkstoffe (Sperrholz, Tischlerplatte, Spanplatte),
- Kunststoff (glasfaserverstärkte Polyesterschalen, Schichtstoffplatten)
- Metall (Druckguß, Aluminium),
- Wärmedämmstoffe (Styropor, Glaswolle, PU-Platten),

4.6 Ausfachung (Füllungen)

VISITENKARTENFUNKTION
in

Gestaltungsfunktion
Design   Raum   Farbe   Struktur

Schutzfunktion
Einbruch   Schall   Bewitterung   Beschuß   Wärme

Abb. 4.52 Funktionen der Füllung

— Kombinationen aus obiger Aufzählung als Sandwich-Platten

Die Füllungen übernehmen zur Absicherung der Gebrauchstauglichkeit einer Haustür wichtige Aufgaben (s. Abb. 4.52). Leider wird ihnen meist zu wenig Beachtung geschenkt.

Nichttransparente Füllungen können wie die Verglasung austauschbar oder, in das Türblatt integriert, nicht austauschbar eingebaut werden.

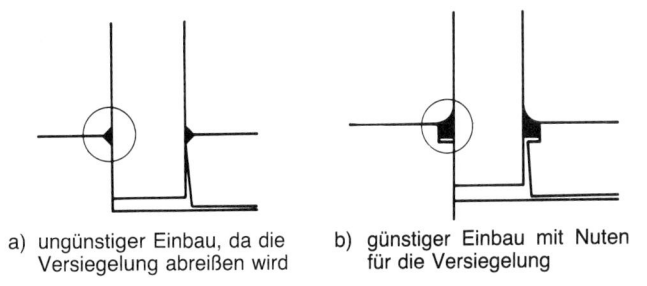

a) ungünstiger Einbau, da die Versiegelung abreißen wird

b) günstiger Einbau mit Nuten für die Versiegelung

Abb. 4.54 Füllung direkt auf Haltesystem (z. B. Holz auf Holz)

Diese Einbauart ist nicht unproblematisch, da sie insbesondere bei Holz und Holzwerkstoffen auf Dauer keine sichere Abdichtung gewährleistet. Der Handwerker sollte besser die Einbauart nach Abb. 4.53 a wählen.

Wichtig ist, daß keine Feuchtigkeit (Niederschlagswasser) in den Füllungsfalz eintreten kann. Bei der Profilierung der Füllungen ist vor allem auf eine wasserabweisende Ausführung — z. B. keine Hohlkehlen oder geraden Kanten — zu achten (s. Kap. 5.2 Konstruktiver Holzschutz).

a) austauschbar   b) nicht austauschbar

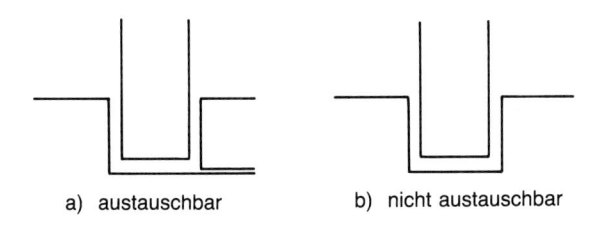

Abb. 4.53 Einbau- und Befestigungsarten von Füllungen

Der austauschbare Füllungseinbau sollte dem nicht austauschbaren vorgezogen werden. Sowohl bei Falschbestellung oder Kundenwunschänderung als auch insbesondere bei Reklamationen trägt die austauschbare Füllung wesentlich zur Kostenminimierung bei.

Bei überschobenen aufgedoppelten oder hinterfrästen Füllungen ist neben der wasserabweisenden Profilgestaltung noch ein ausreichend großer Freiraum zwischen Füllung und Türfries oder Sprosse zu beachten. Der Spalt sollte wie bei gekoppelten waagerechten Profilen auf der Außenseite mind. 15 mm breit sein (vgl. Abb. 4.55).

Es muß nach VOB DIN 18355 Pkt. 3.13.1.2 folgendes beachtet werden: „Bei Füllungen muß die vorgeschriebene Oberflächenbehandlung über die ganze Fläche durchgeführt werden, bevor die Füllung eingesetzt wird." In der Praxis wird allerdings meist nach dem Füllungseinbau die Oberflächenbehandlung durchgeführt. Hier wäre es wünschenswert, diesen Abschnitt zu ändern und zumindest die Schlußlackierung nach Füllungseinbau zuzulassen.

Es empfiehlt sich, den Einbau von austauschbaren Füllungen so vorzunehmen, wie dies für die Verglasung erforderlich ist. Aus Kostengründen werden Füllungen oft so eingebaut, daß ein unmittelbarer Kontakt der Füllung mit dem Haltesystem besteht (Abb. 4.54).

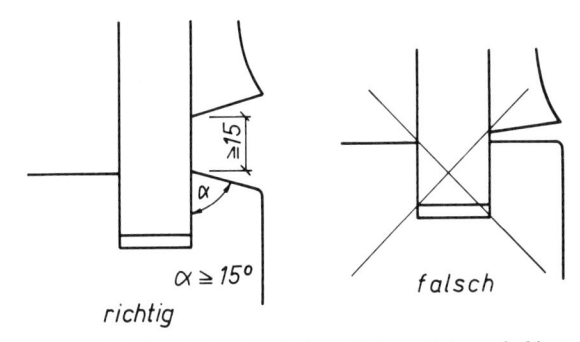

$\alpha \geq 15°$
richtig   falsch

Abb. 4.55 Mindestabstand zwischen Stulpprofil bzw. Aufdoppelung und Türfries

4 Konstruktion

Bei Verwendung anderer Werkstoffe (z. B. Kunststoff, Aluminium, Keramik) sind die materialspezifischen Werkstoffeigenschaften zu beachten. Besonderes Augenmerk ist auf mögliche Formänderungen der Werkstoffe aufgrund von Temperatureinflüssen (z. B. Sonneneinstrahlung) zu richten, da bei größeren Formänderungen die Gefahr des Abrisses der Dichtungsmasse besteht. Die maximal übliche Dehnungsmöglichkeit von Dichtstoffen liegt bei 25%.

Unter dem Gesichtspunkt der Formänderung ist der Einsatz von Vollholzfüllungen begrenzt. Wenn man von einer normalen Feuchteänderung von 8% ausgeht, liegen je nach Quellkoeffizient die maximalen Füllungsbreiten bei 250–350 mm. Werden größere Füllungsbreiten gewünscht, so ist auf Holzwerkstoffe überzugehen; mehrlagige Füllungskonstruktionen bestehend aus mindestens einer Trägerplatte (meist Span- oder Tischlerplatte) und zwei Deckplatten (meist Furniere). Die Furniere und die Anleimer sollten etwa die für den Verwendungszweck notwendige Endfeuchte (13 ± 2%) aufweisen. Zu trockene bzw. zu feuchte Furniere und/oder Anleimer führen zwangsläufig zu einem Abzeichnen bzw. zu Rißbildung. Allerdings sind Rißbildungen bei starker Sonneneinstrahlung unvermeidbar (s. Kapitel 5 HOLZSCHUTZ).

Bei Füllungen in Sandwich-Bauweise wird im Zusammenhang mit Isolierkernen häufig eine auf der Innenseite liegende Dampfsperre eingebaut. Hiervon ist jedoch abzuraten, denn eine einseitige Dampfsperre kann durchaus in den Sommermonaten zu einer starken Kondensationsbildung zwischen Isolierung und Dampfsperre führen.

4.6.2 Transparente Füllungen (Glas)

Die Problematik der Verglasung wurde bereits im Abschnitt „Falzausbildung" behandelt.

Es sei nochmals darauf hingewiesen, daß auch Haustüren unabhängig von der Scheibeneinheit und den Scheibentypen nach den Herstellerrichtlinien zu verglasen sind. Für Haustüren sind daher mehr oder weniger sämtliche für Fenster vorliegende Verglasungsvorschriften bindend.

Verglasungen müssen dicht sein; für entsprechende Glasfalzbelüftung ist zu sorgen. In der Regel werden Mehrscheiben-Isoliergläser eingesetzt, wobei gemäß Wärmeschutzverordnung die Verwendung von Mehrscheiben-Isolierglas dann erforderlich wird, wenn die Glasfläche mindestens 10% der Fläche des Türelements ausmacht (s. auch Kap. 11 WÄRMESCHUTZ).

Die wesentlichen Kriterien für die Verglasung sind festgelegt in:

- DIN 18361 „Verglasungsarbeiten",
- DIN 18545 „Abdichten von Verglasungen mit Dichtstoffen",
- Tabelle „Beanspruchungsgruppen zur Verglasung von Fenstern",
- Richtlinie „Verglasung von Holzfenstern ohne Vorlegeband",
- Technische Richtlinien des Institutes des Glaserhandwerks,
- Einbaurichtlinien der Isolierglashersteller bzw. Glashersteller.

Neben der Verglasung durch Isoliergläser und Sondergläser sei abschließend noch auf die Spezialgläser für den Bereich Einbruchschutz hingewiesen.

Bei der Verwendung von Gläsern in einbruchhemmende Türelemente nach DIN V 18103 ist darauf zu achten, daß die Gläser einen Prüfnachweis für die Widerstandsklasse A 3 bzw. B 1, B 2 oder B 3 aufweisen.

Die Einteilung der Gläser entsprechend ihrer Widerstandsklassen ist DIN 52290 Teil 3 und Teil 4 zu entnehmen.

Häufig werden durchbruchhemmende Gläser mit durchwurfhemmenden Gläsern verwechselt. Zur Unterscheidung zwischen durchbruch-, durchwurf- und durchschußhemmenden Gläsern ist in Abb. 4.56 die Zuordnung der Gläser zu den speziellen Prüfnormen wiedergegeben.

Sämtliche Gläser sind sowohl als einschalige, als auch als mehrschalige Scheiben (Isoliergläser) erhältlich.

4.6 Ausfachungen (Füllungen)

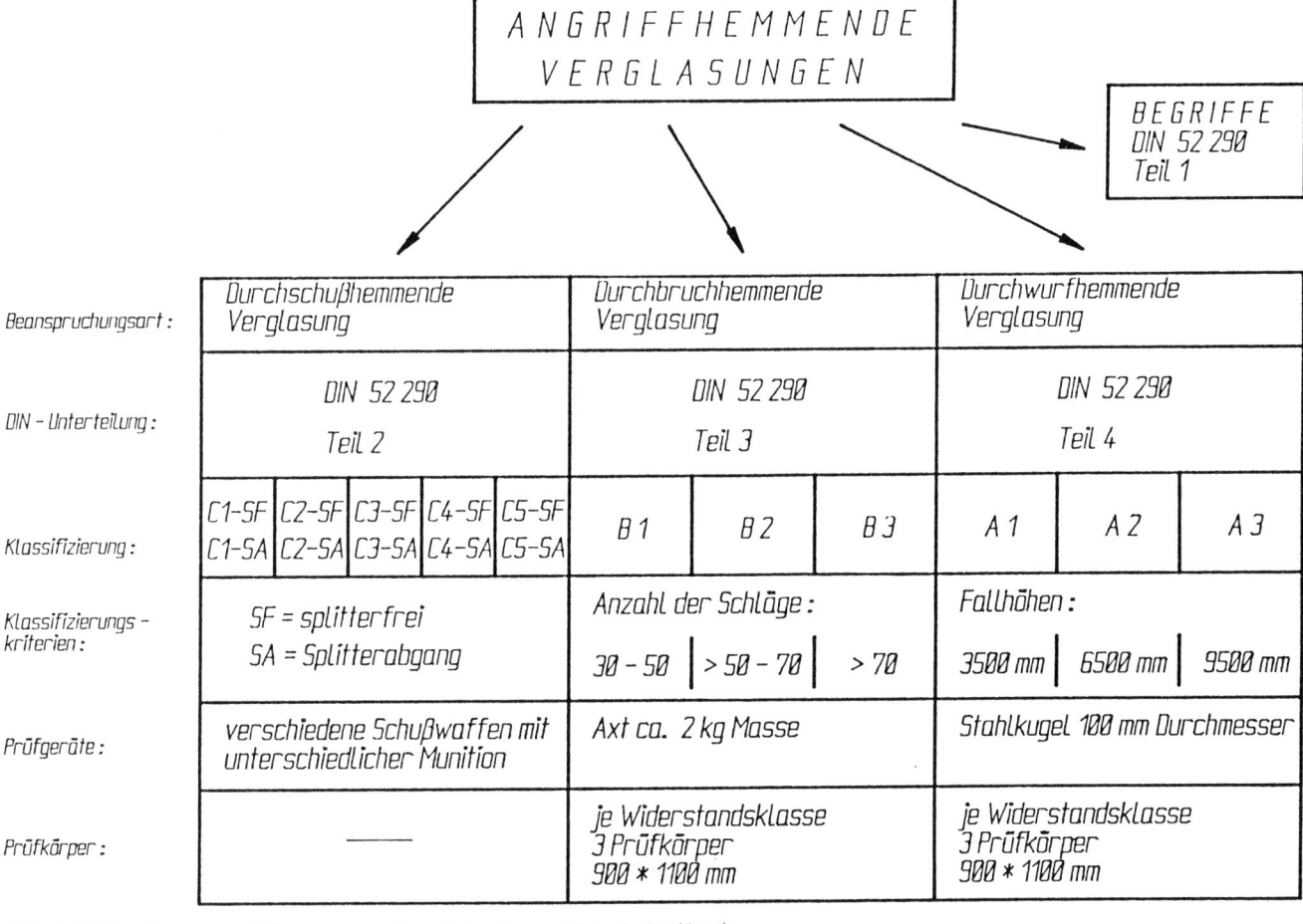

	ANGRIFFHEMMENDE VERGLASUNGEN			BEGRIFFE DIN 52 290 Teil 1
Beanspruchungsart:	Durchschußhemmende Verglasung	Durchbruchhemmende Verglasung	Durchwurfhemmende Verglasung	
DIN-Unterteilung:	DIN 52 290 Teil 2	DIN 52 290 Teil 3	DIN 52 290 Teil 4	
Klassifizierung:	C1-SF C2-SF C3-SF C4-SF C5-SF / C1-SA C2-SA C3-SA C4-SA C5-SA	B1 | B2 | B3	A1 | A2 | A3	
Klassifizierungs-kriterien:	SF = splitterfrei SA = Splitterabgang	Anzahl der Schläge: 30-50 | >50-70 | >70	Fallhöhen: 3500 mm | 6500 mm | 9500 mm	
Prüfgeräte:	verschiedene Schußwaffen mit unterschiedlicher Munition	Axt ca. 2 kg Masse	Stahlkugel 100 mm Durchmesser	
Prüfkörper:	—	je Widerstandsklasse 3 Prüfkörper 900 * 1100 mm	je Widerstandsklasse 3 Prüfkörper 900 * 1100 mm	

Abb. 4.56 Zuordnung von Gläsern gegen Gewalteinwirkung (Sicherheitsgläser)

5 Holzschutz

5.1 Allgemeines

Haustüren werden dem Außenklima nach DIN 50010 ausgesetzt und gelten als maßhaltige Bauteile. Je nach Lage des Gebäudes und Einbauart werden sie unterschiedlich belastet.

Die Einflüsse auf Holz, Holzwerkstoff und Anstrich können in 4 Hauptgruppen gegliedert werden (vgl. Abb. 5.1):

1. chemische Einflüsse,
2. biologische Einflüsse,
3. physikalische Einflüsse,
4. klimatische Einflüsse (Extrembereiche).

Abb. 5.1 Einflüsse auf Holz, Holzwerkstoffe und Anstrich

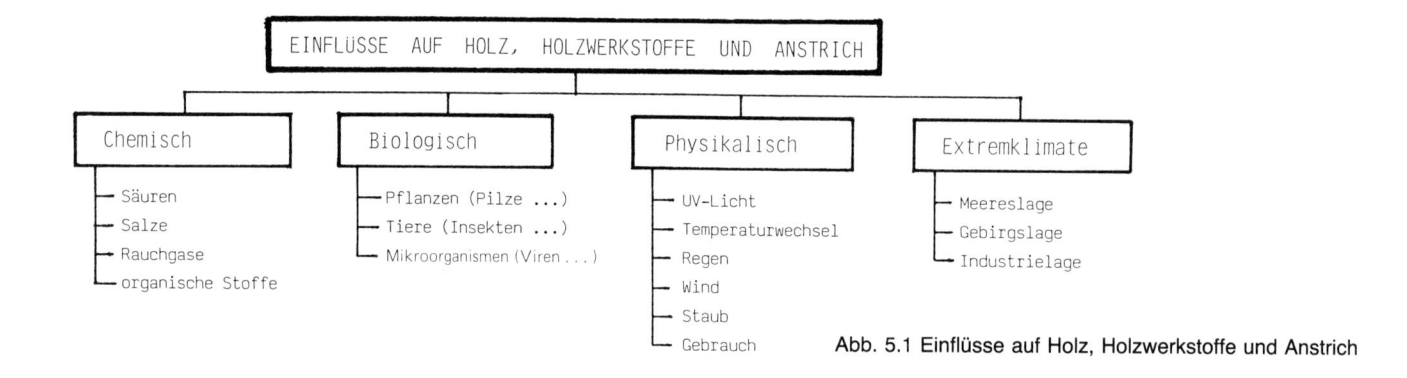

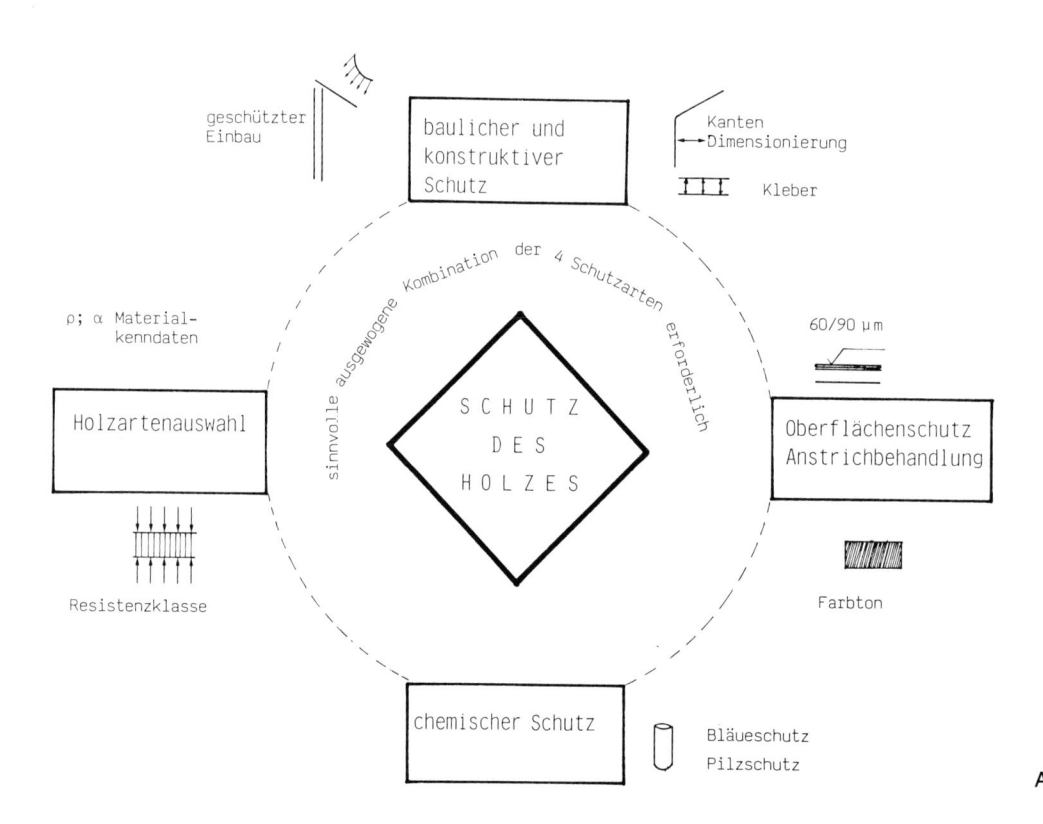

Abb. 5.2 Holzschutzmaßnahmen

Die Einwirkung des Außenklimas führt zu einer Veränderung der Feuchte in der Oberfläche und im Innern des Holzes. Hieraus resultiert das Quellen und Schwinden des Holzes und der Holzwerkstoffe.

Zur Vermeidung frühzeitiger Schäden sind holzschützende Maßnahmen erforderlich. Hierbei sind zu unterscheiden (vgl. Abb. 5.2):

- konstruktiver Holzschutz,
- Holzschutz durch Materialauswahl – Oberflächenschutz,
- chemischer Holzschutz.

5.2 Konstruktiver Holzschutz

Wie im gesamten Außenbereich sind auch bei Haustüren konstruktive und bauliche Maßnahmen zu ergreifen, um das Holz vor Witterungseinflüssen zu schützen. Besonders wirkungsvoll sind bauliche Maßnahmen (z. B. Zurücksetzen der Tür gegenüber der Fassade, Anbringen eines Vordaches).

Die Profilgestaltung von Rahmen und Tür erweist sich dann als unzureichend, wenn Niederschlagswasser auf gar nicht oder nur wenig geneigten Flächen stehenbleibt, in offene Verbindungsstellen eindringt und somit zur Durchfeuchtung führen kann. Daher müssen alle Profilflächen so gestaltet sein, daß das Wasser abgeleitet wird (Neigung mindestens 15°; besser 30°).

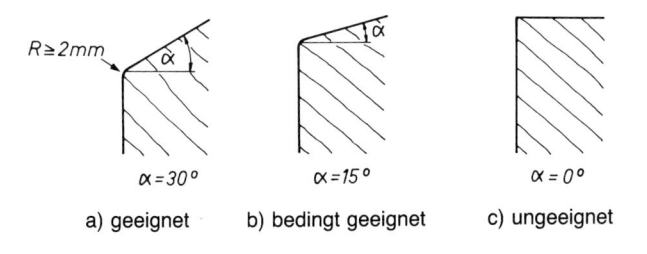

Abb. 5.3 Neigungswinkel der beanspruchten Flächen

Geneigte oder gar waagerechte Flächen sind wesentlich stärkeren Belastungen ausgesetzt als senkrechte.

Weiterhin müssen gestalterische Mittel dazu beitragen, eine vorzeitige Schädigung des chemischen Holzschutzes auszuschließen. Über scharfe Profilkanten kann ein Anstrich nicht in ausreichender Dicke aufgebracht werden, so daß von hier aus mit Rißbildung und Zerstörung des Anstrichsystems gerechnet werden muß. Die beste Lösung ist eine Rundung der Profilkanten mit einem Mindestradius von 2 mm (vgl. Abb. 5.3).

Weiter muß das Holz schnell und gleichmäßig trocknen können, ohne daß es dabei durch Kapillarwirkung zur Bildung von Feuchtigkeitsnestern kommen kann. Aus diesem Grunde sind alle engen Fugen und Nuten zu vermeiden, die ein Festhalten des Wassers aufgrund seiner Oberflächenspannung fördern.

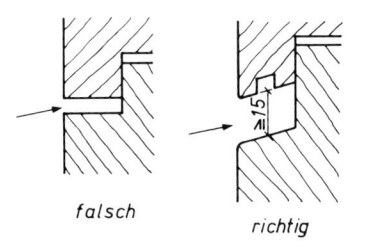

Abb. 5.4 Fugenausbildung im Kopplungsbereich unten quer

Damit eine ausreichende Winkelstabilität erreicht werden kann, sind alle Eckverbindungen entweder durch Doppelzapfen, Dübel oder Minizinken auszuführen. Die äußeren Wangen sollten nicht dicker als 16 mm und die Zapfendicke nicht größer als 15 mm sein.

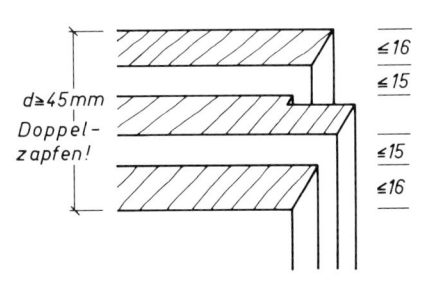

a) Wangen- und Zapfendicken bei Schlitz-Zapfen-Verbindung

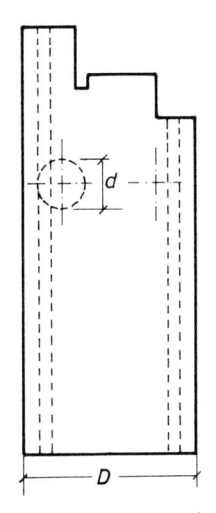

b) Dübelteilung und Dicke bei Dübelverbindung

Abb. 5.5 Eckverbindung

5 Holzschutz

Werden Dübel verwendet, so müssen diese ausreichend dimensioniert sein. Für eine zweireihige Dübelanordnung gilt:

$$d \simeq \frac{1}{4} D$$

Für eine einreihige Dübelanordnung gilt:

$$d \simeq \frac{1}{3} D$$

Der Abstand der Dübel zur Falzkante sollte 15 mm nicht unterschreiten. Allgemein sind zwei Dübel je Reihe angeordnet; ab einer Breite (B) von ca. 120 mm empfiehlt sich der Einsatz von drei Dübel je Reihe.

Die Passung der Dübel soll einen Preßsitz – d. h. Bohrung ca. 0,1 bis 0,2 mm kleiner als Dübeldurchmesser – aufweisen. Die Dübel müssen DIN 68150 Teil 1 entsprechen; sie sollten einen Mindestdurchmesser von 16 mm aufweisen.

Bei mehrreihiger Dübelanordnung können die Dübeldurchmesser bis zu einer Dicke von 12 mm ausgeführt werden.

Bei der Ausführung der Eckverbindung durch Minizinken ist u. a. die Einhaltung folgender Punkte unabdingbar:

- gleichmäßige Holzart,
- geringe Streuung des spez. Gewichtes,
- gleichmäßige Holzfeuchte von 13 ± 2%,
- präzise Minizinkenausfräsung (Passung),
- nur Leime der BG 4 (gilt generell für Haustüren).

Schwerere Türflügel, deren Eckverbindung hohe Festigkeit aufweisen müssen, sollten Stemmzapfen erhalten.

Wenn möglich sollten für alle Eckverbindungen Konterprofile angefräst werden.

Die Friese sollten nicht breiter sein als 160 mm. Bei breiteren Friesen, z. B. im unteren Bereich, sollte eine Teilung vorgenommen werden. Die Kopplungsstellen (vgl. Abb. 5.6) sollten mindestens mit einer, besser mit zwei ausreichend tief eingreifenden Federn ausgeführt sein. Ein Einspritzen eines Dichtstoffes in den Federgrund ist zweckmäßig.

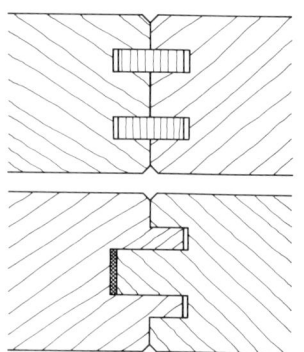

Abb. 5.6 Kopplung von Friesen
a) mit Doppelfederverbindung
b) mit angefrästen Federn

5.3 Holzschutz durch Materialauswahl

5.3.1 Massivholz

Holz ist ein organischer Werkstoff. Alle Hölzer unterliegen ohne Ausnahme in ihrem chemisch-physikalischen Verhalten den gleichen Gesetzmäßigkeiten. Bei Feuchtezunahme erfolgt eine Volumenzunahme (Quellung), bei Feuchteabgabe eine Volumenabnahme (Schwindung) immer dann, wenn der Feuchtebereich im hygroskopischen Bereich, also unterhalb ca. 28 bis 30% Holzfeuchte (unterhalb Fasersättigung) liegt.

In den drei holzanatomischen Richtungen ist das Schwind- und Quellverhalten sehr unterschiedlich (vgl. Abb. 5.7). Daher wird immer wieder die Forderung nach stehenden Jahrringen erhoben.

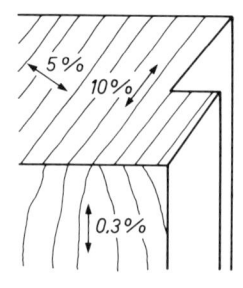

Abb. 5.7 Durchschnittliche Schwundmaße von massivem Holz

Der Feuchtegehalt des Holzes bei der formgebenden Verarbeitung sollte innerhalb des Bereiches 13 ± 2% liegen. Eine Messung mit entsprechenden Holzfeuchtemeßgeräten in ausreichender Tiefe ist somit unerläßlich! Ein Holzfeuchtemeßgerät gehört zur Mindestausstattung eines jeden holzverarbeitenden Betriebes.

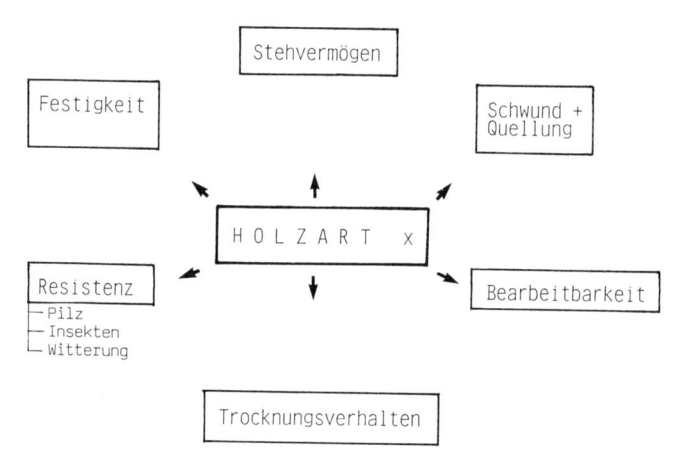

Abb. 5.8 Eigenschaften zur Beurteilung einer Holzart für die Verwendung im Haustürenbereich

5.3 Holzschutz durch Materialauswahl

Durch unterschiedlichen mikroskopischen Aufbau sowie unterschiedliche Holzinhaltsstoffe unterscheiden sich die Hölzer und damit auch ihre Verwendungsmöglichkeiten. Das für Haustüren einzusetzende Holz muß in bezug auf die in Abb. 5.8 aufgeführten Punkte positive Eigenschaften aufweisen.

Von den einheimischen Hölzern erfüllen folgende Holzarten diese Anforderungen (vgl. auch Tab. 5.1):

Eiche:
Das mittelschwere Holz läßt sich gut bearbeiten. Sein Stehvermögen ist gut bis mäßig. Die Trocknung ist nicht einfach, und das Holz neigt zur Rißbildung. Weißeichen sind sehr widerstandsfähig gegen Pilzbefall. Reaktionsverfärbungen durch Gerbsäure können nicht ausgeschlossen werden.

Rüster (Ulme):
Nur bedingt einsatzfähig!
Rüsterholz ist grob- und langfaserig, schwer und ziemlich hart und hat gute Festigkeitseigenschaften (durchschnittlich ca. 20–30% niedriger als bei Eiche). Es schwindet mäßig und weist, sorgfältig getrocknet, ein gutes Stehvermögen auf. Die Elastizität und Zähigkeit steht der von Eschenholz nur wenig nach. Ist nicht witterungsfest und im Außenbereich nur mit einem wirkungsvollen Schutz durch Imprägnierung bei gleichzeitiger Beachtung baulich-konstruktiver Maßnahmen verwendbar.

Kiefer:
Ein „mäßig leichtes" Nadelholz, das sich gut trocknen läßt und ein meist gutes Stehvermögen aufweist. Es ist anfällig gegen Bläupilz, der jedoch keine Festigkeitsänderungen hervorruft. Vor allem das Splintholz ist riß- und pilzanfällig. Nach der Beseitigung von Harzstellen ist Kiefer ein guter Anstrichträger.

Fichte:
Das Holz hat im Verhältnis zu seinem Gewicht relativ gute Festigkeitseigenschaften. Bei längerer Wasserlagerung ist Bakterienbefall möglich, der zu einer ungleichen Aufnahme von Beizmitteln (Fleckenbildung!) führt. Fichte ist gut beizbar und kann nach Beseitigung von Harzstellen gut deckend und lasierend behandelt werden.

Lärche:
Lärchenholz ist ein mittelschweres und mäßig schwindendes Holz mit einem befriedigenden bis guten Stehvermögen. Es ist härter als Kiefern- und Fichtenholz und zeichnet sich durch besonders hohe Festigkeitswerte und Elastizitätseigenschaften aus. Es kann zügig getrocknet werden, neigt jedoch zum Werfen und Reißen. Insbesondere die Gebirgslärche ist wegen ihrer Feinjährigkeit überall dort gut einsetzbar, wo es auf Maßhaltigkeit und lange Lebensdauer bei hoher Beanspruchung ankommt (Türen, Fenster, Innenausbau).

Von den ausländischen Hölzern können folgende Holzarten genannt werden:

Sipo:
Sipo ist gut zu trocknen, was jedoch nicht zu schnell erfolgen darf. Wechseldrehwuchs kann man bei Sipo nicht ausschließen. Es läßt sich aber gut verarbeiten und weist eine hohe Resistenz gegen Pilz- und Insektenbefall auf. Das Stehvermögen ist gut. Anstrichprobleme sind nicht bekannt.

Wenge:
Wenge ist ein schweres Holz mit überwiegend hohen, zwischen Afzelia und Bongossi liegenden Festigkeitseigenschaften. Es besitzt ein gutes Stehvermögen und ist im hohen Maße widerstandsfähig gegen Pilzbefall. Da bei starker Belichtung ein Verblassen der dunklen Färbung auftritt, sollte die Verwendung auf der Südseite bzw. unter vollem Lichteinfall vermieden werden.

Teak:
Teak ist für den Einsatz im Haustürenbereich geradezu ideal (jedoch sehr teuer!), da es neben der hohen Resistenz gegen Pilzbefall ein außergewöhnlich gutes Stehvermögen besitzt. Die Schwindungswerte sind nur etwa halb so groß wie bei Eiche. Es besitzt außerdem konservierende Eigenschaften, die eine Korrosion z. B. von metallischen Beschlägen verhindern.

Dark Red Meranti:
Das Holz ist gut zu bearbeiten gegen Pilz- und Insektenbefall weitgehend resistent. Härtere Arten neigen beim Trocknen zum Verschalen. Das Stehvermögen ist befriedigend, deshalb sollte der Riftschnitt bevorzugt eingesetzt werden. Probleme mit dem Anstrich gibt es nicht. Von Nachteil ist die hohe Sorten- bzw. Artenvielfalt von Meranti.

Swietenia:
Die technischen Eigenschaften von Swietenia sind gut. Es läßt sich gut und schnell trocknen und hat ein sehr gutes Stehvermögen. Die Resistenz gegen Pilze und Insekten ist gut. Auch anstrichtechnisch gibt es keine Probleme.

Sapelli:
Sapelli hat eine hohe Festigkeit und läßt sich gut bearbeiten. Es muß langsam getrocknet werden und zeigt nur befriedigende Trocknungsergebnisse. Das Stehvermögen ist befriedigend, deshalb ist der Riftschnitt zu bevorzugen. Wie bei den anderen Holzarten gibt es auch bei Sapelli keine Probleme mit dem Anstrich.

Framire:
Dieses Holz (Rohdichte bei 0,5 g/cm^3) besitzt gutes Stehvermögen und gute Pilzresistenz. Die Holzfeuchte sollte höchstens bei 14% liegen, wobei bei einer DD-Lackierung die Holzfeuchte nicht über 12% liegen darf. Framire wird oft als Austauschholz für Eiche verwendet. Wegen des meist vor-

5 Holzschutz

handenen Splintanteils ist für die Verwendung im Außenbereich eine Schutzbehandlung erforderlich.

Douglasie:
Das z. T. der Lärche ähnelnde Nadelholz ist mittelschwer, mäßig hart und entsprechend den Werten gemäß Tab. 5.1 mäßig schwindend. Es besitzt ein besonders gutes Stehvermögen. Die Festigkeits- und Elastizitätseigenschaften sind mit der Kiefer vergleichbar. Die Trocknung erfolgt ohne Schwierigkeit, wobei bei ungenügender Trocknung stärkerer Harzaustritt bei hoher Erwärmung erfolgen kann. Wegen der raschen blaugrauen Verfärbung bei Kontakt mit Eisen empfiehlt sich die Verwendung von Nichteisenmetallen.

Hemlock:
Dieses nicht witterungsbeständige mittelschwere Nadelholz (ähnlich der Fichte) kann für Haustüren nur nach entsprechender chemischer Holzschutzbehandlung eingesetzt werden. Es ist mit dem nur wenig dunkleren Kernholz kaum vom Splintholz zu unterscheiden. Die relativ häufig vorkommenden braunen und/oder hellgrauen Streifen und Fladern haben – soweit kein Pilzbefall vorliegt – keinen Einfluß auf die Qualität, können sich aber besonders bei naturbelassener Oberfläche störend auf das Gesamtbild auswirken.

Eukalyptus:
Gerade in den vergangenen Jahren wurde infolge der anhaltenden Diskussionen über den Einsatz von Tropenholz auf Eukalyptusholz aus Plantagen zurückgegriffen. Es liegen noch keine ausreichend gesicherten Erkenntnisse vor, um diese Holzart empfehlen zu können. Eukalyptus ist nicht generell abzulehnen und für Haustüren durchaus geeignet, jedoch muß vor Einsatz für jeden Fall gesondert eine umfassende Information eingeholt werden.

Tab. 5.1 Eigenschaften von Hölzern [10] (die Benennung der Holzart entspricht DIN 4076)

Handelsname	Botanischer Name	Kurz-zeichen	Vorherrschender Farbton	Rohdichte g/cm³ bei 0% Holzfeuchtigkeit	bei 15%	E-Modul N/mm²	Biegefestigkeit N/mm²	Druckfestigkeit N/mm²
Alerce	Fitzroya cupressoides Johnst.	ALR	rötlichbraun	0,39	0,42	8 200	61– 88	36–40
Douglasie	Pseudotsuga menziesii Franco	DG	gelblichweiß	0,50	0,54	11 500–12 700	72	43
Fichte	Picea abies Karst.	FI	gelblichweiß	0,43	0,47	11 000	66	43
Hemlock	Tsuga heterophylla Sarg.	HEM	hellgelb-braun	0,44	0,47	9 900	63	36
Kiefer	Pinus silvestris L.	KI	rötlichweiß	0,48	0,52	12 000	87	47
Lärche	Larix decidua Mill.	LA	rötlichbraun	0,55	0,58	13 800	96	48
Pitch Pine	Pinus palustris Mill. u. a. Pinus sp	PIP	gelb bis rötlichbraun	0,63	0,69	14 000	91–103	59
Redcedar, Western	Thuja plicata Donn	RCW	rötlichbraun	0,34	0,38	7 400– 7 900	48– 54	29–35
Redwood, Kalif.	Sequoia sempervirens Endl.	RWK	hellrot, nachbräunend	0,37	0,40	7 400– 7 900	51– 58	30–37
Afrormosia	Pericopsis elata van Meeuven	AFR	gelbbraun-oliv	0,65	0,68	13 600	129	70
Afzelia	Afzelia pachyloba harms u. a. Afzelia sp	AFZ	rötlichbraun	0,70	0,75	12 400–17 400	117	69–97
Azobe, Bongossi	Lophira alata Banks ex Gaertn.	AZO	dunkelrotbraun	1,04	1,10	22 000–28 500	246	109
Cedro	Cedrela fissilis Vell. u. a. Cedrela sp	CED	hellrotbraun	0,42	0,51	2 500– 8 800	62	35
Eiche	Quercus robur L., Quercus petraea Liebl.	EI	graugelb	0,64	0,68	13 000	74–117	55–65
Iroko	Chlorophora excelsa Benth. & Hook	IRO	goldolivbraun	0,64	0,68	11 000	113	70
Mahagoni, Echtes	Swietenia macrophylla King	MAE	rotbraun	0,50	0,54	7 500– 9 500	85	50
Mahagoni, Khaya-	Khaya ivorensis A. Chev. u. a. Khaya sp	MAA	rötlichbraun	0,46	0,49	10 000	87	46
Mahagoni, Sipo-	Entandrophragma utile Sprague	MAU	rotbraun	0,58	0,62	9 000–11 000	92–106	52–59
Meranti, Rotes dunkles	Shorea pauciflora King.	MER	rotbraun	>0,58	0,62	11 500–13 000	73– 92	40–50
Merbau	Intsia bijuga O. Ktze. u. a. Intsia sp	MEB	rötlichbraun	0,80	0,84	13 000–16 300	90–110	67–83
Niangon	Tarrietia utilis Sprague	NIA	hell- bis dunkelrotbraun	0,65	0,70	9 700–12 000	110	50–63
Teak	Tectona grandis L. f.	TEK	hell- bis dunkelbraun	0,64	0,68	10 200–12 700	105–131	58–63

Anmerkung: Alle mechanischen Daten sind aus der einschlägigen Fachliteratur entnommene Richtwerte. Auch bei Angabe nur eines Wertes ist mit teilweise erheblichen Streuungen zu rechnen.

5.3 Holzschutz durch Materialauswahl

Als Faustregel gilt: Die für den Fensterbau eingesetzten Hölzer sind auch für Haustüren geeignet.

Die Beschaffenheit der Massivhölzer ist in DIN 68360, Teil 1 „Holz für Tischlerarbeiten. Gütebedingungen bei Außenanwendung" festgelegt. Hier wird nach der späteren Oberflächenbehandlung des Holzes unterschieden. Daher ist es wichtig, schon im Ausschreibungstext die vorgesehene Anstrichbehandlung anzugeben, um späteren Mängelrügen aus dem Wege zu gehen. Allerdings sollte auch für deckend zu behandelnde Oberflächen (Kurzzeichen AD) kein minderwertiges Holz verwendet werden. DIN 68630 Teil 1 stellt in diesem Zusammenhang weniger die optischen Mängel (Äste, Insektenausflugslöcher usw.) als viel mehr die technischen Mängel (Querrisse, Kettendübel, Flügeläste) in den Vordergrund. Die für die Aufrechterhaltung der Gebrauchstauglichkeit zulässigen und unzulässigen Mängel am Massivholz sind aus Abb. 5.9 zu entnehmen (Grundlage: DIN 68360 Teil 1).

5.3.2 Holzwerkstoffe

Holzwerkstoffe werden für Haustüren überwiegend als Füllungen eingesetzt; sie finden aber auch Verwendung als komplette Türblätter in Sandwich-Bauweise (s. auch Kapitel 4 KONSTRUKTION).

Hierbei bedient man sich aller im Handel befindlichen üblichen Holzwerkstoffe wie:

- Spanplatten
  - Flachpreßplatten
  - Strangpreßplatten (nur als Mittellage verwendbar);
- Sperrholz
  - Furnierplatte
  - Tischlerplatte.

Schwindung in % je 1% Feuchtigkeitsänderung		Mechanische Bearbeitbarkeit	Anstrichstörende Inhaltsstoffe			mögliche ungünstige Eigenschaften	Resistenzklasse nach DIN 68 364
radial	tangential		Harz	färbende	verzögern Trocknung		
0,14	0,20	gut	–	–	(x)	gelegentlich Spannrückigkeit	–
0,15–0,20	0,28–0,30	gut	x	–	–	Splint bläueempfindlich, Rißbildung	3
0,12–0,19	0,24–0,33	gut	(x)	–	–	bläueempfindlich, Astigkeit	4
0,14	0,26	gut	–	–	–	schwer tränkbar	–
0,13–0,19	0,25–0,33	gut	x	–	–	Splintholz stark bläueempfindlich, Harzaustritt	3 bis 4
0,14	0,29	gut	x	–	–	Schwarzastigkeit, Harz	3
0,15–0,19	0,25–0,28	gut bis schwierig	xx	–	–	Splint bläueempfindlich, Rißbildung	–
0,07–0,09	0,20	gut	–	–	–	geringe Härte	2
0,10	0,17	gut	–	x	–	geringe Härte	–
0,18	0,32	gut bis schwierig	–	x	xx	Verfärbung bei blanken Eisenteilen	2
0,11	0,17–0,22	gut bis schwierig	–	x	x	Wechseldrehwuchs, nicht beizbar	1
0,31	0,40	schwierig	–	–	–	Wechseldrehwuchs, neigt zum Reißen	1
0,19	0,28	gut	x	–	–	Wechseldrehwuchs	2
0,15–0,22	0,32–0,35	gut	–	x	–	Verfärbung bei blanken Eisenteilen	2
0,19	0,28	gut	–	–	xx	neigt zum Reißen und Werfen	1 bis 2
0,11	0,17	gut	–	x	–	Flecken bei alkalischen Leimen	2
0,11	0,20	gut	–	x	xx	Wechseldrehwuchs	3
0,19–0,21	0,25	gut	–	x	–	neigt zum Verziehen	2
0,14	0,32	gut bis schwierig	–	x	–	Wurmlöcher, mineralische Einlagerung, Verwechslung mit Light Red Meranti	3 bis 4
0,13	0,21	schwierig	–	x	–	Verfärbung bei blankem Eisen	1 bis 2
0,19	0,36	gut	–	x	xx	Schwierige Verleimung	2 bis 3
0,13–0,16	0,24–0,26	gut	–	x	xx	Schwierige Verleimung	1

5 Holzschutz

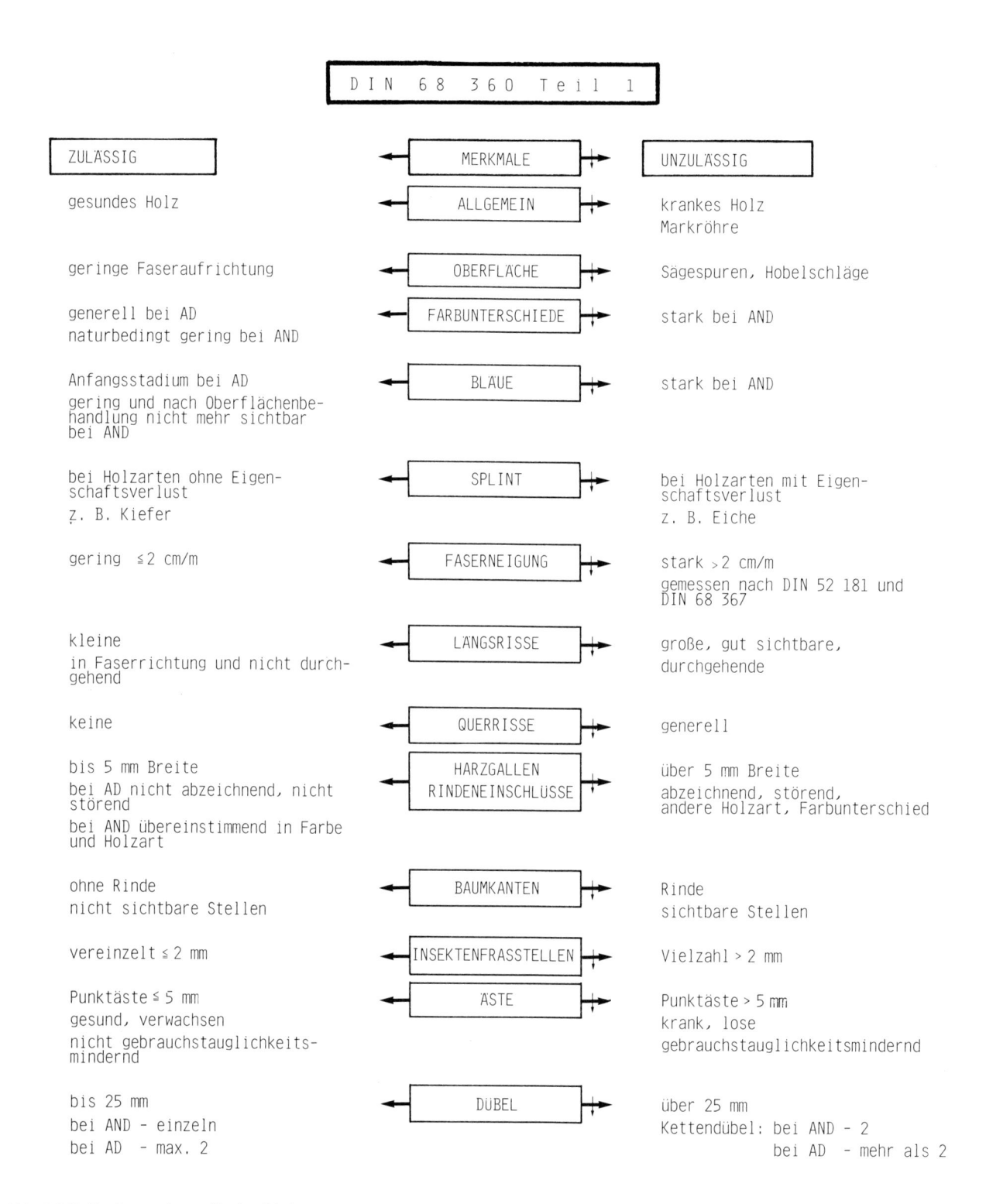

ZULÄSSIG	MERKMALE	UNZULÄSSIG
	DIN 68 360 Teil 1	
gesundes Holz	ALLGEMEIN	krankes Holz Markröhre
geringe Faseraufrichtung	OBERFLÄCHE	Sägespuren, Hobelschläge
generell bei AD naturbedingt gering bei AND	FARBUNTERSCHIEDE	stark bei AND
Anfangsstadium bei AD gering und nach Oberflächenbehandlung nicht mehr sichtbar bei AND	BLÄUE	stark bei AND
bei Holzarten ohne Eigenschaftsverlust z. B. Kiefer	SPLINT	bei Holzarten mit Eigenschaftsverlust z. B. Eiche
gering ≤ 2 cm/m	FASERNEIGUNG	stark > 2 cm/m gemessen nach DIN 52 181 und DIN 68 367
kleine in Faserrichtung und nicht durchgehend	LÄNGSRISSE	große, gut sichtbare, durchgehende
keine	QUERRISSE	generell
bis 5 mm Breite bei AD nicht abzeichnend, nicht störend bei AND übereinstimmend in Farbe und Holzart	HARZGALLEN RINDENEINSCHLÜSSE	über 5 mm Breite abzeichnend, störend, andere Holzart, Farbunterschied
ohne Rinde nicht sichtbare Stellen	BAUMKANTEN	Rinde sichtbare Stellen
vereinzelt ≤ 2 mm	INSEKTENFRASSTELLEN	Vielzahl > 2 mm
Punktäste ≤ 5 mm gesund, verwachsen nicht gebrauchstauglichkeitsmindernd	ÄSTE	Punktäste > 5 mm krank, lose gebrauchstauglichkeitsmindernd
bis 25 mm bei AND - einzeln bei AD - max. 2	DÜBEL	über 25 mm Kettendübel: bei AND - 2 bei AD - mehr als 2

Abb. 5.9 Zulässige und unzulässige Merkmale am Vollholz nach der Bearbeitung gemäß DIN 68360, Teil 1

Auch neuere Holzwerkstoffe wie MDF[1]) und Tischlerspanplatten kommen vereinzelt und meist versuchsweise zum Einsatz.

Bei der Wahl der Holzwerkstoffe ist vor allem auf eine ausreichende Verleimung zu achten. Sperrholz sollte die Verleimungsart AW 100 (wetterbeständig) und Spanplatten V 100 (begrenzt wetterbeständig) aufweisen. Laut DIN 4076 Blatt 3 gelten Spanplatten mit Verleimungsart V 100 als „begrenzt wetterbeständig" und mit der Bezeichnung V 100 G ebenfalls als „begrenzt wetterbeständig"; „G" bedeutet, daß die Platten zusätzlich mit einem Holzschutzmittel gegen holzzerstörende Pilze (Basidiomyceten) geschützt sind. Wetterfest in der Verleimung heißt nicht unbedingt wetterfest im Verbundbauteil. Es empfiehlt sich – und dies ist auch die Regel –, die Sichtflächen der Spanplatten entsprechend zu schützen durch:

- Furnier,
- Schichtwerkstoff,
- Anstrich,
- Massivholz.

Hierbei sind je nach Oberflächenbehandlung und Weiterverarbeitung die speziellen Herstellerrichtlinien zu beachten. Aufgrund langjähriger praktischer Erfahrung sowie der Auswertung wissenschaftlicher Untersuchungen gelten für Spanplatten folgende Grundsätze:

- konstruktive Schutzmaßnahmen vorsehen;
- Vermeidung direkter Wetterbeanspruchung (bei Verwendung von Strangpreßplatten ist eine allseitige ausreichende Ummantelung mit geeignetem Holz bzw. mit Holzwerkstoffen unerläßlich);
- dauerhaft wasserfeste Beschichtung;
- keine freien Kanten und Fugen;
- Vorsicht bei deckenden Kunstharzaufbauten im Farbton Weiß; es treten leicht Verfärbungen auf;
- bei lasierenden dunklen Anstrichen können Ausblühungen vor allem durch Temperatur- und Feuchtewechsel auftreten.

Nach [10] können sowohl für deckenden als auch lasierenden Anstrich folgende Systeme angewandt werden:

1. Epikote/Polyurethan,
2. Epikote/Kunstharz,
3. Kunstharz/Kunstharz,
4. Acryl/Acryl,
5. Polyurethan/Polyurethan.

Neben den allgemein gültigen Richtlinien und Herstellerangaben sind für den Verarbeiter von Holzwerkstoffen noch die materialspezifischen Normen zu beachten. Wegen der Vielzahl der eingesetzten Holzwerkstoffe ist es schwer, die wichtigsten Normen aufzuführen. Es empfiehlt sich daher die Anschaffung des DIN-Taschenbuches Nr. 60 „Normen für Holzfaserplatten, Spanplatten, Sperrholz". Es enthält alle wichtigen Normen, beginnend von Begriffen über Eigenschaften und Gütefestlegungen bis hin zu Prüfungen.

Für eventuelle Reklamationen bezüglich Quell- und Schwunderscheinungen sei besonders DIN 68100, Beiblatt 4 (in dem zitierten DIN-Taschenbuch ebenfalls enthalten) erwähnt.

Gerade im Haustürenbereich sind Reklamationen dieser Art nicht selten anzutreffen. Es ist daher sehr wichtig, schon bei der Lagerung der Holzwerkstoffe auf ein dem späteren Verwendungszweck vorherrschendes Raum- bzw. Lagerklima zu achten. Meist werden die Holzwerkstoffe oder schon fertigen Füllungen (Aufdopplung mit Kantenummantelung und Furnier) viel zu trocken gelagert.

5.4 Chemischer Holzschutz

Flankierend zu dem konstruktiven Holzschutz wirkt ein richtig ausgelegter chemischer Holzschutz. Er dient dazu, die Entwicklung von holzzerstörenden und -verfärbenden Pilzen zu verhindern. Es treten aber immer wieder Schäden durch unsachgemäße Wahl des Anstrichsystems auf, die zur Beeinträchtigung des optischen oder technischen Gebrauchswertes der Haustür führen.

Für den chemischen Holzschutz ist neben VOB DIN 18363 „Anstricharbeiten" in erster Linie die im Oktober 1983 erschienene DIN 68805 „Schutz des Holzes von Fenstern und Außentüren, Begriffe, Anforderungen" maßgebend.

Bei Kernhölzern der Resistenzklasse 1 und 2 nach DIN 68364 ist chemischer Schutz nicht erforderlich. Für die im Haustürenbereich am häufigsten verwendeten Holzarten (vgl. Tab. 5.2) ist dies jedoch nur bei einigen Laubhölzern der Fall, während chemischer Holzschutz bei allen Nadelhölzern notwendig ist.

Tabelle 5.2 Resistenzklassen einiger gebräuchlicher Holzarten

Holzart	Kurzzeichen	Resistenzklasse
Nadelhölzer		
Fichte	FI	4
Kiefer	KI	3 bis 4
Douglasie	DGA	3
Lärche	LA	3
Laubhölzer		
Eiche	EI	2
(Esche	ES	5 !)
Meranti, Dark Red	MER	2 bis 3
Merbau	MEB	1 bis 2
Mahagoni, Sipo	MAU	2
Teak	TEK	1
Mahagoni, Khaya	MAA	3

---

1 Halbharte Faserplatten (HFM) werden international Medium Density Fireboard (wörtlich übersetzt: Mitteldichte Faserplatten) genannt und dementsprechend MDF abgekürzt.

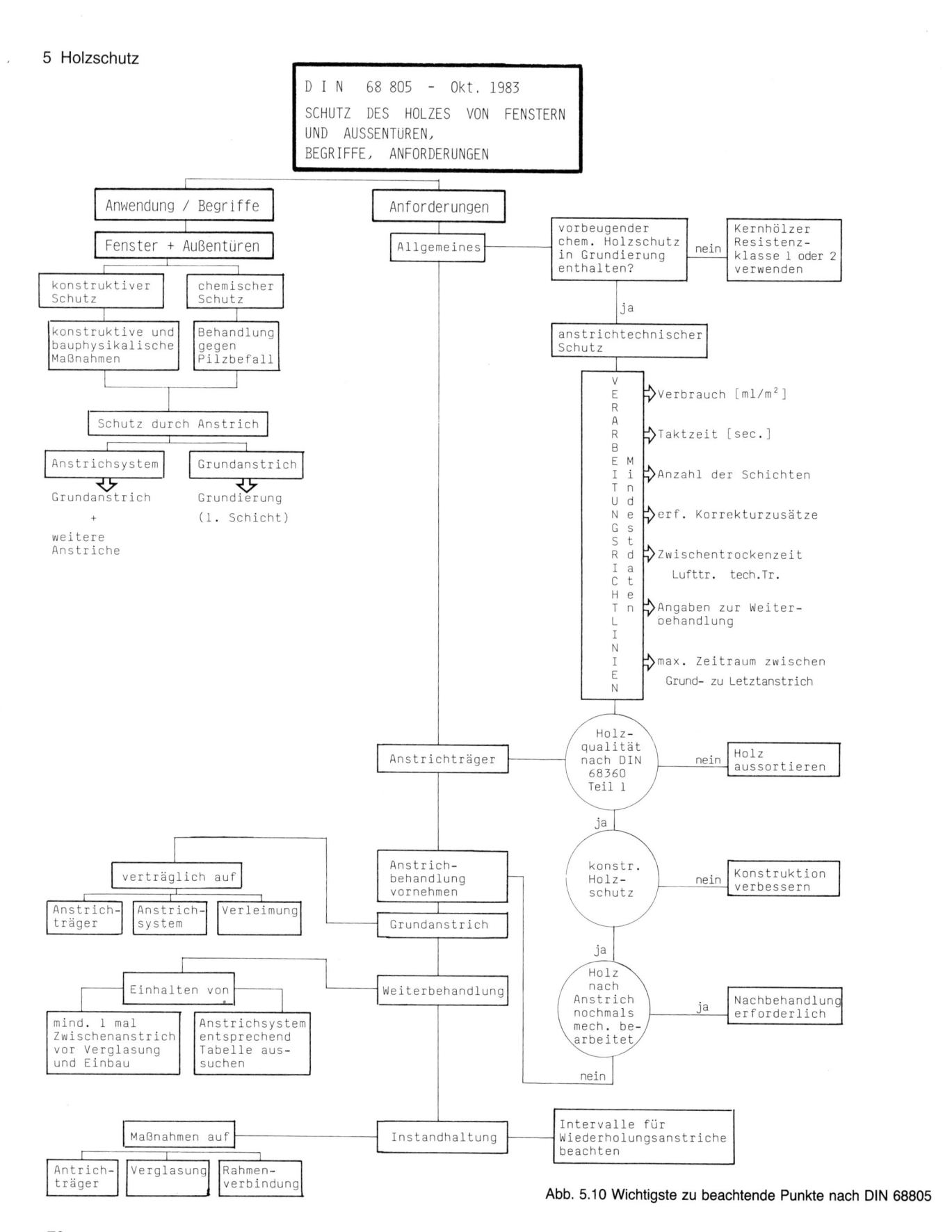

5 Holzschutz

```
DIN 68 805 - Okt. 1983
SCHUTZ DES HOLZES VON FENSTERN
UND AUSSENTÜREN,
BEGRIFFE, ANFORDERUNGEN
```

Anwendung / Begriffe

Fenster + Außentüren
- konstruktiver Schutz → konstruktive und bauphysikalische Maßnahmen
- chemischer Schutz → Behandlung gegen Pilzbefall

Schutz durch Anstrich
- Anstrichsystem ⇨ Grundanstrich + weitere Anstriche
- Grundanstrich ⇨ Grundierung (1. Schicht)

Anforderungen

Allgemeines:
- vorbeugender chem. Holzschutz in Grundierung enthalten?
  - nein → Kernhölzer Resistenzklasse 1 oder 2 verwenden
  - ja → anstrichtechnischer Schutz

VERARBEITUNGSRICHTLINIEN (Mindestdaten):
- Verbrauch [ml/m^2]
- Taktzeit [sec.]
- Anzahl der Schichten
- erf. Korrekturzusätze
- Zwischentrockenzeit (Lufttr. tech.Tr.)
- Angaben zur Weiterbehandlung
- max. Zeitraum zwischen Grund- zu Letztanstrich

Anstrichträger:
- Holzqualität nach DIN 68360 Teil 1
  - nein → Holz aussortieren
  - ja → konstr. Holzschutz
    - nein → Konstruktion verbessern
    - ja → Holz nach Anstrich nochmals mech. bearbeitet
      - ja → Nachbehandlung erforderlich
      - nein →

Anstrichbehandlung vornehmen

verträglich auf:
- Anstrichträger
- Anstrichsystem
- Verleimung

Grundanstrich

Einhalten von:
- mind. 1 mal Zwischenanstrich vor Verglasung und Einbau
- Anstrichsystem entsprechend Tabelle aussuchen

Weiterbehandlung

Instandhaltung → Intervalle für Wiederholungsanstriche beachten

Maßnahmen auf:
- Anstrichträger
- Verglasung
- Rahmenverbindung

Abb. 5.10 Wichtigste zu beachtende Punkte nach DIN 68805

5.4 Chemischer Holzschutz

5.4.1 Anstrichtechnische Behandlung

Neben dem rein chemischen Holzschutz ist eine anstrichtechnische Behandlung erforderlich. Hierfür sind im wesentlichen die in Abb. 5.11 aufgeführten Normen und Richtlinien zu beachten. Die Zuordnung der Anstrichsysteme wird von den Anstrichmittel-Herstellern meist unter Heranziehung der vom Institut für Fenstertechnik e. V. Rosenheim herausgegebenen Tabelle „Anstrichgruppen für Holz in der Außenverwendung" eigenverantwortlich vorgenommen. Eine Überarbeitung dieser Tabelle für Haustüren unter Berücksichtigung der Lage der Haustüren im Baukörper ist in Abb. 5.12 wiedergegeben.

Von der Ausschreibung geforderte ANSTRICHGRUPPE
LASUR-ANSTRICH AND   DECKENDER ANSTRICH AD

indirekte Bewitterung
Außenklima DIN 50 010

AI / I bis III - K*   C1 / I bis III - K

Freiluftklima
normale direkte Bewitterung

./.   C2 / I bis III - K
B3 / (I) II und III-K C3 / (I) II und III-K
B4 / (I) II und III-K C4 / (I) II und III-K

Freiluftklima
extrem direkte Bewitterung

./.   C5 / I bis III - K
B6 / (II) III - K   C6 / (I+II) III - K
B7 / (II) III - K   C7 / (II) III - K

*K = Kurzzeichen stellvertretend für
E = Erstanstrich; R = Renovierungsanstrich
RÜ = Überholungsanstrich
RE = Erneuerungsanstrich

( ) = Oberflächen- und Anstrichschäden durch Harzfluß sowie Rißbildungen im Holz und an den Verbindungen möglich

I = harzreiche Nadelhölzer
II = harzarme Nadelhölzer
III = Laubhölzer

Abb. 5.12 Anstrichgruppen für Außentüren

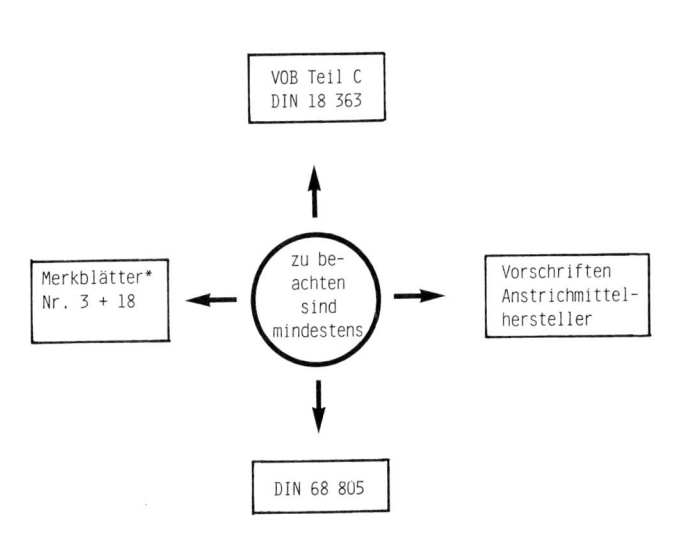

VOB Teil C
DIN 18 363

Merkblätter*
Nr. 3 + 18 ← zu beachten sind mindestens → Vorschriften Anstrichmittelhersteller

DIN 68 805

Abb. 5.11 Richtlinien und Normen für die anstrichtechnische Behandlung
* Bundesausschuß Farbe und Sachwertschutz, Frankfurt/M.

5 Holzschutz

Bei der Auswahl des richtigen Anstrichsystems spielt die verwendete Holzart eine wichtige Rolle. Nadelholz mit dunklen, nicht filmbildenden Anstrichen neigt zu Harzaustritt und Rißbildung.

Tropische Laubhölzer haben z. T. Holzinhaltsstoffe, die Einfluß auf den Trocknungsverlauf, das Farbbild und die Haltbarkeit des Anstriches nehmen können.

In der Frage, ob filmbildende oder offenporige Anstriche zu verwenden sind, ist zu beachten, daß filmbildende Anstriche einen höheren Wasserdampfdurchlaßwiderstand besitzen. Dadurch ist mit einer geringeren Schwankung der Holzfeuchte zu rechnen. Andererseits besteht die Gefahr der Feuchtigkeitsanreicherung, wenn durch Fehlstellen Wasser in das Rahmenholz gelangen kann.

Bei Lasuranstrichen (offenporige Behandlung) ist die Gefahr der Feuchtigkeitsansammlung geringer. Jedoch tritt ein stärkerer Wechsel der Feuchtigkeit auf. Somit ist bei diesen Anstrichsystemen eine Konstruktion zu wählen, die ein stärkeres Arbeiten des Holzes erlaubt.

Die Oberfächenbehandlung sollte einen optimalen Schutz vor allem gegen Sonneneinstrahlung und Feuchteeinwirkung gewährleisten. Hierbei sind nicht selten Kompromisse erforderlich.

Die Oberflächentemperatur wird von der Farbgebung beeinflußt (vgl. Tab. 5.3).

Tab. 5.3 Einfluß der Farbgebung auf die Oberflächentemperatur

Farbgebung	max. Oberflächentemperatur
hell	40...55 °C
farbig	55...70 °C
dunkel	70...80 °C

Ein heller Farbton führt zu einer geringeren Belastung des Holzes. Dies gilt jedoch nur für deckende Anstrichsysteme.

Bei Lasuranstrichen ist zu beachten, daß das Holz auch noch vor UV-Licht zu schützen ist, da sonst eine zu Anstrichschäden führende Vergrauung des Holzes unvermeidbar ist. Die-

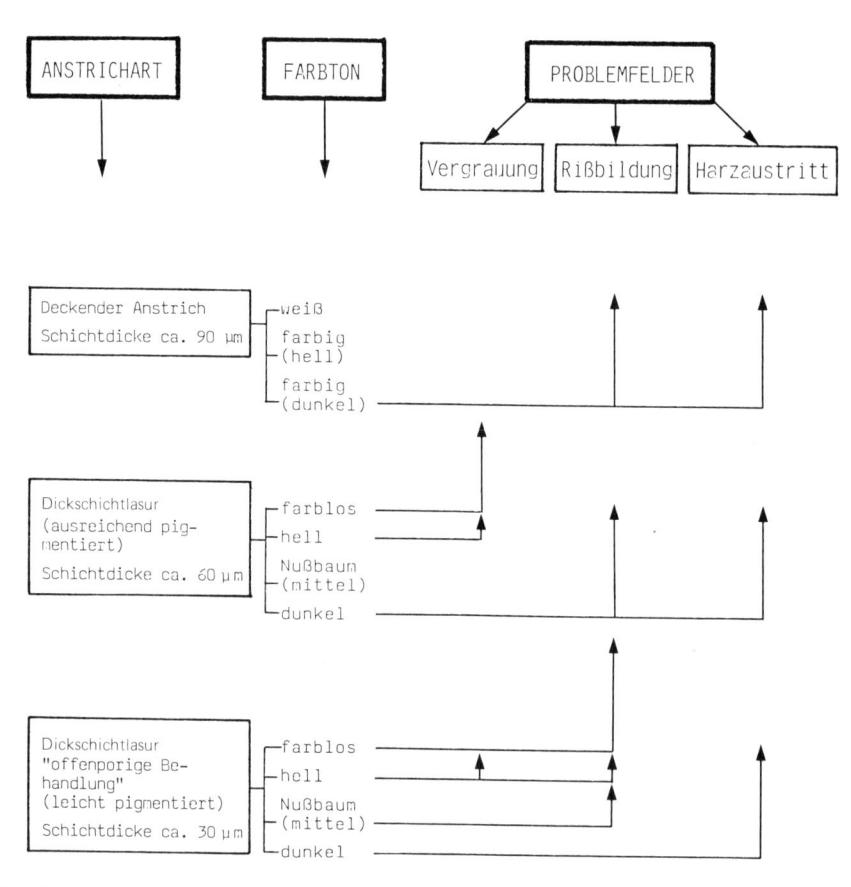

Abb. 5.13 Anstrich und Problemfelder

ser Schutz ist nur durch einen ausreichend pigmentierten Lasuranstrich – sogenannte Dickschichtlasuren – möglich. Farblose bzw. nur leicht pigmentierte Lasuren – sogenannte Dünnschichtlasuren – können eine Vergrauung nicht oder nur unzureichend vermeiden.

Das „Zeigen" der natürlichen Schönheit des Holzes hat seine Grenzen; ein Farbkompromiß ist derzeit der Farbton „Nußbaum" (allerdings nur auf harzarme Hölzer beschränkt).

Zum Schutz gegen die Feuchteeinwirkung ist eine ausreichende Mindestschichtdicke erforderlich, die u. a. auch vom Anstrichsystem abhängig ist. Sie soll zu hohe Feuchteaufnahme verhindern (z. B. Schlagregenbelastung) und die Feuchteabgabe soweit beeinflussen, daß kein zu starkes Feuchtegefälle z. B. im Haustürfries entsteht, so daß Oberflächenrisse vermieden werden.

Diesen Anforderungen werden Dünnschichtlasuren nicht gerecht. Daher ist für eine optimale Oberflächenbehandlung entweder ein deckender Anstrich (AD) oder ein nicht deckender Anstrich (AND) mit ausreichenden Pigmenten (Dickschichtlasur) zu fordern (vgl. auch Abb. 5.13).

Alle nach dem Einbau der Tür nicht mehr zugänglichen Teile müssen nach dem Grundieren mit einem geeigneten Holzschutzmittel mindestens mit dem ersten Zwischenanstrich versehen werden. Da eine optimale Abstimmung der einzelnen Lacke untereinander für einen dauerhaften Schutz notwendig ist, sollte die gesamte Oberflächenbehandlung von Seiten des Haustürherstellers erfolgen!

6 Beschläge

Die Beschläge haben u. a. die Aufgabe, ein möglichst störungsfreies Öffnen und Schließen zu gewährleisten und je nach Anforderungsprofil auch für eine ausreichende Einbruchshemmung zu sorgen. Beschläge geben der Haustür aber auch ein dekoratives Aussehen, so daß neben den technischen Anforderungen noch ästhetische Aspekte hinzukommen. Es ist wichtig, zur Tür passende Beschläge auszuwählen und diese in einem ausgewogenen Verhältnis an der Tür zu plazieren.

Beschläge werden unterschieden in:

a) Mindestbeschläge zur Funktionsgarantie (Funktionsbeschläge)
   – Bänder
   – Schloß bzw. Schlösser
   – Schließblech(e) oder Türöffner
   – Schließzylinder (bei Zylinderschlössern)
   – Schutzbeschlag (Lang-/Kurzschild oder Rosette)

b) Sonderzubehör
   – Türschließer (Ober- oder Bodentürschließer)
   – Türspion
   – Griffbeschlag
   – Querriegel- und Sperriegelschloß (Schlösser)
   – Türstopper oder Türfeststeller
   – Hintergriffe (Hintergreifhaken, Bandsicherung).

Die Beschläge werden aus Stahl, Edelstahl, Druckguß, Aluminiumlegierungen und Kunststoffen hergestellt. Für die Ausführung ist im wesentlichen VOB Teil C DIN 18357 „Beschlagsarbeiten" maßgebend.

Bei der Auswahl und dem Einbau der Beschläge sind immer auch die beschlagsspezifischen Herstellerangaben bzw. -empfehlungen und z. T. -richtlinien zu berücksichtigen.

6.1 Bänder

Bänder halten im allgemeinen sehr hohen Belastungen stand. Hierbei ist es zunächst gleichgültig, ob es sich um Einbohr- oder Lappenbänder handelt. Zum Versagen führt meist der Türblattwerkstoff bzw. der Befestigungsbereich. Die die Bandauswahl beeinflussenden Parameter sind in Abb. 6.1 dargestellt.

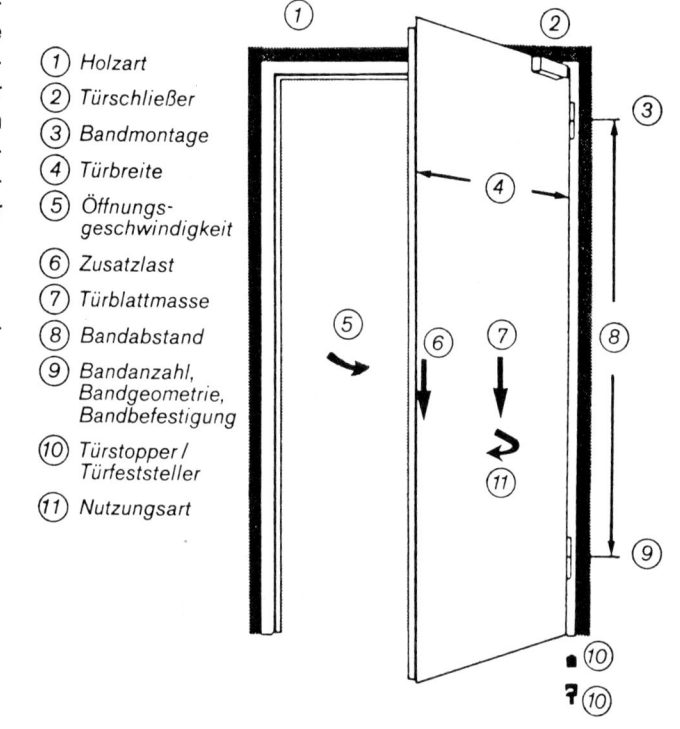

① Holzart
② Türschließer
③ Bandmontage
④ Türbreite
⑤ Öffnungsgeschwindigkeit
⑥ Zusatzlast
⑦ Türblattmasse
⑧ Bandabstand
⑨ Bandanzahl, Bandgeometrie, Bandbefestigung
⑩ Türstopper / Türfeststeller
⑪ Nutzungsart

Abb. 6.1 Bandkonstruktion und -befestigung beeinflussende Parameter [12]

Je nach Verwendungszweck sind folgende Bandkonstruktionsarten geeignet:

– Einbohrbänder zwei- bzw. mehrteilig,
– Lappenbänder gekröpft und ungekröpft, mit und ohne Tragzapfen,
– Fitschenbänder (im Holztürenbereich nur noch selten eingesetzt).

Die Einbohrbänder haben den Vorteil einer relativ leichten Regulierbarkeit, sind aber wegen der geringeren mechanischen Belastbarkeit, bezogen auf den Befestigungsbereich, nicht überall einsetzbar.

Die Lappen- bzw. Aufschraubbänder sind meist nicht in allen Achsen regulierbar. Allerdings sind gerade in den letzten

Jahren von den führenden Bandherstellern auch dreidimensional verstellbare Lappenbänder herausgebracht worden.

Es ist auf Dauer nicht sinnvoll, die Bänder allein entsprechend dem Türblattgewicht auszuwählen, wenn dies auch von einigen Bandherstellern in ihren Katalogen noch vorgeschlagen wird. Besser wäre es, die Auswahl anhand einer Gebrauchstabelle vorzunehmen, wie sie der Fachverband Schloß und Beschlag e. V. in einem Forschungsvorhaben [12] in Auftrag gegeben hat.

Unter Berücksichtigung der relativ geringen Querzugfestigkeit und z. T. guten Spaltbarkeit des Werkstoffes Holz sollte bei höherer Belastung dem eingelassenen und verschraubten Lappenband gegenüber dem Einbohrband der Vorzug gegeben werden.

6.1.1 Bandanzahl

Generell sind mindestens 2 Bänder erforderlich und ausreichend. Untersuchungen [12] haben gezeigt, daß jedes weitere Band wegen der damit verbundenen Zwängspannung zu einer Mehrbelastung der Bandfestigkeit beiträgt. Andererseits schreiben einige Bandhersteller bei schweren Türblättern die Verwendung eines dritten Bandes vor. Das dritte Band wird meist ca. 250 mm unterhalb des oberen Bandes angebracht. Je weiter das Band in Türmitte gesetzt wird, desto schwieriger ist die Einhaltung einer Fluchtlinie aller Bandmittellinien. Ist ein Band außerhalb der Fluchtlinie angebracht, so erhöht sich die Belastung im Bandeinbettungsbereich durch Zunahme des Wirkmomentes M4 (s. Abb. 6.2) aufgrund der Zwängkräfte.

Die Forderung nach drei und mehr Bändern ist meist unbegründet. Das Türblattgewicht in vertikaler Richtung wird immer nur von einem Band aufgenommen. Lediglich das Türblattgewicht in horizontaler Richtung könnte von einem dritten Band aufgenommen werden.

Das Anbringen von mehr als zwei Bändern schafft lediglich eine Reserve beim Versagen eines Bandes bzw. trägt zur Reduzierung der Türblattverformung im Bandbereich bei.

6.1.2 Bandmontage

Eine wesentliche Ursache von Beschädigungen im Bandbereich ist die ungenügende bzw. ungenaue Bandmontage. Untersuchungen zeigen, daß die Kräfte bei schief sitzenden Bändern wesentlich ansteigen können [12]. Ein erhöhter Verschleiß und in nicht seltenen Fällen ein Ausbrechen der Bänder kann die Folge sein.

Bei der Bandmontage ist daher eine exakte Einhaltung der Bandbohrungen auf genaue Fluchtlinie erforderlich. Dies gilt auch für Lappenbänder und wird um so mehr notwendig, wenn drei oder gar mehrere Bandpaare eingesetzt werden.

Die Auswirkungen nicht fluchtender Bänder sind:

– Lockerwerden der Bänder,
– Verformen der Bänder bzw. der Bandstifte,
– Aufsteigen der Bandstifte,
– erhöhter Verschleiß der Bänder.

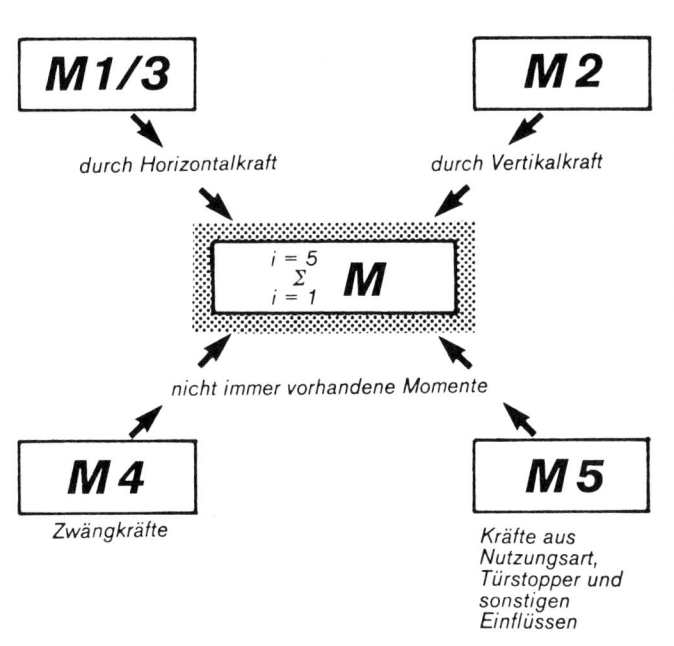

Abb. 6.2 Wirksame Momente am Bandbefestigungsteil [2]

M1/3 durch Horizontalkraft
M2 durch Vertikalkraft
$M = \sum_{i=1}^{i=5}$
nicht immer vorhandene Momente
M4 Zwängkräfte
M5 Kräfte aus Nutzungsart, Türstopper und sonstigen Einflüssen

Tab. 6.1 Im Türenbereich am häufigsten eingesetzte Hölzer für Innen und Außen

Holzart	$\sigma_{zB\perp}$ N/mm²	Spaltbarkeit	Stehvermögen
Fichte	2,71	gut	gut
Kiefer	2,39	gut	gut
Lärche	2,30	gut	gut
Tanne	2,30	gut	gut
Eiche	5,36	gut	gut
Rotbuche	9,00	gut	schlecht
Nußbaum	3,52	schlecht	gut
Rüster	4,02	schlecht	schlecht
Limba	2,21	gut	gut
Abachi	1,30	schlecht	gut
Okumé	1,80	schlecht	gut
Dark-Red-Meranti	2,71	schlecht	mäßig gut
Abura	2,45	gut	gut
Teak	9,00	gut	gut
Framire	2,39	gut	gut
Makoré	2,10	schlecht	gut
Ramin	4,50	mäßig	mäßig
Sipo	2,30	gut	gut

6 Beschläge

6.1.3 Holzart

Die Holzart ist entscheidend bei der Auswahl der Bandart. Daher sind zur Gewährleistung der Haltbarkeit an die jeweils verwendete Holzart folgende Forderungen zu stellen:

– hoher Schraubenausziehwiderstand,
– hohe Festigkeit parallel zur Faserrichtung,
– niedrige Spaltbarkeit,
– hohe Zugfestigkeit senkrecht zur Faserrichtung.

Spaltbarkeit und Zug-Bruchfestigkeit der bei der Türenherstellung am häufigsten verwendeten Holzarten für den Innen- und Außenbereich sind Tabelle 6.1 zu entnehmen. Da z. B. Buche für den Außenbereich, d. h. für Haustüren, wegen des schlechten Stehvermögens nicht eingesetzt werden kann, erscheint es sinnvoll, in der Tabelle auch das Stehvermögen dieser Hölzer aufzuführen.

6.1.4 Beanspruchung der Bänder durch Türstopper/Türfeststeller

Der Türstopper hat die Aufgabe, dafür zu sorgen, daß sich das Türblatt nur bis zu einem bestimmten Winkel öffnen läßt. Je nach Lage des Türstoppers und der Öffnungsgeschwindigkeit des Türblattes werden die Bänder mehr oder weniger stark beansprucht. Der Türstopper befindet sich vom Band aus gesehen im letzten Drittel der Türblattbreite und der Türfeststeller an der vorderen Türkante. Das untere Bandpaar wird durch das Vorhandensein eines Türstoppers viel stärker belastet, als dies beim oberen Bandpaar durch einen Türfeststeller der Fall ist.

Das Ausmaß dieser Belastung hängt weniger vom Material des Türstoppers als vielmehr von seiner Anordnung ab.

Ein Türstopper sollte etwa im Abstand von ⅔ der Türblattbreite, von der Bandseite aus gesehen, angebracht werden. Bei dieser Anordnung ist die Belastung an den Bändern symmetrisch auf das obere und untere Band verteilt. Abb. 6.3 zeigt die Zunahme der Bandbelastung bei unterschiedlichem Türstopperabstand.

Sitzt der Türstopper mehr in Schloßnähe, so wird das obere Band stärker belastet; in Bandnähe erfolgt eine höhere Belastung des unteren Bandes. Durch die Hebelwirkung wird die Belastung am unteren Band allerdings erheblich verstärkt.

Neben der Lage des Türstoppers, der Holzart des Türblattes sowie der Öffnungsgeschwindigkeit (Nutzungsart) ist noch die Dämpfungseigenschaft des Türstoppers zu berücksichtigen. Türstopper mit hoher Dämpfungseigenschaft und langem Federweg sind günstiger als jene mit geringer Dämpfungseigenschaft und kurzem Federweg.

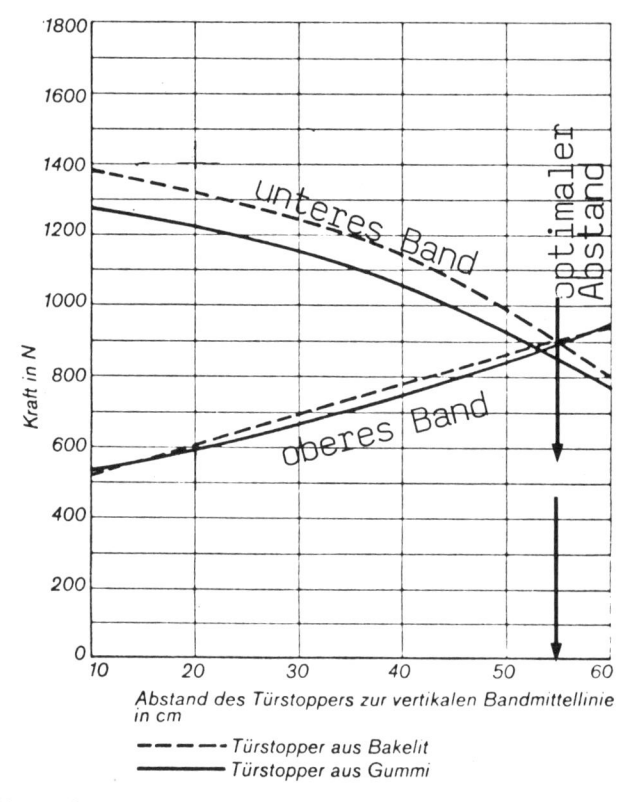

Abb. 6.3 Spitzenkräfte am oberen und unteren Türband infolge Türstoppereinwirkung bei einem 86 cm breiten Türblatt [12]

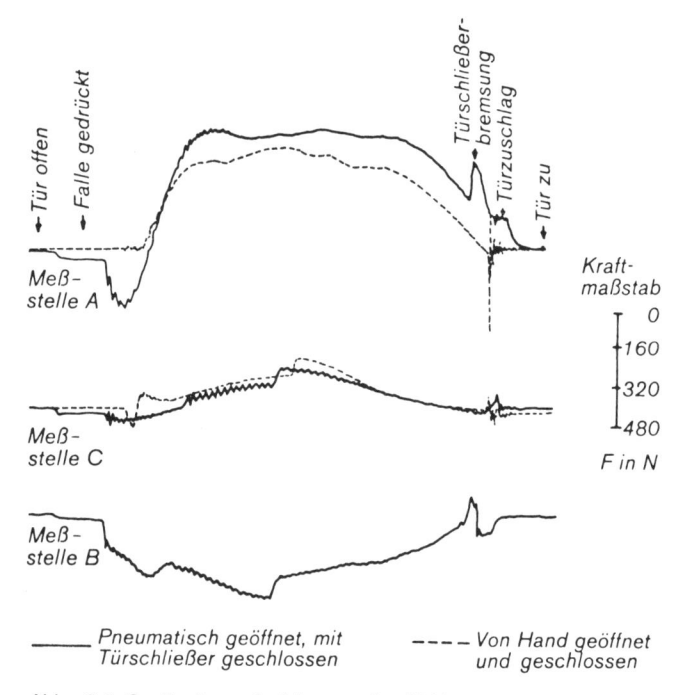

Abb. 6.4 Oszilloskopaufzeichnung der Kräfteveränderung an den Bandbefestigungsstiften [12]

6.1.5 Einfluß eines Türschließers auf die Bänder

Das Vorhandensein eines funktionsgerechten, ordnungsgemäß montierten und in richtiger Größe – entsprechend dem Türblattgewicht – ausgewählten Türschließers bedeutet immer eine Schonung der Türbänder und des Türelementes. Der Türschließer sorgt für eine Herabsetzung der kinetischen Energie beim Auftreffen des Türblattes auf den Rahmen. Es ist daher empfehlenswert, dort Türschließer einzusetzen, wo mit einer relativ starken Schließenergie – Türblätter werden meist mit Schwung geschlossen bzw. geöffnet – zu rechnen ist. Zu beachten ist auch DIN 18263, Teil 1 bis 3. Bei Haustüren aus Holz und Holzwerkstoffen sind Türschließer allerdings äußerst selten anzutreffen. Abb. 6.4 zeigt den Einfluß eines Obertürenschließers auf die Bänder.

6.2 Schloß und Schließblech

Nach VOB DIN 18357, Absatz 2.2.4.5, müssen Schlösser für Haustüren aus Holz zweitourig sein oder einen Mindestriegelausschluß von 20 mm aufweisen. Dies macht eine entsprechend tiefe Ausnehmung im Schließblechbereich erforderlich. Oft wird dies übersehen, so daß ein zweitouriger Ausschluß nicht mehr möglich ist. VOB DIN 18357, Absatz 3.1.5 fordert für Haustüren Schlösser mit Wechsel, z. B. Zylinderschlösser bzw. Zuhaltungsschlösser.

Die Zylinderschlösser sind die am häufigsten eingesetzten Schlösser im Haustürenbereich. Das Zylinderschloß besteht im wesentlichen aus einem Schloß mit Riegel und Falle sowie einem Schließzylinder. Der Schließzylinder kann sowohl als Rund- als auch als Profilzylinder ausgeführt sein. Die Bauform Profilzylinder ist wiederum der am häufigsten verwendete Schließzylinder.

Der Riegel ist der Teil des Schlosses, der durch die Schlüsseldrehung bewegt wird. Eintourig bedeutet hierbei, daß nur eine Schlüsselumdrehung möglich ist, zweitourig zwei Schlüsselumdrehungen möglich sind.

Die Falle ist federnd gelagert und rastet beim Schließen der Tür in das Schließblech. Es gibt Schließsysteme, die beim Ausschließen des Riegels die Falle ebenfalls derart blockieren, daß sich diese nicht mehr zurückdrücken läßt. Dies kann unter dem Gesichtspunkt der Einbruchhemmung positiv sein (Scheckkarteneffekt ausgeschlossen!). Zudem stabilisiert die so blockierte Falle den Riegel bei der Druckbelastung nach DIN V 18103.

Der Wechsel ist eine meist hebelartige Verbindung zwischen dem Riegel und der Falle, der es ermöglicht, daß die Falle mit dem Schlüssel zurückgedreht wird, so daß die Tür bei nicht verriegeltem Zustand geöffnet wird. Leider hat die durchaus praktische Einrichtung des Wechsels den großen Nachteil, daß mit Haustüren, die von außen mit einem Knopf oder einem Stoßschild versehen sind, oft nur in die Falle „gezogen" werden. Der Benutzer glaubt, daß somit die Tür ausreichend gesichert ist! Würden Haustüren von außen mit einem Drehknopf bzw. noch besser mit einer Klinke versehen sein, so wäre man viel eher angehalten, die Haustür richtig zu versperren, d. h. den Riegel voll auszufahren.

Die überwiegende Anzahl der Haustüren wird mit einem schweren Einfachverriegelungsschloß bei zweitouriger Riegelaussperrung ausgestattet. Besonders im Hinblick auf den Einbruchschutz setzen sich aber die Mehrfachverriegelungsschlösser mehr und mehr durch. Hierbei greifen die Schließteile in unterschiedlicher Länge in die Schließbleche. Die Versperrung erfolgt entweder über den Zylinderschlüssel oder über einen zusätzlichen „Türgriff". Wenn auch in der Praxis nicht so durchsetzbar, so ist doch wegen der oft hohen Drehmomente – besonders bei relativ steifen und verformten Türblättern – dem externen Verriegeln mittels „Türgriff" der Vorzug zu geben. (s. Kapitel 7 DICHTUNG und 10 EINBRUCHSCHUTZ)

Folgende Punkte sind beim Einsatz von Mehrfachverriegelungsschlössern zu beachten:

– Eine Verformungsbehinderung ist nur im verriegelten Zustand gegeben. Der Benutzer ist daher besonders auf eine dauernde Verriegelung hinzuweisen. Diese ist im Grunde auch dann erforderlich, wenn man sich hinter der Haustür im Innenbereich, also in der Wohnung, aufhält.

Sobald die Tür entriegelt wird, erreicht das Türblatt innerhalb kurzer Zeit den spannungsfreien, d. h. verformten Zustand – es „springt" förmlich in die Verformung über! Die auch dann erforderlichen Schließkräfte können je nach Steifigkeit des Türblattes erheblich sein. Messungen haben gezeigt, daß diese bis zur Zerstörung des Schloßgetriebes ansteigen können.

Durch die Forderung hoher Dichtheit erhöhen sich zusätzlich aufgrund des Dichtungssystems diese Belastungen bei der Benutzung der Türen.

Somit stellt die Mehrfachverriegelung bei biegesteifen Türblättern hohe Anforderungen an die Verformungsstabilität. Rahmentürblätter eignen sich allgemein besser für Mehrfachverriegelungsschlösser als Volltürblätter.

– Durch ein relativ gleichmäßiges Andrücken des Türblattes auf die Dichtung ist auch eine bessere Dichtheit und damit Schall- und Wärmedämmung gegeben.

– Bei entsprechender Schloßausführung, ausreichendem Verriegelungseingriff in das Schließblech und ausreichender Befestigung in Türblatt und Schließblech ist eine Verbesserung der Einbruchhemmung gegeben.

6 Beschläge

Zusammenfassend sind bei der Wahl eines mehrfachen Verriegelungssystems folgende Punkte zu beachten:

- mögliche maximale Verformung des Türblattes;
- Steifigkeit des Türblattsystems;
- je steifer das Türblattsystem, desto geringer darf die Verformung sein;
- Dichtung mit hoher Arbeitsbreite und geringer Anpreßkraft;
- Verschließung eventuell nur durch größeren Hebel, z. B. Türgriff;
- exakte Abstimmung zwischen Schließzungen bzw. Verriegelungselementen und Schließblechen.

Ist ein Mehrfachverriegelungsschloß eingebaut, so sind die zugesagten Eigenschaften wie Dichtheit, Einbruchschutz usw. nur bei verriegeltem Zustand gewährleistet. Dies kann man also nicht voraussetzen, wenn nur die Falle im Schließblech eingerastet ist.

Bei der Befestigung des Schloßstulpes ist darauf zu achten, daß durch die Schrauben keine Zwängspannungen vorliegen. Die Folge davon wäre ein Aufplatzen des Holzes im Schraubenbereich, eine am Türblatt oft anzutreffende Erscheinung. Vermieden wird dies z. B. durch die Wahl geeigneter Schrauben oder einer ordnungsgemäßen Verbohrung. Auch das Einleimen von Holzdübeln mit einem Durchmesser von mind. 10 mm ist eine gute Befestigungsart. Wichtig ist auch, daß der Schloßkasten nicht zu groß ausgefräst wird; der Spielraum zwischen Schloßkasten und Schloßtasche sollte in der Höhe etwa 5 mm und in der Dicke ca. 1 mm betragen.

Die Funktionsfähigkeit der Haustür hängt auch zu einem nicht unwesentlichen Teil vom Schließblech ab. Wichtig ist neben der Auswahl eines ausreichend dimensionierten Schließbleches vor allem eine ausreichende Befestigung. Sofern es die Aussenkungen zulassen, sollten Schrauben von mind. 4,5 x 40 mm verwendet werden. An Materialien werden überwiegend Stahl, Chromstahl und Messing verwendet, wobei jedoch Messing für einbruchhemmende Türen nach DIN V 18103 Probleme bringen könnte. Optimal sind Winkelschließbleche mit zusätzlichen Mauerankern, da somit gerade im Verriegelungsbereich eine ausreichende Festigkeit – auch zum Mauerwerk hin – sichergestellt ist.

6.3 Zusatzbeschläge/Drückergarnitur

Weitere Beschlagteile wie Türspion, Drückergarnitur, einschließlich Rosetten oder Langschilder, Türklopfer usw. sind individuell auszuwählen.

Neben der optischen Gestaltung ist vor allem auf ordnungsgemäßen Einbau zu achten. Sind erhöhte Anforderungen an die Einbruchsicherheit gestellt, so ist dies z. B. entsprechend DIN 18103 gesondert zu berücksichtigen.

Dies trifft auch für Feuerschutz- oder Fluchttüren zu.

6.4 Richtungsbezeichnung (DIN links oder DIN rechts)

Für die Planung ist von Bedeutung, wo und wie die Haustür angeordnet wird. Dies richtet sich nach der Anordnung des dahinter liegenden Raumes. Haustüren sind entweder links oder rechts angeschlagen. Die Öffnungsrichtung der Tür wird immer von der Seite aus festgestellt, auf der bei geschlossener Tür die Bänder sichtbar sind. Nach DIN 107 „Bezeichnung mit links oder rechts im Bauwesen" wird die sichtbare Türblattfläche als „Öffnungsfläche (O)" und die Gegenfläche als „Schließfläche (1)" bezeichnet. In Abb. 6.5 ist die korrekte Bezeichnung wiedergegeben.

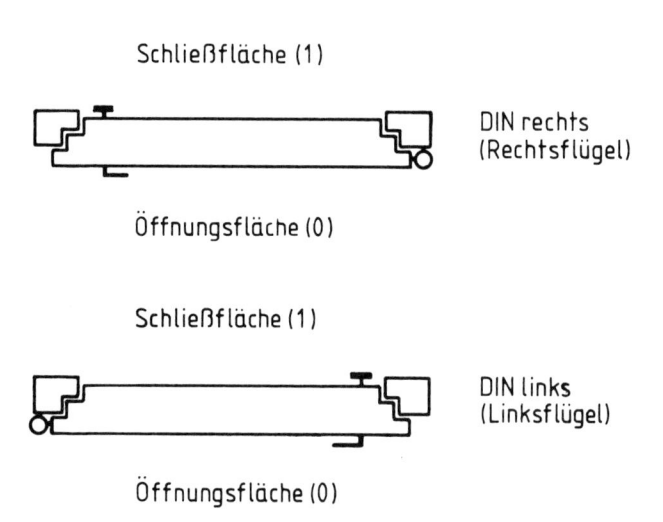

Abb. 6.5 Bezeichnung der Tür nach DIN 107

In DIN-Bezeichnungen für Schlösser, Beschläge und Türschließer geht zur Bezeichnung „links" oder „rechts" der Kennbuchstabe L oder R ein. Falls die Befestigungsfläche zu bezeichnen ist (z. B. bei Kastenschlössern und bestimmten Beschlägen), ist zusätzlich die Kennzahl 0 oder 1 hinzuzufügen.

Obwohl seit 1970 von der Internationalen Normungsorganisation (ISO) eine Empfehlung ISO/R 1226–1970 „Symbolic designation of direction of closing and faces of doors, windows and shuttles" (Symbolische Bezeichnung des Schließsinns und der Seiten von Türen, Fenstern und Läden) herausgebracht wurde, hat man mit Rücksicht darauf, daß die in DIN 107 (1. Ausgabe Mai 1939!) festgelegten Regeln für die Bezeichnung mit „rechts" oder „links" im deutschen Bauwesen, im Handel und in der Industrie allgemein eingeführt sind, auch in der Überarbeitung und der jetzt gültigen Ausgabe April 1974 diese beibehalten.

6.4 Richtungsbezeichnung (DIN links oder DIN rechts)

Nach ISO/R 1226–1970 wird die Bewegungsrichtung auf den Uhrzeigersinn bezogen. Die Beziehungen zwischen der Bezeichnung mit links oder rechts nach DIN 107 und den entsprechenden Bezeichnungen nach ISO/R 1226 sind in der Tabelle 6.2 gegenübergestellt. In dieser Tabelle sind außerdem die im deutschen Exportverkehr und von der ARGE[1]) festgelegten Symbole für die Schlagrichtung von Türen angegeben.

Tabelle 6.2 Zusammenhang zwischen DIN 107 und ISO/R 1226

	Bezeichnung der Tür nach DIN 107	Kennzahl der Tür nach ISO-Empfehlung R 1226	Bezeichnung des Schlosses nach DIN 107	Kennzahl des Schlosses nach ISO-Empfehlung R 1226	Kennzahl des Schlosses nach ARGE[1])
Linksflügel Schloß auf Öffnungsfläche	L	6	L 0	60	1
Linksflügel Schloß auf Schließfläche			L 1	61	3
Rechtsflügel Schloß auf Öffnungsfläche	R	5	R 0	50	2
Rechtsflügel Schloß auf Schließfläche			R 1	51	4

[1]) Arbeitsgemeinschaft der Europäischen Schloß- und Beschlagindustrie.

7 Dichtung

An einem Türelement sind zwei Dichtungsarten zu unterscheiden:

- Falzdichtung,
- Bodendichtung.

Ist die Bodendichtung an Haustüren meist nur dann anzutreffen, wenn keine Anschlagschwelle vorhanden ist oder wenn nachträglich Undichtigkeiten im Bodenbereich festgestellt werden, so weist fast jedes Türelement eine Falzdichtung auf.

Leider ist die Entwicklung von Dichtungsprofilen, die einen optimalen problemlosen Einsatz im Türenbau zulassen, noch keineswegs zufriedenstellend abgeschlossen. Vergleicht man die angebotenen Dichtungsprofile, so fällt auf, daß nur sehr wenige die Forderungen, die seitens der Türentechnik an die Dichtung gestellt werden, erfüllen.

Der Falzdichtung zwischen Türblatt und Blendrahmen kommt im Vergleich zu den beiden anderen Dichtungsbereichen Wand/Blendrahmen und Glas oder Ausfachung/Türblatt die größte Bedeutung zu. Hinzu kommt, daß wegen dem Auftreffen beweglicher Teile auch die Verarbeitungsgenauigkeit eine wesentliche Rolle spielt.

Die Falzdichtung ist entscheidend für:

- Fugendurchlässigkeit und Schlagregendichtheit;
- Schall- und Wärmeschutz;
- mögliche Verformungsmaxima des Türblattes;
- Oberflächenbehandlung und Bewitterungsmöglichkeit.

Die Dichtungen können in folgenden 3 Ebenen angeordnet werden:

- Überschlag – als Anschlagdichtung im Innenbereich,
- Mittelfalz als Mitteldichtung,
- Außenfalz und/oder Blendrahmen als Anschlagdichtung im Außenbereich.

Die Dichtung ist umlaufend und in einer Ebene anzubringen.

Bei der Wahl einer geeigneten Dichtung ist auf folgende Punkte zu achten:

- Material,
- Verträglichkeit gegen äußere Einflüsse,
- Rückstellfähigkeit,
- Arbeitshöhe, Dichtungsform,
- Schließkräfte,
- Austauschbarkeit,
- mechanische Belastbarkeit.

Im Haustürenbereich werden üblicherweise drei Materialgruppen eingesetzt:

- PVC;
- APTK (international auch als EPDM bezeichnet);
- Silikon.

Die Dichtprofile werden allgemein in den Farben Weiß/Braun, Schwarz, Grau, Opal und farblos hergestellt.

Bei werkstoffgerechtem Einsatz können alle drei Materialgruppen Verwendung finden. Um dem Praktiker bei der Auswahl der Dichtungen behilflich zu sein, sollen die wichtigsten Eigenschaften dieser drei Dichtungsmaterialien erläutert werden.

7.1 PVC (Polyvinylchlorid)

Dieses Dichtungsmaterial ist wohl bei Holzhaustüren eines der am häufigsten verwendeten Materialien. Es handelt sich um ein weichmacherhaltiges Polyvinylchlorid (PVC); die Härte liegt bei ca. 60 Shore A. Das Material ist speziell für den Hochbaubereich entwickelt und zeichnet sich besonders durch Verschweißbarkeit und niedrigen Preis aus. Bestimmte Kontaktmaterialien wie Nitro-Lack, PVC-Lack, Terpentin, Polystyrol usw. können zu einer Weichmacherwanderung führen. Es ist daher immer Vorsicht beim Zusammenbringen mit anderen Materialien geboten. Es gibt auch Mischformen durch die Materialkombinationen von PVC-Hart für den Steg- und Fußbereich und Weich-PVC für den Kopfbereich.

Gerade weil dieser Werkstoff einfach zu verarbeiten ist, sind im Eckbereich häufig Undichtigkeiten festzustellen. Unsaubere Verschweißung in Verbindung mit starker Wulstbildung führt zwangsläufig zu einem Eindringen von Wasser bei der Schlagregenbelastung.

PVC-Dichtungen werden als Meterware auf Rollen im Handel angeboten.

7.2 APTK (Ethylen-Propylen-Terpolymer-Kautschuk; internationale Bezeichnung EPDM)

Dieser Werkstoff gehört zu den Elastomeren; diese weisen eine chemische Vernetzung auf, d. h. sie sind nicht verschweißbar. Es handelt sich um einen Synthesekautschuk, der sich gegenüber Naturkautschuk durch höhere Beständigkeit gegen Feuchtigkeit, Ozon, Sonnenlicht, Wärme, Öl, UV-Strahlung und viele Chemikalien ausweist. Unterschiedliche Härtegrade (Shore) sind einstellbar, wobei als Farbe allgemein Schwarz eingesetzt wird und nur in Sonderfällen andere Farbtöne erhältlich sind. APTK (EPDM) ist nur in schwarzer bzw. dunkler Einfärbung witterungs- bzw. farbbeständig. Die Lebensdauer wird als relativ lange (ca. 15 bis 20 Jahre!) angegeben. Die Elastizität kann z. B. durch Behandlung mit Silikonöl (im Rhythmus von ca. 3 Jahren) erhöht werden.

Dichtprofile aus APTK finden sehr stark im Metallbau Verwendung und haben dort Dichtprofile aus PVC fast ganz verdrängt [13].

Die Profile werden als Meterware oder als fertig vulkanisierte Rahmen geliefert.

Es besteht auch die Möglichkeit des Bezugs von fertig vulkanisierten Ecken mit einer Schenkellänge von ca. 70 mm. Dies hat den Vorteil einer sauberen Dichtungsecke bei Beibehaltung der individuellen Rahmengrößen nach Flügelfertigstellung. Allerdings fällt die doppelte Klebearbeit durch das Verkleben des stumpfen Stoßes mit dem anschließenden Profil an. APTK-Klebstoff wird vom Profilhersteller mitgeliefert. Beim Umgang mit dem Kleber ist höchste Vorsicht geboten, da er innerhalb weniger Sekunden (meist 2 bis 3 Sekunden) abbindet, auch auf der Haut!

7.3 Silikone

Silikone sind silizium-organische Verbindungen mit den für den Einsatz im Haustürenbereich optimale Eigenschaften. Silikon-Kautschuk ist anderen Dichtungswerkstoffen einschließlich den beiden erstgenannten in vielen wichtigen Materialeigenschaften überlegen. Wenn dennoch Silikon-Dichtungen im Haustürbereich erst wenig eingesetzt werden, hat dies im wesentlichen zwei Ursachen:

a) hoher Preis; auf der Basis von 1986 kostet ein komplett vulkanisierter Dichtungsrahmen von 1 x 2 m ca. DM 20,–, eine PVC-Dichtung dagegen nur ca. DM 5,–;
b) nur vulkanisierbar, d. h. nicht verschweißbar; neuerdings auch verklebbar.

Dichtungen aus Silikon-Kautschuk haben aber eine Reihe von positiven Eigenschaften, die einen höheren Preis durchaus rechtfertigen. Außerdem fällt ein Mehrpreis von ca. DM 15,– bei Haustüren kaum ins Gewicht. Es wäre wünschenswert, wenn gerade die vom Schreiner gefertigten Holzhaustüren Dichtungen aus Silikon besitzen würden. Einige ihrer Vorzüge seien im folgenden dargestellt [14].

7.3.1 Witterungsbeständigkeit und Lichtechtheit in allen Farben

Während APTK nur in dunkler Einfärbung witterungs- und farbbeständig ist, können Silikon-Dichtungen in jeder gewünschten Farbe lichtecht eingefärbt werden.

7.3.2 Bleibende Verformung und Rückstellvermögen

Die Dichtlippe bzw. der Dichtbalg wird beim Schließen der Tür verformt bzw. in seinem Profil gedrückt. Wichtig ist, daß die Dichtung hierbei die geforderte Dichtfunktion über Jahre beibehält. Das heißt, daß der Werkstoff in seiner Rückstellkraft so wenig wie möglich einbüßen darf. Diese Rückstellkraft (Druckformungsrest) nimmt bei den einzelnen Dichtwerkstoffen – von der Raumtemperatur ausgehend – in beiden Temperaturrichtungen unterschiedlich stark zu.

Silikon-Kautschuk hat mit Abstand den geringsten Druckverformungsrest, z. B. in einem Gebrauchstemperaturbereich von $-20\,°C$ bis $+10\,°C$ max. 5% (vgl. Abb. 7.1).

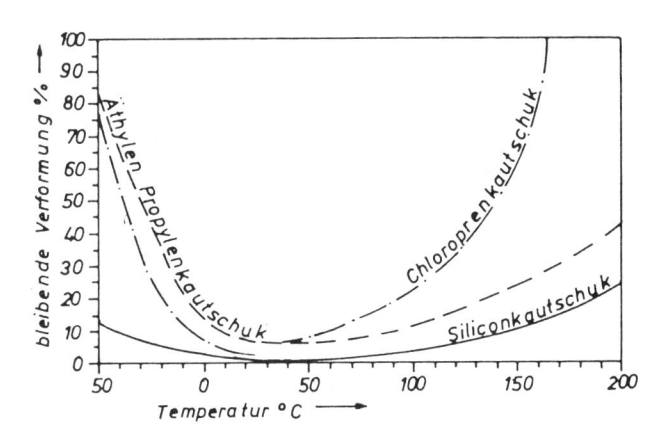

Abb. 7.1 Bleibende Verformung synthetischer Elastomere in Abhängigkeit von der Meßtemperatur (Quelle: Wacker Chemie, München)

Diese niedrigen Verformungswerte kommen natürlich bei extremen Temperaturanforderungen positiv zum Tragen (z. B. bei Türen und Fenstern, die Einbrennlackierräume abschließen – ca. 200 °C heiße Rauchgase dürfen nicht in Fluchträume gelangen – oder bei Kälteräumen oder für Rauchschutztüren). Aber auch bei normalen Temperaturanforderungen kann die niedrig bleibende Verformung für die Dauerdichtfunktion von ausschlaggebender Bedeutung sein, wenn

7 Dichtung

z. B. bei einer Haustür aus Holz neben der Windlast unvermeidliche Fertigungstoleranzen und ein späteres Verziehen des Türelements auszugleichen sind.

Auch die mechanischen Eigenschaften von Silikon-Kautschuk sind besonders gut. So liegt nach [14] bei RAU-SIK 8120 Shore A 55 die Zerreißfestigkeit bei 8 N/mm² (DIN 53504 S II); die Bruchdehnung bei 350–550% (DIN 53504 S II); die Weiterreißfestigkeit bei 12 N/mm² (ASTMD 624 B) (vgl. Abb. 7.2).

Tabelle 7.1 Veränderung der Härtegrade bei Temperatureinfluß

Werkstoff	Shore A			
	RT (20 °C)	−10 °C	−20 °C	+60 °C
Silikon	59	60	61	58
APTK (EPDM)	65	76	86	59
Weich-PVC	62	74	89	50

Die geringere Härteänderung von Silikon-Kautschuk bei tiefen Temperaturen macht sich positiv beim Schließdruck einer Haustür bemerkbar, was insbesondere bei verformten Haustüren und/oder Mehrpunktverriegelungen von Bedeutung ist. (Forderung: Schließdruck = 20 N)

7.3.4 Raumformen und Profiltoleranzen

Der beste Dichtungswerkstoff nützt nichts, wenn nicht gleichzeitig eine funktionsgerechte Profilraumform gegeben ist. Aus Silikon-Kautschuk können besonders komplizierte Raumformen/Profilquerschnitte in funktionsgerechten Toleranzen und niedrigen Wanddicken (ca. 0,4 mm) hergestellt werden. Dies würde auch durchaus großvolumige Dichtungen in Schlauchform ermöglichen.

7.3.5 Chemische Beständigkeit, Verhalten gegenüber Kontaktmaterialien

Silikon-Kautschuk ist beständig gegenüber:

– aggressiver Industrieluft;
– einer Vielzahl chemischer Agenzien (siehe REHAU Materialmerkblatt AV 018);
– Nitro- und PVC-Lacken, die bei Weich-PVC beispielsweise eine Weichmacherwanderung auslösen;
– Plexiglas

7.4 Dichtungsformen und ihre Problematik

Dem Praktiker steht heute nur eine geringe Auswahl verschiedener Dichtungsformen zur Verfügung. Schlägt man die Firmenkataloge auf, so findet man für die Türentechnik überwiegend Schlauch-, Hohl- bzw. Dachdichtungen. Diese Dichtungen haben meist den Nachteil, daß sie sich wenig komprimieren lassen.

Bei der Alternative Lippen- oder Schlauchdichtung sollte Lippendichtung der Vorzug gegeben werden, auch wenn gerade in letzter Zeit Dichtungen mit relativ weicher und großer schlauch- bzw. rippenförmiger Ausbildung auf den Markt kommen.

a) Zugfestigkeit

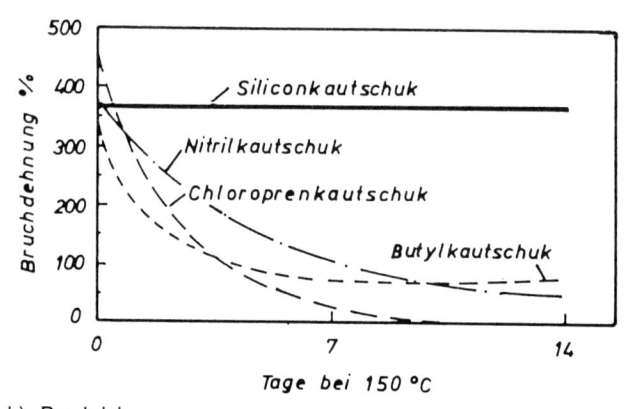

b) Bruchdehnung

Abb. 7.2 Mechanische Eigenschaften synthetischer Elastomere nach Heißluft-Alterung bei 150 °C, gemessen bei 25 °C. (Quelle: Wacker Chemie, München)

7.3.3 Kälteelastizität

Silikon-Kautschuk bleibt auch bei extremen Kältetemperaturen noch elastisch (Spezialtypen bis −100 °C). Die Härteänderung bei sinkender Temperatur ist geringer als bei Thermoplasten oder anderen Kautschuk-Typen (s. Tabelle 7.1).

Abb. 7.3 Dichtungsformen, C = Mindestauflagenbreite

a) Lippendichtung
b) Schlauch- bzw. Dachdichtung

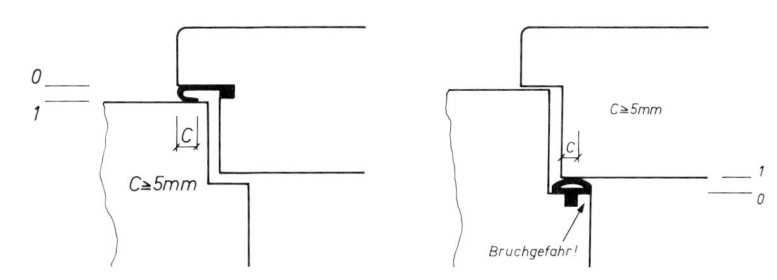

Tabelle 7.2 Forderungen an die Dichtung bei vorgegebenen Türblatt- und Blendrahmenverformungen

BEZEICHNUNG	KURZ-ZEICHEN	FORDERUNG	BEMERKUNG
Schließkraft	F	1) 20 N	gemessen nach ISO 8274 (im Fensterbereich 100 N)
Schließmoment	M	2) 1,5 Nm	im Fensterbereich 10 Nm
Arbeitshöhe	A	6,0 mm	basiert auf max. Verformung von Türblatt und Blendrahmen
Grenzhöhe	G	H - A	H = Bauhöhe ohne Befestigungsanteil (siehe Abb. 7.4)
Türblattverformung	f_T	3) 3,5 mm	Verformung der im Gebäude befindlichen Türelemente
Blendrahmen	f_B	1,0 mm	wie Türblatt

1) Forderung aus ISO/DIS 8276

2) Forderung aus RAL

3) nach RAL = 4,5 mm unmittelbar nach Differenzklimabelastung (siehe Kapitel 17 PRÜFUNGEN)

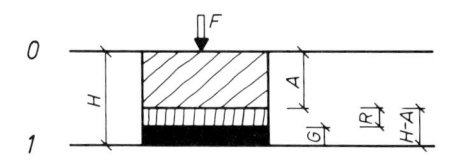

Abb. 7.4 Darstellung der in Tab. 7.2 verwendeten Bezeichnungen

Es bedeuten:
A = Arbeitshöhe bei Einhaltung der geforderten Schließkraft
F = Schließkraft am Drücker oder Knopf (gemessen nach ISO 8274)
G = Grenzhöhe (voll komprimierte Dichtung)
H = Bauhöhe ohne Befestigungsanteil
M = Verriegelungsmoment gemessen am Schlüssel bzw. Verschließsystem
R = noch vorhandene Restverformung und O = Bezugsebenen (s. Abb. 7.3)

Die Dichtungsform gemäß Abb. 7.3 a ist der Dichtungsform gemäß Abb. 7.3 b vorzuziehen. Die Dichtungsform soll im Haustürbereich allenfalls wie dargestellt in den Blendrahmen eingebaut werden und dient einzig und allein als Dämpfungsprofil in Verbindung mit einer Dichtung im Überschlag gemäß Abb. 7.3 a.

7.5 Forderungen an die Dichtung

Unabhängig von der Dichtungsform sollten Dichtungen den in Tabelle 7.2 zusammengestellten Forderungen gerecht werden (vgl. auch Abb. 7.4).

7.6 Schließkräfte

Wie stark die Schließkräfte von der Dichtungsform abhängig sind, verdeutlicht Abb. 7.5. Setzt man den zul. Wert von 20 N

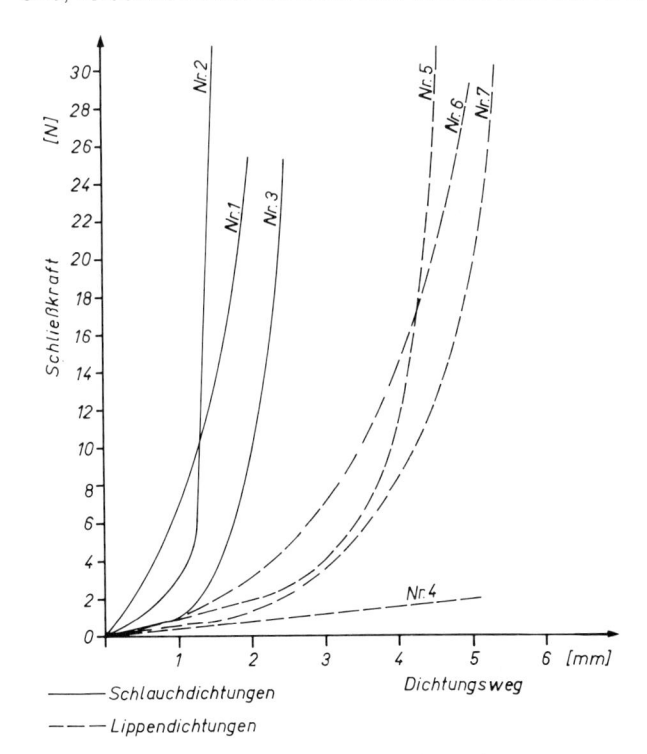

Abb. 7.5 Abhängigkeit der Schließkraft und des Dichtungsweges vom Dichtungstyp [15].

7 Dichtung

ein, so kann bei Dichtung Nr. 2 nur 1 mm Türblatt und Blendrahmenverformung vorliegen.

Es ist demnach schon bedeutend, welche Dichtung und Dichtungsform zum Einsatz kommen. Aus [14] ist zu entnehmen, daß mit einer gemäß Abb. 7.3 a angeordneten Lippendichtung (Kompressionsdichtung) – eingesetzt als geschlossener Dichtungsrahmen (z. B. Silikon mit vulkanisierter Eckausbildung) im Türblatt – auch nach einem Verzug von 4 mm noch eine sehr gute Dichtheit erreicht wurde.

Der Hauptanteil der Schließkräfte liegt im Schloßbereich (vgl. Abb. 7.6), wobei aufgrund des relativ langen Hebelarmes naturgemäß der Schließkräfteanteil an der Bandseite vernachlässigbar klein ist.

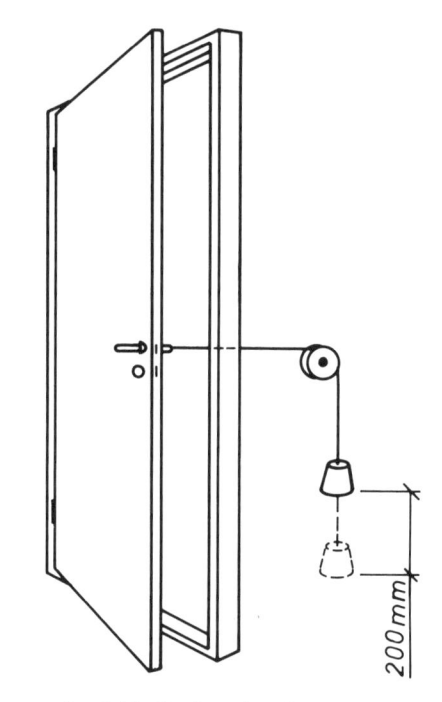

Abb. 7.7 Messen der Schließkraft nach ISO 8274

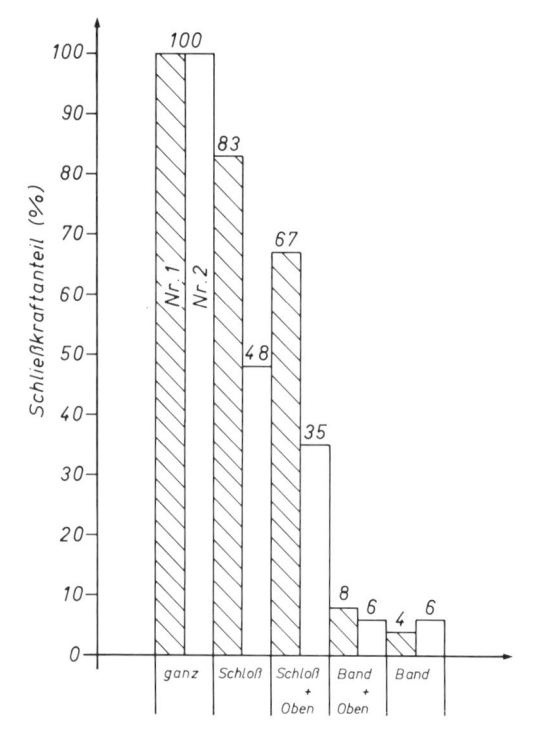

Abb. 7.6 Schließkraftanteil bezogen auf die einzelnen Bereiche der Schließlinien.

Die zulässige Höhe der Schließkräfte ist z. Z. national noch nicht festgelegt, es liegt aber eine internationale Norm vor, in der die Schließkraft bei max. 20 N festgelegt ist (s. ISO 8276). Der prüftechnische Nachweis zur Ermittlung der Schließkräfte erfolgt nach der internationalen Norm ISO 8274 (5/85). Diese Prüfung ist relativ einfach auch am Objekt nachvollziehbar; das Prüfprinzip ist in Abb. 7.7 dargestellt.

Gerade bei Mehrpunktverriegelungen kann auch das Drehmoment, das zum Verriegeln des Türflügels erforderlich wird, von Bedeutung sein. Im Fensterbereich liegt dieses bei 10 N m (DIN 18055) und könnte im Haustürenbereich nur dann übernommen werden, wenn das Betätigen des Schlosses nicht mit dem Schlüssel, sondern mit einem Türgriff durchgeführt wird. Leider haben sich diese Schlösser (z. B. Wilka Typ 2085, Mehrfachverriegelung) auf dem Markt nicht oder noch nicht durchgesetzt. Die maximalen Drehmomente im Durchschnitt an einem Drehknebel – entspricht dem Profilzylinder – sind Abb. 7.8 zu entnehmen.

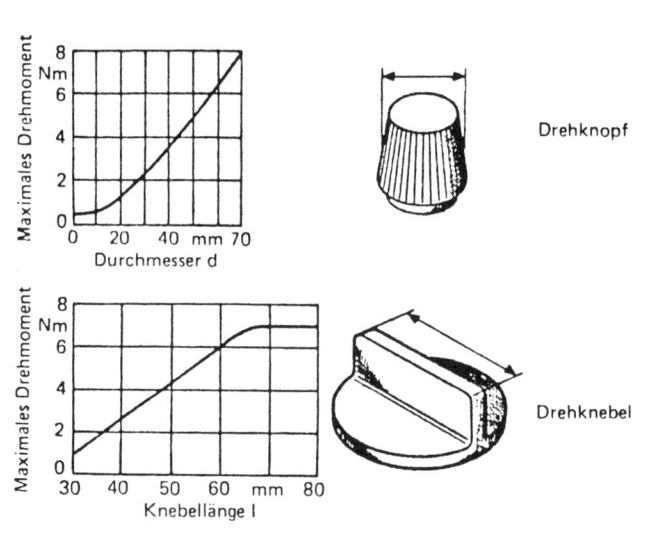

Abb. 7.8 Maximale Drehmomente des Hand-Finger-Systems in Nm. [1]

Geht man vom Profilzylinder aus, dessen Knebellängen bei 20 bis 30 mm liegen, so kann der Grenzwert bei 1,0 N festgelegt werden. Der in den Güte- und Prüfbestimmungen für Haustüren (RAL) aufgeführte Grenzwert von 1,5 Nm würde zur problemlosen Bedienbarkeit einen Profilzylinderschlüssel mit einer Knebellänge von mind. 35 mm erforderlich machen. Hieraus lassen sich für die Zukunft folgende Forderungen ableiten:

- Türblattverformung so gering als möglich;
- Dichtungen trotz großer Arbeitshöhe A so elastisch wie möglich;
- Knebellängen der Profilzylinderschlüssel ca. 40 mm;
- Übersetzungsmechanik zur Betätigung der Zusatzverriegelung so gestalten, daß die Verriegelungskräfte so gering als möglich am Profilzylinder wirken.

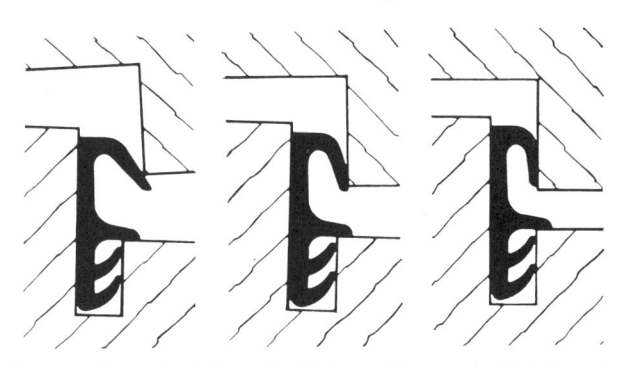

Abb. 7.9 Optimale Anlage der Dichtungslippe nach Eindrehen des Flügels [31]

7.7 Verarbeitungs- und Kontrollkriterien

Die Dichtung ist unmittelbar nach Anlieferung auf Maßhaltigkeit des Profils, optisches Aussehen, eventuelle Welligkeiten und, soweit gegeben, ordnungsgemäße Eckverbindung zu überprüfen. Für die Überprüfung der Maßhaltigkeit ist es ratsam, sich vom Dichtungslieferanten eine technische Zeichnung mit den notwendigen technischen Angaben geben zu lassen.

Werden Dichtungsrahmen selbst hergestellt, ist auf eine ordnungsgemäße Schnittfläche und Verklebung zu achten. Wulstbildungen sind nicht zulässig.

Beim Einfräsen der Dichtungshaltenut ist darauf zu achten, daß die verbleibenden Nutwangen eine Mindestbreite von 5 mm aufweisen (Dies gilt auch z. B. für Wasserabreißnut, Beschlagsnut usw.)

Die Dichtungshaltenut ist genau nach den Herstellerangaben einzufräsen; sie sollte weder zu groß noch zu klein ausgebildet werden. Allgemein ist die Nut um ca. 0,5 mm größer als der Dichtungsfuß in der Breite und ca. 1 mm größer als der Dichtungsfuß in der Tiefe.

Die Breite des Dichtungsprofils ist so groß zu wählen, daß auch bei zulässigen Fertigungstoleranzen der Haustür ein ausreichender Druckweg erreicht und die Arbeitshöhe A (vgl. Abb. 7.4) nicht überschritten wird.

Die Dichtungslippe sollte nach Eindrehen des Flügels wie in Abb. 7.9 dargestellt, anliegen.

Die Mindestauflagenbreite der Dichtung sollte 5 mm betragen (vgl. Abb. 7.3).

Nach Möglichkeit soll die Dichtung außerhalb der Bewitterungszone liegen. Der Einbau im Türblattüberschlag kann wegen der größeren räumlichen Trennung von Wind- und Regensperre als optimal angesehen werden.

Die Dichtung soll vierseitig umlaufend in einer Ebene liegen, die Eckausbildung sollte verschweißt, geklebt oder am günstigsten vulkanisiert werden. Die vulkanisierte Ecke weist eine sehr hohe Zugfestigkeit auf und kann daher problemlos mehrfach aus- und eingebaut werden. (Bei Malerarbeiten ist der Aus- und Wiedereinbau erforderlich!)

Die leichte Austauschbarkeit der Dichtung ist ebenso notwendig wie die Tatsache, daß sie möglichst spät, am besten erst nach Abschluß der Anstrichbehandlungen montiert werden sollte.

Um die Dichtung austauschen zu können, sollte sie nicht eingeklebt oder gar genagelt (getackert) werden.

Das Material der Dichtung muß mit dem vorgesehenen Anstrichmittel abgestimmt werden. Dichtungen dürfen nicht überstrichen werden! Das Herausnehmen und der Wiedereinbau ist allerdings nach [10] keine Nebenleistung, d. h. daß diese Leistung im Leistungsverzeichnis gesondert aufzuführen ist.

Bei vorher eingebauten Profilen besteht nicht nur die Gefahr der Verklebung mit dem Anstrich und eventuell Beschädigung durch Ausmagerung und/oder Versprödung, sondern auch die Gefahr späterer Anstrichschäden. Die Falze bzw. Nuten zur Aufnahme der Dichtung sind gar nicht oder zumindest nicht ausreichend oberflächenbehandelt, so daß durch das Eindringen – insbesondere bei in der Bewitterungszone liegenden Dichtungen – eine übermäßig hohe Feuchtebelastung des Holzes gegeben ist.

Die Dichtung soll beständig gegen Witterungseinflüsse (insbesondere der UV-Bestrahlung), Öle, Fette und Chemikalien sein.

Vor dem Einbau der Dichtung muß die Dichtungsnut gesäubert werden (z. B. durch Ausblasen)! In Gutachten wird leider immer wieder festgestellt, daß dies zu wenig beachtet wird. Häufig fehlt nicht nur der Oberflächenschutz, sondern es fallen auch Säge- und Frässpäne aus der Nut heraus!

7 Dichtung

Das Eindrücken der Dichtung erfolgt mit einem speziellen Dichtungsroller; für die Ecken kann man auch ein stumpfes Werkzeug verwenden. Gegebenenfalls empfiehlt sich auch die Verwendung eines Gleitmittels, z. B. bei fertiger Oberflächenbehandlung. Beim Einziehen fertiger Dichtungsrahmen werden zuerst die Ecken eingedrückt. Die Profile dürfen nicht gezogen werden; dies ist besonders wichtig beim Verkleben der Ecken im Türflügel bzw. Blendrahmen! Andererseits ist eine zu reichliche Bemessung der Dichtungslänge ebenso ungünstig, da dann die Bildung von Wellen eintreten wird. Als Faustregel gilt, daß bei normaler Verarbeitungstemperatur die Länge der Dichtung um ca. 1 mm größer als die Länge des Türflügels bzw. Blendrahmens sein sollte.

Zusammenfassend kann festgestellt werden: Die Hersteller sollten neben den materialspezifischen Informationen auf den Dichtungen auch die mögliche Arbeitshöhe (A) in bezug auf die Schließkräfte (F) angeben (s. Abb. 7.4).

8 Einbau der Tür (Baukörperanschluß)

Der Anschluß zwischen Türelement und Baukörper hat viele Aufgaben zu erfüllen, die die spätere Funktionssicherheit der Tür gewährleisten (vgl. Abb. 8.1). Ein guter Anschluß zum Baukörper muß folgende Forderungen erfüllen:

- absolute Dichtheit gegen Schlagregen;
- der Luftdurchgang zwischen Mauerwerk und Rahmen soll wesentlich geringer sein als der Luftdurchgang durch die Fugen zwischen Tür und Rahmen (Schließfugen);
- alle Verkehrslasten und Erschütterungen müssen sicher in den Baukörper abgeleitet werden;
- vom Baukörper dürfen keine Lasten auf das Türelement übertragen werden;
- temperaturbedingte Längenänderungen müssen schadensfrei aufgenommen werden;
- Tauwasserbildung zwischen Rahmen und Bauwerk soll vermieden werden.

Da verschiedene Bereiche am Rahmen unterschiedliche Aufgaben und Ausgangsvoraussetzungen haben, ist es sinnvoll, sie wie folgt zu unterteilen:

- Anschlüsse im Bereich Tür–Wand bzw. Decke/Sturz;
- Anschlüsse im Bereich Tür–Bodenplatte.

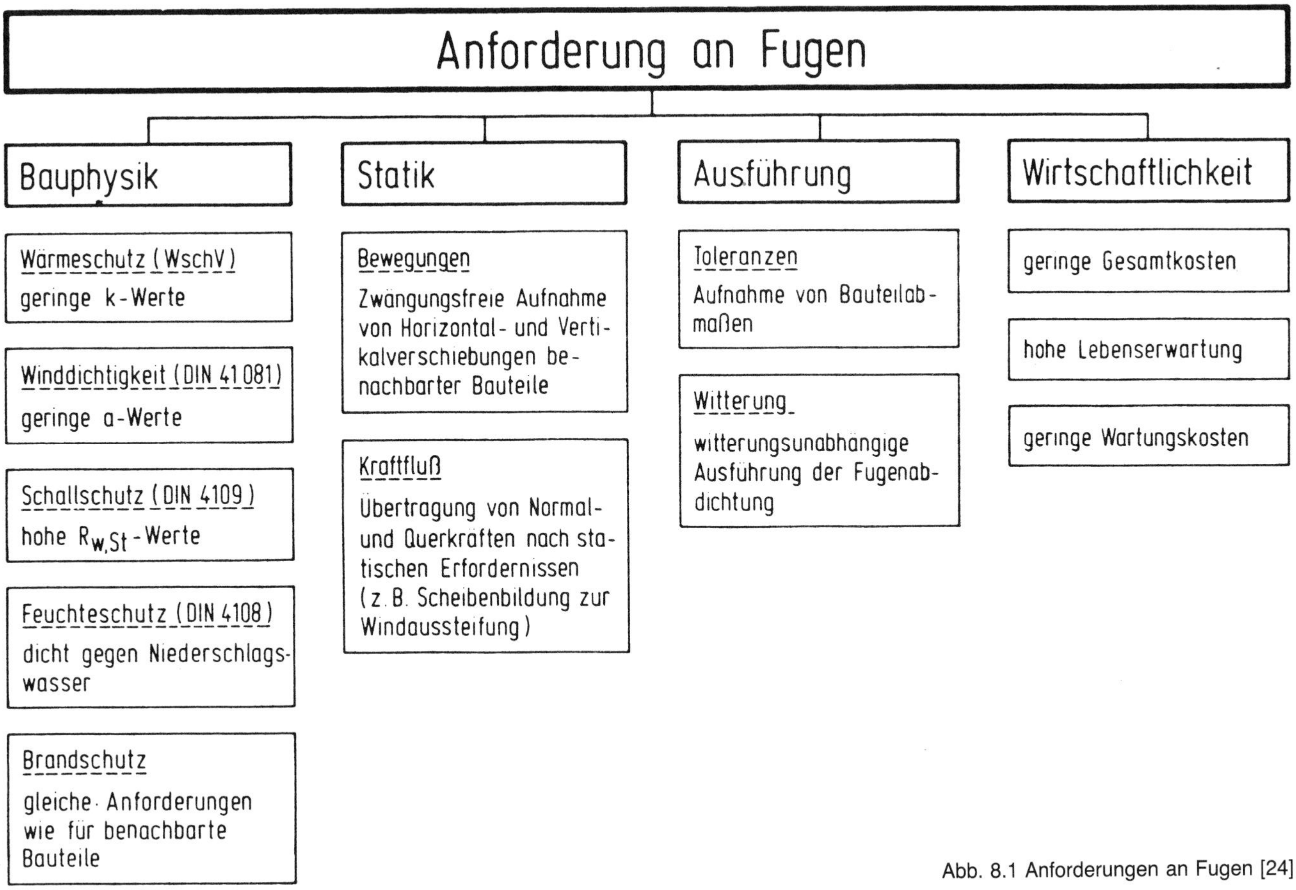

Anforderung an Fugen

Bauphysik
- Wärmeschutz (WschV) geringe k-Werte
- Winddichtigkeit (DIN 41081) geringe a-Werte
- Schallschutz (DIN 4109) hohe $R_{w,St}$-Werte
- Feuchteschutz (DIN 4108) dicht gegen Niederschlagswasser
- Brandschutz gleiche Anforderungen wie für benachbarte Bauteile

Statik
- Bewegungen Zwängungsfreie Aufnahme von Horizontal- und Vertikalverschiebungen benachbarter Bauteile
- Kraftfluß Übertragung von Normal- und Querkräften nach statischen Erfordernissen (z.B. Scheibenbildung zur Windaussteifung)

Ausführung
- Toleranzen Aufnahme von Bauteilabmaßen
- Witterung witterungsunabhängige Ausführung der Fugenabdichtung

Wirtschaftlichkeit
- geringe Gesamtkosten
- hohe Lebenserwartung
- geringe Wartungskosten

Abb. 8.1 Anforderungen an Fugen [24]

8 Einbau der Tür

8.1 Anschlußbereich Tür–Wand, Tür–Decke bzw. Sturz

Der Außenbereich des Anschlusses muß entweder dauerhaft wasserdicht sein oder so gut geschützt liegen, daß er weder von Schlagregen noch Spritzwasser erreicht werden kann (Vordächer, Vorbauten).

Der Luftdurchgang zwischen Mauerwerk und Rahmen soll wesentlich geringer sein als der Luftdurchgang über die Schließfugen. Bei sorgfältig ausgeführter Abdichtung gegen Schlagregen ist diese Forderung im allgemeinen erfüllt. Waren aus baulichen Gegebenheiten keine besonderen Maßnahmen gegen Schlagregen erforderlich, so sollten geeignete, genügend elastische Dichtstoffe eingesetzt werden, um den Luftdurchgang auf ein Minimum zu beschränken (siehe DIN 18540, Teil 1). Je nach zu erwartender Fugenbreite und Anforderungen an die Fuge können die in Tabelle 8.1 und 8.2 aufgeführten Materialien verwendet werden.

Durch undichte Fugen strömt kalte Luft in das Rauminnere; es kommt zu unnötigen Wärmeverlusten und eventuell zu Wärmebrücken; zudem wird diese einströmende Luft sehr oft als unangenehmer „Zug" empfunden. Entsprechend den Forderungen der Wärmeschutzverordnung sollte folgender a-Wert der Fugen unter Berücksichtigung baustellenbedingter Toleranzen sowie witterungs- und klimabedingter Bauteilbewegungen eingehalten werden:

$a = 0{,}10 \; [\text{m}^3/\text{hm} \; (\text{daPa})^{2/3}]$.

Anschlüsse und Befestigungen zum Baukörper sind so auszuführen, daß sowohl die Funktion als auch die Dichtheit durch temperatur- bzw. feuchtigkeitsbedingte Längenänderungen gewährleistet sind.

Da sich Holz im wesentlichen nur durch Quell- und Schwundbewegungen quer zur Faserrichtung – und nur unbedeutend längs zur Faserrichtung – bewegt, bedeutet dies, daß etwa bei einem 80 mm breiten Blendrahmen ein freier Schwund von ca. 1,4 mm eintreten kann. (Fichte, Lasuranstrich)

Tabelle 8.1 Fertigungstechnische, bautechnische und bauphysikalische Eignung der Fugenabdichtungsmaterialien [24]

Abdichtungsmaterial	Fertigungstechnische Eignung				Bautechnische Eignung						Bauphysikalsiche Eignung				
	Einbau bei niedrigen Temperaturen	Einbau in vorhandene schmale Fugen	Einbau in vorhandene breite Fugen	Einbau während der Bauteilfertigung	Ebene Fugenflanken	Gering unebene Fugenflanken	Stark unebene Fugenflanken	Geringe Fugenbewegungen	Große Fugenbewegungen	Mechanische Beschädigungsgefahr	Witterungsschutz	Winddichtigkeit	Wärmeschutz	Schallschutz	Brandschutz
Polysulfid-Fugenbänder	+	+	+	+	+	+	+	+	+	−	+	+	/	/	/
Mineralfasereinlage	+	O	+	+	+	+	+	O	−	O	/	−	+	O[1]	+
Getränkte Polyurethanschaumstoffbänder	O[2]	+[3]	+	+	+	+	O[4]	+	O[4]	+	+[5,7]	+[5,7]	+	+[5,7]	/[8]
Vinyl-Schaumstoffbänder	+	−[6]	O	+	+	O[6]	−[6]	−[6]	−[6]	+	+[5]	+[5]	+	+[5]	/[8]
Mineralschaumstoffeinlage	+	O	+	+	+	+	+	+	+	−	/	+	+	+	+

Es bedeuten:
+ geeignet
O bedingt geeignet
− nicht geeignet
/ Anwendungsbereich nicht vorgesehen

[1] Für große Fugenbreiten
[2] Rückstellgeschwindigkeit und Kompressionskräfte temperaturabhängig
[3] Bei Verwendung vorkomprimierter Bänder
[4] a-Wert und $R_{w,St}$ stark kompressionsabhängig

[5] Nur für geringe Kompressionsänderungen infolge Fugenbewegungen
[6] Geringe Kompressionsmöglichkeit
[7] Bei Fugenbreiten unter 10 mm und Mindestkompression k = 1 : 5
[8] Eignung hängt von der gesamten Fugenkonstruktion ab

Tabelle 8.2 Einbauhinweise für unterschiedliche Fugenabdichtungsmaterialien [24]

Materialgruppe	bauphysikalisches Einsatzgebiet	mögliche Fugenbreiten [mm]	zulässige Veränderung der Fugenbreite [%]	Hinweise zum Einbau
Polysulfid-Fugenbänder	Witterungsschutz	0–10, 120–130	0–25	Materialbeständigkeit gegenüber Anstrichen u. Beschichtungen muß gegeben sein, winddichte Stoßausbildung erforderlich
	Winddichtigkeit (a-Wert)	0–10, 120–130	0–25	
Mineralfaser-einlage	Schallschutz	0–5–10, 20–30	0–25	Einbau nur während der Montage Mindestkompresion k = 1 : 4
	Brandschutz	0–10, 20–30	0–25	
	Wärmeschutz	0–10, 90–100	0–25	nachträgliche Ausstopfung möglich
getränkte Polyurethan-Schaum-stoffbänder	Witterungsschutz	0–10–20–30	0–25	Muß auf 20 % der Ursprungsdicke komprimiert eingebaut werden (k = 1 : 5). Unter Berücksichtigung von Bewegungen bzw. Unebenheiten der Fugenflanken darf eine Mindestkompression k = 1 : 4 nicht unterschritten werden.
	Schallschutz	0–10–20–30	0–25	
	Winddichtigkeit (a-Wert)	0–10–20–30	0–25	
Vinyl-Schaumstoff-bänder	Witterungsschutz	0–5–10–20, *30	0–25	Empfohlene Einbaukompression k = 1 : 1,8; Mindestkompression k = 1 : 1,2. Aufgrund der geringen Kompression müssen Fugenflanken eben und parallel sein. *Bänder weisen oft nur eine Dicke von 3 mm auf; $b_{Fuge} \leq 2{,}0$ mm
	Schallschutz	0–10–20, *30	0–25	
	Winddichtigkeit (a-Wert)	0–10–20, *30	0–25	
Mineralschaum-stoffeinlage	Schallschutz	0–10–20–30	0–25–50–75**–100	Läßt sich leicht komprimieren, empfohlene Einbaukompression k = 1 : 4, ** Mindestkompression k = 1 : 2 darf nicht unterschritten werden.
	Wärmeschutz	0–10, 90–100	0–25–50–75**–100	
	Brandschutz	0–10–20–30	0–25–50–75**–100	
	Winddichtigkeit (a-Wert)	0–10–20–30	0–25–50–75**–100	

Kondenswasserbildung läßt sich bei normalen klimatischen Verhältnissen durch ausreichende Wärmedämmung vermeiden. Geeignete Materialien sind Steinwolle, Glaswolle oder dergleichen. Bei Verwendung von „Dämmschäumen" ist darauf zu achten, daß diese möglichst geschlossenporig sind.

Bei einer Raumlufttemperatur von 22 °C und einer relativen Luftfeuchte von 65% tritt bei einer geringeren Bauteil-Oberflächentemperatur als 15,1 °C Tauwasserbildung auf (siehe auch Kapitel 11 WÄRMESCHUTZ). Es kann daher im Fugenbereich bei einer nicht ordnungsgemäßen Isolierung durchaus zu Tauwasserbildung kommen. Die Fugen auf der Rauminnenseite sollten deshalb weitgehend dampfdicht ausgebildet sein [24].

Eine Abdeckung der Fuge zwischen Rahmen und Mauerwerk zum Innenraum ist keine konstruktive Notwendigkeit, sie erfolgt in erster Linie aus optischen Gründen.

8.2 Anschlußbereich Haustür–Bodenplatte

Besondere Sorgfalt ist bei der Abdichtung im Fußbodenbereich notwendig. Es empfiehlt sich, dieses Detail sorgfältig zu planen, zu zeichnen und vom Architekten genehmigen zu lassen. Wichtig ist, daß das auftretende Niederschlagswasser abgeleitet wird. Hierfür ist eine kontrollierte Entwässerung bzw. Mindestneigung des äußeren Bodenbelages erforderlich (s. auch Kapitel 4 KONSTRUKTION). Außerdem ist auf ausreichende Wärmedämmung zu achten, da meist die Anschlagschiene – insbesondere bei Türanlagen – eine Trennung zwischen Innen- und Außenbereich darstellt. Hoher Tauwasseranfall und Vereisung können die Folgen einer nicht wärmegedämmten Anschlagschiene sein.

8 Einbau der Tür

Konstruktionen ohne Schwelle haben sich hinsichtlich Fugendichtheit als problematisch erwiesen. Ebenso abzulehnen sind Profile, wie sie bei Fenstertüren üblich sind, da diese zu unerwünschten Stolperkanten führen. Geeignet sind Bodenschienen wie Winkeleisen, Rechteckprofile, Hohlprofile und dergleichen.

Die Bodenschiene (Trittschwelle) sollte zur Bodenplatte hin mit Baudichtfolien abgedichtet werden, um unter dem Außenbelag eingedrungene Feuchtigkeit gegen den Innenraum auszusperren und einen sicheren Abschluß zu den Abdichtungen im Bereich Tür–Wand zu erreichen.

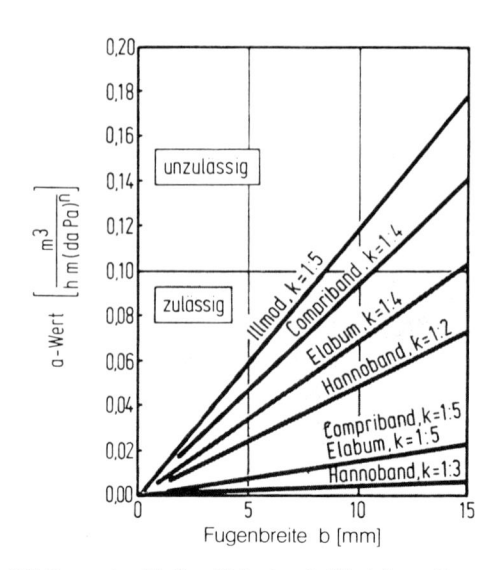

Abb. 8.3 Fugendurchlaßkoeffizienten (a-Werte) von Fugen mit imprägnierten Kunstschaumstoffbändern [24]

8.3 Anschlußarten

8.3.1 Eingeputzter Rahmen

Der eingeputzte Rahmen ist nur bedingt geeignet, da die Bewegungen zwischen den Bauteilen nicht aufgefangen werden können und somit unvermeidlich Fugen entstehen. Diese Art der Abdichtung ist bestenfalls in wind- und regengeschützten Lagen zu empfehlen.

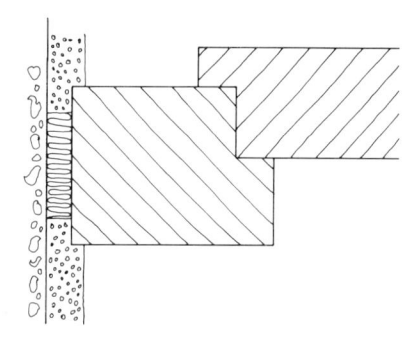

Abb. 8.2 Eingeputzter Rahmen

8.3.2 Abdichten mit Bändern, Fugendichtmassen und Folien

a) Komprimierbare Bänder

Eine wirksame Feuchtigkeitsabdichtung ist bei komprimierbaren Dichtungsbändern nur dann gegeben, wenn die Bänder an allen Stellen ausreichend komprimiert sind. Ob dieses in allen Fällen zu erreichen ist, erscheint wegen der üblichen Rauhigkeiten des Baukörpers und der Fugenbreiten fraglich. Wie aus Abb. 8.3 hervorgeht, ist der Einsatz von imprägnierten Kunstschaumstoffbändern begrenzt.

b) Fugendichtmassen

Eine der gebräuchlichsten Möglichkeiten ist das Abdichten mit Fugendichtmassen. Hierbei ist zu beachten, daß zu geringe Fugenbreiten zum einen verhindern, daß genügend Dichtstoff eingebracht werden kann, um eine optimale Abdichtung zu erreichen, und zum anderen solche schmalen Abdichtungen infolge von Bewegungen der Bauteile zueinander durch Überdehnung der Dichtungsmassen zerstört werden können. Es ist daher sinnvoll, von einer minimalen Fugenbreite von 8 mm auszugehen. Diese Angabe ist nur als Richtwert zu sehen und ist bei Bauteilen, bei denen stärkere Bewegungen zu erwarten sind, entsprechend zu vergrößern.

Zu geringe Fugentiefen führen ebenfalls zu offenen Fugen. Technisch richtige Fugentiefen liegen zwischen 5 und 15 mm. Bei tieferen Fugen sollte eine Hinterfütterung mit Schaumstoff oder dergleichen vorgenommen werden (vgl. Abb. 8.4, 8.5). Bei Einhaltung der Verarbeitungsrichtlinien kann mit Fugendichtmassen eine dauerhafte Abdichtung erreicht werden.

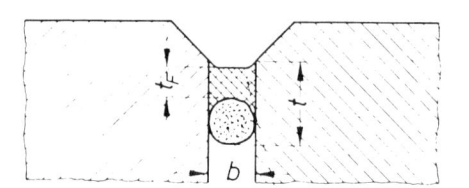

t_F Dicke der Fugendichtungsmasse nach DIN 18 540 Teil 3

Abb. 8.4 Fugenausbildung gemäß DIN 18540, Teil 1

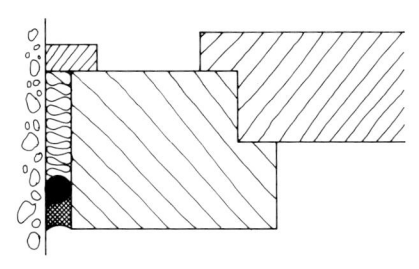

a) ohne Maueranschlag

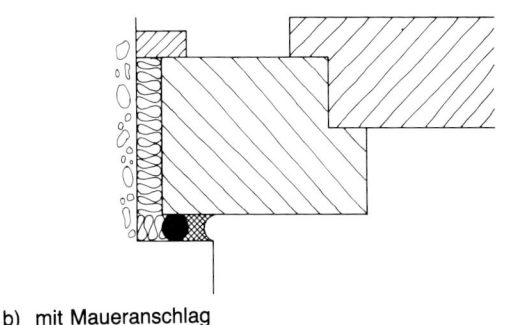

b) mit Maueranschlag

Abb. 8.5 Anschluß mit Fugendichtmasse

c) Folien

Bauabdichtfolien haben sich bei starker Feuchtigkeitsbeanspruchung bewährt. Ebenso eignen sie sich zur Überbrückung großer Fugen zwischen Mauerwerk und Haustür.

Es ist bei der Verwendung von Bauabdichtfolie darauf zu achten, daß die Folie durch Bewegungen zwischen den Baukörpern nicht gespannt oder überdehnt werden kann. Die Folien werden nach außen hin durch Paßleisten abgedeckt, so daß eine Beschädigung der Dichtfolie ausgeschlossen wird. Der Anschluß zum Mauerwerk erfolgt in der Regel durch Überputzen, während ein sicherer Anschluß zwischen Tür und Dichtfolie durch einen geeigneten Kleber erfolgt.

8.3.3 Montagezarge

Der Einbau von Haustüren in Montagezargen ist vor allem dann sinnvoll, wenn eine bauentflechtende Montage der Haustür vorgenommen werden muß. Bei dieser Montageart wird die zu erwartende Bewegung zwischen Baukörper und Tür von der Montagezarge ausgeglichen, während zwischen dem Baukörper und der Montagezarge eine feste Verbindung besteht (vgl. Abb. 8.6). Wichtig ist vor allem, daß die Montagezarge ausreichend fest montiert und fluchtgerecht eingebaut ist. Eine spätere Korrektur ist nur noch mit hohen Kosten und durch Zerstörung des Putzes möglich.

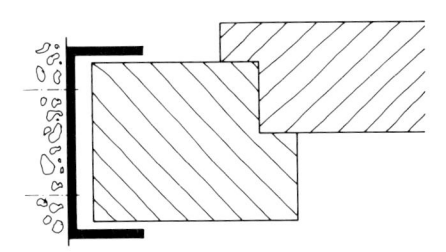

Abb. 8.6 Einbau in Montagezargen

8.4 Befestigung der Haustür am Baukörper

Alle Verkehrslasten und Erschütterungen müssen sicher in das Bauwerk abgeleitet werden, ohne daß Lasten aus dem Baukörper auf das Türelement übertragen werden können.

Diese Forderungen erfüllen nur Befestigungen mit einem Freiheitsgrad, d. h. das Türelement muß sich in der Einbauebene bewegen können, um Bewegungen des Baukörpers und Längenänderung z. B. durch Quellen und Schwinden auszugleichen. Aus diesem Grund ist von starren Verbindungen, wie in Abb. 8.7 gezeigt, abzuraten.

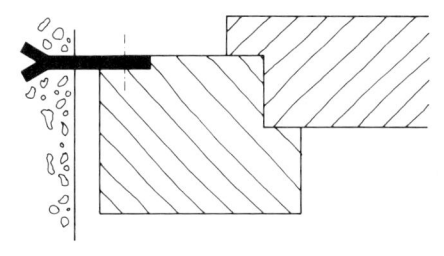

Abb. 8.7 Starre Verbindung des Türelements mit dem Baukörper

In diesem Zusammenhang muß darauf hingewiesen werden, daß Montageschaum allein für die sichere und dauerhafte Befestigung von Haustüren nicht zulässig ist.

Im Anschlußbereich Tür–Decke/Sturz ist vor allem bei mehrflügeligen Türen die Fuge zwischen Rahmen und Decke ausreichend groß zu gestalten, damit bei einem Durchbiegen der Decke und des Sturzes durch Kriechvorgänge keine Lasten auf die Tür übertragen werden.

Haustüren müssen waagerecht, lot- und fluchtgerecht eingebaut werden. Sind vom Haustürhersteller Einbau- bzw. Montagerichtlinien vorgegeben, so ist nach diesen zu montieren.

Die max. zulässige Toleranz für Abweichungen von der Lotrechten und der Waagerechten beträgt bei 3,00 m Elementlänge 1,5 mm/m, jedoch höchstens insgesamt 3 mm. Eine ordnungsgemäß eingebaute Haustür von 1 x 2 m sollte demnach höchstens eine Abweichung von 1,0 mm in der Horizontalen und 2,0 mm in der Vertikalen aufweisen. An Keilen und

8 Einbau der Tür

Distanzklötzen sind nur diejenigen zu belassen, die zur Fixierung des Blendrahmens und zur Vermeidung des Absenkens erforderlich sind. Allgemein hat die Montage nach dem Meterriß zu erfolgen, der vom Auftraggeber in einem max. Abstand von 10 m anzubringen ist. Bei nicht vorhandenem Meterriß ist es ratsam, sich die vorgegebene Höhenlage vom Auftraggeber schriftlich bestätigen zu lassen!

Die Befestigungen sind im Abstand von max. 800 mm zueinander und max. 150 mm von Ecken, Pfosten und Riegeln (bei Anlagen oder geschoßhohen Elementen) anzubringen. Es ist darauf zu achten, daß unmittelbar im Band- und Schließblechbereich Befestigungspunkte vorhanden sind (vgl. Abb. 4.1).

Die Befestigung im Schwellenbereich ist abhängig von der gegebenen Bausituation und der konstruktiven Schwellenausbildung. Es ist sowohl eine ausreichende Stabilität gegen Auftritt als auch eine übermäßige Beanspruchung aufgrund frühzeitiger Montage („Schubkarrenbelastung") zu berücksichtigen.

Neben den allgemeinen technischen Regelwerken für die Montage sind von den Herstellern Montagerichtlinien erarbeitet worden, deren Einhaltung unbedingt empfohlen wird. Zudem müssen für Bauteile mit zugesicherten Eigenschaften spezielle Montagerichtlinien berücksichtigt werden (s. Abb. 8.9), die u. a. die speziellen normativen Festlegungen enthalten müssen (s. Kapitel 10 EINBRUCHSCHUTZ).

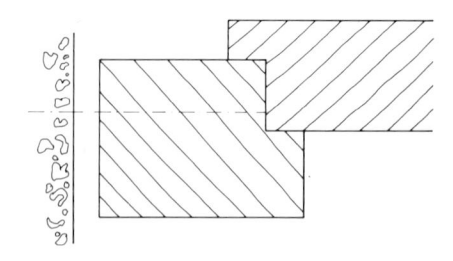

a) im Durchschraubverfahren

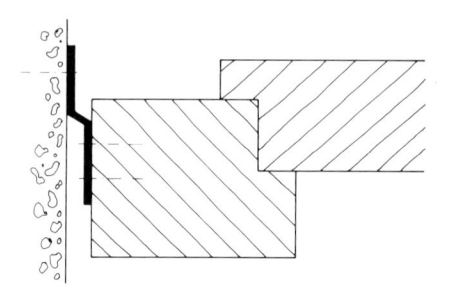

b) durch Befestigungslaschen

Abb. 8.8 „Bewegliche" Verbindung der Türelemente mit dem Baukörper

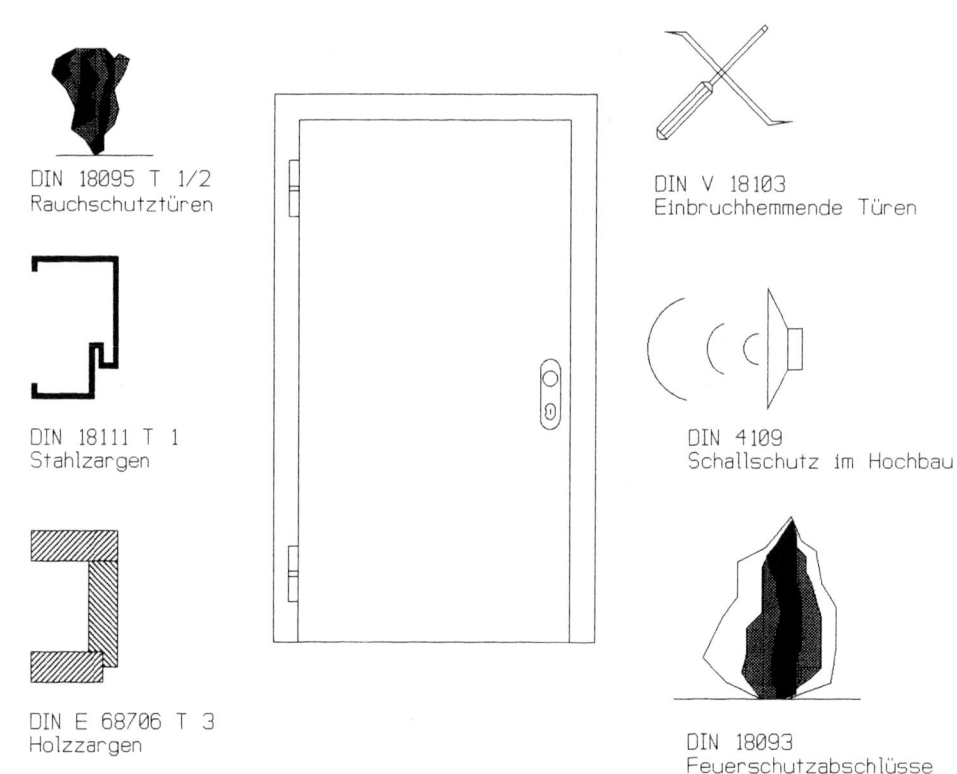

Abb. 8.9 Übersicht normativer Anforderungen an die Montage [46]

DIN 18095 T 1/2
Rauchschutztüren

DIN 18111 T 1
Stahlzargen

DIN E 68706 T 3
Holzzargen

DIN V 18103
Einbruchhemmende Türen

DIN 4109
Schallschutz im Hochbau

DIN 18093
Feuerschutzabschlüsse

9 Schallschutz

9.1 Allgemeines

Der Schallschutz war in DIN E 4109 Teil 1–7, Ausgabe Oktober 84, geregelt. Da es sich um einen Entwurf handelte, stützte man sich häufig auf den Weißdruck (verabschiedeter Normentwurf) vom September 62. Dies ist durch Herausgabe des verabschiedeten Gelbdruckes (Normentwurf) zum Weißdruck seit November 89 nicht mehr möglich. In DIN 4109 November 89 „Schallschutz im Hochbau, Anforderungen und Nachweise" werden Haustüren speziell nicht mehr aufgeführt. Es ist daher die Aufgabe des Planenden, dafür zu sorgen, daß die für das betreffende Bauvorhaben vorgesehene Haustür auch Anforderungen bezüglich des Schallschutzes erfüllt.

Der prüftechnische Nachweis erfolgt nach DIN 52210 Teil 2, August 84 „Bauakustische Prüfungen, Luft- und Trittschalldämmung, Prüfstände für Schalldämm-Messungen an Bauteilen".

Haustüren müssen immer dann eine Schalldämmung aufweisen, wenn unmittelbar hinter ihnen ein Aufenthalts- bzw. Wohnraum liegt. Dies kann sehr oft bei einer Grundrißgestaltung ohne Windfang der Fall sein.

Der Schallschutz von Türen wird auch in der VDI-Richtlinie VDI 3728 „Schalldämmung beweglicher Raumabschlüsse, Türen, Toren und Mobilwände" behandelt.

Im Gegensatz zu der vorhergehenden Ausgabe ist in der neuen Norm für Türen klar geregelt, welches Schalldämm-Maß zugrunde gelegt wird. Für Türen gilt R_w, d. h., das im Prüfstand ohne Nebenwege ermittelte bewertete Schalldämm-Maß einer begehbaren (im Betriebszustand eingebauten) Haustür.

Nach Tabelle 3 DIN 4109 werden folgende Anforderungen zugrunde gelegt:

– Türen, die von Hausfluren oder Treppenräumen in Flure und Dielen von Wohnungen und Wohnheimen oder von Arbeitsräumen führen: $R'_w = 27$ dB.
– Türen, die von Hausfluren oder Treppenräumen unmittelbar in Aufenthaltsräume – außer Flure und Dielen – von Wohnungen führen: $R'_w = 37$ dB.

Es gilt die Beziehung $R_{werf} = R'_w + 5$ dB.

Diese 5 dB werden als Vorhaltemaß bezeichnet, das gemäß DIN 4109 Seite 22 A.4 wie folgt definiert wird: „Vorhaltemaß soll den möglichen Unterschied des Schalldämm-Maßes am Prüfobjekt im Prüfstand und den tatsächlichen am Bau, sowie eventuelle Streuungen der Eigenschaften der geprüften Konstruktionen berücksichtigen."

Für jede Haustür, die aufgrund des zu nutzenden Raumes (Wohnraum, Aufenthaltsraum) hinter ihr eine Schallschutzanforderung zu erfüllen hat, muß der Nachweis erbracht werden, daß das Schalldämm-Maß in im Prüfstand eingebauten und funktionsfähigen Zustand mindestens $R_{werf} = 32$ dB aufweist. Hierfür muß ein Prüfzeugnis vorliegen, wobei für den erhöhten Schallschutz der Nachweis von $R_{werf} = 42$ dB zu erbringen ist.

Es bedeuten:

$R_{w,P}$ = Eignungsprüfung I in Prüfständen nach DIN 52210 Teil 2
$R_{w,B}$ = Eignungsprüfung III in ausgeführten Bauten
$R_{w,R}$ = Rechenwert

Der Rechenwert $R_{w,R}$ für Türen ergibt sich bei Eignungsprüfungen in Prüfständen nach DIN 52210 Teil 2 aus $R_{w,R} = R_{w,P} - 5$ dB.

R'_w: bewertetes Schalldämm-Maß in dB mit Schallübertragung über flankierende Bauteile
R_w: bewertetes Schalldämm-Maß in dB ohne Schallübertragung über flankierende Bauteile

Die Richtlinie enthält u. a. Begriffsdefinitionen, Meß- und Beurteilungsverfahren, Schallschutzklassen und allgemeine Hinweise. Die wenigen Beispiele konstruktiver Einflüsse auf die Schalldämmung verdeutlichen sehr gut, daß mit Masse allein insbesondere im Türenbau unter Verwendung von Holz und Holzwerkstoffen nur begrenzt ein höherer Schalldämm-Wert erreicht werden kann (vgl. Abb. 9.1).

Das gewünschte Schalldämm-Maß ist demnach konstruktiv zu erreichen. Als Türblatt-Grundkonstruktion sind zu nennen:

– einschalige Türblätter,
– zwei- bzw. mehrschalige Türblätter.

9 Schallschutz

1 = Gips, Glas und ähnliche Baustoffe
2 = Holz und Holzwerkstoffe
3 = Stahlblech bis 2 mm Dicke, Bleiblech

Abb. 9.1 Abhängigkeit des bewerteten Schalldämm-Maßes R'_w von der flächenbezogenen Masse m'' für einschalige Bauteile nach DIN 4109 Teil 2 (Entwurf 02.79)

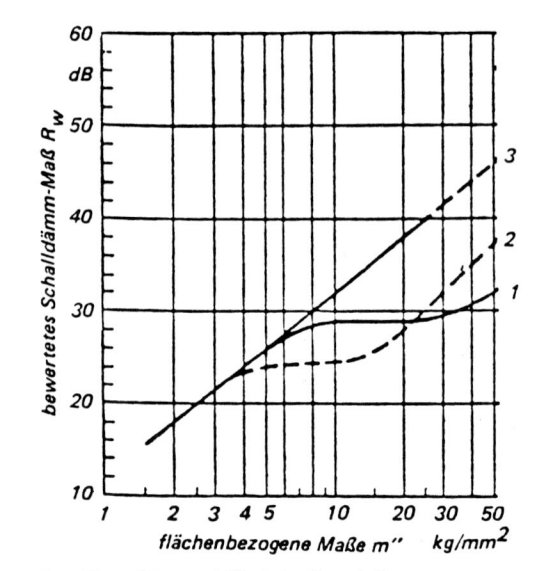

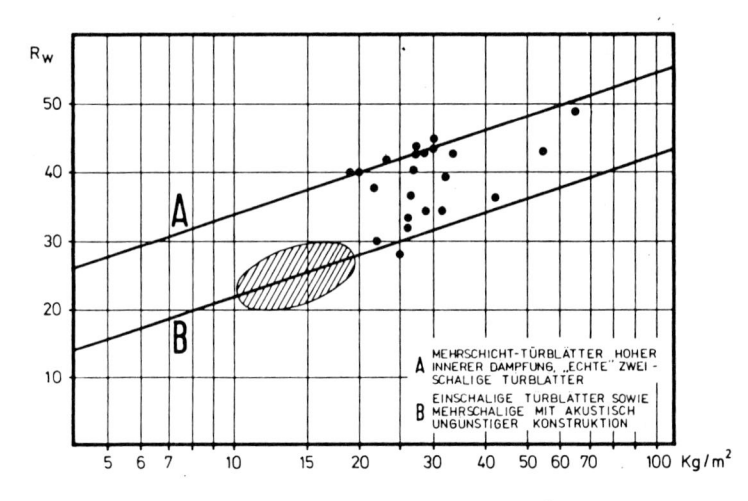

Abb. 9.2 Luftschallisolations-Index I_a von einschaligen Türblättern in Abhängigkeit von der flächenbezogenen Masse [16]

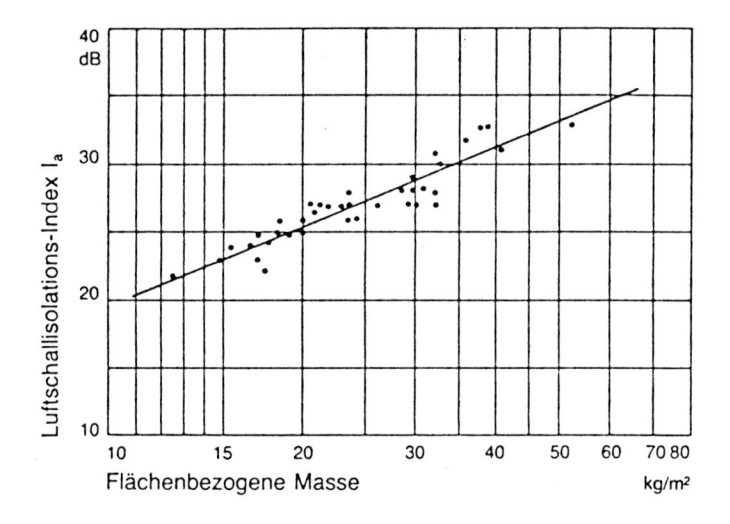

A MEHRSCHICHT-TÜRBLÄTTER HOHER INNERER DÄMPFUNG, „ECHTE" ZWEI-SCHALIGE TÜRBLÄTTER
B EINSCHALIGE TÜRBLATTER SOWIE MEHRSCHALIGE MIT AKUSTISCH UNGÜNSTIGER KONSTRUKTION

Abb. 9.3 Abhängigkeit des bewerteten Schalldämmaßes von Türblättern (im Labor eingekittet gemessen) von der Flächenmasse. Die Punkte entsprechen Meßergebnissen handelsüblicher Produkte, der schraffierte Bereich dem Streubereich von Messungen an üblichen „Normaltürblättern" mit Wabenkern oder ähnlich leichtem Aufbau [17]

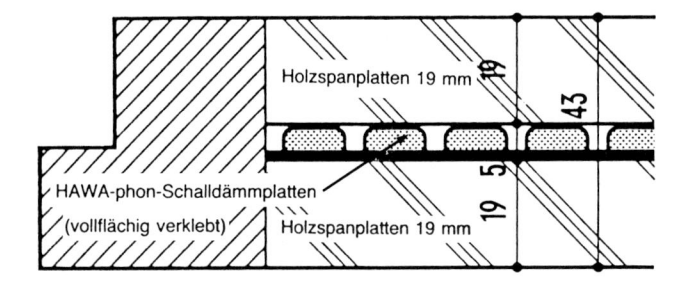

Abb. 9.4 Bewertetes Schalldämm-Maß nach DIN 52210: R_w = 39 dB [16]

9.2 Einschalige Türblätter

Hierunter versteht man Konstruktionen mit einem homogenen Aufbau, aber auch solche, die mit einem Kern vollflächig verleimt sind (z. B. klassische Sperrtüren oder DBGM 30 dB Schalentür). In Abb. 9.2 ist die zu erwartende Schalldämmung in Abhängigkeit von der flächenbezogenen Masse angegeben. Die mit diesen Konstruktionen üblicherweise zu erreichenden Schalldämmwerte liegen bei I_a ca. 32 dB [16].

Wegen der relativ biegesteifen Türblattkonstruktion von Sperrtüren mit Wabeneinlage liegen die Schalldämmwerte niedriger.

Abb. 9.3 gibt beispielhaft einige gemessene Schalldämm-Maße in Abhängigkeit von der flächenbezogenen Masse bei ein- und zweischaliger Türblattkonstruktion wieder. Eine Verbesserung läßt sich auch bei einschaligen Konstruktionen durch Addition „schallschluckender" Materialien erzielen (Abb. 9.4).

9.3 Zwei- und mehrschalige Türblätter

Bei zweischaligen Türblättern wird zwischen zwei Schichten ein „Kern" lose eingelegt, der aus mehreren ebenfalls lose miteinander verbundenen Materialien bestehen kann. Als Materialien werden meist Holzwerkstoffplatten wie Weichfaserdämmplatten oder Strangpreßplatten (FPY) verwendet. Neuerdings sind auch positive Ergebnisse mit Schwerplatten (z. B. von Toroson, HAWA-phon) und Glaswollmatten erzielt worden.

Türblätter in dieser Bauweise können zu einer Erhöhung des Schalldämm-Maßes von 10 dB und mehr beitragen. Das gute Ergebnis wird dadurch erreicht, daß sich bei mehreren dünnen, lose miteinander verbundenen Platten die Biegesteifigkeit nur in der Summe der einzelnen Platten erhöht; bei einer homogenen Platte mit der summenmäßig gleichen Dicke erhöht sich die Biegesteifigkeit aber in dritter Potenz.

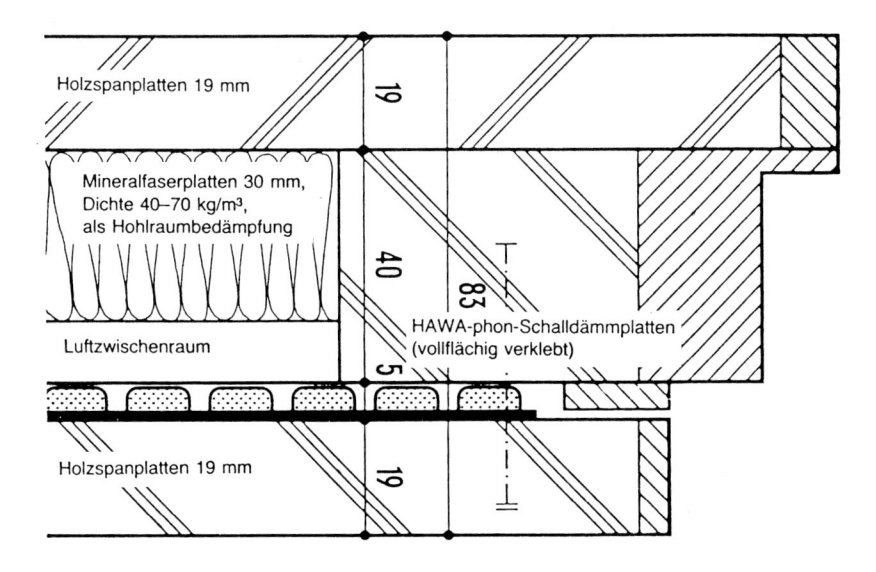

a) bewertetes Schalldämm-Maß nach DIN 52210 des Türblattes R_w = 48 dB [16]

b) bewertetes Schalldämm-Maß nach DIN 52210 des Türblattes R_w = 45 dB (Schwabentür 2000 Formstabil)
Es bedeuten:
1 – 20 mm Spanplatte (furniert) senkrecht genutet (30 × 15 mm)
2 – 2 mm Repanol-Rahmen
3 – Weichfaser-Dämmstreifen
4 – Vorsatzschale mit 6 TROXI-Verbinder befestigt
5 – 15 mm Mineralfaserplatte
6 – umlfd. Rahmen aus Fichte, ca. 60 × 13 mm
7 – 12 mm Spanplatte (Vorsatzschale)
[Produktinformation der Fa. Schwaben-Türen, Theodor Zöchinger KG, 8872 Burgau]

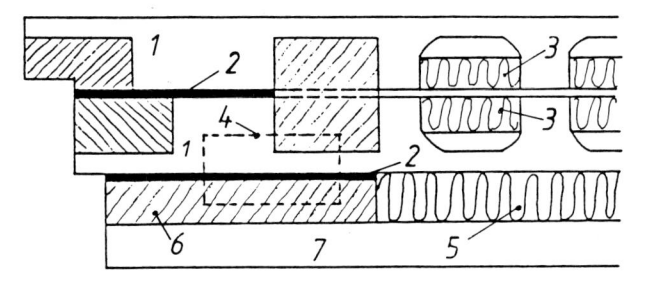

Abb. 9.5 Beispiele mehrschaliger Türblattkonstruktionen

9 Schallschutz

Bei der serienmäßigen Anfertigung der Türblätter ist zu bedenken, daß jede Veränderung zu einer erheblichen Reduzierung des Schalldämm-Maßes des Türblattes führen kann.

Selbst die Anordnung der Leim- bzw. Verbindungspunkte ist von großer Bedeutung, ja sogar die Art bzw. das Fabrikat des Leimes kann entscheidend sein.

Bei den steigenden Anforderungen auch an die Schalldämmung wird die Schalenbauweise eine immer stärkere Bedeutung erlangen.

9.4 Nebenwegübertragung

Gerade im Türenbau wird selbst von der ausschreibenden Stelle immer wieder der Fehler begangen, das bewertete Schalldämm-Maß vom Türblatt allein zu verlangen. Jedoch sollte bei der Ausschreibung eines Schalldämm-Maßes das bewertete Schalldämm-Maß R_w vom betriebsfertigen begehbaren Türelement ohne bauübliche Nebenwege gemeint sein (mit baubüblichen Nebenwegübertragungen = R'_w).

Die vom Hersteller angegebenen Werte des bewerteten Schalldämm-Maßes eines Türblatts können sich von den Werten eines betriebsfertig begehbaren Türelements wesentlich unterscheiden. Die am Türelement gemessenen bewerteten Schalldämm-Maße liegen – ohne Nebenwegübertragung am Baukörper und Anschluß zum Baukörper – zwischen 5 bis 20 dB darunter! Ursache hierfür ist im wesentlichen der Dichtungsbereich – Türblatt/Zarge und Boden –. Nach [17] ist in der Wichtigkeit der Einzelbaukomponenten folgende Reihenfolge gegeben:

- Bodendichtung,
- Zargendichtung,
- . Schalldämmung des Türblattes,
- Zargennebenwege,
- Schloß und Beschläge.

A = Schlauchprofil, gering einfedernd
B = verbessertes Dichtungsprofil
C = Zarge ringsum abgekittet
D = Türblatt im Labor gemessen

Abb. 9.6 Einfluß der Dichtung auf die Schalldämmung [17]

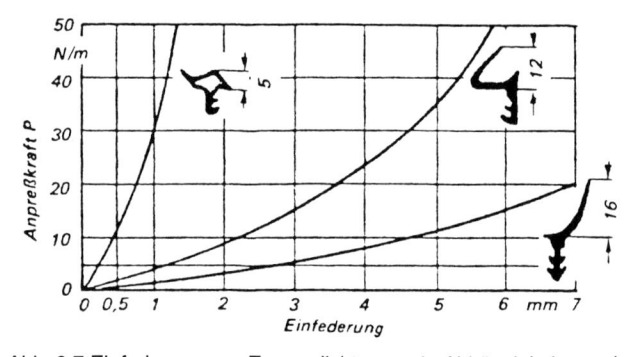

Abb. 9.7 Einfederung von Zargendichtungen in Abhängigkeit von der Anpreßkraft [17]

9.5 Dichtungsprobleme

Es ist also sinnlos, ein aufwendiges Türblatt mit hohem Schallschutz zu fordern, wenn z. B. die Bodendichtungen fehlen oder eine versetzte Dichtungsebene vorliegt. Hinzu kommt, daß selbst bei der Angabe der bewerteten Schalldämm-Maße im begehbaren betriebsfertigen Zustand die auftretenden Türblattverformungen unberücksichtigt bleiben. Gerade für Haustüren ist die Frage des Dichtungssystems von entscheidender Bedeutung.

Welchen Einfluß die Dichtung auf die Schalldämmung nimmt, verdeutlicht das Diagramm in Abb. 9.6

Wenn Haustüren undicht sind und Luftspalte von mehreren Millimetern auftreten, dann sind alle aufwendigen Türblattkonstruktionen schalltechnisch wertlos. Schon eine Fugenöffnung von nur 0,1 mm führt zu einer Verringerung der Schalldämmung im oberen Frequenzbereich. In [17] ist eine Berechnung bezüglich der Schlitzdämmung wiedergegeben; Abb. 9.8 soll diesen Zusammenhang nochmals verdeutlichen. Die Darstellung wurde aus Messungen an Türelementen mit Türblättern entwickelt, die bei Labormessungen in abgekittetem Zustand $R_w \geq 40$ dB erreichten. Die untere Begrenzungslinie ($-20 \lg A$) gilt für schlitzförmige, die obere ($-10 \lg A$) für punktförmige Undichtigkeiten.

9.5 Dichtungsprobleme

Die Annahme, daß mehrere Dichtungsebenen zu einer Verbesserung des Schalldämm-Maßes führen, erweist sich in der Praxis meist als nicht zutreffend. Wie aus Abb. 9.10 hervorgeht, nimmt die Schalldämmung bei der Anordnung von zwei Dichtungsebenen sogar ab.

Bei zwei Dichtungsebenen ist die Gefahr gegeben, daß keine der beiden Dichtungsebenen voll anliegt, d. h. voll wirksam wird. Es ist daher oft besser, nur eine, dafür aber optimal ausgebildete Dichtung zu verwenden. Wichtig ist auch ein ausreichendes Anpressen der Dichtlippen und nicht nur ein Andrücken der Spitzen der Dichtlippen.

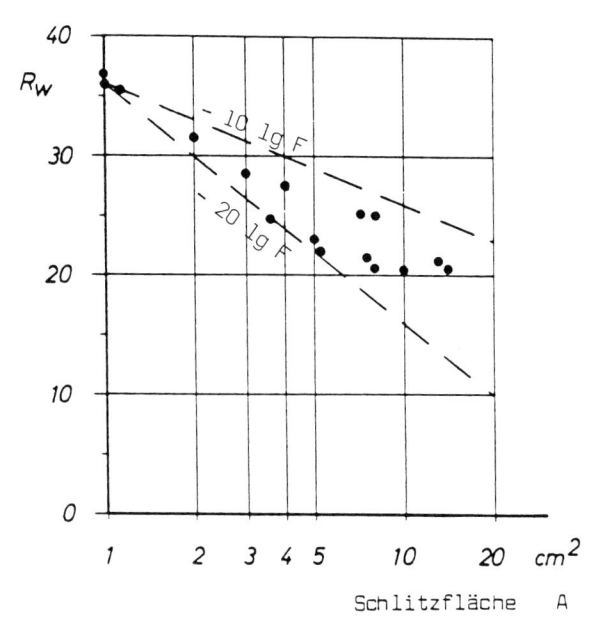

Abb. 9.8 Maximale Schalldämmung eines ca. 1 x 2 m großen begehbaren Türelementes in Abhängigkeit von der Schlitzfläche A der vorhandenen Undichtigkeit [17]

Es wird daher erforderlich sein, sowohl Dichtungen für die Dämpfungsfunktion, z. B. Schlauchdichtungen, als auch Dichtungen für die Dichtungsfunktion, z. B. Lippendichtungen, einzubauen.

Dies führt zu zwei Dichtungsebenen: einer „Dämpfungs-Dichtungsebene" – diese muß nicht umlaufend sein und befindet sich am günstigsten im Blendrahmen – sowie einer „Dichtungs-Dichtungsebene" – diese muß umlaufend sein und befindet sich am günstigsten im Überschlag des Türblattes (vgl. Abb. 9.9).

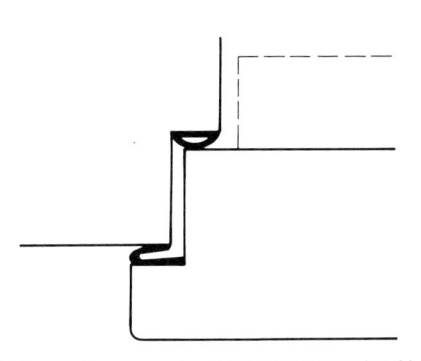

Abb. 9.9 Dichtungsebenen an hochschalldämmenden Haustüren

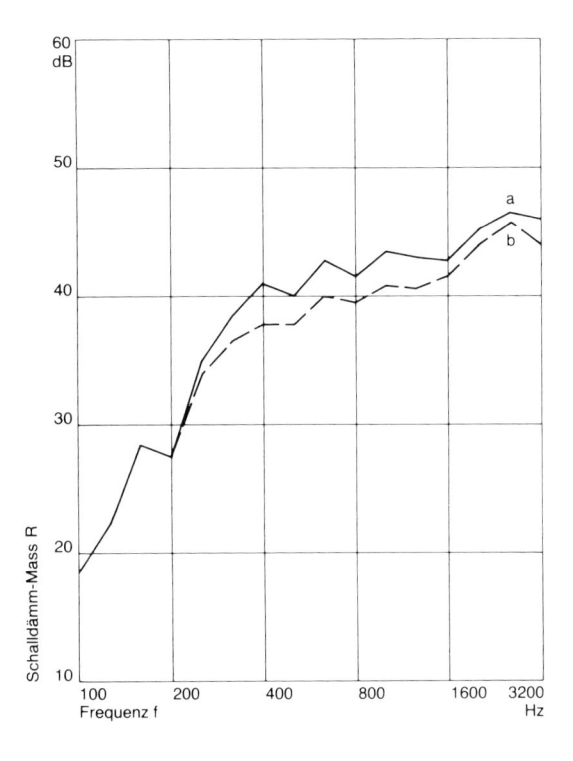

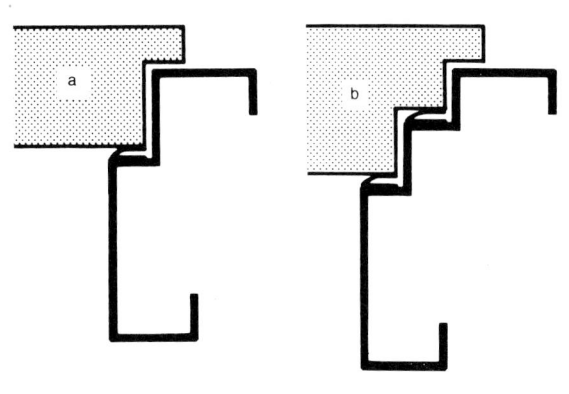

Abb. 9.10 Schalldämmverlauf bei Verwendung von einer bzw. zwei Weich-PVC-Lippendichtungen [16]

9 Schallschutz

Tabelle 9.1 Zusammenhang zwischen R'_w, R_w, Schallschutzklassen und orientierende Hinweise für die Konstruktion von Türsystemen [32]

	Schallschutzklassen von Türsystemen [Tabelle 3.1. VDI 3728]			
Spalte	1	2	3	4
	Schallschutzklasse	Bewertetes Bauschalldämm-Maß R'_w des funktionsfähig eingebauten Gesamtsystems	Einbaubedingungen (Anforderungen an flankierende und angrenzende Bauteile sowie sonstige Randbedingungen) $R'_{Lw,res}$ = resultierendes Schalllängsdämm-Maß (vgl. DIN 4109 Teil 7) R'_w = Schalldämm-Maß der angrenzenden Bauteile	Bewertes Schalldämm-Maß R_w des funktionsfähig eingebauten Gesamttürsystems, gemessen in einem bauakustischen Prüfstand ohne Nebenwegübertragung
Zeile \ Einheit	—	dB	—	dB
1	5	45 bis 49	Einbaubedingungen durch Fachmann festlegen bzw. Einbauvorschriften der Hersteller beachten. Einbau aller Teile des Systems durch eine Hand notwendig	Wegen Nebenwegeinfluß keine Angaben möglich
2	4	40 bis 44	$R'_{Lw,res} \geq 55$ dB; $R'_w \geq 52$ dB Einbaubedingungen durch Fachmann festlegen bzw. Einbauvorschriften der Hersteller beachten. Einbau aller Teile des Systems durch eine Hand notwendig	≥ 47
3	3	35 bis 39	$R'_{Lw,res} \geq 48$ dB; $R'_w \geq 45$ dB Zargen vollständig hinterfüllt und beigeputzt, versiegelt oder gleichwertig gedichtet	≥ 42
4	2	30 bis 34	$R'_{Lw,res} \geq 43$ dB; $R'_w \geq 40$ dB Anschlußfugen beigeputzt, versiegelt oder gleichwertig gedichtet	≥ 37
5	1	25 bis 29	$R'_{Lw,res} \geq 38$ dB; $R'_w \geq 35$ dB	≥ 32
6	0	20 bis 24	keine	≥ 27
7	−1	15 bis 19	keine	≥ 22
8	−2	≤ 14	—	≥ 17

Schallschutzklassen

Orientierende Hinweise auf den Zusammenhang zwischen Schalldämm-Maß und Konstruktionsdetails von Türsystemen [Tabelle 4.1. VDI 3728]

	1	2	3	4	5	6	7	8	
	Anhaltswerte von Bauschall-dämm-Maßen für Konstruktionsmerkmale gemäß Spalte 2 bis 8	Erforderliches bewertetes Schalldämm-Maß R_w des Türblattes im eingekitteten Zustand im Labor gemessen	Art und Anzahl der Einfachsysteme mit E oder D (E Einfachfalz) (D Doppelfalz)	Erforderlicher Abstand der Einfachsysteme (e akustisch entkoppelte Systeme)	Anzahl der Dichtungsebenen im Zargenbereich und Art der Dichtungen (S Schlauchdichtung) (L wirksame Lippendichtung)	Art und Anzahl der Bodendichtungen (M mechanisch absenkbare Dichtung) (W Wulst- oder Höckerschwelle) (A Absorptionskammer)	Art der Beschläge	Bemerkungen	Schallschutzklasse
Einheit	dB	dB	—	mm	—	—	—	—	—
	≧45	2×35	2×E oder D	≧300 (e)	4 L	2×M, 2×W oder 1×W und 1×A	normale Bänder	Schalldämpfung zwischen den Einfachsystemen zum Ausgleich geringer Undichtheiten zweckmäßig	5
	≧40	2×30	2×E	≧200 (e)	2 L	2×M oder 2×W	normale Bänder	Wegen der verschiedenen Bauarten von Türblättern (ein- und mehrschichtig oder mehrschalig) ist eine ausreichende Dämmwertvorgabe allein durch die flächenbezogene Masse nicht möglich	4
		1×50	—	—	3 L	1×M und 1×W	3-schloßseitige Verriegelungen, starke Bänder		
	≧35	2×30	2×E	≧100	2 L	1×M oder 1×W	normale Bänder		3
		1×45	1×D	—	3 L	1×M und 1×W	starke Bänder		
	≧30	2×25	2×E	≧50	2 L	keine	normale Bänder		2
		1×40	1×E oder D	—	2 L	1×W oder 1×M	starke Bänder		
	≧25	1×35	1×E	—	1 L	1×M oder 1×A bei Bodenluft ≦5 mm	normale Bänder	Bis zu Schalldämm-Maßen R_w der Türblätter von ≦30 dB kann die Ermittlung der Dämmung anhand der Massekurven in Bild 12 mit einem Unsicherheitszuschlag von 5 kg/m² für die jeweilige flächenbezogene Masse erfolgen	1
	≧20	1×30	1×E	—	1 S	1×M oder keine bei Bodenluft ≦3 mm	normale Bänder		0
	≧15	1×25	1×E	—	1 S	—	normale Bänder		−1
	≧10	1×20	1×E	—	—	—	normale Bänder		−2

9 Schallschutz

9.6 Bodendichtungen

Neben der Zargendichtung ist vor allem die Bodendichtung ein weiterer Schwachpunkt für das Erreichen eines guten Schalldämm-Maßes. Bei Haustüren ist allerdings die Bodendichtung nicht so problematisch, da fast alle Haustüren mit einer Anschlagschwelle versehen sind, die dann schalltechnisch optimal ist, wenn eine umlaufende Dichtungsebene vorliegt. Es erübrigt sich daher, an dieser Stelle näher auf diese Thematik einzugehen. Sollte der Leser mehr über Bodendichtungen wissen wollen, so sei er auf die Veröffentlichungen [16], [17] und [18] verwiesen.

9.7 Zarge/Blendrahmen

Auch beim Blendrahmen sind schalltechnisch einige Punkte zu beachten:

– Anschluß zum Baukörper;
– Flächenmaße und bei Futter oder Blockzargen Dichtheit in sich.

Unter schalltechnischen Gesichtspunkten ist neben einer ausreichenden, dauerhaften Befestigung des Blendrahmens zum Mauerwerk das vollsatte Abdichten des Hohlraumes unumgänglich. Obwohl schalltechnisch gesehen kein bedeutender Unterschied zwischen dem Abdichten des Hohlraumes (Fuge zwischen Blendrahmen und Mauerwerk) mit Dämm- bzw. Montageschaum oder Stein- bzw. Glaswolle besteht, sollte doch bei höheren Schalldämm-Maßen der Mineralwolle der Vorzug gegeben werden. Durch die starken mechanischen Belastungen kann bei Schäumen leichter eine Fuge (Riß/Schlitz) entstehen als bei manuell exakt eingebrachter Mineralwolle. Das beidseitige Versiegeln der Fuge sollte selbstverständlich sein.

Bezüglich der Dichtheit der Zarge bestehen bei einflügeligen Blendrahmen keine Bedenken. Vorsicht ist allerdings bei gekoppelten Zargen und bei sogenannten Schnellbau- oder Sanierungszargen geboten.

9.8 Beschläge

Gerade für Haustüren ist es erforderlich, Beschläge auszuwählen, die den bei längeren Gebrauch zu erwartenden Belastungen standhalten.

Die Verwendung von drei und mehr Bandpaaren wirkt sich für den Schallschutz positiv aus, ist doch damit die Sicherheit gegeben, daß auch bei den naturgemäß auftretenden Verformungen von Türblatt und Blendrahmen eine Dichtungsauflage gewährleistet wird. Allerdings sind die dadurch stärker auftretenden Zwängspannungen zu berücksichtigen (vgl. Kapitel 6 BESCHLÄGE).

Ferner sollten die Beschläge so gestaltet sein, daß Abnutzung durch Nachjustierung ausgeglichen werden kann.

Auf der Schloßseite ist der Einbau von Mehrfachverriegelungsschlössern zu empfehlen. Auch hier sollte auf die eventuelle Bedienungsproblematik gerade bei verformten Türblättern hingewiesen werden.

9.9 Schlußbetrachtung

Die vorstehende Tabelle 9.1 aus der VDI-Richtlinie 3728 soll dem Konstrukteur eine kleine Hilfestellung geben.

Zur Erhaltung der schalldämmenden Eigenschaften ist neben einer achtsamen Nutzung auch eine Wartung und Pflege erforderlich. Hierzu gehört die Kontrolle von

– Dichtungen,
– Beschlägen,
– Anschlüssen zum Baukörper,
– evtl. Verglasung; Füllungseinbau.

Bewegliche Teile und Dichtungen unterliegen einem natürlichen Verschleiß und sind gegebenenfalls von Zeit zu Zeit zu fetten bzw. auszutauschen.

Je nach geforderter Schalldämmung wird es erforderlich sein, wirksamere Dichtungen oder mehrere Dichtungsebenen und/oder eine höhere Anzahl von Bändern und Verriegelungen einzubauen. Dies führt jedoch zwangsläufig dazu, daß zum Öffnen und Schließen mehr Kraft notwendig wird.

Die in ISO 8276 angegebene Schließkraft von 20 N muß daher für Schallschutztüren auf mindestens 40 N erhöht werden.

10 Einbruchschutz

Nach Angaben der Kriminalpolizei wird in Einfamilienhäusern etwa ⅕, in Mehrfamilienhäusern etwa ⅓ aller Einbrüche durch die Tür verübt (vgl. Abb. 10.1 und 10.2).

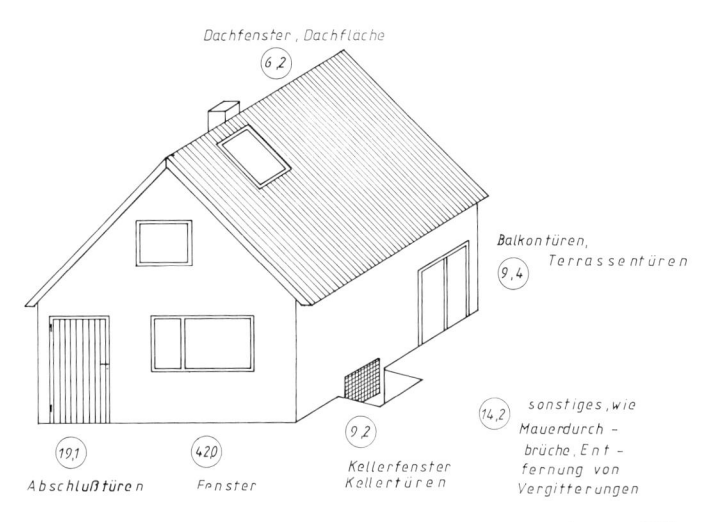

Abb. 10.1 von Tätern bevorzugte Zugänge in Einfamilienhäuser [38]

Beschädigt werden an Türen hauptsächlich Türblatt, Schließblech und Schloß, an Fenstertüren vor allem die Verglasung (vgl. Tab. 10.1).

Tabelle 10.1 Häufigste durch den Täter verursachte Beschädigungen [39]

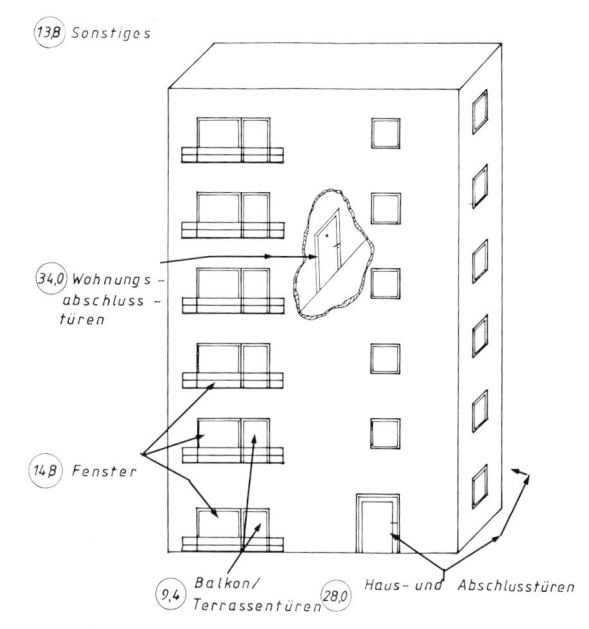

Türblatt und Schließblech sowie Türschloß	
bei Hausabschlußtüren	55%
bei Wohnungsabschlußtüren	50%
bei Kellertüren	45%
an Fenstern	
beschädigte Verglasungen	35,7%
beschädigte Rahmen	14,8%
weisen keine Beschädigungen auf	31,5%
Balkon-/Terrassentüren	
beschädigte Türverglasung	27,0%
sonstige Beschädigungen	27,1%
weisen keine Beschädigungen auf	29,2%

Abb. 10.2 Von Tätern bevorzugte Zugänge in Mehrfamilienhäuser [39]

Aus Tabelle 10.2 ist zu ersehen, daß als Hilfsmittel vor allem Hebelwerkzeuge benutzt werden. Schlösser werden zu mehr als 90% aufgebrochen, weil der vorstehende Zylinder mit einer Zange greifbar ist. Schlagwerkzeuge werden nur zur Zerstörung von Glas verwendet.

Tabelle 10.2 Hilfsmittel, die für Einbrüche verwendet werden

– Hebelwerkzeuge	ca. 45%
– Sonstiges (z. B. Dietrich)	ca. 18%
– unbekannt	ca. 16%
– ohne Werkzeug	ca. 9%
– Zangen	ca. 5%
– Kombination mehrerer Hilfsmittel	ca. 7%

10 Einbruchschutz

Obwohl es sich um eine relativ alte Statistik handelt, ist doch festzustellen, daß bis 1992 keine wesentliche Verschiebung eingetreten ist. Dies liegt nicht zuletzt daran, daß erst durch die Überarbeitung von DIN 18103 eine regere Nachfrage nach einbruchhemmenden Haustüren eingetreten ist.

Haustüren werden meist standardmäßig mit einer Mehrfachverriegelung und einem Schutzbeschlag nach DIN 18257 ausgestattet. Die Zahl der Einbrüche über Haustüren wird daher gesenkt werden können.

Tabelle 10.3 Zuordnung Beanspruchungsarten und Anforderungen an Einbruchhemmende Türen nach DIN V 18103

Beanspruchungsarten und Anforderungen	Widerstandsklasse					
	ET 1		ET 2		ET 3	
	ruhende (statische) Belastung [kN]	max. zul. Auslenkung [mm]	ruhende (statische) Belastung [kN]	max. zul. Auslenkung [mm]	ruhende (statische) Belastung [kN]	max. zul. Auslenkung [mm]
Ruhende Beanspruchung						
Alle Türflügelecken sowie zwischen[1*] den Verriegelungen	3,0	30,0	6,0	20,0	10,0	10,0
Bei Füllungstüren jede Füllungsecke	3,0	8,0	6,0	8,0	10,0	8,0
Bänder	3,0	8,0	6,0	8,0	10,0	8,0
Bandseitig auf halber Türhöhe	entfällt	entfällt	6,0	8,0	10,0	8,0
Hauptschloß	3,0/6,0 [2*]	5,0	6,0	5,0	10,0	5,0
Alle Verriegelungen schloßseitig	3,0	5,0	6,0	5,0	10,0	5,0
Stoßbeanspruchung senkrecht zur Türblattebene						
Stoßkörper: Masse = 30 kg Fallhöhe = 800 mm	3 x Türblattzentrum 1 x je Verriegelungspunkt; ggf. 1 x Füllungszentrum 1 x je Füllungsecke		3 x Türblattzentrum 1 x je Verriegelungspunkt; ggf. 1 x Füllungszentrum 1 x je Füllungsecke		3 x Türblattzentrum 1 x je Verriegelungspunkt; ggf. 1 x Füllungszentrum 1 x je Füllungsecke	
Werkzeugbeanspruchung Werkzeugkontaktzeit/Werkzeugsatz	5 Minuten / A		7 Minuten / B		10 Minuten / C	
Anforderungen an die Beschläge						
Schlösser nach DIN 18251	Klasse 3		Klasse 3		Klasse 4	
Profilzylinder nach DIN V 18254/07.91	Klasse 2		Klasse 2		Klasse 3	
Schutzbeschlag nach DIN 18257 [3*]	Klasse ES 1		Klasse ES 2		Klasse ES 3	
Anforderung an die Ausfachung mit Glas oder anderen Materialien						
Verglasung nach DIN 52290 Teil 3/4	Widerstandsklasse [4*] A 3/B 1		Widerstandsklasse B 2		Widerstandsklasse [5*] B 3	

[1*] In den Klassen ET 1 und ET 2 sind die Türflügelecken nur dann zu prüfen, wenn diese mehr als 350 mm von den Verriegelungspunkten entfernt (siehe DIN 18268) sind

[2*] Prüfung mit 6 kN bei einer Verriegelung
Prüfung mit 3 kN bei einer Mehrfachverriegelung

[3*] Auf den im Profilzylinder integrierten Ziehschutz darf verzichtet werden, wenn dieser im Schutzbeschlag integriert ist, d. h. Schutzbeschlag mit Zylinderabdeckung (ZA)

[4*] Verglasung A 3 nur möglich, wenn verglaste Teilflächen kleiner als durchstiegsfähige Öffnung (400 x 250 mm)

[5*] Bei Widerstandsklasse ET 3 muß auch der Türflügel in die Widerstandsklasse B 3 eingestuft werden können

Erwähnenswert ist auch die Tatsache, daß etwa ⅓ aller Türen ohne sichtbare Zeichen von Gewalteinwirkung geöffnet werden.

Im Verlauf der letzten Jahre ist allgemein ein stetiger Anstieg der Eigentumsdelikte zu verzeichnen. Im Bereich der Haus- und Wohnungseinbrüche spricht die Statistik heute von einer Intervallzeit von 3 Minuten zwischen einzelnen Einbrüchen. Dies bedeutet, daß pro Tag im Bereich der Bundesrepublik ca. 480 Einbrüche verübt werden. Schenkt man den Fachleuten der Polizei Glauben, ist in Zukunft mit einer nochmaligen Steigerung dieser Rate zu rechnen. Gründe hierfür liegen, besonders in den neuen Bundesländern, nicht nur in der hohen Arbeitslosigkeit, sondern vor allen Dingen in dem enormen Wertzuwachs, den der einzelne Haushalt in den letzten beiden Jahren erfahren hat. Demgegenüber ist für die individuelle Absicherung der Wohnungen nicht viel getan worden.

Durch geeignete Aufklärung muß dem Verbraucher begreiflich gemacht werden, daß heute schon eine Vielzahl von Haustüren auf dem Markt sind, die den Anforderungen der Einbruchhemmung entsprechen.

Die erschreckenden Meldungen über das Ansteigen der Einbruchsraten veranlaßten die Normungsorganisationen zum Handeln. In Schweden, Frankreich, Holland, Österreich und der BRD wurden entsprechende Prüf- und Anforderungsnormen zum Nachweis der einbruchhemmenden Wirkung von Türelementen bzw. deren Beschlägen erarbeitet.

In der BRD kann das Jahr 1975 als Stunde Null – zumindest als Aufbruch in die Normung einbruchhemmender Bauteile – gewertet werden. Mit Herausgabe von DIN 18103 November 1983 (Weißdruck) „Türen – Einbruchhemmende Türen, Begriffe, Anforderungen und Prüfungen" wurde ein großer Schritt in die Vergleichbarkeit der Schutzwirkung von „einbruchhemmenden" Haustüren getan.

Es zeigte sich sehr schnell, daß die vorliegende Norm noch in vielen Punkten ergänzungsbedürftig war, so daß eine Überarbeitung schon relativ früh nach dem Erscheinen von DIN 18103 durch den zuständigen Arbeitsausschuß durchgeführt wurde. Das Ergebnis wurde der Öffentlichkeit im März 1992 mit dem Erscheinen der Vornorm DIN 18103 „Türen – Einbruchhemmende Türen, Begriffe, Anforderungen, Prüfungen und Kennzeichnung" vorgestellt (Blaudruck). Diese Vornorm wird als Stand der Technik in das allgemeingültige Regelwerk integriert. Alle bisherigen Ausgaben verlieren ihre Gültigkeit (DIN 18103/11.83 und DIN E 18103/09.89, E = Entwurf = Gelbdruck).

Gravierende Änderungen bestanden vor allem in der Einführung von drei auf Tätertyp und mutmaßliche Vorgehensweise abgestimmte Widerstandsklassen. Dem Benutzer (z. B. Bauherr, Architekt, Versicherungen) war somit die Möglichkeit gegeben, entsprechend der von ihm einzuschätzenden Risikosituation und Lage der Tür im Baukörper eine geeignete Auswahl zu treffen (siehe Tabelle 10.3).

Der Prüfablauf erfolgt in drei wesentlichen Prüfabschnitten (siehe Tabelle 10.3), wobei die Norm auf alle Türen aller Materialien ein- und zweiflügelig, mit und ohne Oberlicht sowie Seitenteil beliebiger Größe Anwendung findet.

Die Prüfung bei ruhender Beanspruchung wurde in ihren maximal aufzubringenden Belastungen auf die neu entwickelten Widerstandsklassen abgestimmt.

Eine weitere Änderung betraf die Stoßbeanspruchung. Es wurde auf die Aufbringung einer zusätzlichen ruhenden Belastung verzichtet. Der Stoßkörper fällt je 3mal auf das Türblattzentrum und je 1mal auf jede Verriegelung. Bei der Prüfung von Füllungstüren wird jede Füllung zentrisch sowie jede Füllungsecke mit einem Stoß belastet.

Es wurde ein dritter Prüfabschnitt durch Beanspruchung mit handgeführtem Werkzeug eingeführt (keine Akku- und/oder Elektrowerkzeuge). Diese Prüfung erfolgt nach einem nicht zur Veröffentlichung bestimmten Dokument. Entsprechend der Widerstandsklasse wird mit einem auf die jeweiligen Belastungen abgestimmten Werkzeugsatz der Versuch unternommen, innerhalb einer normativ festgelegten Werkzeugkontaktzeit die zu prüfende Türblattebene zu überwinden (siehe Tabelle 10.4).

Tabelle 10.4 Zuordnung der Widerstandsklassen zu den Gesamtwiderstandszeiten und Werkzeugsätzen

Widerstandsklasse der einbruchhemmenden Tür	Gesamtwiderstandszeit der Hauptprüfung t_{ges} in Minuten	zu verwendender Werkzeugsatz[1]
ET 1	≥ 5	A
ET 2	≥ 7	B
ET 3	≥10	C

[1] Die Werkzeugsätze (Zusammenstellung der jeweils zu verwendenden Werkzeuge) können bei begründetem Bedarf schriftlich erfragt werden bei: Normenausschuß Bauwesen im DIN Deutsches Institut für Normung e. V., Burggrafenstraße 6, 10787 Berlin 30.

10 Einbruchschutz

Tabelle 10.5 Zuordnung Widerstandsklassen – Tätertyp und Vorhgehensweise

Widerstands-klassen	Bezeichnung	Tätertyp Mutmaßliche Vorgehensweise
ET 1	Tür DIN 18103 – ET 1	Einbrecher ohne bzw. mit nur sehr geringem Werkzeug; er versucht, die verschlossene und verriegelte Tür in erster Linie durch den Einsatz köperlicher Gewalt zu überwinden: Gegentreten, Gegenspringen, Schulterwurf oder ähnliches
ET 2	Tür DIN 18103 – ET 2	wie bei Widerstandsklasse ET 1; der Einbrecher; benutzt zusätzlich einfache Hebelwerkzeuge
ET 3	Tür DIN 18103 – ET 3	Wie bei Widerstandsklasse ET 2; erfahrener Einbrecher; benutzt vorwiegend Werkzeug – Hebelwerkzeuge, Keile, kleinere Schlagwerkzeuge – jedoch ohne Einsatz von Elektro-Werkzeugen[1])

[1]) Der Anwender sollte dafür sorgen, daß Außensteckdosen, z. B. im Flur vor einer Wohnung, im Regelfall spannungslos sind, um ihre Benutzung durch den Einbrecher unmöglich zu machen.

Werden alle drei Teilprüfungen bestanden, kann das geprüfte Türelement entsprechend den aufgebrachten Beanspruchungen in eine der drei Widerstandsklassen eingestuft und bezeichnet werden (siehe Tabelle 10.5).

Dennoch handelt es sich bei solchen Türelementen nicht um Sicherheitstüren für jedes Einsatzgebiet, denn einbruchsichere Türen wird es nie geben; vielmehr handelt es sich um einbruchhemmende Türen, die jedoch nur als System sinnvoll sind, d. h. alle Teilsysteme wie Türblatt, Beschlag, Türrahmen und der Anschluß an das Mauerwerk müssen einbruchhemmend ausgeführt werden. Bei Versagen einer der in Abb. 10.3 aufgeführten Schwachstellen ist die einbruchhemmende Wirkung nicht mehr gewährleistet.

Ein Türelement ist so widerstandsfähig wie sein schwächstes Detail.

Auch durch die vielfach angebotenen „einbruchsicheren" Türbeschläge und Ketten läßt sich die Sicherheit nur selten erhöhen, denn welchen Wert hat ein massiver Türbeschlag, wenn in kürzester Zeit mit einfachen Hilfsmitteln der Schließzylinder zerstört werden kann? Ebenso ist das nachträgliche Anbringen von Schutzketten sehr fragwürdig, wenn diese zum einen relativ einfach aufgebrochen werden können und zum anderen nicht sichergestellt ist, daß deren Befestigung auch höheren Belastungen standhält. Hier täuscht die Werbung häufig eine Sicherheit vor, die in Wirklichkeit nicht erreicht wird.

Generell gilt für den Konstrukteur der Grundsatz, daß alle Kräfte, die bei den verschiedenen Prüfungen auf die Schwachstellen wie Band- und Schloßseite einwirken, optimal abgeleitet werden müssen, z. B. bei einem Holztürblatt über die Bänder in die Zarge bzw. in den Türstock. Holz kann aufgrund seiner zu geringen Querzugfestigkeit keinen Belastungen von 6000 N und mehr standhalten. Ab der Widerstandsklasse ET 2 sind entweder Holzwerkstoffe hoher Festigkeit, z. B. Delignit Panzerholz, oder metallische Werkstoffe, z. B. Stahl, mit zu verwenden.

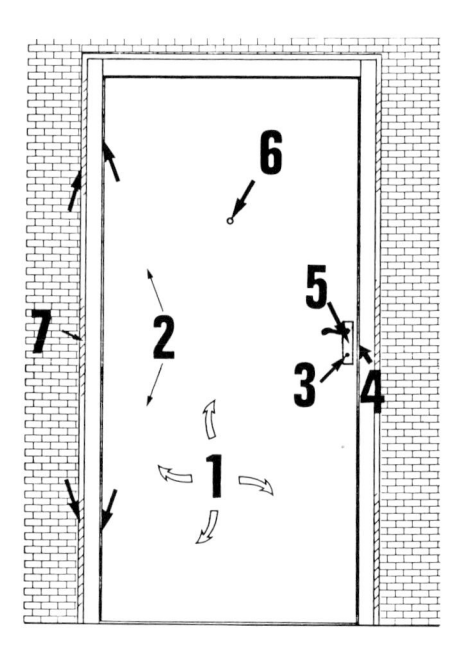

1 Türblatt/Türfüllung. 2 Bänder. 3 Schlösser und Schließzylinder. 4 Schließblech. 5 Schutzbeschlag. 6 Türspion. 7 Montage

Abb. 10.3 Schwachstellen am Türelement [40]

10.1 Türblatt

Türblätter müssen so dimensioniert sein, daß neben statischen auch erhebliche dynamische Belastungen aufgefangen werden. Aussteifungen sind so einzubauen, daß zum einen die Steifigkeit des Türblattes erhöht wird, zum anderen eine Befestigung der Beschläge möglich ist.

Die Konstruktion eines kompakten Türblattes ist unbedingt erforderlich. Hohlraumtüren mit Streifeneinlagen, Wabeneinlagen und dgl. sind nur mit zusätzlichen Verstärkungen geeignet. Andernfalls haben sie keinen Sicherheitswert. Dies trifft auch für Füllungen aus normalem Glas (z. B. Drahtglas) zu. Bei Verwendung von Füllungen muß neben dem einzusetzenden Material noch auf eine stabile Türrahmenaussteifung und ausreichende Befestigung geachtet werden, da die Füllung sonst leicht entfernt werden kann.

Die Steifigkeit der Türblattkonstruktion ist insbesondere dann maßgebend, wenn nur ein Schloß (Hauptschloß) eingesetzt wird. Hier ist bei der Prüfung als kritische Belastung die Prüfung der freien Ecke anzusehen. Diese darf z. B. bei einer statischen Belastung von 6 kN nicht mehr als 20 mm gegenüber der Umrahmung nachgeben. Bei ET 1 entfällt allerdings diese Prüfung der Türflügelecken.

Werden in der Grundkonstruktion nicht Türblätter in Rahmenbauweise verwendet, sondern Volltürblätter, so sind folgende Faktoren zu berücksichtigen:

– Art der Holzwerkstoffe einschließlich ihrer E-Module (Hartfaserplatten, Furnierplatten, Spanplatten, Schälfurniere);
– Anzahl der Decklagen, Leimart;
– Breite der Einleimer bzw. Rahmen;
– Armierung.

Zur Erfüllung von DIN V 18103 gilt:

Bei Rahmentüren ist die Holzart von Bedeutung. Mit Weichhölzern (Fichte) ist selbst die Widerstandsklasse ET 1 nicht zu erreichen. Im allgemeinen ist es sinnvoll, nur Harthölzer zu verwenden. Neben den widerstandsfähigen Materialien wie Sperrholz, Furnierplatten und Harthölzern ist vor allem die Falzgeometrie ein entscheidender Sicherheitsfaktor. Je tiefer der Falz, um so schwieriger wird es, das Hebelwerkzeug optimal einzusetzen. Wichtig ist, daß die Verriegelungselemente so weit wie möglich von der Angriffsfläche des Türblattes entfernt sind.

Dünnere Türblätter erfordern einen höheren konstruktiven Aufwand bzw. die Verwendung voller hochwertiger Plattenmaterialien als Kern (z. B. zwei Tischlerplatten oder Spanplatten von jeweils ca. 24 mm mit dünnen Deckplatten 3–5 mm als Absperrung zusammen vollflächig verleimt).

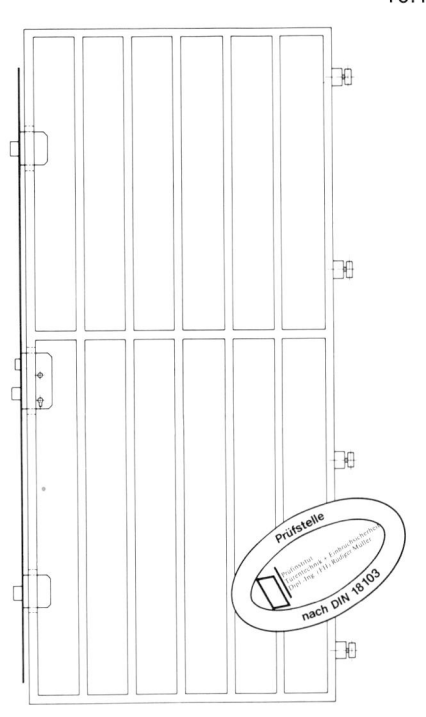

Abb. 10.4 Beispiel einer einbruchhemmenden Tür mit Wabeneinlage und einem zusätzlichen Metallgitter (Fa. Hovesta, Kruft)

Türblätter mit hohlzelligen Einlagen wie Papierwaben, PU-Schaum sind nur dann geeignet, wenn die Deckplatten entweder eine Dicke von mindestens 10 mm aufweisen oder das Türblatt mit einem einliegenden Gitter versehen ist (vgl. Abb. 10.4).

10.2 Türumrahmung

Die Türumrahmung (bzw. Türstock/Blendrahmen/Türfutter/Türzarge usw.) weist die geringsten Probleme auf, wenn es darum geht, ein einbruchhemmendes Türelement zu konstruieren.

Wichtig ist, daß alle bei der Prüfung auftretenden Belastungen an den Schrauben derart abgeleitet werden, daß diese auf Auszug belastet werden. Dies ist besonders an den Schließblechbefestigungsschrauben wichtig. So tragen die im Falz eingebrachten Schrauben nicht zur Erhöhung der Festigkeit bei; sie führen im Gegenteil sehr oft dazu, daß das Massivholz gespalten und dadurch auch die senkrecht zum Falz gehende Schließblechverschraubung unwirksam wird (vgl. Abb. 10.5).

Ab ET 3 empfiehlt sich eine Lamellierung mit Kunststoffen oder Multiplex bzw. Delignit Panzerholz.

10 Einbruchschutz

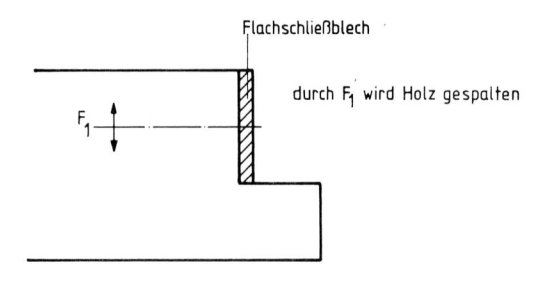

a) Flachschließblech (ungünstig, nicht zu empfehlen)

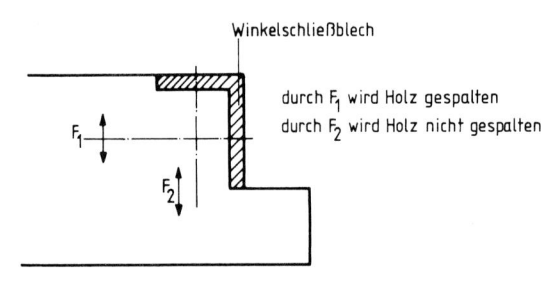

durch F_1 wird Holz gespalten

b) Winkelschließblech (günstiger)

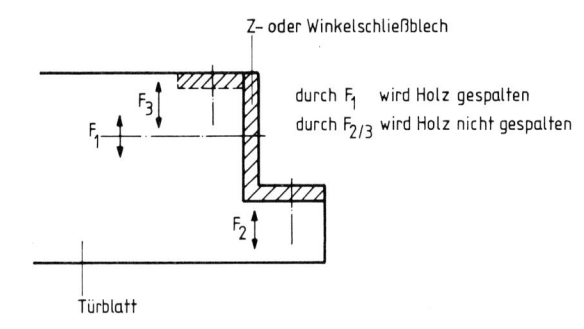

durch F_1 wird Holz gespalten
durch F_2 wird Holz nicht gespalten

c) Z- oder Winkelschließblech (zu empfehlen)

durch F_1 wird Holz gespalten
durch $F_{2/3}$ wird Holz nicht gespalten

Abb. 10.5 Schließbleche in Massivholzrahmen

10.3 Beschläge

Die Wahl eines ausreichenden einbruchhemmenden Beschlages ist sowohl für den Konstrukteur als auch für den Schreiner und Türenbauer kein Problem. Die Hersteller bieten eine breite Palette unterschiedlicher Beschlagtypen an. Schwieriger ist die Auswahl der richtigen Befestigung, wie die vielen negativen Prüfergebnisse zeigen.

10.3.1 Bänder

Bei Einbohrbändern ist Massivholz ab der Widerstandsklasse ET 2 überfordert. Die wirkenden Kräfte konzentrieren sich in wenigen Punkten. Es wird daher eine Verstärkung notwendig, die das Holz vor dem Aufspalten schützt.

Für einbruchhemmende Türen werden Lappenbänder bevorzugt, da sich die Kräfte auf mehrere Befestigungspunkte aufteilen. Aber auch bei Lappenbändern ist eine sehr gewissenhafte Befestigung vorzunehmen. Bei einer nicht winkeligen Befestigung treten Biegemomente auf, die zum Verbiegen des Bandlappens und zum Überschreiten des Verformungsgrenzwertes führen können.

Bei Verwendung von Lappenbändern mit Tragzapfen, die bei richtiger Befestigung eine Stabilisierung sein können, muß ähnlich wie bei Einbohrbändern auch mit dem Spalten des Holzes gerechnet werden.

Wie aus Abb. 10.6 ersichtlich ist, werden bei Lappenbändern die Befestigungsschrauben auf Biegezug belastet und die Einbohrbänder auf Biegung. Beim Einbohrband kommt es daher zum Aufspalten des Überschlages. Es ist sinnvoll, bei Einbohrbändern mit mehreren Bolzen zu arbeiten, also mehrteilige Einbohrbänder zu verwenden. Werden Einbohrbänder in Materialien eingedreht, die einem hohen Lochleibungsdruck standhalten, z. B. Schichtholz oder Stahl (vgl. Abb. 10.4), so können auch zwei- oder dreiteilige Einbohrbänder verwendet werden. Der Bandstift selbst muß eine ausreichende Dicke aufweisen, so daß nur schwere Einbohrbänder Verwendung finden sollten. Der zur Verstärkung der Einbohrbänder vorgesehene Laminat-Werkstoff sollte so weit wie möglich – am günstigsten noch im Überschlag – nach außen reichen. Je weiter dieser von der Belastungskante entfernt ist, desto weniger ist die unterstützende Wirkung erkennbar.

10.3.2 Hintergriffe (Bandsicherung)

Hintergriffe – auch Hinterhaken genannt – haben die Aufgabe, bei geschlossener Tür die Bandseite zusätzlich gegen mechanische Belastungen zu verstärken. Sie funktionieren nach dem Prinzip, daß Bolzen, Keile, Haken usw. ineinandergreifen, sobald das Türblatt geschlossen ist. Bandsicherungen hingegen verhindern ein Herausschlagen des Bandstiftes.

Bei nach außen aufgehenden Türen sind neben der Bandbolzensicherung noch zusätzlich Hintergriffe erforderlich. Werden Hintergriffe angebracht, so ist zu berücksichtigen, daß diese so nahe wie möglich an die Bänder geführt werden. Wegen der unausbleiblich auftretenden zumindest geringen Verformungen des Türblattes sollten Hintergriffe im Eingriffsbereich genügend Spielraum aufweisen. Funktionsstörungen wären sonst schon vorprogrammiert. Wichtig ist, daß die Hintergriffe ausreichend tief in das Konterprofil eingreifen. Es empfiehlt sich, die Hintergriffe so auszubilden, daß das Türblatt nicht horizontal zur Bandseite verschoben werden kann.

10.3 Beschläge

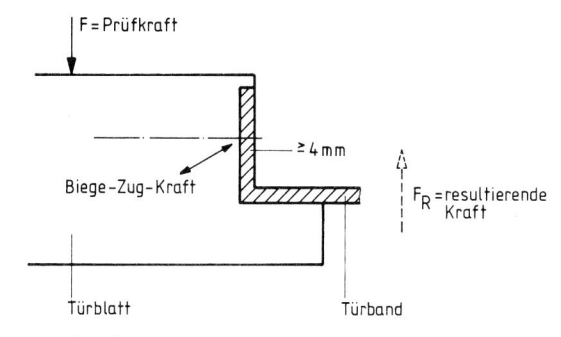

a) Lappenband

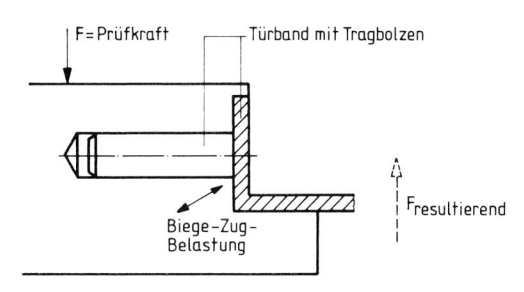

b) Lappenband mit Tragbolzen

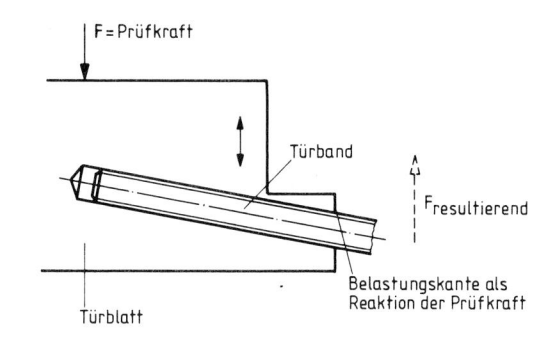

c) Einbohrband

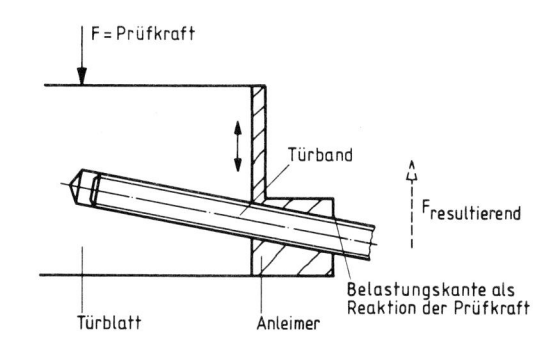

d) Einbohrband mit lamelliertem Werkstoff

Abb. 10.6 Lappen- und Einbohrbänder

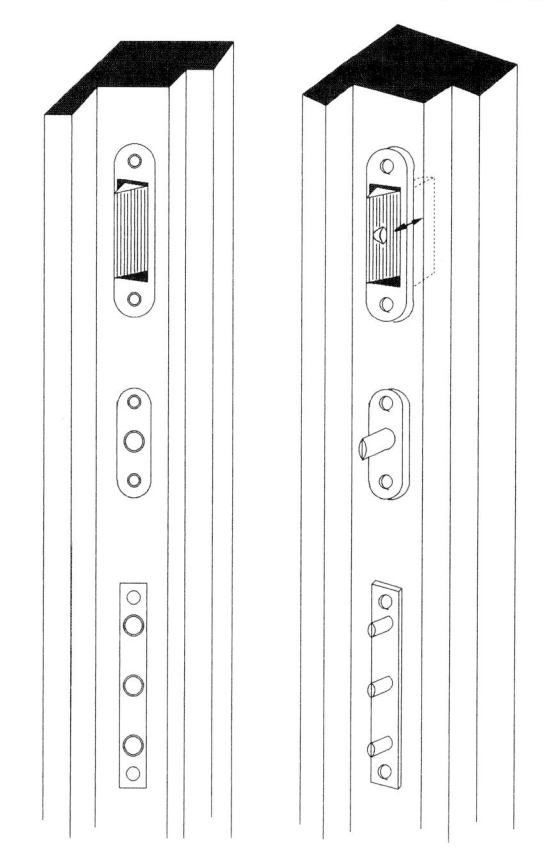

Abb. 10.7 Diverse Hintergriffe (Hinterhaken)

10.3.3 Schloß

Bei der Wahl eines Schlosses ist zu unterscheiden zwischen Hauptschloß bzw. Einfachverriegelungsschloß und Mehrfachverriegelungsschloß. Wesentliche Punkte sollen nachfolgend näher erläutert werden.

Hauptschloß bzw. Einfachverriegelung
Geeignet sind im wesentlichen alle Schlösser, die DIN 18251, Klasse 3 erfüllen oder mindestens gleichwertigen Belastungen standhalten. Die Schlösser können als Zylinderschloß oder als Zuhaltungsschloß mit mindestens 6 symmetrischen oder asymmetrischen Zuhaltungen ausgeführt sein.

Wichtig ist, daß ausreichend dimensionierte Befestigungsschrauben (Durchmesser mind. 5,0 mm; Länge mind. 45 mm) verwendet werden. Leider sind für diese Schraubengröße meist die Aussenkungen an der Stulpe zu gering. Schlösser mit Fallensperre sind günstiger, da sie die Belastung gleichmäßiger auf die Stulpe und das Schließblech übertragen.

10 Einbruchschutz

Sind die Türblätter nicht mit Holzwerkstoffen hoher Festigkeit oder Stahl ausgesteift, so empfiehlt sich, Schlösser mit verlängerter Stulpe und doppelter Verschraubung zu nehmen.

Nachteilig ist, daß die Türblätter sehr dick sein müssen, um bei der Belastung der freien Türblattecke noch innerhalb des in DIN 18103 festgelegten Grenzwertes zu liegen.

Mehrfachschloß bzw. Mehrfachverriegelung
Ein Mehrfachschloß ist im allgemeinen ein Schloß mit mehreren Sperriegeln. Ein etwa mittig angebrachter Sperriegel ist mit der Falle dem Hauptschloß gleichzusetzen. Die weiteren „Sperriegel" sind Riegel, Schwenkriegel oder Bolzen. Die Bolzen können als Einfach- oder Doppelbolzen mit unterschiedlicher Ausschublänge und Bolzendicke ausgebildet sein. Je länger der Riegel- bzw. Bolzeneingriff, desto schwieriger kann die Türebene durch Werkzeugangriff überwunden werden.

Im Hinblick auf die Einbruchhemmung stellt jede Mehrfachverriegelung bei ausreichendem Riegeleingriff von mind. 15 mm einen höherwertigen Schutz dar als eine Einfachverriegelung. Daher ist dem Mehrfachverriegelungsschloß der Vorzug zu geben.

Eine weitere Art der Mehrfachverriegelung wäre der Einsatz mehrerer einzelner Schlösser. Diese Version ist allerdings zumindest bei Haustüren aus Holz und Holzwerkstoffen nicht üblich.

Riegelschlösser/Kastenschlösser
Diese Schlösser, die nachträglich auf das Türblatt aufgeschraubt werden, sollen nicht unerwähnt bleiben, da sie bei der Nachrüstung von Bedeutung sind.

Bei ihnen kommt der Befestigung wesentliche Bedeutung zu. Meist sind die mitgelieferten Befestigungsschrauben zu kurz oder zu dünn. Für Keller- und/oder Nebeneingangstüren ist das Anbringen von stabilen Riegel- bzw. Kastenschlössern eine durchaus brauchbare Lösung zur Verbesserung der Einbruchhemmung, handelt es sich doch bei dieser Art von Türelementen um meist sehr stabile Türblätter.

Für ET 1 ist es ausreichend, wenn nur ein Hauptschloß eingesetzt wird. Verschraubung der Stulpe mit Schrauben 4,8 × 50 mm nach DIN 7982.

Für ET 2 ist es allgemein sinnvoller und auch wirtschaftlich vertretbar, eine Mehrfachverriegelung einzusetzen.

Bei der Widerstandsklasse ET 3 ist eine Mehrfachverriegelung notwendig, da neben dem Hauptschloß mindestens eine weitere Verriegelung mit mind. 15 mm Riegeleingriff vorhanden sein muß.

10.3.4 Schließblech

Wie schon bei den Türbändern und Schlössern sollen auch bei Schließblechen die auftretenden Belastungen großflächig in den Blendrahmen eingeleitet werden. Hierfür eignen sich z. B. Winkelschließbleche, Z-Schließbleche oder Schließbleche mit Gegenhalteplatten bzw. winklig angeordneten Spreizschrauben.

Auch Flachschließbleche sind bei einer Dicke von mind. 3 mm durchaus verwendbar, problematisch wird allerdings die Befestigung in der Zarge. Es trifft allerdings nicht zu, daß nur Winkelschließbleche von mind. 3 mm Dicke und 300 bis 500 mm Länge geeignet wären [19]. Allein die Verwendung eines solchen Schließbleches führt noch nicht zu einem einbruchhemmenden Türelement.

Die Befestigung ist neben der ausreichenden Stabilität eines Schließbleches der wichtigste Punkt. Lösungen gibt es auch durch Zuhilfenahme von Gegenplatten (z. B. Winkeleisen), die seitlich in den Blendrahmen eingeschlitzt sind und mit dem Schließblech ausreichend verbunden werden (Abb. 10.8). Man kann auch mit Spreizstiften oder Mauerankern arbeiten, wobei die Stifte gegen Verbiegung geschützt sein müssen (Abb. 10.9). Auch die Verwendung langer Schließbleche mit vielen Schrauben ist denkbar; die Schrauben dürfen jedoch keine Spaltwirkung ausüben, sie sollten daher versetzt mit genügend weitem Abstand zueinander angebracht werden.

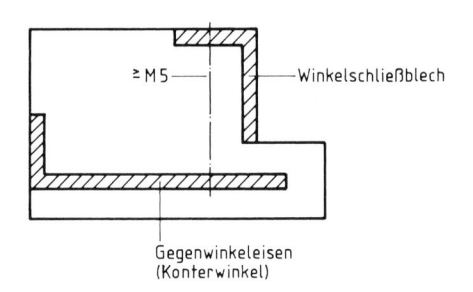

Abb. 10.8 Schließblech mit Gegenplatte

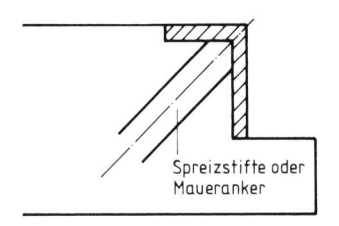

Abb. 10.9 Schließblech mit Spreizstiften bzw. Maueranker

10.3 Beschläge

10.3.5 Sicherheitstürschild/Schutzbeschlag

Der Sicherheitsbeschlag hat die Aufgabe, auf der Angriffseite (meist Außenseite) einer Tür ein gewaltsames Entfernen oder mechanisches Zerstören des Schließzylinders zu behindern und zusätzlich den Tourenstift des Schlosses zu schützen.

Er hat außerdem insbesondere bei Türblättern aus Holz und/oder Holzwerkstoffen die Aufgabe, das Türblatt im Schloßbereich gegen Aufspalten zu schützen.

Falsch ist allerdings die Annahme, daß der Sicherheitswert einer Tür durch die Verwendung von Sicherheitsbeschlägen wesentlich erhöht werde.

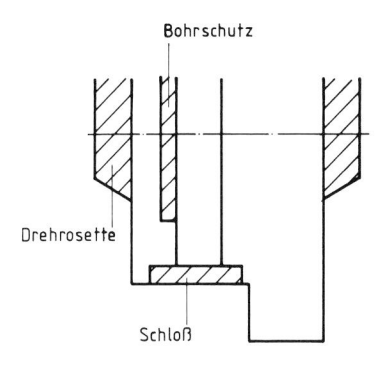

Abb. 10.11 Drehrosette mit Aufbohrschutz im Tourenstiftbereich des Schlosses

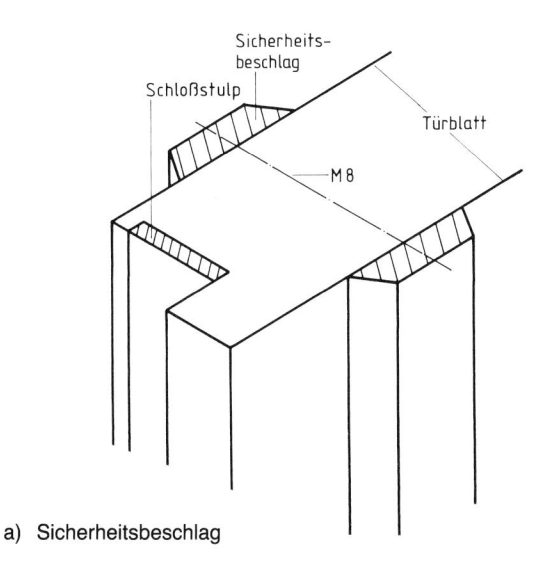

a) Sicherheitsbeschlag

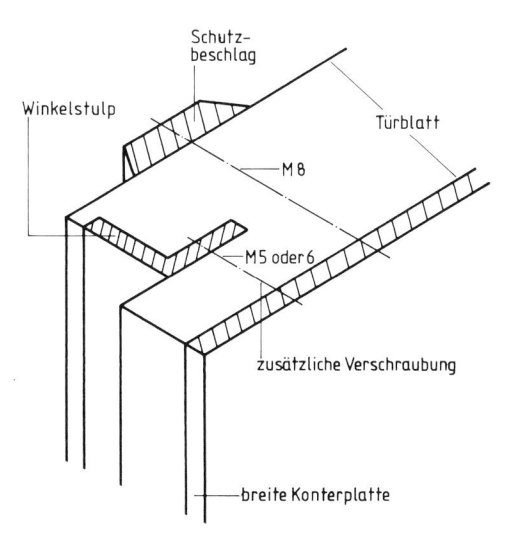

b) Sicherheitsbeschlag mit Winkelstulpschloß

Abb. 10.10 Sicherheitsbeschläge

Es wird kaum von einem anderen Produkt rund um das Türelement so viel optische Sicherheit vorgetäuscht wie von dem Sicherheitsbeschlag. Obwohl – wie Untersuchungen z. B. der Stiftung Warentest zeigten – durchaus sehr gute, gegen mechanische Angriffe widerstandsfähige Beschläge auf dem Markt sind, macht ein Sicherheitsbeschlag aus einem unzureichend stabilen Türblatt oder einem Türblatt mit unzureichender Schließblechfestigkeit noch keine einbruchhemmende Tür nach DIN V 18103!

Als Faustregel gilt: Je geringer die Widerstandsfähigkeit des Türblattes im Stulpbereich ist, desto stabiler soll der Sicherheitsbeschlag sein. Bei DIN V 18103 Türelementen muß ein nach DIN 18257 geprüfter Schutzbeschlag verwendet werden.

Im ungünstigsten Fall wird ein Schutzbeschlag empfohlen, der zusätzlich von der Angriffgegenseite mit der Schloßstulpe (Winkelstulpschloß) bzw. Schloßkasten verschraubt ist.

Beim Einsatz von Sicherheitsrosetten ist der Schloßkasten im Bereich des Tourenstiftes gegen Aufbohren zu schützen. Um das Abdrehen der Rosette zu verhindern, wird empfohlen, drehbare Rosetten zu verwenden (vgl. Abb. 10.11).

10.3.6 Schließzylinder

Als Schließzylinder wird nur das Eingerichtete bezeichnet, als Zylinderschloß das gesamte System (Schloß – mit Riegel, mit oder ohne Falle – einschließlich des Rund-, Oval- oder Profilzylinders).

Der Schließzylinder, gleich welcher Gehäuseform, stellt gerade bei höherwertigeren Türelementen die Schwachstelle dar. Trotz Aufbohrschutz, Überdeckung mit Hilfe des Sicherheitsbeschlages und sonstiger Raffinessen ist er wegen der notwendigen Zugänglichkeit des Schlüsselkanales mechanisch angreifbar.

10 Einbruchschutz

Der Vorteil der Zylinder-Schließsysteme liegt in der hohen Zahl von Kombinationen und am relativ bequem zu handhabenden Schlüssel.

Um die Beschaffung von Nachschlüsseln zumindest zu erschweren, ist eine lückenlose Kontrolle der vorhandenen Schlüssel von größter Wichtigkeit. Es empfiehlt sich, Schließzylinder mit hinterlegtem Sicherungsschein einzubauen, da diese auch von Schlüsseldiensten nicht kopiert werden dürfen. Ersatzschlüssel werden nur vom Hersteller und nur gegen Unterschrift des registrierten Besitzers angefertigt.

Für einbruchhemmende Türelemente nach DIN V 18103 dürfen nur Schließzylinder nach DIN V 18254 Klasse 2 bzw. 3 entsprechend der erreichten Widerstandsklasse ET 1/2 oder 3 eingesetzt werden (siehe Tabelle 10.3).

10.4 Ausfachung/Füllung

Bei Füllungstüren kommt es nicht selten vor, daß die Füllungen gewaltsam herausgeschlagen oder eingedrückt werden. Die Widerstandsfähigkeit dieser Türen ist entscheidend abhängig von der Stabilität der Füllung und ihrer Befestigung.

Die Füllungen sind entweder vor dem Zusammenbau der Rahmen eingeschoben worden oder werden in Falze eingelegt und mit Halteleisten festgehalten. Die Halteleisten müssen auf der Angriffgegenseite liegen. Sollte es notwendig sein, Leisten auch auf der Angriffseite anzubringen, so sind sie so zu befestigen (z. B. durch Verleimen), daß sie nur noch unter großer Gewaltanwendung entfernt werden können. Für die Widerstandsklasse ET 1 reicht allgemein ein Verleimen aus; bei ET 2 und ET 3 muß mit Stahl oder Kunststoffen lamelliert werden. Die angriffgegenseitigen Halteleisten sind zu verschrauben.

Die Füllungen bestehen überwiegend aus Holz, Holzwerkstoffen oder Glas. Sehr oft handelt es sich um Sandwichkonstruktionen mit einem dazwischenliegendem Isolierkern und/oder Stahlblechplatte.

Nach DIN V 18103 sind sowohl die Befestigungssysteme als auch die Füllungen zu prüfen.

Die Halteleisten sind so zu befestigen, daß sie bei einer statischen Last (s. Tabelle 10.3) um nicht mehr als 8 mm bezogen auf das Türblatt nachgeben. Die Schrauben sind ausreichend tief einzubringen, sollten einen Durchmesser von mind. 4,5 mm aufweisen und in einem Abstand von ca. 200 mm angeordnet sein. Denkbar ist auch die Befestigung der Füllungen mit Hilfe von Flach- bzw. Winkelstahl, entweder auf ganzer Länge durchgehend oder abschnittsweise.

Generell müssen Ausfachungen – auch wenn es sich nicht um Glas gemäß Definition von DIN 52290 Teil 1 handelt – den Anforderungen nach DIN 52290 Teil 3 für ET 2 und ET 3 sowie Teil 4 für ET 1 entsprechen (siehe Tabelle 10.3). Die erreichte Widerstandsklasse A 3/B 1/2 oder 3 ist durch Prüfung nachzuweisen. In Tabelle 10.6 sind einige typische Füllungsmaterialien zusammengestellt.

Bei Füllungen aus Glas ist die Gewichtszunahme nicht unerheblich und bei der Bandauswahl zu berücksichtigen (siehe Tabelle 10.7).

10.5 Montage

Der Einbau einbruchhemmender Türelemente bedarf besonderer Sorgfalt. Die Befestigungsanker müssen ausreichend dimensioniert sein. Eine größere Verformung der Zarge oder des Türstockes in Richtung Mauerwerk darf nicht möglich sein.

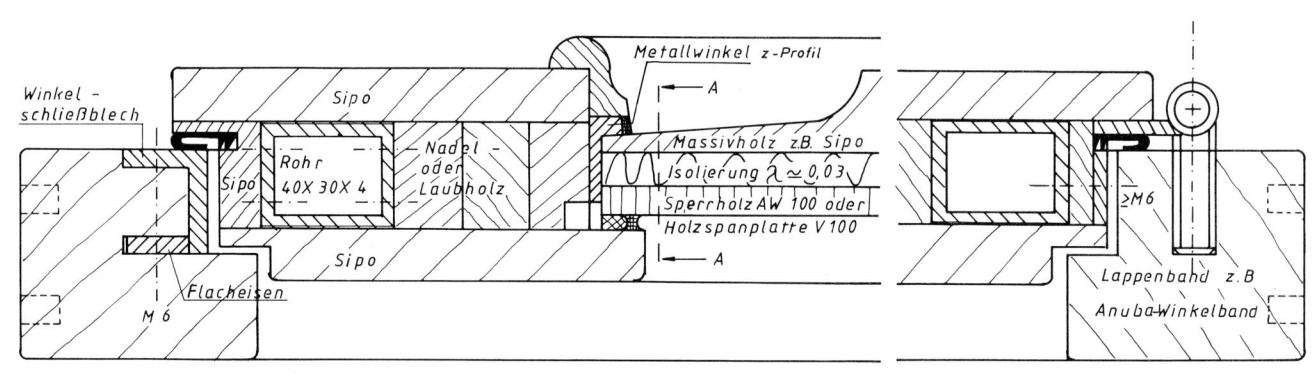

Abb. 10.12 Beispiel einer Haustür in Rahmenbauweise (Holzart Sipo-Mahagoni) in einbruchhemmender Ausführung mit eingesetzter wärmedämmender Füllung

Tabelle 10.6 Zuordnung von Füllungen in die Widerstandsklassen nach DIN 52290 Teile 3 und 4

Aufbau	Durchwurfhemmung DIN 52290 T 4 (Dicke mm)			Durchbruchhemmung DIN 52290 T 3 (Dicke mm)		
	A 1	A 2	A 3	B 1	B 2	B 3
Furnierplatte Multiplex	12	18	/	/	/	24
Tischlerplatte STAE	16	22	25	25	/	/
Mitteldichte Faserplatte MDF	19	30	32	32	/	/
Spanplatte FPY	16	25	28	/	/	/
Delignit Panzerholz	< 10	< 10	10	10	15	15
Resopal	/	/	/	/	/	28
STAE 16/16/16 mm PUR 20/20/20 mm FPY 4/9/13 mm	40	45	49	49	/	/
Resopal 3 mm PUR 45 mm Resopal 3 mm	51	/	/	/	/	/
Furnierplatte 8 mm Styropor 20 mm FPY 13 mm	/	41	/	/	/	/
Sperrholz 5 mm Papierwabe 43 mm Sperrholz 5 mm	/	53	/	/	/	/
STAE 13 mm Styropor 20 mm MDF 8 mm	/	41	/	/	/	/
MDF 8/12 mm Styropor 20/20 mm MDF 8/8 mm	36	44	/	/	/	/
Stahlblech	/	/	0,5	1,5	2,0	3,0
Aluminiumblech	/	/	0,5	3,0	5,0	5,0

/ = nicht geprüft

Anmerkung:
Für einbruchhemmende Türen können diese Aufbauten bis ET 2 ohne prüftechnischen Nachweis eingesetzt werden.
Bei handelsüblichen Füllungen ist ein Nachweis durch Prüfzeugnis einer DIN zugelassenen Prüfstelle zu verlangen.

Der Einbau einbruchhemmender Türelemente ist jeweils der baulichen Situation anzupassen. Er wird jedoch in vielen Fällen nicht vom Hersteller vorgenommen. Jedes auszuliefernde Türelement muß daher mit einer Einbauanleitung versehen werden. Die Überprüfung der Einbauanleitung ist Bestandteil einer Einbruchprüfung nach DIN V 18103; die Anleitung muß u. a. folgende Punkte enthalten:

10.6 Systemgeprüfte einbruchhemmende Türelemente

– Angaben des Herstellers über Mindestanforderungen an die umgebenden Wandbauteile (siehe Tabelle 10.8);
– Angaben der notwendigen Befestigungspunkte sowie genaue Bezeichnung der Befestigungsmittel;
– Hinweis auf die besonders gut zu befestigenden Punkte im Verriegelungs- und Bandbereich;
– Hinweis auf die notwendige druckfeste Hinterfütterung des Hohlraumes zwischen Wand und Türzarge, z. B. im Verriegelungs- und Bandbereich;
– Hinweis auf den einzuhaltenden Luftspalt („Kammermaß") zwischen Türflügel und Türzarge im Zargenfalz;
– Hinweis auf bündigen Abschluß des Schließzylinders im Außenschild, wenn vorhanden (siehe auch DIN V 18254 und DIN 18257);
– Hinweis, daß durch die Montage der volle Riegeleingriff in die Schließlöcher sichergestellt ist.

Für Nachrüst-Türelemente muß die Einbauanleitung zusätzlich noch enthalten:

– Details, die bei sorgfältiger Nachprüfung der bestehenden Zarge (Blendrahmen) auf Eignung für das vorgesehene Nachrüst-Türelement besonders zu beachten sind;
– Maße und Grenzabmaße für an der bestehenden Zarge vorzunehmenden notwendigen Aussparungen bzw. Bohrungen;
– verbleibende Mindeststeghöhe bei Riegel- bzw. Bolzenausnehmungen an den Verriegelungen;
– Befestigungsart und Angabe zulässiger Mindestabweichungen, wenn Verstärkungselemente zusätzlich angebracht werden;
– Werkstoff und Maße sämtlicher zusätzlich an der Umrahmung zu befestigenden Bauteile.

Der Einbau der einbruchhemmenden Tür hat nach der Einbauanleitung des Herstellers zu erfolgen. Der fachgerechte Einbau muß dem Auftraggeber (z. B. Bauherrn) von der ausführenden Fachfirma, gegebenenfalls vom Hersteller, bestätigt werden. Hierfür ist die Werksbescheinigung und Montagebescheinigung des Herstellers zu verwenden, die den Anhängen A und B nach DIN V 18103 entsprechen müssen.

10.6 Systemgeprüfte einbruchhemmende Türelemente nach DIN V 18103

Es kommt immer wieder vor, daß von der ausschreibenden Stelle einbruchhemmende Türen nach DIN V 18103 gefordert werden. Dazu genügt es keineswegs, in eine Haustür z. B. sogenannte einbruchhemmende Beschläge einzubauen; um die in der Ausschreibung genannten Forderungen zu erfüllen, müßte, da Konstruktionsnormen fehlen, für jede Tür ein Prüfnachweis erfolgen.

10 Einbruchschutz

Tabelle 10.7 Flächengewichte und Dicken durchwurf- und durchbruchhemmender Verglasungssysteme in Abhängigkeit von der Widerstandsklasse

Widerstandsklasse einbruchhemmender Türen nach DIN V 18103	Einzusetzende Verglasung Klasse	Flächengewicht (kg/m²)		Dicke (mm)	
		einschalig	Isolierglasversion	einschalig	Isolierglasversion
ET 1	Öffnung < 250 x 400 mm A 3 nach DIN 52290 T 4	23	33	11	27
ET 1	B 1 nach DIN 52290 T 3	45 25*)	57 35*)	18 13*)	31 25*)
ET 2	B 2 nach DIN 52290 T 3	62	74	26	38
ET 3	B 3 nach DIN 52290 T 3	79 32*)	89 42*)	33 19*)	45 31*)

*) Poly-Carbonat-Verbundsysteme

Tabelle 10.8 Zuordnung der Widerstandsklassen der einbruchhemmenden Türen zu Wänden und durchbruchhemmenden Verglasungen

Widerstandsklasse der einbruchhemmenden Tür	Umgebende Wände				
	aus Mauerwerk nach DIN 1053 Teil 1			aus Stahlbeton nach DIN 1045	
	Nenndicke mm min.	Druckfestigkeitsklasse der Steine	Mörtelgruppe min.	Nenndicke mm min.	Festigkeitsklasse min.
ET 1	≥ 115	≥ 12	II	≥ 100	B 15
ET 2	≥ 115	≥ 12	II	≥ 120	B 15
ET 3	≥ 240	≥ 12	II	≥ 140	B 15

Man kann eine solche Prüfung selbst an einem Prototyp durchführen lassen. Es können aber auch Türelemente verwendet werden, für die bereits ein prüftechnischer Nachweis vorliegt. Listen geprüfter Türelemente mit Herstellernachweis werden von anerkannten Prüfstellen erarbeitet und herausgegeben. Diese Prüfstellen sind zu erfragen bei der Deutschen Gesellschaft für Warenkennzeichnung (DGWK) GmbH, 10787 Berlin, Burggrafenstr. 4–10 bzw. dem NA-Bau, Berlin.

Des weiteren können bei der Herstellung einbruchhemmender Türelemente Systeme verwendet werden, für die als Ganzes bereits ein Prüfnachweis vorhanden ist. So gelten z. B. Türelemente mit einem vollen Kern aus Delignit Panzerholz® oder einem Rohling mit Stahlrahmen bis zu den in den Prüfzeugnissen aufgeführten Türblattgrößen als einbruchhemmend, wenn sie die dort genannten Konstruktionsmerkmale und Beschläge aufweisen. (Hersteller: Haustüren-Ring; Hovesta.)

Als weitere Möglichkeit läßt sich als Basis-Türblatt das Quadra-Port-Modul verwenden. Hierbei handelt es sich um eine Stahlblech-Grundkonstruktion mit integriertem Mehrfachverriegelungs-Schloß System Multilock. Dieses Basistürblatt kann mit geeigneten Aufhängevorrichtungen (z. B. TROXI-Verbinder) individuell verkleidet werden. Gerade das Handwerk sollte allgemein gültige Grundkonstruktionen erarbeiten, um so Prüfkosten zu reduzieren.

10.7 Sanierung und Nachrüstung

10.7.1 Nachrüstung gemäß DIN V 18103

Generell ist es nicht möglich, durch Nachrüsten eine einbruchhemmende Tür nach DIN V 18103 herzustellen. Ausnahmen bestehen dann, wenn z. B. an vorhandenen Stahl- oder Holzzargen durch Austausch der Türblätter das Türelement derart umgerüstet wird, wie dies an einem kompletten nach DIN V 18103 überprüften Türelement der Fall war. Hierbei wird das Anschlagen des Türblattes von der Werkstatt auf die Baustelle verlagert. Prüftechnisch nachgewiesene Systeme sind auf dem Markt erhältlich [20].

10.7 Sanierung und Nachrüstung

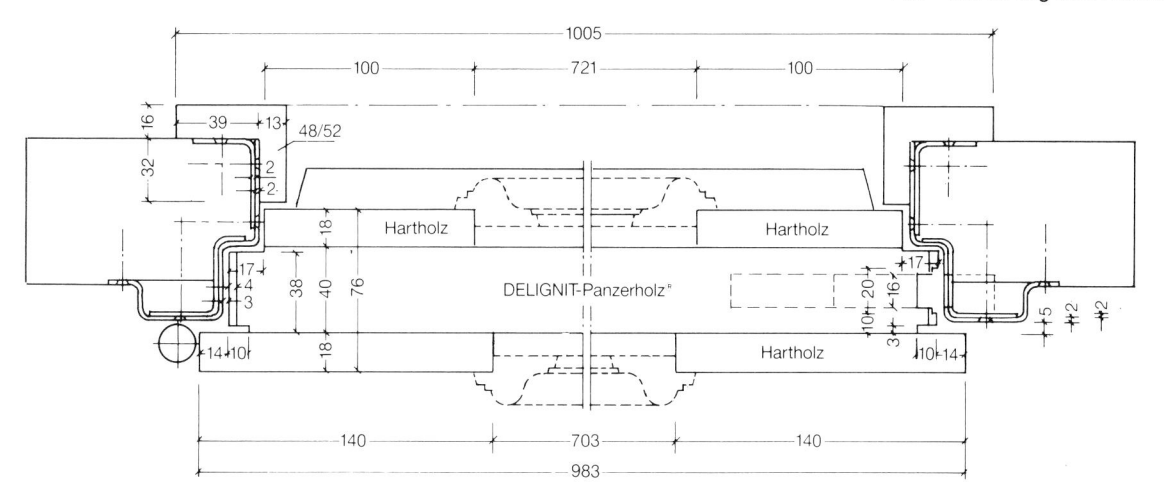

a) Türblatt mit aufgesetzten Füllungen und Blendrahmen mit Stahlzargenummantelung

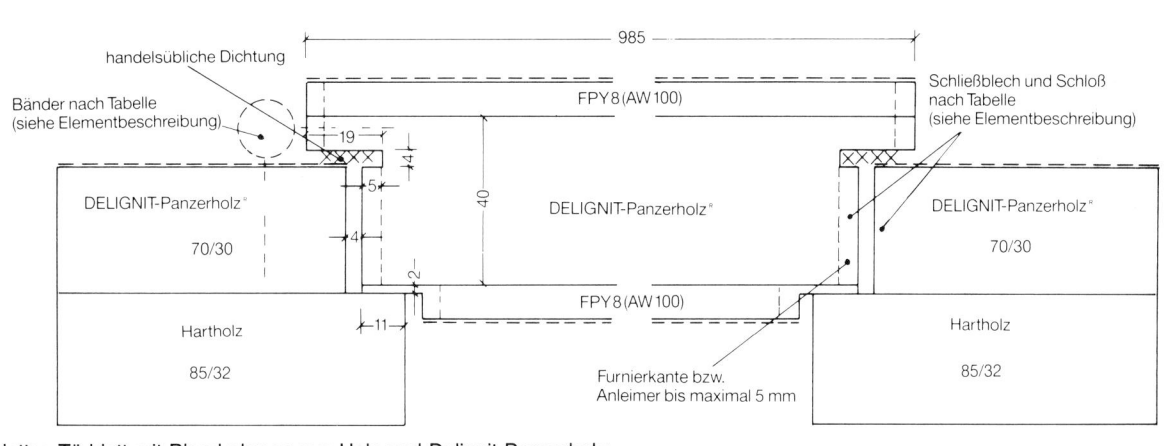

b) glattes Türblatt mit Blendrahmen aus Holz und Delignit-Panzerholz

Abb. 10.13 Türelement aus Delignit-Panzerholz®

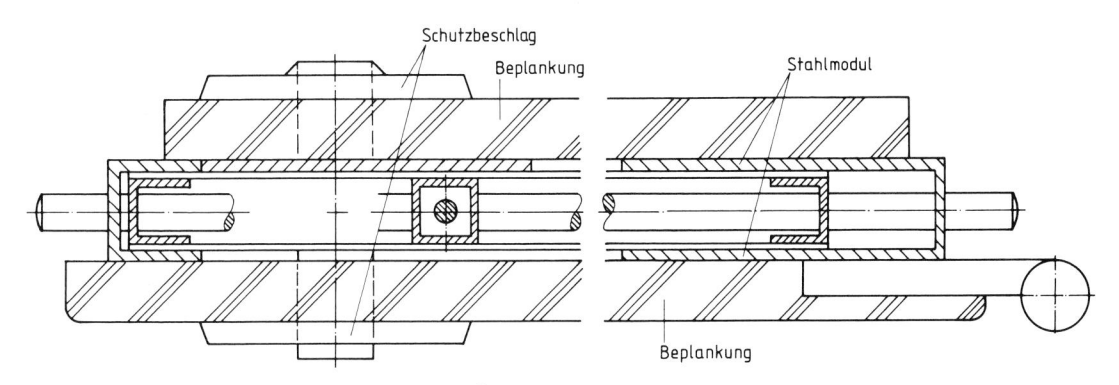

Abb. 10.14 Türblatt mit dem Stahlsicherheitskern Quadraport®-Modul

10 Einbruchschutz

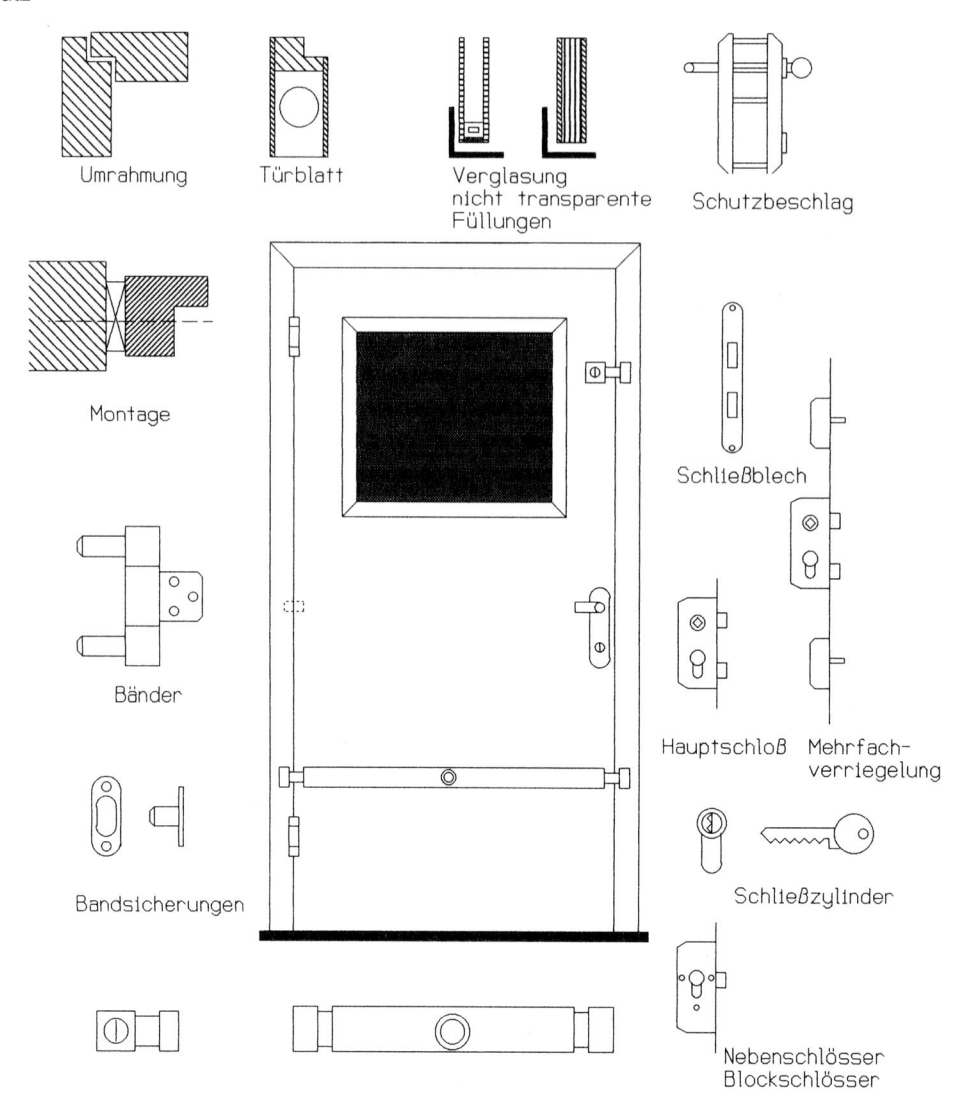

Abb. 10.15 Möglichkeiten zur Verbesserung der mechanischen Einbruchhemmung [47]

Eine weitere Möglichkeit besteht durch Ummantelung der vorhandenen Stahl- oder Holzzargen bzw. Aufmontieren eines neuen Türelements auf den Blendrahmen. Auch hierfür sind prüftechnisch nachgewiesene Systeme ebenfalls auf dem Markt erhältlich [20].

10.7.2 Nachrüstung durch Anbringen von Sicherungselementen

Wird eine Nachrüstung an Haustüren derart vorgenommen, daß nicht das gesamte Türblatt oder Türelement ausgetauscht wird, so liegen hierfür keine Normungsgrundlagen vor. Dies veranlaßte das Prüfinstitut Türentechnik + Einbruchsicherheit, eine Richtlinie zu erstellen (s. Kapitel 20 NORMENVERZEICHNIS), die diesen Bereich prüftechnisch abdeckt (siehe Abb. 10.15).

Wichtig ist, daß die so geprüften Produkte fachgerecht montiert werden. Hierbei sind vor allem Handwerksbetriebe und mechanische Errichterfirmen aufgefordert, sich die vom „Institut für verbraucherrelevanten Einbruchschutz e. V." (ive) erarbeitete Arbeitsgrundlage zunutze zu machen.

11 Wärmeschutz

11.1 Anforderungen

In den letzten Jahren wurde ein verstärktes Gewicht auf den Wärmeschutz im Hochbau gelegt. Doch für Haustüren gibt es nur wenige entsprechende Bestimmungen.

Derzeit gültig sind DIN 4108 „Wärmeschutz im Hochbau" (Teil 2 Anforderungen und Hinweise; Teil 4 Rechenwerte; Teil 5 Berechnungsverfahren), in Kraft seit März 1982, und die Wärmeschutzverordnung, in Kraft seit Januar 1984. Während sich DIN 4108 über Anforderungen an Haustüren ausschweigt, sind in der neuesten Ausgabe der Wärmeschutzverordnung (WVO) Anforderungen an Haustüren gestellt, die aber vieles offenlassen (vgl. Tab. 11.1).

Die einzige nennenswerte Anforderung aus der WVO in bezug auf Haustüren lautet, daß bei einem Glasflächenanteil von über 10% Doppel- oder Isolierverglasung erforderlich ist. Bei einer Haustür mit einem Türflügel der Größe 1 x 2 m wäre dies ab einer Lichtausschnittsfläche von 2 000 cm² der Fall. Abb. 11.1 zeigt beispielhaft, daß schon bei relativ geringen Lichtausschnittflächen Doppel- bzw. Isolierverglasungen erforderlich werden. Es ist daher zu empfehlen, generell diese Verglasungsart schon bei der Angebotsabgabe zu berücksichtigen. Seit Anfang 1992 wird die WVO überarbeitet; es ist noch nicht absehbar, inwieweit Haustüren einbezogen werden. Der Anwender (Architekt, Schreiner usw.) sollte dies berücksichtigen und rechtzeitig den Inhalt einer dann in Kraft getretenen WVO auf Anforderung für Haustüren überprüfen.

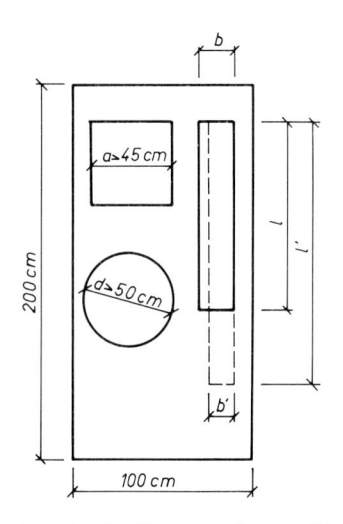

Abb. 11.1 Beispiele für Glasflächenanteil von 10%

Tab. 11.1 Anforderungen an Haustüren mit Glasanteil nach der WVO

Lage	Gesamtfläche	Glasflächenanteil	Anforderungen Ausführung	Anforderungen Rechenwert	Anforderungen festgelegt in	Anforderungen an Fugen gestellt in WSV
1	2	3	4	5	6	7
vor beheizten Räumen in Gebäuden mit normalen Innentemperaturen Abschnitt 1 Abschnitt 3 Abschnitt 4	bis 5 m²	0–10%	keine	kw	Anlage 1, Ziffer 1.3.2 Satz 1	keine
		über 10%	Doppel- oder Isolierverglasung	k_F gem. DIN 4108 Teil 4, Tabelle 3	Anlage 1, Ziff. 1.3.2 Abs. 2	keine
	über 5 m²	0	keine	$k_F = 5.2$	Anlage 1, Ziffer 1.3.2 Satz 2	keine
		über 10%	Doppel- oder Isolierverglasung	k_F gem. DIN 4108 Teil 4, Tabelle 3	Anlage 1, Ziff. 1.3.2 Abs. 2	keine
vor beheizten Räumen in Gebäuden mit niedrigen Innentemperaturen Abschnitt 2	–	–	keine	keine	–	keine
vor unbeheizten Räumen in Gebäuden in mit normalen bzw. niedrigen Innentemperaturen	–	–	keine	keine	–	keine

11 Wärmeschutz

Geht man nun davon aus, daß die gleichen Anforderungen auch auf Türen mit nichttransparenten Füllungen übertragen werden können, so bedeutet das, daß auch die Füllung einen Mindest-k-Wert von 3,0 W/m²K (Isolierglas mit 12 mm LZR) erreichen muß, und zwar in dem Bereich der geringsten Dicke, der dem Außenklima ausgesetzt ist. Je nach Holzart werden unterschiedliche Dicken erforderlich (vgl. Abb. 11.2).

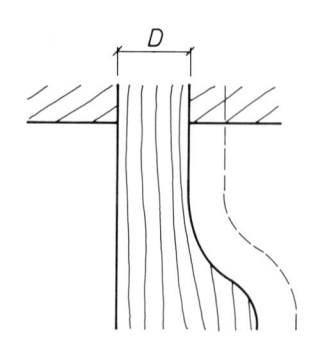

Abb. 11.2 Mindestdicke von abgeplatteten Füllungen aus Fichte oder Eiche, D ≥ 30 mm: Eiche, D ≥ 20 mm: Fichte

Obwohl keine weiteren Anforderungen im Hinblick auf den Wärmeschutz bestehen, ist es doch ratsam, sich mit der Frage des k-Wertes der zu erstellenden Haustür zu befassen. Dies gilt vor allem dann, wenn es sich um eine größere Haustüranlage handelt, die den Wohnbereich nach außen abschließt. Zudem ist es durchaus denkbar, daß Haustüren in die Gruppe Fenster und Fensterwände aufgenommen werden und für die Ausfachung (Füllung) je nach Flächengewicht ein k-Wert unter 1,0 W/m² K gefordert wird.

11.2 Ermittlung des k-Wertes

Die nachfolgenden Tabellen und Formeln sollen anhand von Beispielen helfen, schnell festzustellen, welcher k-Wert für die vorgesehene Konstruktion vorliegt oder ob der von der Ausschreibung verlangte k-Wert von der vorgesehenen oder vorgegebenen Konstruktion erreicht wird.

Grundlage für die Tabellen und Berechnungen ist DIN 4108, insbesondere Teil 4 und Teil 5.

11.2.1 Einschichtige Bauteile aus Holz oder Holzwerkstoff

Einschichtige Bauteile aus Holz oder Holzwerkstoffen haben überwiegend eine Wärmeleitzahl λ_R von 0,1–0,2 (W/m K) (vgl. Tab. 11.2). Mit den Angaben der Materialstärke S (mm) und der Wärmeleitzahl λ_R kann man den k-Wert direkt aus Tab. 11.3 ablesen. Zwischenwerte können hinreichend genau linear interpoliert werden.

So hat z. B. ein Bauteil aus Eichenholz (λ_R = 0,2 W/m K) von S = 50 mm Dicke einen k-Wert von 2,38 W/m² K und aus Fichte einen k-Wert von 1,8 W/m² K.

Tab. 11.2 Rechenwerte der Wärmeleitfähigkeit von Holz, Holzwerkstoffen und Dämmstoffen und der Wärmedurchlaßwiderstände von Luftschichten (nach DIN 4108, Teil 4, Tab. 1 und 2)

Stoffart[1])	Wärmeleitzahl λ_R (W/m K)
Holz	
Fichte, Tanne, Kiefer	0,13
Buche, Eiche, Iroko	0,20
Holzwerkstoffe	
Sperrholz nach DIN 68705 Teil 2 bis Teil 4 Tischlerplatte, etc.	0,15
Spanplatten Flachpreßplatten nach DIN 68761 und DIN 68763	0,13
Strangpreßplatten nach DIN 68764 Teil 1 (Vollplatten ohne Beplankung)	0,17
Holzfaserplatten Harte Holzfaserplatten nach DIN 68750 und DIN 68754 Teil 1	0,17
Poröse Holzfaserplatten nach DIN 68750	0,045
Bitumen-Holzfaserplatten nach DIN 68752	0,056
Dämmstoffe	
Korkdämmstoff	0,041
Polystyrol (PS) Hartschaum je nach Wärmeleitfähigkeitsgruppe	0,025 bis 0,040
Polyurethan (PUR) Hartschaum Wärmeleitfähigkeitsgruppe 020	0,020
Aluminium	200
Glas	0,80
Gummi	0,20
Luftschicht (eingeschlossen) Wärmedurchlaßwiderstand[2]) $\frac{1}{\Lambda}$ [m² K/W]	
Lotrecht[3]) 10 bis 20 mm Dicke	0,14
über 20 bis 50 mm Dicke	0,17

[1]) Es sind nur die gebräuchlichsten Stoffe aufgelistet. Weitere Werte sind der DIN 4108 Teil 4 Tabelle 1 zu entnehmen!

[2]) Bei eingeschlossener stehender Luftschicht (s. Beispiel Tauwasserbildung Papierwabe) wird an Stelle von λ mit $\frac{1}{\Lambda}$ gerechnet.

[3]) Bei Türen kommt nur der lotrechte Wert in Frage.

Tab. 11.3 k-Werte für einschichtige Bauteile aus Holz und Holzwerkstoffen von 4–100 mm Dicke

s / λ_R	4	6	8	10	12	14	16	18	20	25	30	35	40	45	50	55	60	65	70	80	90	100
0,10	(4,76)	4,35	4,00	3,70	3,45	3,23	3,03	2,86	2,70	2,38	2,13	1,92	1,75	1,61	1,49	1,39	1,30	1,22	1,15	1,03	0,93	0,86
0,11	4,85	4,45	4,12	3,83	3,58	3,36	3,17	2,99	2,84	2,52	2,26	2,05	1,87	1,73	1,60	1,49	1,40	1,31	1,24	1,11	1,01	0,93
0,12	4,92	4,55	4,23	3,95	3,70	3,49	3,30	3,13	2,97	2,64	2,38	2,17	1,99	1,84	1,71	1,59	1,49	1,41	1,33	1,20	1,09	0,99
0,13	4,98	4,63	4,32	4,05	3,81	3,60	3,41	3,24	3,10	2,76	2,50	2,28	2,09	1,94	1,80	1,69	1,58	1,49	1,41	1,27	1,16	1,07
0,14	5,04	4,70	4,40	4,14	3,91	3,70	3,52	3,35	3,20	2,87	2,60	2,38	2,19	2,04	1,90	1,78	1,67	1,58	1,49	1,35	1,23	1,13
0,15	5,09	4,76	4,48	4,23	4,00	3,80	3,61	3,45	3,30	2,97	2,70	2,48	2,29	2,13	1,99	1,86	1,75	1,66	1,57	1,42	1,30	1,19
0,16	5,13	4,82	4,55	4,30	4,08	3,88	3,70	3,54	3,39	3,07	2,80	2,57	2,38	2,22	2,07	1,95	1,84	1,74	1,65	1,49	1,37	1,26
0,17	5,17	4,87	4,61	4,37	4,16	3,96	3,79	3,63	3,48	3,15	2,89	2,47	2,26	2,30	2,16	2,03	1,91	1,81	1,72	1,56	1,43	1,32
0,18	5,20	4,92	4,66	4,43	4,23	4,04	3,86	3,70	3,56	3,24	2,97	2,74	2,55	2,38	2,23	2,10	1,99	1,88	1,79	1,63	1,49	1,38
0,19	5,23	4,96	4,72	4,49	4,29	4,20	3,93	3,78	3,63	3,32	3,05	2,82	2,63	2,46	2,31	2,18	2,06	1,95	1,86	1,69	1,55	1,44
0,20	5,26	5,00	4,76	4,55	4,35	4,17	4,00	3,85	3,70	3,39	3,13	2,90	2,70	2,53	2,38	2,25	2,14	2,02	1,92	1,75	1,61	1,49

Tab. 11.4 Wärmedurchlaßwiderstände $\frac{1}{\Lambda}$ von Holz und Holzwerkstoffen

s / λ_R	4	6	8	10	12	14	16	18	20	25	30	35	40	45	50	55	60	65	70	80	90	100
0,10	0,04	0,06	0,08	0,10	0,12	0,14	0,16	0,18	0,20	0,25	0,30	0,35	0,4	0,45	0,5	0,55	0,6	0,65	0,7	0,8	0,9	1,0
0,11	0,036	0,055	0,073	0,091	0,109	0,127	0,146	0,164	0,182	0,227	0,273	0,318	0,364	0,409	0,455	0,5	0,546	0,591	0,636	0,727	0,818	0,909
0,12	0,033	0,050	0,067	0,083	0,10	0,117	0,133	0,15	0,167	0,208	0,25	0,292	0,333	0,375	0,417	0,458	0,5	0,542	0,583	0,667	0,75	0,833
0,13	0,031	0,046	0,062	0,077	0,092	0,108	0,123	0,139	0,154	0,192	0,231	0,269	0,308	0,346	0,385	0,423	0,462	0,5	0,538	0,615	0,692	0,769
0,14	0,029	0,043	0,057	0,071	0,086	0,10	0,114	0,129	0,143	0,179	0,214	0,25	0,286	0,321	0,357	0,393	0,429	0,464	0,5	0,571	0,643	0,714
0,15	0,027	0,040	0,053	0,062	0,080	0,093	0,107	0,120	0,133	0,167	0,20	0,233	0,267	0,3	0,333	0,367	0,4	0,433	0,467	0,533	0,6	0,667
0,16	0,025	0,038	0,050	0,063	0,075	0,088	0,100	0,113	0,125	0,156	0,188	0,219	0,25	0,281	0,313	0,344	0,375	0,406	0,438	0,5	0,563	0,625
0,17	0,024	0,035	0,047	0,059	0,071	0,082	0,094	0,106	0,118	0,147	0,176	0,206	0,235	0,265	0,294	0,324	0,353	0,382	0,412	0,471	0,529	0,588
0,18	0,022	0,033	0,044	0,056	0,067	0,078	0,089	0,10	0,111	0,139	0,167	0,194	0,222	0,250	0,278	0,306	0,333	0,361	0,389	0,444	0,5	0,556
0,19	0,021	0,032	0,042	0,053	0,063	0,074	0,084	0,095	0,105	0,132	0,158	0,184	0,211	0,237	0,263	0,289	0,316	0,342	0,368	0,421	0,474	0,526
0,20	0,02	0,03	0,04	0,05	0,06	0,07	0,08	0,09	0,1	0,125	0,15	0,175	0,2	0,225	0,25	0,75	0,3	0,325	0,35	0,5	0,45	0,5

11 Wärmeschutz

λ_R \ S	5	10	15	20	25	30	35	40	45	50	55	60
0,010	0,500	1,000	1,500	2,000	2,500	3,000	3,500	4,000	4,500	5,000	5,500	6,000
0,015	0,333	0,667	1,000	1,333	1,667	2,000	2,333	2,667	3,000	3,333	3,667	4,000
0,020	0,250	0,500	0,750	1,000	1,250	1,500	1,750	2,000	2,250	2,500	2,750	3,000
0,025	0,200	0,400	0,600	0,800	1,000	1,200	1,400	1,600	1,800	2,000	2,200	2,400
0,030	0,167	0,333	0,500	0,667	0,833	1,200	1,167	1,333	1,500	1,667	1,833	2,000
0,035	0,143	0,286	0,429	0,571	0,714	0,857	1,000	1,143	1,286	1,429	1,571	1,714
0,040	0,125	0,250	0,375	0,500	0,625	0,750	0,875	1,000	1,125	1,250	1,375	1,500
0,045	0,111	0,222	0,333	0,444	0,556	0,667	0,778	0,889	1,000	1,111	1,222	1,333
0,050	0,100	0,200	0,300	0,400	0,500	0,600	0,700	0,800	0,900	1,000	1,100	1,200
0,055	0,091	0,182	0,273	0,364	0,455	0,545	0,636	0,727	0,818	0,909	1,000	1,091
0,060	0,083	0,167	0,250	0,333	0,417	0,500	0,583	0,667	0,750	0,833	0,917	1,000
0,065	0,077	0,154	0,231	0,308	0,385	0,462	0,538	0,615	0,692	0,769	0,846	0,923
0,070	0,071	0,143	0,214	0,286	0,357	0,429	0,500	0,571	0,643	0,714	0,786	0,857
0,075	0,067	0,133	0,200	0,267	0,333	0,400	0,467	0,533	0,600	0,667	0,733	0,800
0,080	0,063	0,125	0,188	0,250	0,313	0,375	0,438	0,500	0,563	0,625	0,688	0,750
0,085	0,059	0,118	0,176	0,235	0,294	0,353	0,412	0,471	0,529	0,588	0,647	0,706
0,090	0,056	0,111	0,167	0,222	0,278	0,333	0,389	0,444	0,500	0,556	0,611	0,667
0,095	0,053	0,105	0,158	0,211	0,263	0,316	0,368	0,421	0,474	0,526	0,579	0,632

Tab. 11.5 Wärmedurchlaßwiderstände $\frac{1}{\Lambda}$ von Isoliermaterialien

11.2.2 Mehrschichtige Bauteile

Für mehrschichtige Bauteile muß zuerst der gesamte Wärmedurchlaßwiderstand bestimmt werden. Dies geschieht nach der Formel

$$\frac{1}{\Lambda_{ges}} = \frac{S_1}{\lambda_{R_1}} + \frac{S_2}{\lambda_{R_2}} + \ldots \frac{S_n}{\lambda_{R_n}}$$

Hierfür stehen die Tabellen 11.4 und 11.5 zur Verfügung. Tabelle 11.4 bezieht sich auf Holz und Holzwerkstoffe, Tabelle 11.5 ist für Dämmstoffe bzw. Isolierungen ausgelegt bei einem Wärmeleitfähigkeitsbereich von 0,010 ... 0,095 und eine Materialdicke S von 5 ... 60 mm.

Danach errechnet sich der k-Wert nach der Formel

$$k = \frac{1}{\frac{1}{\alpha_i} + \frac{1}{\Lambda_{ges}} + \frac{1}{\alpha_a}}$$

Die Wärmeübergangswiderstände $\frac{1}{\alpha_a}$ (außen) und $\frac{1}{\alpha_i}$ (innen) können nach DIN 4108 T 4 Tab. 5 Fußnote 1 vereinfacht mit

$\frac{1}{\alpha_a} = 0,04$ (m² K/W) und

$\frac{1}{\alpha_i} = 0,13$ (m² K/W) angenommen werden.

Die Gleichung zur Berechnung des k-Werts lautet somit:

$$k = \frac{1}{\frac{1}{\Lambda_{ges}} + 0,17}$$

11.2.3 Berechnungsbeispiel: Haustür mit verschieden aufgebauten Füllungen

Gegeben ist ein einflügeliges Haustürelement in Rahmenbauweise mit Füllung bzw. Ausfachung (vgl. Abb. 11.3) bei einem Blendrahmenaußenmaß von 1000 × 2100 mm sowie den Dicken (s):

A = Türstock (Blendrahmen) s = 55 mm
B = Türfriese s = 50 mm
C = Türfüllung s = 18 mm

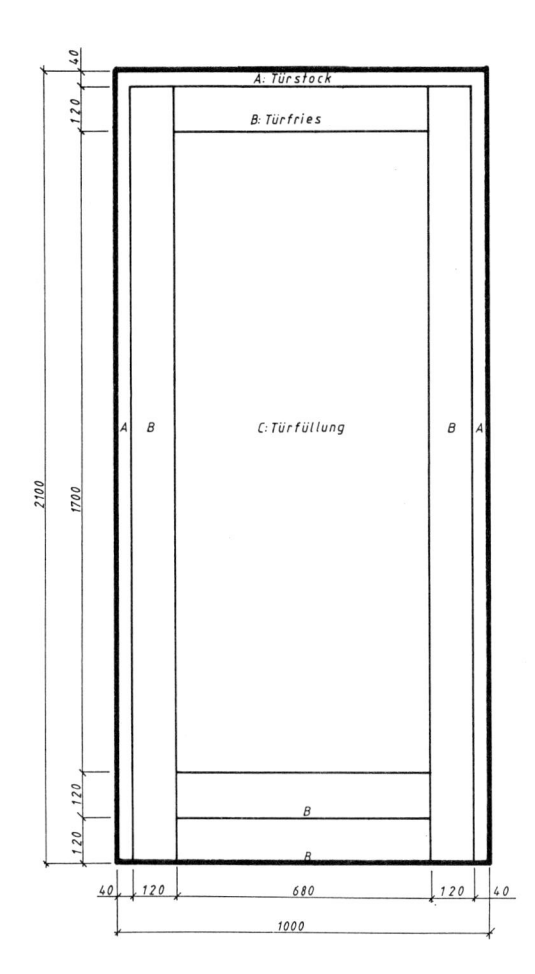

Abb. 11.3 Skizze zum Berechnungsbeispiel

Beispiel 1: Tür mit Sperrholz-Füllung (einschichtiges Bauteil)

1. Bestimmung der Wärmeleitzahl aus Tabelle 11.2:

A: Türstock (Material Eiche) $\lambda_R = 0{,}20$
B: Türfriese (Material Sperrholz) $\lambda_R = 0{,}15$
C: Türfüllung (Material Sperrholz) $\lambda_R = 0{,}15$

2. Bestimmung der einzelnen k-Werte aus Tabelle 11.2

zu A:
Türstock, bei s = 55 mm und
$\lambda_R = 0{,}20 \rightarrow k_1$-Wert = 2,25 [W/m² K]

zu B:
Türfriese, bei s = 50 mm und
$\lambda_R = 0{,}15 \rightarrow k_2$-Wert = 1,99 [W/m² K]

zu C:
Türfüllung, bei s = 18 mm und
$\lambda_R = 0{,}15 \rightarrow k_3$-Wert = 3,45 [W/m² K]

3. Berechnung der Teilflächen von A, B und C

A = 0,04 × 2,06 + 0,04 × 2,06 + 0,04 × 1,0
  = 0,2048 m²
  = Teilfläche A_1

B = 0,12 × 2,06 + 0,12 × 2,06 + 0,12 × 0,68 + 0,12 × 0,68 + 0,12 × 0,68
  = 0,7392 m²
  = Teilfläche A_2

C = 1,7 × 0,68
  = 1,156 m²
  = Teilfläche A_3

4. Berechnung des mittleren k-Wertes der Tür mit Hilfe der Formel

$$k = k_1 \times \frac{A_1}{A} + k_2 \times \frac{A_2}{A} + k_3 \times \frac{A_3}{A}$$

(A = Gesamtfläche = 1,0 m × 2,1 m = 2,1 m²)

$$k = 2{,}25 \times \frac{0{,}2048 \text{ m}^2}{2{,}1 \text{ m}^2} + 1{,}99 \times \frac{0{,}7392 \text{ m}^2}{2{,}1 \text{ m}^2} + 3{,}45 \times \frac{1{,}156 \text{ m}^2}{2{,}1 \text{ m}^2}$$
$$= 2{,}819 \text{ (W/m}^2\text{ K)}$$

Der k-Wert der Tür mit Sperrholz-Füllung beträgt
2,819 (W/m² K)

Beispiel 2:
Tür mit Isolierglas-Füllung (einschichtiges Bauteil; Isolierglas gilt hier als eine Einheit mit definiertem k-Wert)
Bei dieser Berechnung handelt es sich um das gleiche Türelement wie in Beispiel 1; die Füllung besteht jetzt aus einer Isolierglasscheibe 4/12/4. Das Isolierglas hat den k-Wert 3,0 (W/m² K). Somit lautet die Gleichung für den mittleren k-Wert:

$$k = 2{,}25 \times \frac{0{,}2048 \text{ m}^2}{2{,}1 \text{ m}^2} + 1{,}99 \times \frac{0{,}7392 \text{ m}^2}{2{,}1 \text{ m}^2} + 3{,}0 \times \frac{1{,}156 \text{ m}^2}{2{,}1 \text{ m}^2}$$
$$= 2{,}571 \text{ (W/m}^2\text{ K)}$$

Der k-Wert der Tür mit Isolierglasscheibe beträgt
2,571 (W/m² K).

11 Wärmeschutz

Beispiel 3:
Tür mit Sandwich-Füllung ohne Luftzwischenraum (mehrschichtiges Bauteil)
Die Füllung hat bei diesem Beispiel folgenden Aufbau (vgl. Abb. 11.4):

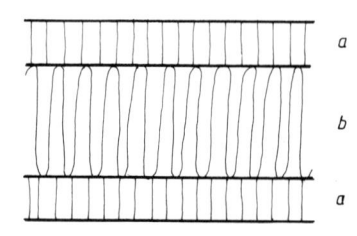

Abb. 11.4 Füllung in Sandwich-Bauweise ohne Luftzwischenraum

a = 4 mm Sperrholz
b = 10 mm Polystyrol, z. B. Styropor

Zur Berechnung des k-Werts geht man wie folgt vor:

1. Bestimmung der Wärmeleitzahl aus Tabelle 11.2:
Sperrholz $\lambda_R = 0,15$
Styropor $\lambda_R = 0,030$

2. Berechnung des gesamten Wärmedurchlaßwiderstandes $\frac{1}{\Lambda_{ges}}$ der Füllung mit Hilfe der Formel

$$\frac{1}{\Lambda_{ges}} = \frac{1}{\Lambda_1} + \frac{1}{\Lambda_2} + \frac{1}{\Lambda_3} \ldots \frac{1}{\Lambda_n}$$

und der Tabellen 11.4 und 11.5:
Für Sperrholz $\lambda_R = 0,15$ und $S = 4$ mm

$$\frac{1}{\Lambda_1} = 0,027 \; (m^2 \, k/W)$$

Für Styropor $\lambda_R = 0,030$ und $S = 10$ mm

$$\frac{1}{\Lambda_2} = 0,333 \; (m^2 \, k/W)$$

Somit beträgt der gesamte Wärmedurchlaßwiderstand

$$\frac{1}{\Lambda_{ges}} = 0,027 + 0,333 + 0,027 = \underline{0,387 \; (m^2 \, K/W)}$$

3. Berechnung des k-Wertes der Füllung mit der Formel

$$k = \frac{1}{\frac{1}{\Lambda_{ges}} + 0,17}$$

Somit lautet der k-Wert:

$$k = \frac{1}{0,387 + 0,17} = 1,795 \; (W/m^2 \, k)$$

Der k-Wert der Füllung beträgt $k_3 = \underline{1,795 \; (W/m^2 \, K)}$.

4. Berechnung des mittleren k-Wertes der Tür mit der Formel:

$$k = k_1 \times \frac{A_1}{A} + k_2 \times \frac{A_2}{A} + k_3 \times \frac{A_3}{A}$$

Somit ergibt sich

$$k = 2,25 \times \frac{0,2048 \; m^2}{2,1 \; m^2} + 1,99 \times \frac{0,7392 \; m^2}{2,1 \; m^2} + 1,795 \times \frac{1,156 \; m^2}{2,1 \; m^2}$$
$$= 1,91 \; (W/m^2 \, k)$$

Der k-Wert der Tür mit Sandwich-Füllung ohne Luftzwischenraum beträgt $\underline{1,91 \; (W/m^2 \, K)}$.

Beispiel 4:
Tür mit Sandwich-Füllung mit 10 mm Luftzwischenraum (mehrschichtiges Bauteil)
Die Füllung hat in diesem Beispiel folgenden Aufbau:
a = 4 mm Sperrholz
b = 10 mm Styropor
c = 10 mm stehende Luftschicht

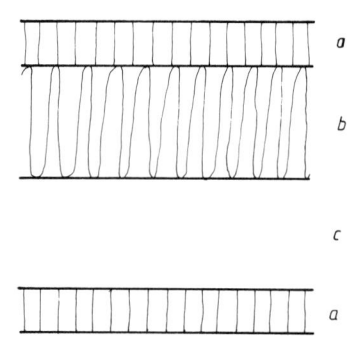

Abb. 11.5 Füllung in Sandwich-Bauweise mit Luftzwischenraum

Der Wärmedurchlaßwiderstand der eingeschlossenen Luft beträgt nach Tab. 11.2:

$$\frac{1}{\Lambda} = 0,14 \; (m^2 \, K/W).$$

Die Luftschicht ersetzt etwa eine 5 mm dicke Isolierung mit einem Wärmedurchlaßwiderstand von 0,035 (vgl. Tabelle 11.5).

1. Als Gesamt-Wärmdurchlaßwiderstand der Füllung ergibt sich

$$\frac{1}{\Lambda_{ges}} = 0,027 + 0,333 + 0,027 + 0,14 = 0,527 \; (m^2 \, K/W)$$

2. Berechnung des k-Werts der Füllung:

$$k = \frac{1}{0,527 + 0,17} = 1,434 \; (W/m^2 \, k)$$

Der k-Wert der Füllung beträgt $k_3 = \underline{1,434 \; (W/m^2 \, K)}$.

3. Berechnung des mittleren k-Werts der Tür:

$$k = 2{,}25 \times \frac{0{,}2048 \text{ m}^2}{2{,}1 \text{ m}^2} + 1{,}99 \times \frac{0{,}7392 \text{ m}^2}{2{,}1 \text{ m}^2} + 1{,}434 \times \frac{1{,}156 \text{ m}^2}{2{,}1 \text{ m}^2}$$
$$= 1{,}71 \text{ (W/m}^2 \text{ k)}$$

Der k-Wert der Tür mit Sandwich-Füllung mit 10 mm Luftzwischenraum beträgt 1,71 (W/m² K).

11.3 Tauwasserbildung

Die steigende Kostenentwicklung im Bauwesen ließ die Kosten für Wohnraum in den letzten Jahren gewaltig in die Höhe schnellen. Immer häufiger sieht man deshalb auch Flure in den Wohnbereich integriert (z. B. als Eßzimmer). Dadurch, daß nun auch der Flur stärker beheizt wird, steigt die Temperaturdifferenz an der Haustür zwischen innen und außen. Durch diese großen Temperaturunterschiede ergeben sich zwangsläufig Probleme mit der Tauwasserbildung. Haustüren und mehr noch Laubengangtüren sollten deshalb ebenso wie die übrigen Bauteile die Anforderungen nach DIN 4108 erfüllen.

Luft besitzt die Eigenschaft, Feuchtigkeit aufzunehmen. Das Aufnahmevermögen ist direkt von der Lufttemperatur abhängig: warme Luft kann große Mengen Wasser aufnehmen, kalte Luft dagegen nur wenig. Bei Abkühlung warmer Luft wird bei Erreichen des Sättigungsgrades die Feuchtigkeit als Tauwasser ausgeschieden.

Tauwasser tritt also immer dann auf, wenn die Oberflächentemperatur soweit abfällt, daß die vorbeistreichende Luft bzw. die das Türblatt umgebende Lufthülle gesättigt wird. Dadurch steigt in der Grenzzone die relative Luftfeuchte über den Sättigungszustand (= 100%).

Diese Oberflächentemperatur (Taupunkttemperatur), bei der es zum Kondensataustritt kommt, ist in Abhängigkeit vom vorliegenden Raumklima (Lufttemperatur + relative Luftfeuchte) aus Tabelle 11.6 zu entnehmen.

Das in Abb. 11.6 angeführte Beispiel zeigt den Behaglichkeitsbereich sowie den Taupunkt bei einer Raumtemperatur von 21 °C und einer relativen Luftfeuchte von 50%. An allen Oberflächen, die kühler als 9 °C sind, schlägt sich Wasserdampf nieder! Höhere Luftfeuchtigkeit bewirkt bereits bei relativ hohen Oberflächentemperaturen Tauwasserniederschlag.

Die Oberflächentemperatur auf der Innenseite einer Haustür hängt ab von der Raumtemperatur, der Außentemperatur und dem k-Wert der Tür. Der k-Wert der Haustür ist daher auch an der am geringsten isolierten Stelle in einer Größenordnung zu halten, die die an dieser Stelle auftretende Oberflächentemperatur oberhalb der Taupunkttemperatur steigen läßt. Große Bedeutung hat die relative Luftfeuchte auf der Innenseite der

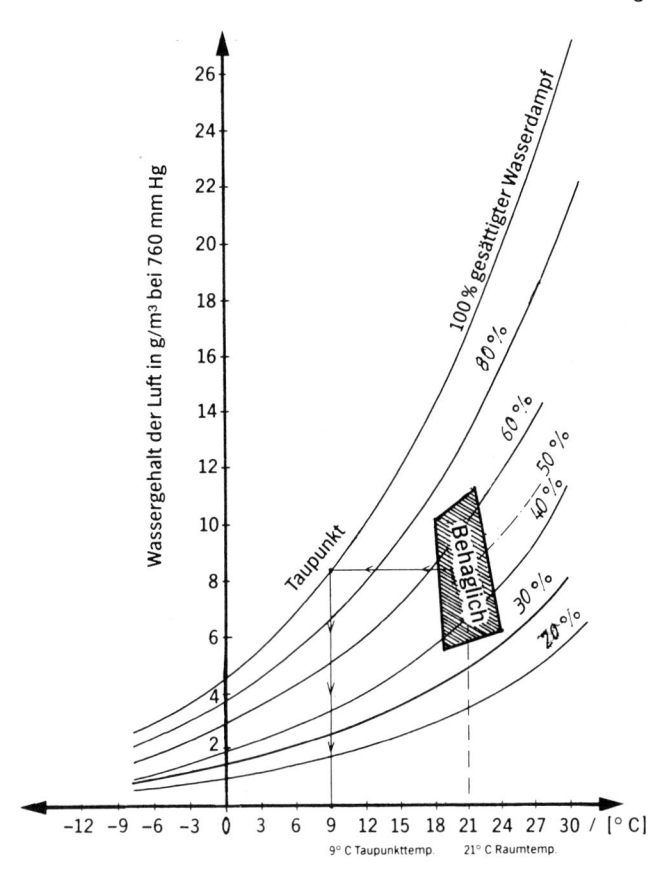

Abb. 11.6 Taupunkttemperatur in Abhängigkeit von Raumtemperatur und relativer Luftfeuchte (einschließlich Behaglichkeitsklima)

Tür. Aus dem Doppeldiagramm Abb. 11.7 ist ersichtlich, daß unter Berücksichtigung des allgemein in Haustürnähe auftretenden Klimas Tauwasser erst bei einem k-Wert von ca. 1,0 W/m² K verhindert wird. Unter Zugrundelegung der in DIN 4108, Teil 3 festgelegten Klimabedingungen

für die Tauperiode:
Raumklima 20 °C / 50% relative Luftfeuchte
Außenklima −10 °C / 80% relative Luftfeuchte,

für die Verdunstungsperiode:
Raumklima und Außenklima 12 °C / 70% relative Luftfeuchte
errechnet sich ein erforderlicher mittlerer k-Wert von

$$k_m = 2{,}74 \text{ W/m}^2 \text{ K}.$$

Hierbei kann innerhalb der Konstruktion durchaus Tauwasser auftreten, jedoch führt es wegen der möglichen Verdunstung während der Verdunstungsperiode zu keinem Schaden.

11 Wärmeschutz

Tabelle 11.6: Taupunkttemperatur der Luft in Abhängigkeit von Temperatur und relativer Luftfeuchtigkeit (Auszug aus DIN 4108 Teil 5)

Lufttem-peratur in °C	Taupunkttemperatur in °C bei einer relativen Luftfeuchte von													
	30%	35%	40%	45%	50%	55%	60%	65%	70%	75%	80%	85%	90%	95%
30	10,5	12,9	14,9	16,8	18,4	20,0	21,4	22,7	23,9	25,1	26,2	27,2	28,2	29,1
29	9,7	12,0	14,0	15,9	17,5	19,0	20,4	21,7	23,0	24,1	25,2	26,2	27,2	28,1
28	8,8	11,1	13,1	15,0	16,6	18,1	19,5	20,8	22,0	23,2	24,2	25,2	26,2	27,1
27	8,0	10,2	12,2	14,1	15,7	17,2	18,6	19,9	21,1	22,2	23,3	24,3	25,2	26,1
26	7,1	9,4	11,4	13,2	14,8	16,3	17,6	18,9	20,1	21,2	22,3	23,3	24,2	25,1
25	6,2	8,5	10,5	12,2	13,9	15,3	16,7	18,0	19,1	20,3	21,3	22,3	23,2	24,1
24	5,4	7,6	9,6	11,3	12,9	14,4	15,8	17,0	18,2	19,3	20,3	21,3	22,3	23,1
23	4,5	6,7	8,7	10,4	12,0	13,5	14,8	16,1	17,2	18,3	19,4	20,3	21,3	22,2
22	3,6	5,9	7,8	9,5	11,1	12,5	13,9	15,1	16,3	17,4	18,4	19,4	20,3	21,2
21	2,8	5,0	6,9	8,6	10,2	11,6	12,9	14,2	15,3	16,4	17,4	18,4	19,3	20,2
20	1,9	4,1	6,0	7,7	9,3	10,7	12,0	13,2	14,4	15,4	16,4	17,4	18,3	19,2
19	1,0	3,2	5,1	6,8	8,3	9,8	11,1	12,3	13,4	14,5	15,5	16,4	17,3	18,2
18	0,2	2,3	4,2	5,9	7,4	8,8	10,1	11,3	12,5	13,5	14,5	15,4	16,3	17,2
17	−0,6	1,4	3,3	5,0	6,5	7,9	9,2	10,4	11,5	12,5	13,5	14,5	15,3	16,2
16	−1,4	0,5	2,4	4,1	5,6	7,0	8,2	9,4	10,5	11,6	12,6	13,5	14,4	15,2
15	−2,2	−0,3	1,5	3,2	4,7	6,1	7,3	8,5	9,6	10,6	11,6	12,5	13,4	14,2
14	−2,9	−1,0	0,6	2,3	3,7	5,1	6,4	7,5	8,6	9,6	10,6	11,5	12,4	13,2
13	−3,7	−1,9	−0,1	1,3	2,8	4,2	5,5	6,6	7,7	8,7	9,6	10,5	11,4	12,2
12	−4,5	−2,6	−1,0	0,4	1,9	3,2	4,5	5,7	6,7	7,7	8,7	9,6	10,4	11,2
11	−5,2	−3,4	−1,8	−0,4	1,0	2,3	3,5	4,7	5,8	6,7	7,7	8,6	9,4	10,2
10	−6,0	−4,2	−2,6	−1,2	0,1	1,4	2,6	3,7	4,8	5,8	6,7	7,6	8,4	9,2

Näherungsweise darf gradlinig interpoliert werden.

11.3 Tauwasserbildung

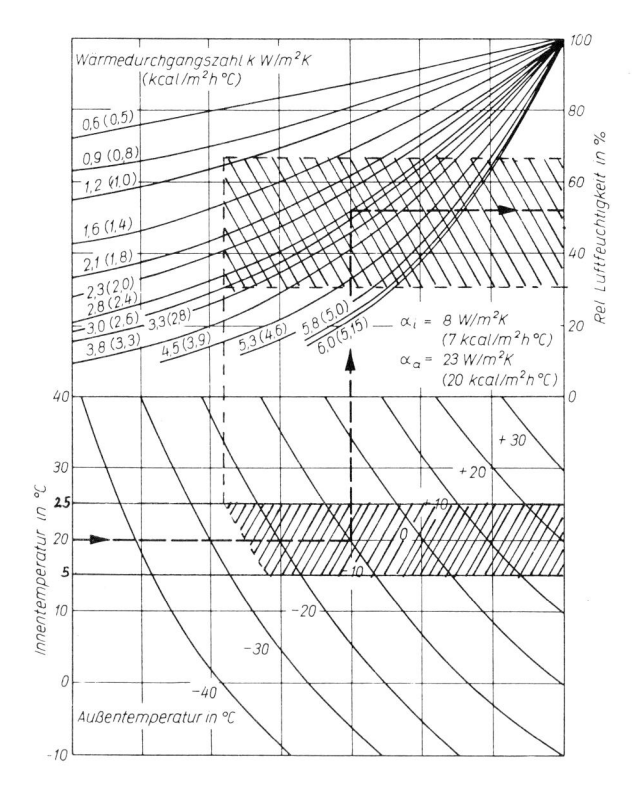

Abb. 11.7 Doppeldiagramm zur Ermittlung des erforderlichen k-Wertes in Abhängigkeit von der relativen Luftfeuchte in Türnähe, der Innentemperatur und der Außentemperatur (schraffierte Fläche = mögliche Klimate)

a) Türblatt 50 mm Dicke, Holz $\lambda = 0{,}15$, Stahl $\lambda = 0{,}60$

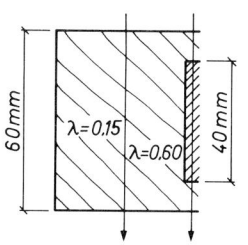

b) Türblatt 60 mm Dicke, Holz $\lambda = 0{,}15$, Stahl $\lambda = 0{,}60$

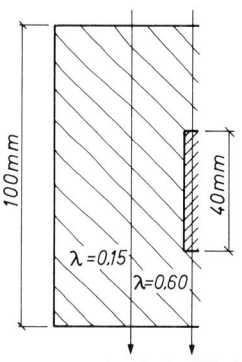

c) Türblatt 100 mm Dicke, Holz $\lambda = 0{,}15$, Stahl $\lambda = 0{,}60$

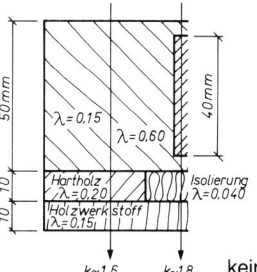

d) Türblatt 50 mm Dicke mit Vorsatzschale und Isolierung, Holz $\lambda = 0{,}15$, Stahl $\lambda = 0{,}60$

Abb. 11.8 Nebeneinanderliegende k-Werte an einem Türblatt mit Stahlarmierung

Die Beachtung des Taupunktes ist vor allem bei den Konstruktionen bedeutend, die mit metallischen Armierungen ausgeführt sind. Geht man davon aus, daß die Armierung am Türblatt eine anteilige Fläche von 10% einnimmt, dann sollte das darüberliegende Holz bzw. der Holzwerkstoff je nach Wärmeleitfähigkeit eine Mindestdicke von 8 mm aufweisen.

Geht man nun davon aus, daß zu einem hohen Zeitanteil die in DIN 4108, Teil 3 angegebenen Klimate zwischen −10 °C / 80% relative Luftfeuchte für das Außenklima und +20 °C / 50% relative Luftfeuchte für das Innenklima vorherrschen, so genügt es, wenn der k-Wert an der am wenigsten isolierten Stelle bei 2,74 W/m² K liegt. Um ein „Abzeichnen" der Armierung durch Tauwasser zu verhindern, muß auch direkt im Stahlbereich der k-Wert kleiner bzw. gleich 2,74 W/m² K sein. In den Skizzen der Abb. 11.8 ist dies nochmals wiedergegeben. Sie zeigen, daß der Soll-k-Wert von 2,74 W/m² K erst bei einer Überdeckung der Stahlarmierung von ca. 30 mm erreicht wird. Bei dieser Gesamt-Türblattstärke wäre jedoch eine Armierung nicht mehr erforderlich. Eine wirtschaftlich bessere Lösung ist in Bild 11.8 d durch die Verwendung einer Vorsatzschale gegeben.

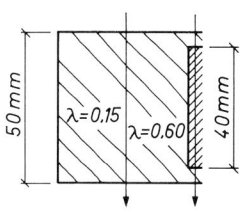

12 Feuer-, Rauch-, Strahlenschutz

Bis vor wenigen Jahren war der Feuer- und Rauchschutz kein Thema. Für Türen aus Holz hat sich dies in letzter Zeit geändert. Besonders für Laubengangtüren und Türen zu Car Ports und Garagen wird ein Feuer- und/oder Rauchschutznachweis gefordert.

12.1 Feuerschutz

Maßgebend ist DIN 4102, Teil 2 „Brandverhalten von Baustoffen und Bauteilen, Feuerschutzabschlüsse, Abschlüsse in Fahrschachtwänden und gegen feuerwiderstandsfähige Verglasungen, Begriffe, Anforderungen und Prüfungen".

Für das Bauteil Tür wird in Abhängigkeit von der erreichten Feuerwiderstandsdauer die in Tabelle 12.1 wiedergegebene Klassifizierung vorgenommen (die Prüfungen sind in DIN 4102 Teil 5 festgelegt).

Tabelle 12.1 Einteilung der Türen in Feuerwiderstandsklassen

Feuerwiderstandsklasse[1]	Feuerwiderstandsdauer
T 30	$\geq$ 30 Minuten
T 60	$\geq$ 60 Minuten
T 90	$\geq$ 90 Minuten
T 120	$\geq$ 120 Minuten
T 180	$\geq$ 180 Minuten

Für den Bereich Verglasung wurde anstelle des Abschnittes 7 aus DIN 4102 Teil 5 der Teil 13 „Brandverhalten von Baustoffen und Bauteilen; Brandschutzverglasungen, Begriffe, Anforderungen und Prüfungen" geschaffen (siehe Tabellen 12.2 und 12.3).

Die wesentlichen Anforderungen, die eine Brandschutztür nach DIN 4102 Teil 5 zu erfüllen hat, sind nachfolgend aufgeführt:

– Funktionsfähigkeit durch mechanische Beanspruchung durch praxisgerechtes 200 000maliges Öffnen und Schließen;

– selbstschließend (meist durch Ober- oder Bodentürschließer);

– Wahrung der raumabschließenden Wirkung beim Brandversuch während der gesamten Prüfdauer und Verhinderung des Feuerdurchganges (Wattebauschtest auf der Brandgegenseite an den Schließfugen);

Tabelle 12.2 Zuordnung der Brandschutz vgl.aus Mitteilung IfBt 2. Mai 1991 S. 43

Bauaufsichtliche Bennenung	Feuerwiderstandsklasse nach DIN 4102 Teil 13
feuerhemmend (auch wenn zusätzliche Forderungen nach nichtbrennbaren Baustoffen gestellt sind)	F 30
feuerbeständig (auch wenn zusätzliche Forderungen nach nichtbrennbaren Baustoffen gestellt sind)	F 90
Gegen Feuer widerstandsfähige Verglasungen für 30/60/90 Minuten	G 30 G 60 G 90

Tabelle 12.3 Zuordnung Feuerwiderstandsdauer – Feuerwiderstandsklasse [1] [2]

Feuerwiderstandsdauer in Minuten	Feuerwiderstandsklasse	
	F-Verglasung	G-Verglasung
$\geq$ 30	F 30	G 30
$\geq$ 60	F 60	G 60
$\geq$ 90	F 90	G 90
$\geq$ 120	F 120	G 120

[1] Die Brauchbarkeit von Brandschutzverglasungen und deren Einreihung in eine Feuerwiderstandsklasse („Klassifizierung") kann nicht allein nach dieser Norm beurteilt werden. Es sind weitere Nachweise zu erbringen, z. B. im Rahmen der Erteilung einer allgemeinen bauaufsichtlichen Zulassung.

[2] Nach bauaufsichtlichen Vorschriften dürfen G-Verglasungen nur an Stellen eingebaut werden, an denen wegen des Brandschutzes keine Bedenken bestehen (z. B. als Lichtöffnungen an Flurwänden, wenn die Unterkante der G-Verglasung mindestens 1,8 m über Oberfläche Fertigfußboden (OFF) angeordnet ist). Über die Zulässigkeit der Verwendung der G-Verglasung entscheidet die zuständige örtliche Bauaufsichtsbehörde in jedem Einzelfall.

– keine Temperaturerhöhung auf der dem Feuer abgekehrten Oberfläche (Brandgegenseite) im Mittel der Meßstellen um mehr als 140 K und an keiner Meßstelle um mehr als 180 K.

Sichtbares Zeichen einer bauaufsichtlich zugelassenen Brandschutztür ist der Zulassungsbescheid sowie die Kennzeichnung der Brandschutztür mit dem von der Zulassungsbehörde nach Größe, Inhalt und Position an der Tür vorgeschriebenen amtlichen Kennzeichnungschild.

An bauaufsichtlich zugelassenen Feuerschutztüren durften früher keinerlei vom Zulassungsbescheid abweichende Änderungen vorgenommen werden; dies ist sicherlich zur Erleichterung vieler Hersteller und Handwerksbetriebe gemäß einer Mitteilung des IfBt vom August 1989 geändert worden. Gerade bei einbruchhemmenden Türen ist diese zulässige Änderung eine erhebliche Erleichterung für Handwerksbetriebe und „mechanische Errichterfirmen".

Änderungen bei Feuerschutzabschlüssen
1 Allgemeines

Nicht genormte Feuerschutzabschlüsse gelten als neue Bauteile, deren Brauchbarkeit nachzuweisen ist (§ 21 MBO 12.81). Der Nachweis wird vornehmlich durch eine allgemeine bauaufsichtliche Zulassung geführt (§ 22 Abs. 1 MBO).

In den Zulassungen wird geregelt, daß sich der Brauchbarkeitsnachweis auch auf die nachstehend aufgeführten Änderungen von Feuerschutzabschlüssen erstreckt. Die Änderungen sind an Drehflügeltüren zulässig; es bestehen keine Bedenken, sie bei sinngemäßer Anwendung auch an Schiebe-, Hub- und Rolltoren vorzunehmen. In den Zulassungen wird auf diese Veröffentlichung in den „Mitteilungen" des Instituts für Bautechnik Bezug genommen. Für die Änderungen bedarf es also keines weiteren Brauchbarkeitsnachweises oder sonstigen Beschlusses. Ferner bestehen keine Bedenken, die Änderungen auch bei feuerhemmenden, einflügeligen Stahltüren nach DIN 18082 Teil 1 und DIN 18082 Teil 3 vorzunehmen.

2 Zulässige Änderungen

2.1 Zulässige Änderungen und Ergänzungen, die auch an bereits hergestellten Feuerschutzabschlüssen durchgeführt werden können:

2.1.1 Anbringung von Kontakten, z. B. Reedkontakte und Schließblechkontakte (Riegelkontakte) zur Verschlußüberwachung, sofern sie aufgesetzt oder in vorhandene Aussparungen eingesetzt werden können.

2.1.2 Austausch des Schlosses durch geeignetes, motorisch angetriebenes Schloß mit Falle, sofern dieses Schloß in die vorhandene Schloßtasche eingebaut werden kann und Veränderungen am „Schließblech" nicht erforderlich werden.

2.1.3 Führung von Kabeln auf dem Türblatt.

2.1.4 Einbau optischer Spione in feuerhemmende Abschlüsse (T 30).

2.1.5 Anschrauben, Annieten oder Aufkleben von Hinweisschildern auf dem Türblatt.

2.1.6 Anschrauben oder Aufkleben von Streifen (etwa bis 250 mm Breite bzw. Höhe) aus Blech, z. B. Tritt- oder Kantenschutz.

2.1.7 Anbringung von Rammschutzstangen unter Verwendung ggf. erforderlicher Verstärkungsbleche.

2.1.8 Anbringung von geeigneten Antipanik-Stangengriffen, wenn nach Auskunft des Türherstellers geeignete Befestigungspunkte vorhanden sind.

2.1.9 Ergänzung von Z- und Stahleckzargen zu Stahlumfassungszargen.

2.1.10 Aufkleben von Leisten in jeder Form und Lage auf Verglasungen.

2.1.11 Auf Holztüren: Aufkleben und Nageln von Holzleisten bis ca. 60 mm × 30 mm, jedoch max. 12 dm^3 je Seite, und Anbringung von Zierleisten auf Holzzargen.

2.2 Zulässige Änderungen und Ergänzungen, die ausschließlich bei der Herstellung der Feuerschutzabschlüsse durchgeführt werden dürfen.

Die nachfolgend genannten Änderungen und Ergänzungen bedürfen der zeichnerischen Festlegung. Die Zeichnungen müssen von der fremdüberwachenden Stelle*) gekennzeichnet sein.

2.2.1 Anbringung eines Flächenschutzes zur Auslösung eines Signals

– außen aufgeklebt und bis zu 1 mm Dicke,
– außen auf Holztüren aufgebrachte, mit Drähten versehene Sperrholzplatten,
– außen auf Stahltüren aufgebrachte, mit Drähten versehene Fiber-/Kalzium-Silikat-Platten, ggf. mit ganzflächiger metallischer Abdeckung,
– Folien bis 1 mm Dicke im Innern von Stahltüren.

2.2.2 Zusätzlich im oder auf dem Türblatt angeordnetes Riegelschloß (Motor-, Blockschloß). Bei Anordnung im Türblatt ist hierfür eine Schloßtasche einzubauen, die hinsichtlich der Dicke der Isolierstoffe der Ausführung entsprechen muß, die für den Schloßbereich der zugelassenen Tür vorgeschrieben ist.

2.2.3 Einbau geeigneter elektrischer Türöffner nach dem Arbeitsstromprinzip, sofern sie aus Werkstoffen bestehen, deren Schmelzpunkt nicht unter 1000 °C liegt.

---

*) Soweit die Fremdüberwachung durch eine Güteschutzgemeinschaft erfolgt, darf die Entscheidung nur im Einvernehmen mit einer Prüfstelle getroffen werden, die im Zulassungsverfahren für die Durchführung von Prüfungen vorgeschrieben ist.

12 Feuer-, Rauch-, Strahlenschutz

Diese elektrischen Türöffner dürfen nicht an Drehflügeltüren verwendet werden, die mit einem Federband als Schließmittel ausgerüstet sind.

Sie dürfen nicht mit Dauerentriegelung betrieben werden.

2.2.4 Einbau zusätzlicher Sicherungsstifte/-zapfen an der Bandseite.

2.2.5 Verwendung von Edelstahlblechen anstelle von (normalen) Stahlblechen gleicher Blechdicke.

2.2.6 Anordnung von Schloß und Drücker in anderer Höhenlage (Abweichung bis etwa 200 mm), z. B. für Kindergärten.

2.2.7 Führung von Kabeln im Türblatt
- bei Stahltüren in einem metallischen Schutzrohr (z. B. PG 7),
- bei Holztüren in einer Bohrung bis zu 8 mm Durchmesser oder in einer Ausnehmung bis 8 mm × 8 mm.

2.2.8 Änderung folgender Zargenmaße:
- größere Spiegelbreiten,
- Abkantungen am Zargenspiegel, z. B. Schattennut.

2.2.9 Anbringung von geeigneten Antipanik-Stangengriffen, wenn die Tür dafür vom Hersteller vorgerüstet werden muß.

3 Ausführung

Bei der Ausführung von zulässigen Änderungen und Ergänzungen ist folgendes zu beachten.

3.1 Die für den Einbau der Sicherungseinrichtungen verwendeten Schrauben dürfen das Türblatt nicht ganz durchdringen.

3.2 Änderungen und Ergänzungen dürfen die Funktionsfähigkeit des Feuerschutzabschlusses nicht beeinträchtigen (z. B. selbstschließende Eigenschaft).

3.3 Abschlüsse mit den genannten Änderungen und Ergänzungen bedürfen neben der in der Zulassung/Norm beschriebenen keiner zusätzlichen Kennzeichnung.

3.4 Bei Schlössern (2.1.2), Antipanik-Stangengriffen (2.1.8 und 2.2.9) und elektrischen Türöffnern (2.2.3) dürfen nur geeignete Ausführungen verwendet werden. Der Nachweis ist durch eine mechanische Festigkeits- und Dauerfunktionstüchtigkeitsprüfung (Abschnitt 2.3.5 der Richtlinien für die Zulassung von Feuerschutzabschlüssen – Fassung Februar 1983 –, „Mitteilungen" IfBt, Heft 3/1983) zu erbringen. Bei Schlössern nach 2.1.2 gilt zusätzlich, daß sie nur verwendet werden dürfen, wenn sie einer fremdüberwachten Fertigung entstammen.

4 Diese Veröffentlichung ersetzt die in den „Mitteilungen" des IfBt, 17. Jahrgang, Nr. 2, vom 1. 4. 1986 abgedruckte Fassung. Soweit in Zulassungsbescheiden der Hinweis auf die Veröffentlichung vom 1. 4. 1986 enthalten ist, tritt an dessen Stelle diese Veröffentlichung.

5 Diese Veröffentlichung darf nur ungekürzt vervielfältigt werden.

12.2 Rauchschutz (RS)

Im Unterschied zu Feuerschutztüren gibt es für Rauchschutztüren keine generelle bauaufsichtliche Zulassungspflicht.

Maßgebend sind die Normen:
- DIN 18095 Teil 1 „Türen, Rauchschutztüren, Begriffe und Anforderungen"
- DIN 18095 Teil 2 „Türen, Rauchschutztüren, Bauartenprüfung der Dauerfunktionstüchtigkeit und Dichtigkeit".

Danach sind Rauchschutztüren keine Feuerschutzabschlüsse nach DIN 4102 Teil 5. Sie sind dazu bestimmt, im eingebauten und geschlossenen Zustand den Durchtritt von Rauch zu behindern.

Werden in Rauchschutztüren Verglasungen angewendet, so müssen diese bruchsicher sein (siehe die einschlägigen Unfallschutz-/Arbeitsschutzvorschriften wie Arbeitsstättenverordnung, Arbeitsstättenrichtlinien, Vorschriften der Berufsgenossenschaften).

Die Verglasungen in Rauchschutztüren dürfen jedoch nicht ausschließlich aus thermoplastischen Werkstoffen bestehen.

Die auf den Normzustand bezogene Leckrate Q_d der Tür bei einer Druckdifferenz während der Prüfung zwischen 0 und 50 Pa darf sowohl bei Raumtemperatur (zwischen 10 °C und 40 °C) als auch bei einer Temperatur des Prüfmediums Luft von 200 °C nicht größer sein als

- 20 m^3/h bei einflügeligen Rauchschutztüren
- 30 m^3/h bei zweiflügeligen Rauchschutztüren.

Die Prüfung erfolgt jeweils an zwei Probekörpern einer Konstruktion.

Die Leckrate gilt sowohl im Neuzustand als auch nach der Dauerfunktionsprüfung von 200 000 Prüfzyklen nach DIN 4102 Teil 18.

RS-Türen müssen gekennzeichnet sein. Diese Kennzeichnung kann vom Hersteller eigenverantwortlich vorgenommen werden mit dem Hinweis „DIN 18095"; eine Kennzeichnung mit DIN ist nicht zulässig! Die Angaben sind – erhaben oder vertieft, z. B. durch Prägen, Fräsen oder Ätzen – so anzubringen, daß sie auch nach längerer Nutzung oder nach einem Brandfall noch lesbar sind.

Wird eine Überwachung nach DIN 18200 vorgenommen, so kann der Hersteller auch damit werben.

Neben der eigenverantwortlichen Prüfung kann der Hersteller auch eine Prüfstelle beauftragen, die gleichzeitig die Qualitätsüberwachung nach DIN 18200 durchführt. In bauaufsichtlichen Verfahren dürfen nur Prüfberichte oder Prüfzeugnisse von Prüfstellen anerkannt werden, die in einem Verzeichnis beim Institut für Bautechnik, Reichpietschufer 74–76, 10785 Berlin, geführt werden. Dieses Verzeichnis wird in den „Mitteilungen" des Instituts für Bautechnik veröffentlicht und jeweils ergänzt.

Der Nachweis muß durch eine Werksbescheinigung nach Anhang A aus DIN 18095 Teil 1 erfolgen.

12.3 Strahlenschutz

Strahlenschutztüren sind meist derart ausgeführt, daß Bleifolien entsprechend der geforderten Mindestdicke (Bleigleichwert) ganzflächig auf die Türblattfläche aufgeklebt werden.

Die Anforderungen sind in DIN 6834 Blatt 1 Sept. 1973, „Strahlenschutztüren für medizinisch genutzte Räume, Anforderungen" festgelegt.

Sie haben im Haustürenbereich so gut wie keine Bedeutung. Sollte in der Ausschreibung danach verlangt werden, sind die Teile 1–5 aus DIN 6834 September 73 gültig.

13 Planung

Schon sehr früh, also noch während der Planungsphase, sollten alle möglichen Notwendigkeiten, die vom Bauteil Haustür – zugeschnitten auf das jeweilige Bauvorhaben – verlangt und erwartet werden, festgelegt sein.

Viele Normen und Richtlinien aus dem Bau- und Holzbereich tangieren auch das Bauteil Holzhaustür (vgl. Abb. 13.1). Trägt man diese Bestimmungen zusammen, so wird deutlich, daß schon bei der Planung von Haustüren viele Vorgaben berücksichtigt werden müssen.

Abb. 13.2 zeigt die einzelnen Merkmale, die aus technischer Sicht zu beachten sind. Die Aufgabe des Bauplaners besteht bereits im Planungsstadium darin, sich die entsprechenden Informationen zu beschaffen, sie auf ihre Brauchbarkeit in bezug auf das Objekt zu überprüfen und gegebenenfalls neben den Mindestanforderungen in das Leistungsverzeichnis aufzunehmen.

Die Einschaltung eines oder mehrerer Gutachter ist bei schwierigen Objekten wegen des notwendigen Spezialwis-

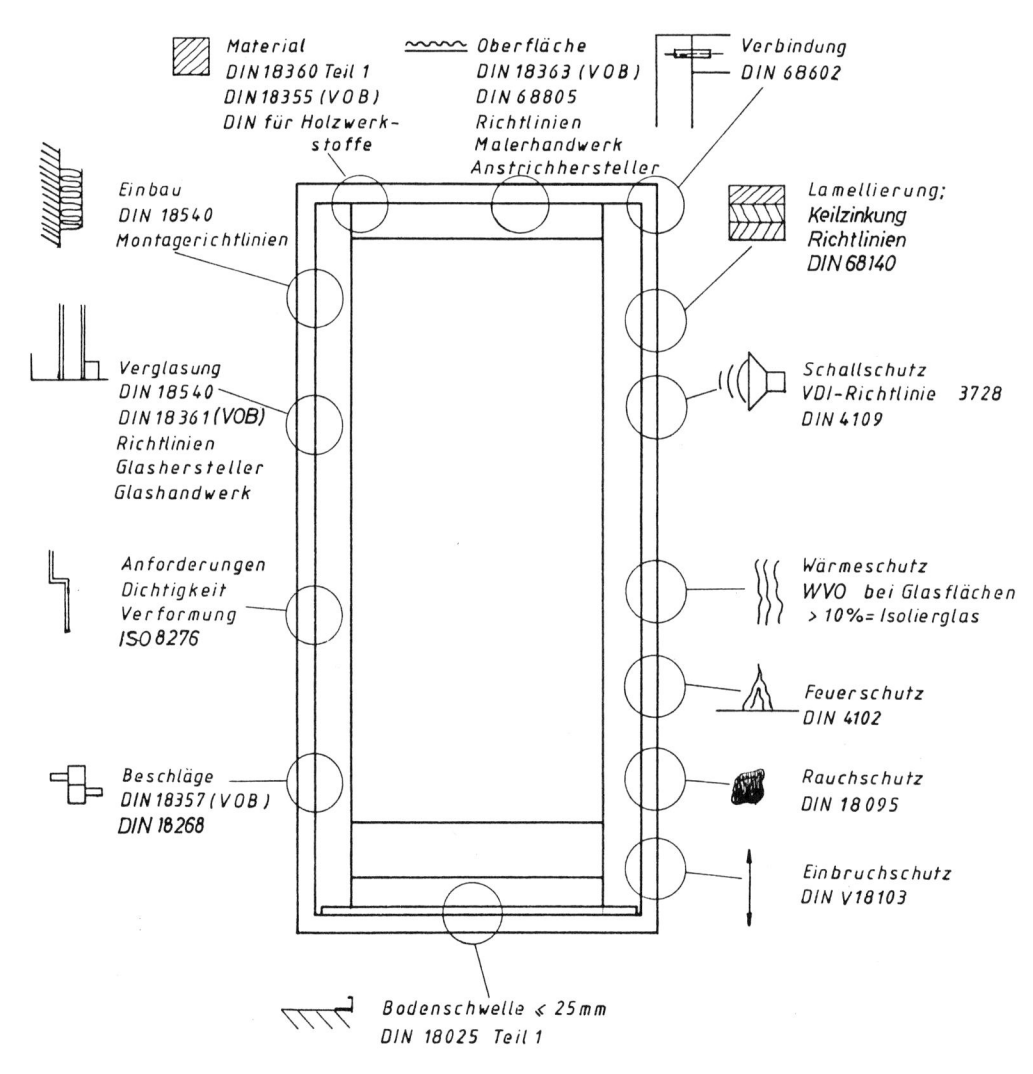

Abb. 13.1 Durch Normen und Richtlinien festgelegte Bereiche am Bauteil Holzhaustür [41] (zuzüglich materialspezifischer Normen und Richtlinien)

13 Planung

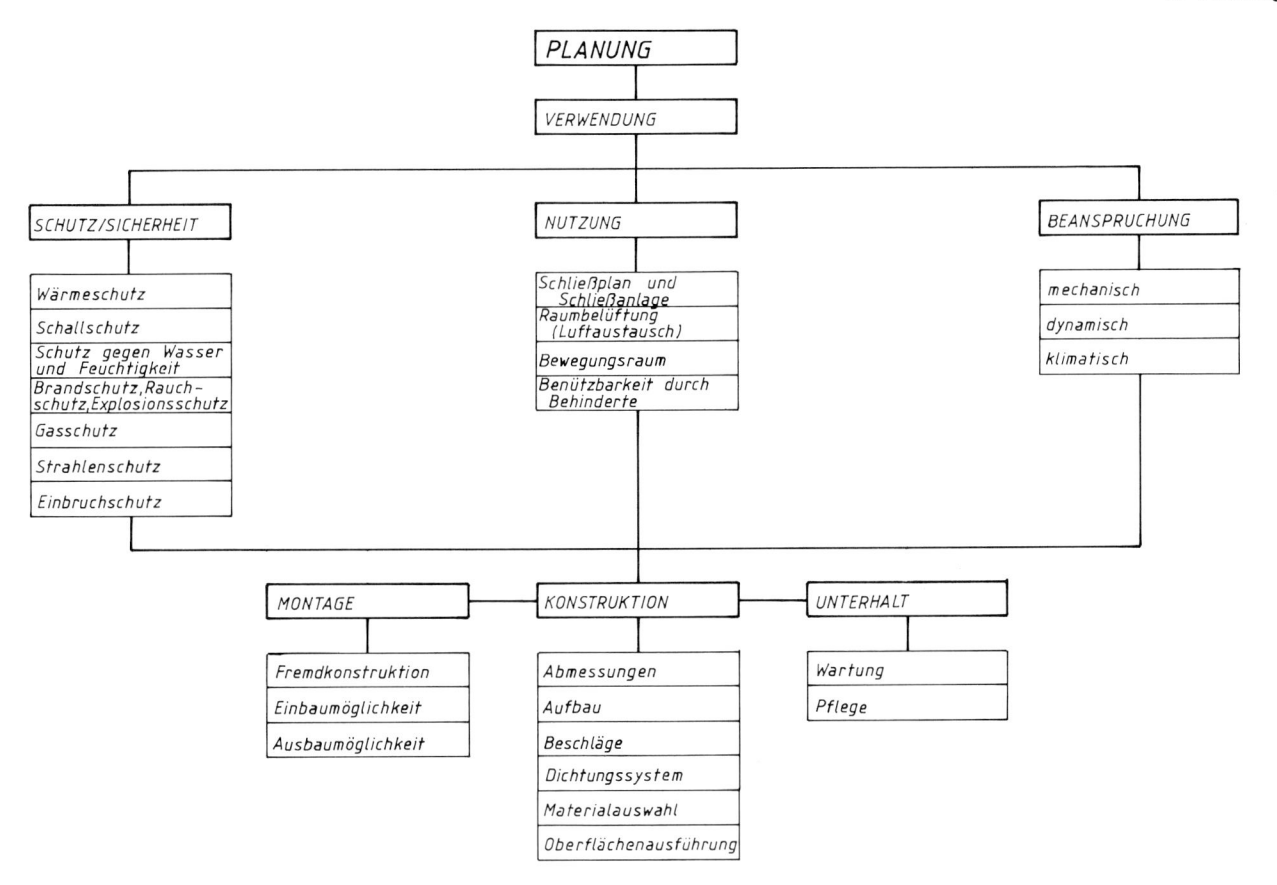

```
                          PLANUNG
                            │
                        VERWENDUNG
         ┌──────────────────┼──────────────────┐
   SCHUTZ/SICHERHEIT     NUTZUNG         BEANSPRUCHUNG

   Wärmeschutz          Schließplan und      mechanisch
   Schallschutz          Schließanlage       dynamisch
   Schutz gegen Wasser  Raumbelüftung        klimatisch
   und Feuchtigkeit      (Luftaustausch)
   Brandschutz,Rauch-   Bewegungsraum
   schutz,Explosionsschutz
   Gasschutz            Benützbarkeit durch
                         Behinderte
   Strahlenschutz
   Einbruchschutz

         ┌──────────────────┼──────────────────┐
      MONTAGE           KONSTRUKTION        UNTERHALT

   Fremdkonstruktion    Abmessungen         Wartung
   Einbaumöglichkeit    Aufbau              Pflege
   Ausbaumöglichkeit    Beschläge
                        Dichtungssystem
                        Materialauswahl
                        Oberflächenausführung
```

Abb. 13.2 Bei der Planung und der Erarbeitung des Leistungsverzeichnisses zu berücksichtigende Merkmale [43]

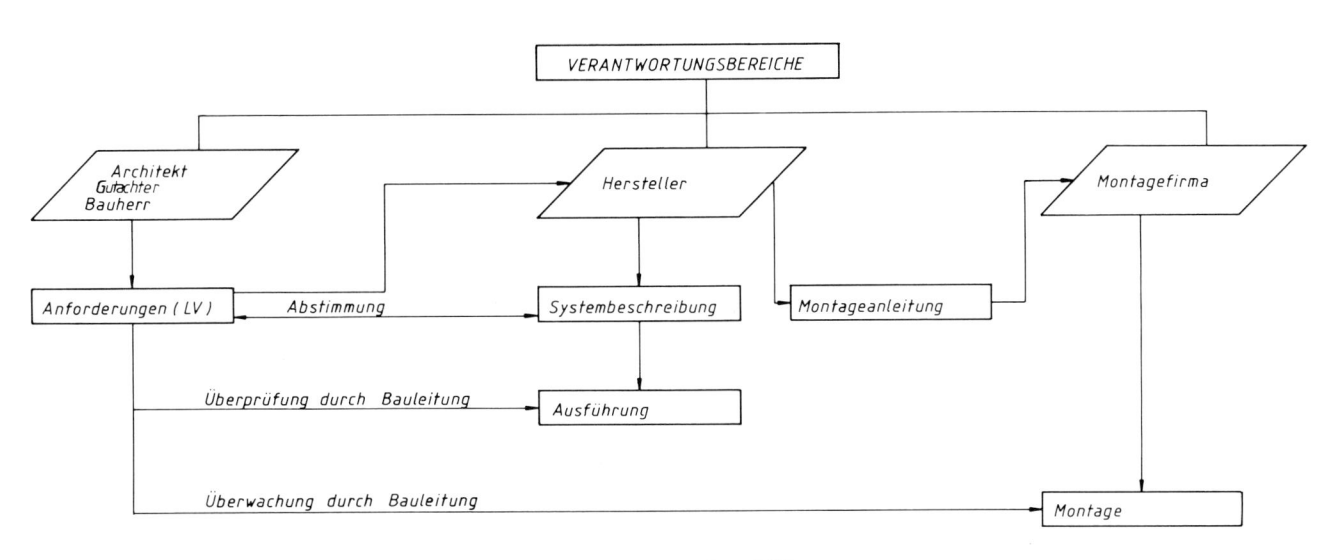

```
                    VERANTWORTUNGSBEREICHE
         ┌──────────────────┬──────────────────┐
      Architekt           Hersteller        Montagefirma
      Gutachter
      Bauherr
         │                    │                    │
   Anforderungen(LV) ─Abstimmung─ Systembeschreibung ─ Montageanleitung
         │                    │
    Überprüfung durch Bauleitung
                           Ausführung
         │
    Überwachung durch Bauleitung ─────────────── Montage
```

Abb. 13.3 Zusammenarbeit zwischen Planer, Hersteller und der Montagefirma [42]

13 Planung

sens empfehlenswert. Fehler in der Vorplanung, z. B. durch die falsche Festlegung bauphysikalischer Forderungen, lassen sich in der Regel nur mit großem Aufwand beseitigen.

Die Anforderungen sind in der Ausschreibung bzw. dem Leistungsverzeichnis aufzuführen. Zu berücksichtigen sind dabei die baulichen Gegebenheiten, z. B. Heizkörperanordnung*), Wetterbelastung, Raumnutzung usw., die mit den Parametern zur Verwendung – Schutzsicherheit/Nutzung/Beanspruchung – zu einer optimalen Konstruktion führen.

*) Der Auftragnehmer ist auf das Vorhandensein einer Fußbodenheizung oder von Heizkörpern direkt hinter der Haus- bzw. Wohnungseingangstür von dem Planer, ggf. dem Bauherrn, hinzuweisen. Die montierende Firma hat vor dem Einbau dies zu beachten und bei Konstruktionen, die unter solchen baulichen Gegebenheiten überfordert werden, ggf. den Einbau zu verweigern bzw. auf die zu erwartende relativ hohe Verformung hinzuweisen (Hinweispflichten gemäß VOB!).

Eine gute Zusammenarbeit zwischen Planendem, Ausführendem und Überwachendem wird in den meisten Fällen spätere Reklamationen vermeiden helfen. Dennoch ist eine klare Zuordnung der Verantwortungsbereiche (vgl. Abb. 13.3) notwendig.

13.1 Leistungsverzeichnis (Ausschreibung)

Nach VOB Teil A, Allgemeine Bestimmungen für die Vergabe von Bauleistungen, DIN 1960, Ausgabe Oktober 1979, ist die Leistung eindeutig und so erschöpfend zu beschreiben, daß alle Bewerber die Ausschreibung in gleichem Sinne verstehen und ihre Preise sicher berechnen können. Dies heißt, daß eine umfangreiche Gliederung und Beschreibung der geforderten Leistung notwendig ist.

Die VOB wird nicht automatisch Vertragsbestandteil; sie ist auch kein Gesetz. Sie gilt vielmehr nur, wenn ihre Anwendung vertraglich ausdrücklich vereinbart ist.

In der Regel wird die Leistung durch eine Baubeschreibung bzw. ein gegliedertes Leistungsverzeichnis (LV) beschrieben. Erforderlichenfalls sollen nach DIN 1960 auch „der Zweck und die vorgesehene Beanspruchung der fertigen Leistung"

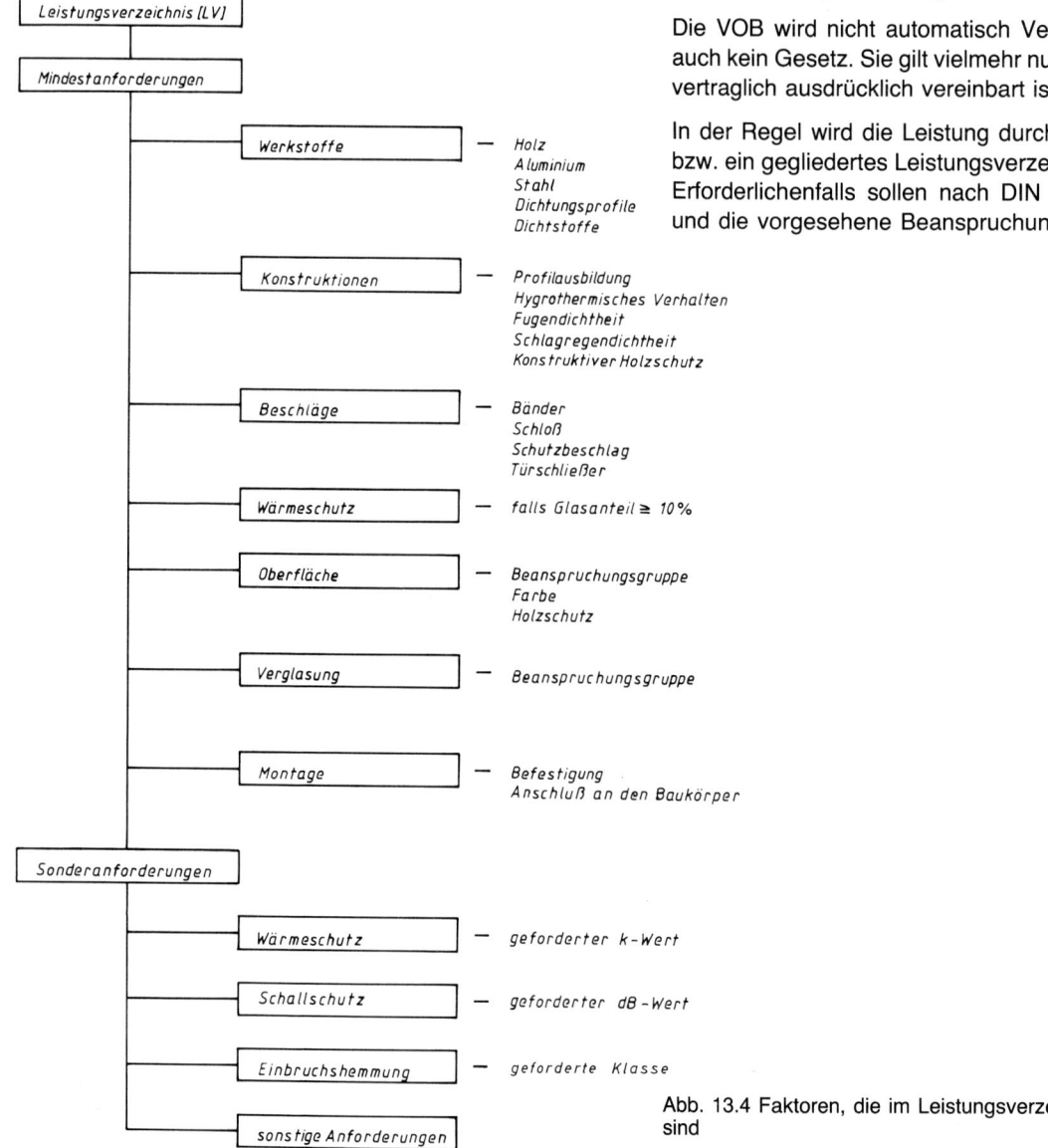

```
Leistungsverzeichnis (LV)
├── Mindestanforderungen
│   ├── Werkstoffe      — Holz
│   │                     Aluminium
│   │                     Stahl
│   │                     Dichtungsprofile
│   │                     Dichtstoffe
│   ├── Konstruktionen  — Profilausbildung
│   │                     Hygrothermisches Verhalten
│   │                     Fugendichtheit
│   │                     Schlagregendichtheit
│   │                     Konstruktiver Holzschutz
│   ├── Beschläge       — Bänder
│   │                     Schloß
│   │                     Schutzbeschlag
│   │                     Türschließer
│   ├── Wärmeschutz     — falls Glasanteil ≥ 10%
│   ├── Oberfläche      — Beanspruchungsgruppe
│   │                     Farbe
│   │                     Holzschutz
│   ├── Verglasung      — Beanspruchungsgruppe
│   └── Montage         — Befestigung
│                         Anschluß an den Baukörper
└── Sonderanforderungen
    ├── Wärmeschutz       — geforderter k-Wert
    ├── Schallschutz      — geforderter dB-Wert
    ├── Einbruchshemmung  — geforderte Klasse
    └── sonstige Anforderungen
```

Abb. 13.4 Faktoren, die im Leistungsverzeichnis zu berücksichtigen sind

angegeben werden; hier ist der Planende angesprochen. Für den Ausführenden oder Anbieter wird es daher notwendig sein, das LV genauestens durchzuarbeiten.

Als Hilfe für die Ausschreibung, aber auch für den Hersteller, ist der in Abb. 13.4 dargestellte Netzplan gedacht. Er gibt dem Architekten oder Bauherrn eine Checkliste für die Punkte an die Hand, die er neben den technischen Unterlagen (DIN/VOB/Richtlinien) noch im LV berücksichtigen muß. Der Hersteller kann sich beim Durcharbeiten des LV daran orientieren.

Sehr oft wird bei der Erstellung von Gutachten festgestellt, daß die Leistungen gemäß LV nicht erfüllt sind. Nachträglich stellt sich dann meist heraus, daß das LV zu wenig beachtet wurde. Erschwerend wirkt sich zudem häufig Pkt. 5 in § 9 der DIN 1960 (Leistungsbeschreibung – Allgemeines) aus, wonach Leistungen, „die nach den Vertragsbedingungen, den technischen Vorschriften oder der gewerblichen Verkehrssitte zu der geforderten Leistung gehören", nicht besonders aufgeführt zu werden brauchen. So ist es z. B. wesentlich, ob der von außen nicht abnehmbare Schutzbeschlag mit bündigem Schließzylinder nach der gewerblichen Verkehrssitte zur geforderten Leistung gehört oder nicht.

Die Vorbemerkungen zu Leistungsverzeichnissen, Plänen, Zeichnungen und technischen Texten der Ausschreibungen sind sorgfältig zu prüfen; notfalls sind sachkundige Berater oder Gutachter heranzuziehen.

Bestehen Unklarheiten oder Zweifel, so ist dies nach Möglichkeit schriftlich festzuhalten, um später nicht wegen unterlassener Prüfung in Anspruch genommen werden zu können.

Normen, technische Richtlinien und Regeln des Handwerks werden ständig verändert und überarbeitet. (Beispiel: DIN-Norm für Schalldämmung). Erkundigungen nach dem jeweils neuesten Stand der Entwicklung sind regelmäßig bei den Normenorganisationen NAHolz (NHM) in Köln bzw. NABau in Berlin einzuholen.

13.2 Systembeschreibung

Zur ordnungsgemäßen Herstellung und funktionssicheren Dimensionierung empfiehlt es sich, eine komplette Systembeschreibung zu erstellen. Sie ist Grundlage für alle weiteren Herstellungs-, Prüf- und Kontrollarbeiten. Außerdem eignet sie sich für die technische Darstellung einer Haustür und als Information für die ausschreibende Stelle.

Anhand der Systembeschreibung können technische Änderungen problemloser vorgenommen werden. Auch die Einführung einer Qualitätssicherung wird damit erleichtert.

Neben der technischen Darstellung und Beschreibung sind Hinweise für den Einbau und die Wartung und Pflege aufzuführen.

Eine sinnvolle Systembeschreibung macht das Element konstruktiv, technisch und funktionell transparent.

Die wichtigsten Punkte, die in einer Systembeschreibung enthalten sein müssen, sind in Abb. 13.5 dargestellt.

13.3 Empfehlung für die Ausschreibung von Holzhaustüren (Ausschreibungsempfehlungen)

Die Ausschreibung sollte mindestens folgende Punkte enthalten:

objektbezogene Angaben (z. B. Heizkörperanordnung, Fußbodenheizung)
Konstruktion (Systembeschreibung, Baubeschreibung)
Termine
Anlagen zum Leistungsverzeichnis

- allgemeine Baubeschreibung
- Positionsbeschreibung
- Haustüransicht und Schnitte (sofern nicht durch die Systembeschreibung festgelegt)
- Wandanschlußdetail
- ggf. Detail von Brüstung und Kopplung bei Haustüranlagen
- Sonstiges

Formänderungen (bei größeren Haustüranlagen oder in Verbindung mit Fenstern von Bedeutung):
- Deckendurchbiegung . . . mm bei Stützweite von . . . mm
- Verschiebung von . . . mm durch Setzung, Dehnungsfugen usw.
- Toleranzangaben, z. B. Rohbautoleranzen nach DIN 18202 und 18203 (Für Türen ist insbesondere E DIN 18202 Teil 4 April 1982 zu beachten.)
- Horizontallast nach DIN 1055 Teil 3 in Brüstungshöhe angreifend von . . . ($0,5$ kN/m^2 oder $1,0$ kN/m^2)
- bei einer Anlage mit Fensterflügel: Vertikallast auf Riegel von $0,5$ kN/m^2
- ggf. Zusatzlasten, mit . . . kN/m^2 wirkend in . . .
- Verstärkungen sind anzubringen auf der Außenseite, der Innenseite oder systembedingt.

Anforderungen nach ISO/DIS 8276 in den Belastungshöhen von

- harter Stoß   1 000 mm oder 2 000 mm
- weicher Stoß   400 mm oder 800 mm
- Fugendurchlässigkeit   Klasse A1
                         Klasse A2
                         Klasse A3
- Schlagregendichtheit   Klasse E1
                         Klasse E2
                         Klasse E3

(Im allgemeinen ist die jeweils unterste Belastungshöhe ausreichend.)

13 Planung

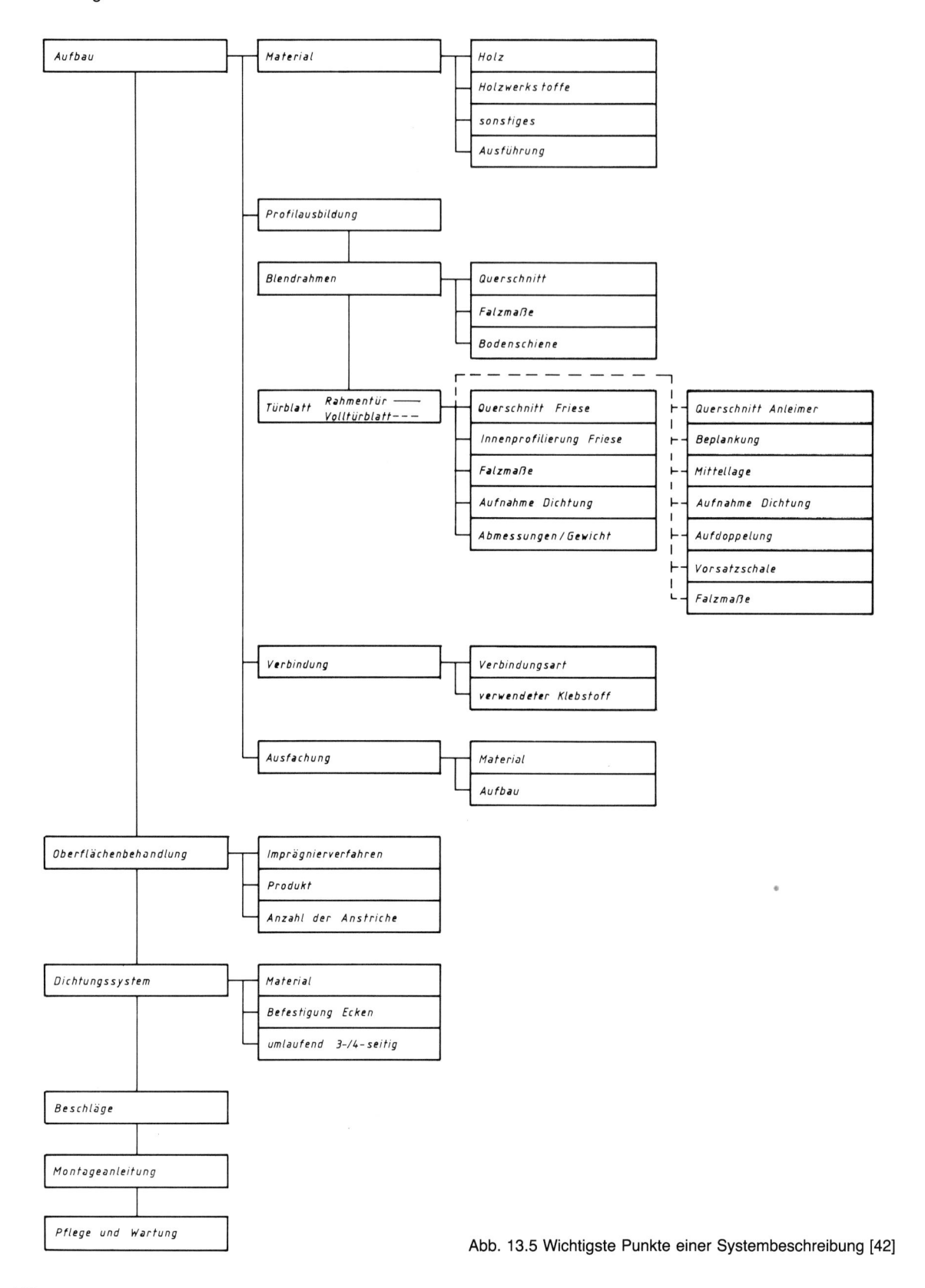

- Aufbau
  - Material
    - Holz
    - Holzwerkstoffe
    - sonstiges
    - Ausführung
  - Profilausbildung
  - Blendrahmen
    - Querschnitt
    - Falzmaße
    - Bodenschiene
  - Türblatt — Rahmentür ——
         Volltürblatt - - -
    - Querschnitt Friese
    - Innenprofilierung Friese
    - Falzmaße
    - Aufnahme Dichtung
    - Abmessungen/Gewicht
    - Querschnitt Anleimer
    - Beplankung
    - Mittellage
    - Aufnahme Dichtung
    - Aufdoppelung
    - Vorsatzschale
    - Falzmaße
  - Verbindung
    - Verbindungsart
    - verwendeter Klebstoff
  - Ausfachung
    - Material
    - Aufbau
- Oberflächenbehandlung
  - Imprägnierverfahren
  - Produkt
  - Anzahl der Anstriche
- Dichtungssystem
  - Material
  - Befestigung Ecken
  - umlaufend 3-/4-seitig
- Beschläge
- Montageanleitung
- Pflege und Wartung

Abb. 13.5 Wichtigste Punkte einer Systembeschreibung [42]

13.3 Empfehlung für die Ausschreibung

Sonderanforderungen:
Für die Überprüfung der Einhaltung einer entsprechenden Sonderanforderung sollte auf die Vorlage eines gültigen Prüfzeugnisses und/oder einer Zulassung geachtet werden.

- Wärmeschutz k-Wert Haustürelement bzw. Haustüranlage ...W/m² K
- Schallschutz nach VDI-Richtlinie 3728, Klasse bzw. DIN 4109 ... dB
- Einbruchschutz nach DIN V 18103
- Feuerschutz
- Rauchschutz
- Strahlenschutz
- Feuchtraumschutz

Werkstoffe:
- Holzart nach DIN 68360 Teil 1 Pkt. 5 bzw. gleichwertig (s. DIN 68364)
- Holzqualität nach DIN 68360 Teil 1
  - deckend zu behandeln   AD
  - nicht deckend zu behandeln   AND

  Holzwerkstoffe: für den Außenbereich geeignete Holzwerkstoffe ...
- Leim: geeignet sind Leime der BG 4 nach DIN 68602
- Dichtungsprofile umlaufend in einer Ebene mit geschlossenen Ecken bzw. systembedingt Material .....
- Dichtstoffe Material .....
- Beschläge:
  Bänder ....
  Anzahl Bandpaare ....
  Schloß (mind. 20 mm Riegelausschluß im Hauptschloß)
  Mehrpunktverriegelung Typ   ....

Einpunktverriegelung Typ   ....
  Schließblech   ....

Schutzbeschlag   ....
  Schließzylinder   ....

Sonstiges

Oberflächenbehandlung:
- Holzschutz soweit erforderlich nach DIN 68800
- Anstrich nach DIN 68805
  Basis .... z. B. Wasserlack-System
  Aufbau .... deckend, filmbildend,
  Farbton .... farbig, weiß

Ausfachung:
- Transparente Füllung; Glasart .... Verglasung nach den Richtlinien der Isolierglashersteller unter Berücksichtigung der technischen Normen
- Nichttransparente Füllung; System .... Füllungsaufbau ....
  Einbau

Montage
- Nach den Montagerichtlinien des Haustürherstellers System .... bzw. Befestigung durch ....
- Abdichten zum Baukörper .... (mit Skizze)
- Anschluß zum Baukörper .... (mit Skizze)
  dreiseitig ....
  unten quer ....

Verarbeitung
Die Verarbeitung hat sauber und werkstoffgerecht zu sein. Im Zweifelsfalle wird eine Überprüfung durch einen öffentlich bestellten und vereidigten Sachverständigen durchgeführt. Grundlage sind neben dem Ausschreibungstext die allgemein technischen Regelwerke.

Weitere Hinweise

14 Wartung

Eine sorgfältige Wartung hilft, die Lebensdauer einer Haustür zu verlängern und Instandsetzungsmaßnahmen zu vermeiden. Über die Dauer der einzelnen Wartungsintervalle lassen sich keine allgemeinverbindlichen Aussagen machen. Die Häufigkeit von Wartungsmaßnahmen richtet sich u. a. nach

- Nutzungsgewohnheiten,
- Pflegeintensität,
- Umwelteinflüssen,
- Gebäudelage und -form,
- Industrie- und Verkehrsbelastung.

Eine regelmäßige Wartung sollte jährlich erfolgen und folgende Punkte berücksichtigen:

- alle beweglichen Teile – außer Schließzylinder – mit säurefreiem Fett (Nähmaschinenöl, Vaseline) nachfetten;
- Schließzylinder, falls erforderlich, mit Graphit oder vom Hersteller empfohlenen Mitteln behandeln;
- Reinigen der Dichtung und Überprüfen auf geschlossene Ecken – sofern vom System vorgegeben – und festen Sitz;
- Reinigen der Bodenschwelle sowie der evtl. vorhandenen Entwässerungslöcher;
- Überprüfen des Anschlusses zum Mauerwerk;
- Nachziehen aller Befestigungsschrauben;
- Überprüfen der Versiegelung an der Ausfachung sowie Reinigen evtl. vorhandener Entwässerungsöffnungen für die Verglasung;
- Auffrischen stärker abgewitterter Holzteile (meist im unteren Bereich).

Kleinere Reparaturen und Ausbesserungsarbeiten sollten sofort bei der Überprüfung vorgenommen werden.

15 Normung

„Normung ist die planmäßige, durch die interessierten Kreise gemeinschaftlich durchgeführte Vereinheitlichung von materiellen und immateriellen Gegenständen zum Nutzen der Allgemeinheit" – so die offizielle Definition des Begriffes Normung, die in DIN 820 Teil 1 vom Januar 1986 festgelegt wurde.

Eine Norm wird also nicht verordnet, sondern durch die „interessierten Kreise" erarbeitet. Eine Norm „zum Nutzen der Allgemeinheit" kann jeder Bürger(in) und jede Interessengruppe anregen. DIN-Normen werden von ca. 120 Normenausschüssen mit 3 650 Arbeitsausschüssen erarbeitet. In ihnen können Bürger und Vertreter von Interessengruppen mitarbeiten. Die so erarbeitete Norm wird durch die zentrale Prüfstelle des DIN Deutsches Institut für Normung e. V. kontrolliert. Damit Bürger und interessierte Kreise auch dann noch auf die Entwicklung von Normen Einfluß nehmen können, werden sie erst als Normentwürfe veröffentlicht (Gelbdruck). Am Ende steht schließlich die Norm (Weißdruck).

Von der Idee (dem Normungsantrag) bis zur Herausgabe der Norm (Weißdruck) kann durchschnittlich eine Zeitspanne von 2 bis 5 Jahren veranschlagt werden.

15.1 Norm-Bereiche

Es gibt verschiedene Bereiche der Normgebung. Man unterscheidet zwischen nationaler, europäischer und internationaler Normung.

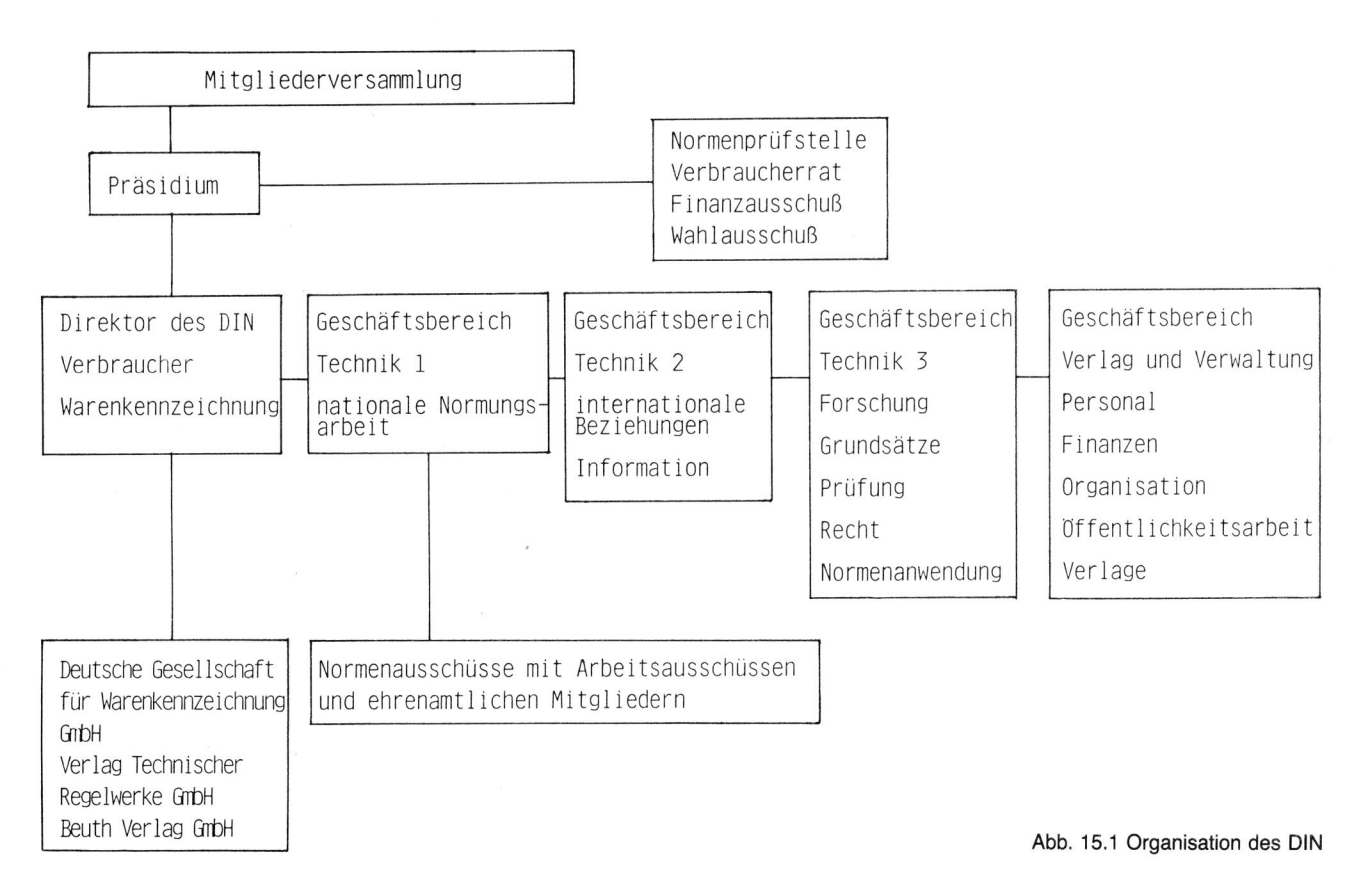

Abb. 15.1 Organisation des DIN

15 Normung

15.1.1 National (DIN)

Für die deutsche Normgebung ist das DIN Deutsches Institut für Normung e. V. mit Sitz in Berlin verantwortlich. Für den Haustürenbereich ist in Berlin der Normungsausschuß Bauwesen NABau und in Köln der Normungsausschuß Holz NAHolz (Holz und Holzwerkstoffe) zuständig.

Die Bundesregierung erkennt das DIN als zuständige Normenorganisation für das Bundesgebiet sowie als nationale Vertretung in europäischen und internationalen Normenorganisationen an. Dabei verpflichtet sich das DIN, bei seinen Normungsarbeiten das öffentliche Interesse zu berücksichtigen.

Das Deutsche Normenwerk besteht aus rund 22 000 DIN-Normen, die mehreren Kategorien, z. B. Dienstleistungs-, Liefer-, Maß-, Planungs-, Verständigungsnormen zugeordnet sind. Die Organisation des DIN ist in Abb. 15.1 wiedergegeben.

Das Präsidium ist nicht nur mit Vertretern der Industrie besetzt sondern auch mit Vertretern der Endverbraucher, der Stiftung Warentest und der Gewerkschaften.

Für den Haustürbereich ist im DIN der Fachbereich Ausbau zuständig. Die Aufteilung in Arbeitsausschüssen innerhalb des Fachbereiches ist aus Abb. 15.2 ersichtlich.

FACHBEREICH		
IX		
Ausbau		
ARBEITSAUSSCHÜSSE		
IX 1 L	IX 9 F	IX 22 L
Fenster	Dachrinnen und Regenfallrohre Metall	Wohnungsabschlußtüren
Seifert	Breuer	Knublauch
IX 2 L	IX 11 F	IX 23 L
Türen; Koordinierung	Dachrinnen Kunststoff	Einbruchhemmende Türen
Seifert	Kleindienst	Seifert
IX 2/2 L	IX 12 F	IX 24 L
Türen; Anforderungen, Prüfung	Lüftung fensterloser sanitärer Räume	Rauchschutztüren
Seifert	Hausladen	Westhoff
IX 3 E	IX 13 E	IX 26 L
Hausanschlußräume	Rollabschlüsse, Jalousien, Markisen	Türen, Maße
Wagner	Steuff	Trouvain
IX 5 L	IX 16 E	
Feuerschutztüren	Elektrische Anlagen im Wohnungsbau	
Westhoff	Wagner	
IX 6 L	IX 19 G	
Fahrschachttüren	Geländer	
Westhoff	Henzler	
IX 7 L	IX 20 F	
Treppen	Regenfallrohre und Dachrinnen Bemessungsgrundlagen	
Kenngott	Burggraef	
IX 8 L	IX 21 L	
Baubeschläge	Schlösser	
Sieg	Sieg	
IX 8/1 L	IX 21/1 L	
Baubeschläge Türbeschläge	Einsteckschlösser	
Großsteinbeck	Wunderlich	
IX 8/3 L	IX 21/2 L	
Baubeschläge Fensterbeschläge	Einsteckschlösser für Feuerschutzabschlüsse	
Hitzbleck	Römer	
IX 8/4 L	IX 21/3 L	
Baubeschläge Schließmittel für Feuerschutzabschlüsse	Schließzylinder	
Sieg	Sieg	

Abb. 15.2 Arbeitsausschüsse für den Ausbau im Normenausschuß Bauwesen NABau

15.1.2 Europäisch (EN)

Für die europäische Normgebung ist das Europäische Komitee für Normung (CEN = Comité Européen de Normalisation) verantwortlich, eine Vereinigung, der die nationalen Normenorganisationen von 16 europäischen Ländern angehören.

Das CEN ist gebildet worden, um gemeinsame Normungsdokumente für die Länder der Europäischen Gemeinschaft (EG) aufzustellen mit dem Ziel, die Normen der entsprechenden Länder zu koordinieren, um den Austausch von Waren und Dienstleistungen zwischen diesen Ländern zu erleichtern. Die technische Arbeit des CEN vollzieht sich in Technischen Komitees (TC), die vielfältig untergliedert sind, um in möglichst kurzer Zeit europäische Normen zu erstellen.

Europäische Normen erhalten nach Übernahme in das Deutsche Normenwerk die Kennzeichnung DIN EN und damit den Charakter einer Deutschen Norm.

Für den Bereich Türen werden die Normen in der Arbeitsgruppe WG 2 des Technischen Komitees 33 erarbeitet.

Die Notwendigkeit des europäischen Binnenmarktes hat eine enorme Zunahme und Aktivität in der europäischen Normung (CEN) ausgelöst. Sämtliche nationalen Normen müssen in nächster Zeit durch DIN EN ersetzt werden. Dies bedeutet, daß keine nationalen Normen mehr begonnen und Norment-

15.2 Aufgaben der Normung

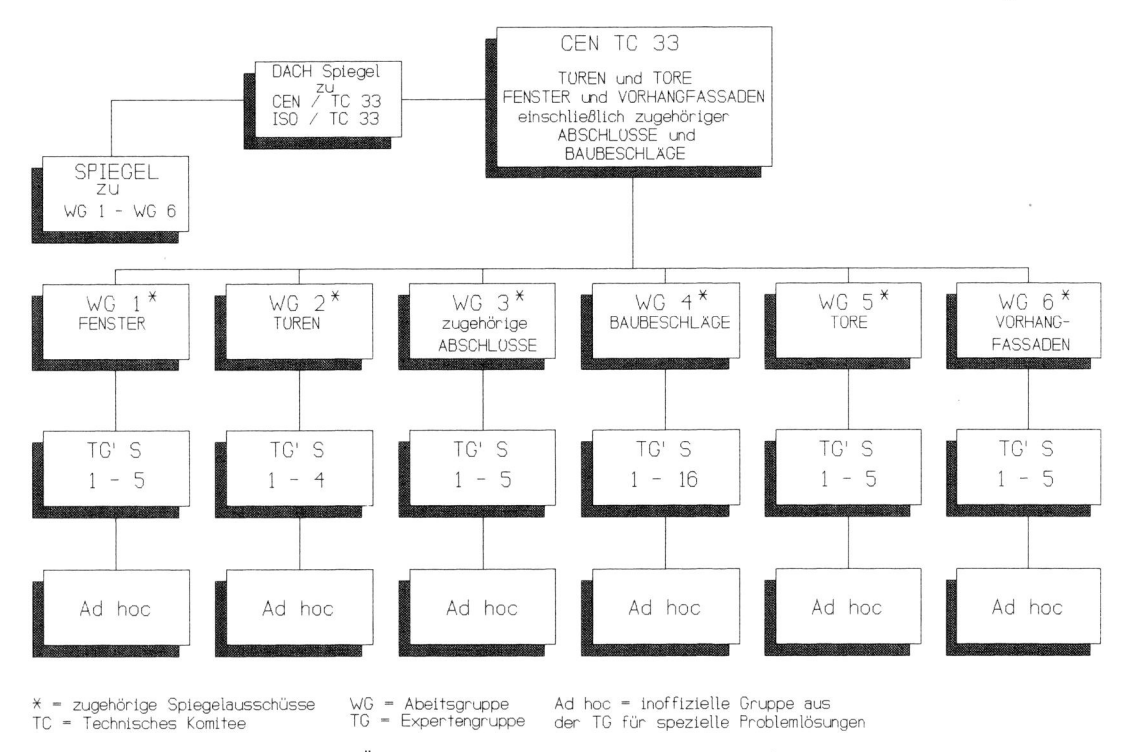

Abb. 15.3 Übersicht der europäischen Normung des TC 33 [49]

würfe nicht mehr als DIN verabschiedet werden, wenn hierüber bereits auf europäischer Ebene gearbeitet wird.

Damit wird es auch für den Handwerker unumgänglich, sich frühzeitig mit der europäischen Normungsarbeit auseinanderzusetzen. DIN EN wird in wenigen Jahren auch in Ausschreibungstexten und Leistungsverzeichnissen Eingang gefunden haben.

15.1.3 International (ISO)

Die Weltorganisation für Normung (ISO = International Organization for Standardization) hat ihren Sitz in Genf. Ihr gehören mehr als 80 Länder an, die ¾ der Weltbevölkerung repräsentieren.

ISO-Normen sollen unverändert als nationale Normen übernommen werden und erhalten dadurch große wirtschaftliche Bedeutung für die einzelnen Länder. Im Deutschen Normenwerk erhalten sie die Kennzeichnung DIN-ISO. Durch die Intensivierung in der europäischen Normungsarbeit kamen die ISO-Normungsarbeiten so gut wie zum Stillstand.

Die Facharbeit wird in 160 Technischen Komitees (TC), in Sub-Komitees (SC) und in Arbeitsgruppen (WG) durchgeführt.

Der ISO-Rat hat jedem Komitee ein bestimmtes Aufgabengebiet zugeteilt, und jedes Mitgliedsland kann in jedem technischen Komitee aktiv mitarbeiten und an allen Abstimmungen über ISO-Normen teilnehmen oder sich über alle Arbeiten informieren lassen.

15. 2. Aufgaben der Normung

Es gibt viele Bereiche, in denen die Verwendung von Normen notwendig ist. Man unterteilt, nach verschiedenen Zielsetzungen, in einzelne Normenarten und Normenaufgaben:

Normenart	Normenaufgabe
Kompatibilität (Austauschbarkeit)	Sinnvolle Zusammenarbeit von Industrie und Verbraucher im In- und Ausland
Begriffs-, Bezeichnungsnormen	Verbraucherinformation
Sicherheitsnormen	Verbrauchersicherheit
Gebrauchstauglichkeit	Einhaltung gewisser Mindestanforderungen

Die Kompatibilität (Austauschbarkeit) ist besonders wichtig für die internationale Normung (ISO), da sie in den Industrielän-

15 Normung

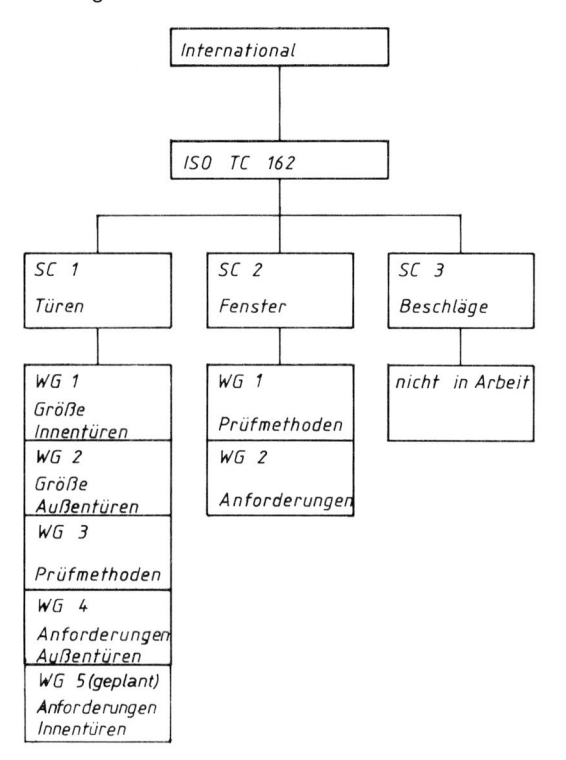

```
            International
                 |
            ISO TC 162
                 |
    ┌────────────┼────────────┐
  SC 1         SC 2         SC 3
  Türen       Fenster      Beschläge
    |           |             |
  WG 1        WG 1        nicht in Arbeit
  Größe       Prüfmethoden
  Innentüren
  WG 2        WG 2
  Größe       Anforderungen
  Außentüren
  WG 3
  Prüfmethoden
  WG 4
  Anforderungen
  Außentüren
  WG 5 (geplant)
  Anforderungen
  Innentüren
```

Abb. 15.4 Sub-Komitees und Arbeitsgruppen in ISO/TC 162 „Türen und Fenster" [42]

dern über die nationalen Grenzen hinaus Vereinfachung und somit Förderung des Handels bedeutet. Durch DIN-Prüfmethoden ist sichergestellt, daß bestimmte Eigenschaften eindeutig reproduzierbar, zahlenwertmäßig in gleicher physikalischer Einheit dargestellt werden können.

Da sich nicht alle Eigenschaften zahlenmäßig erfassen lassen, gibt es Begriffs- und Bezeichnungsnormen. Hier werden verschiedene Begriffe genau definiert, um Begriffsverwirrungen zu vermeiden. So müssen z. B. bei einem Möbelstück, das als Massivholzmöbel gekennzeichnet ist, nach DIN 68871 alle Teile, außer Rückwand und Schubladenböden, durchgehend aus der angegebenen Holzart gefertigt sein.

Eine weitere Art von Normen sind Sicherheitsnormen. Für viele Artikel (z. B. Fahrräder, Elektrogeräte usw.) gilt eine Summe von Sicherheitsanforderungen, die in erster Linie den Benutzer vor Schaden bewahren sollen. Sicherheitsnormen müssen vom Hersteller eingehalten werden. Die sicherheitstechnische Beurteilung übernehmen in der Regel Prüfinstitute, die als Grundlage solcher Prüfungen DIN-Normen verwenden. Für den Verbraucher ist eine gewisse Gebrauchstauglichkeit für nach Norm gefertigte Ware garantiert.

Gebrauchstauglichkeitsnormen verpflichten den Hersteller, ein einheitliches Qualitätsniveau mit bestimmten Mindestanforderungen einzuhalten. Unterschiedliche Qualitäten werden oft in Güteklassen aufgeteilt, für die die Eigenschaften, die ein Artikel dieser Klasse haben muß, genau definiert sind.

15.3 Kennzeichnung

Grundlage der Kennzeichnung ist die Übereinstimmung eines Produkts mit Normfestlegungen. Man spricht daher auch von Konformitätskennzeichnung. Zu diesem Zweck sind mehrere Kennzeichnungssysteme entwickelt worden (vgl. Abb. 15.5).

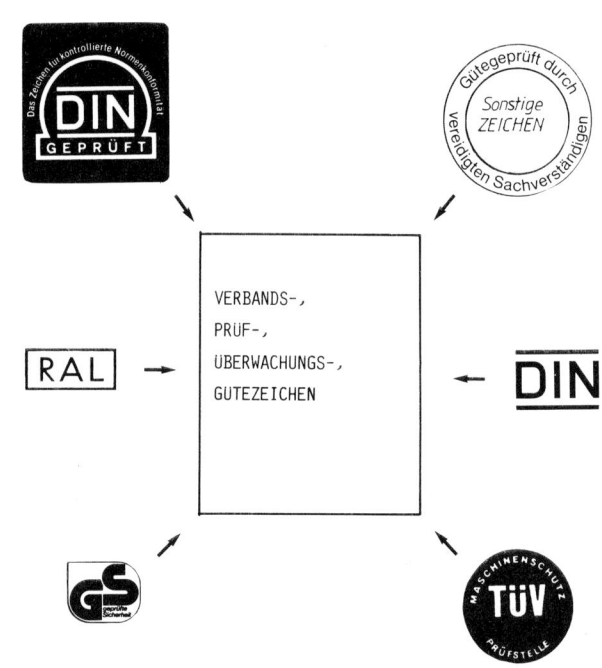

Abb. 15.5 Qualitätskennzeichen

Je nach Branche sind die einzelnen Zeichen verschieden weit verbreitet. Je nach Zeichen werden hierbei Sicherheit, Qualität oder Güte bestätigt.

Auf europäischer Ebene werden diese Zeichen abgelöst durch das CE-Zeichen, z. B. bei Feuerschutztüren.

Für Türen, die keine bestimmten Bauvorschriften zu erfüllen haben (sie unterliegen nicht der Bauproduktenrichtlinie), wird ebenfalls auf europäischer Ebene an einem Konformitätszeichen gearbeitet (z. B. Heizkörperventile mit „Zwillingszeichen").

15.4 Normbedeutung im Rechtsbereich

DIN-Normen haben aus sich heraus zunächst den Charakter einer unverbindlichen Empfehlung. Da sie sich aber meist als „anerkannte Regeln der Technik" bestätigt haben, können sie von erheblicher rechtlicher Bedeutung sein.

So ist es durchaus möglich, daß einige Normen durch Gesetz oder Verordnung verbindlich werden. Das Gesetz verpflichtet Hersteller oder Importeure, nur solche Waren zu verkaufen, die nach den allgemeinen Regeln der Technik hergestellt sind und für den Benutzer keine Gefahr darstellen. Für die Einhaltung dieses Gesetzes ist z. B. die Gewerbeaufsicht oder die Bauaufsicht (z. B. DIN 4102 Feuerschutz) verantwortlich.

Von Bedeutung sind Normen in Verträgen. Ist ein Kaufvertrag zustande gekommen, haftet der Verkäufer laut BGB dafür, daß eine Ware mängelfrei ist. Wird in einem Kaufvertrag eindeutig Bezug auf DIN-Normen genommen, hat der Verkäufer zweifelsfrei die Verpflichtung zur Einhaltung der zitierten Normen. Aber auch in den Fällen, in denen sie nicht von den Vertragsparteien zum Inhalt des Vertrages gemacht wurden, dienen Normen als „allgemein anerkannte Regeln der Technik" und in gerichtlichen Verfahren oft als Entscheidungshilfen.

16 Qualitätssicherung

16.1 Allgemeines

Aufgrund der Marktsituation kann der Kunde aus einer Vielzahl nahezu identischer Produkte auswählen und durch Preis-, Leistungs- und Qualitätsvergleich das für ihn zutreffende Produkt auswählen. Die Qualitätssicherung ist in allen Industriezweigen eingeführt. Von der Produktion wird eine ständige technische Weiterentwicklung gefordert und eine damit verbundene Einengung der technischen Toleranzgrenzen in der Fertigung. Die Konkurrenzfähigkeit kann nur dann erhalten bleiben, wenn Produzenten zu einem mit dem Mitbewerber vergleichbaren Preis gesteigerte Qualität anbieten können.

Ohne Kontrolle der Qualität wird kein Betrieb auf Dauer produzieren können. Leider nimmt die Einstellung zu einer soliden Qualität weiter ab, wobei dem „Ausufern" von Qualitätsaussagen, verbunden mit unterschiedlichsten Qualitätszeichen, Tür und Tor geöffnet werden. Kurzum, ohne Qualitätsaussage und damit verbundener Qualitätskontrolle geht es nicht. In Zukunft muß erreicht werden, daß die in der Qualitätsaussage zugesicherten Eigenschaften wirklich erfüllt werden und auch über eine längere Nutzungsdauer erfüllt bleiben.

Jeder Betrieb muß klare Vorstellungen bezüglich seines individuellen Qualitätsbegriffes besitzen. In der freien Marktwirtschaft wird es kaum möglich sein, daß alle Hersteller eines Produktionszweiges ein qualitativ gleichwertiges Produkt herstellen und liefern. Qualität muß den Anforderungen des Marktes entsprechen.

Abb. 16.1 zeigt die gesamte Bandbreite des Qualitätsbegriffes. Je nach Kundenanspruch, maschineller Ausrüstung, personeller Situation und letztlich der Qualitätsvorstellung des Führungspersonals wird jeder einzelne Betrieb in einem eng begrenzten Feld des Qualitätsmaßstabes anzusiedeln sein. Während sich die schematisch dargestellten Betriebe B bis D kundenspezifischen Qualitätsanforderungen angepaßt haben und die Mindestanforderungen des Qualitätsmaßstabes erfüllen, unterschreitet Betrieb E die untere Qualitätsgrenze deutlich. Als Konsequenz ergibt sich, daß dieser Betrieb sein Produkt auf dem Markt nicht absetzen kann.

In dieser Situation sind vom Führungspersonal Überlegungen anzustellen, die Qualität durch sinnvolle Maßnahmen so zu steigern, daß eine Konkurrenzfähigkeit, zumindest mit den Betrieben C und D, hergestellt werden kann.

Betrieb A, als anderes Extrem, überschreitet die obere Qualitätsgrenze deutlich. Auch hier ist die Konkurrenzfähigkeit nicht gegeben. Für das deutliche „Mehr" an Qualität sind keine Mehrerlöse zu erzielen. Auch hier sind Überlegungen anzustellen, die Qualität durch sinnvolle Maßnahmen zu beeinflussen und somit den Erlös zu optimieren.

Mit der Einführung eines Qualitätssicherungssystemes und der konsequenten Anwendung, sind Extreme, wie sie die

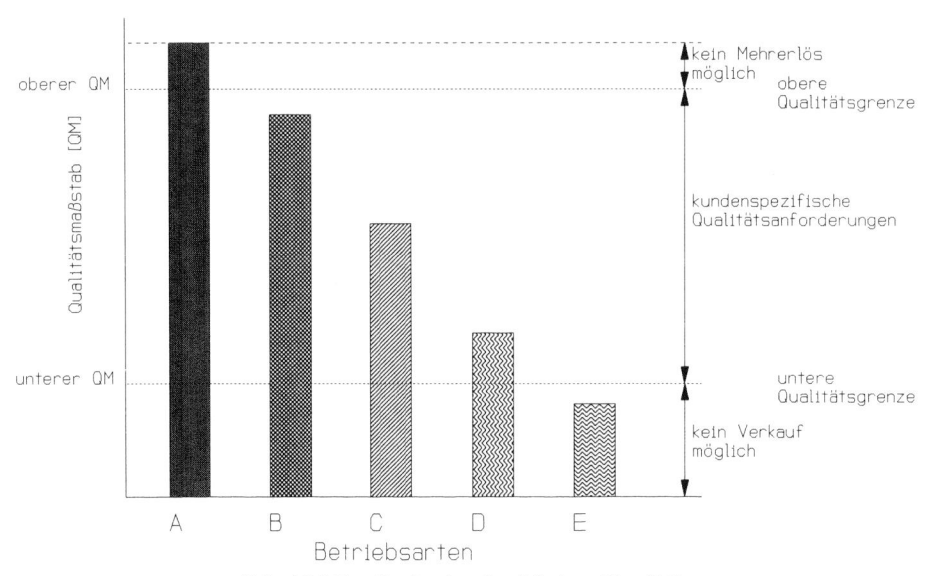

Abb. 16.1 Bandbreite des Qualitätsbegriffes [48]

16.2 Das DIN-Prüf- und Überwachungszeichen

Betriebe A und D des Beispiels darstellen, so zu korrigieren, daß ein Qualitätsmaßstab erreicht wird, der den Anforderungen des Marktes entspricht.

Verdeutlicht man sich die Kosten, die durch nicht oder falsch angewandte Qualitätssicherung entstehen, wird die Notwendigkeit einer konsequenten Anwendung deutlich (siehe Abb. 16.2).

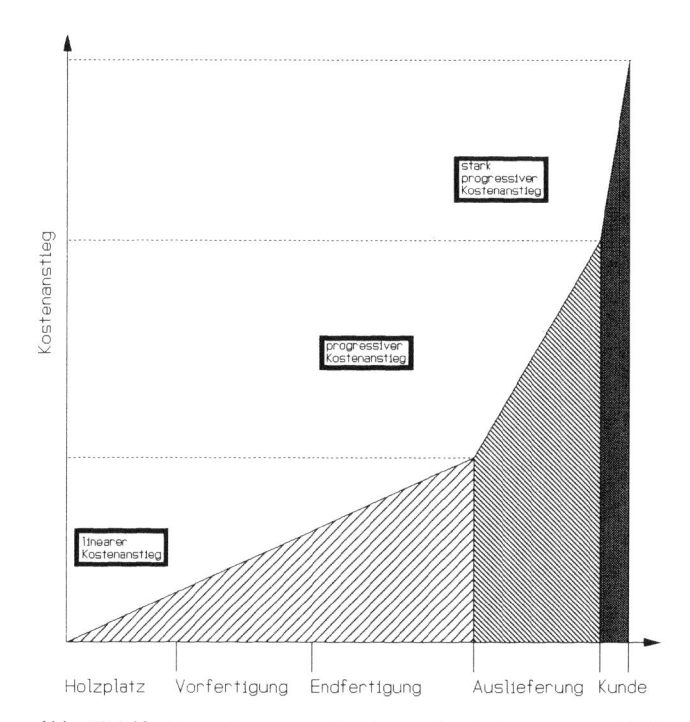

Abb. 16.2 Kostenanstieg proportional zum Bearbeitungszustand [48]

Innerhalb der Fertigungslinie ist mit einem annähernd linearen Kostenanstieg bei nicht angepaßter Qualität zu rechnen. Je früher Fehlerquellen erkannt und beseitigt werden, desto günstiger wirkt sich dies auf die entstehenden Kosten aus.

Ist jedoch das Produkt erst ausgeliefert oder sogar beim Kunden angelangt, ist mit einer progressiven oder sogar stark progressiven Kostensteigerung im letzten Fall zu rechnen. Neben dem direkt meßbaren finanziellen Verlust richtet der Imageverlust oftmals einen Schaden an, der sich in Mark und Pfennig kaum beziffern läßt.

16.2 Das DIN-Prüf- und Überwachungszeichen

Mit der Gründung der Deutschen Gesellschaft für Warenkennzeichnung GmbH (DGWK) im Jahr 1971 wurden alle Zertifikationsaktivitäten des DIN zusammengefaßt und einheitlichen Grundsätzen unterworfen. Zweck der DGWK ist die Errichtung, Verwaltung und Überwachung von Kennzeichnungssysteme auf der Grundlage von DIN-Normen, internationalen Normen sowie entsprechend anerkannten anderen Festlegungen normenmäßigen Charakters.

Die Tätigkeit besteht hauptsächlich in der Vergabe der Berechtigung zum Führen von Zeichen und der Einräumung von Rechten der Verbreitung entsprechender informativer Angaben.

Durch Vereinbarung hat das DIN der DGWK die Nutzungsrechte am Zeichen DIN und am DIN-Prüf- und Überwachungszeichen eingeräumt.

Das Zertifikationssystem des DIN sieht zur Zeit zwei Arten vor:

a) die eigenverantwtortliche Kennzeichnung (Deklaration) mittels DIN-Nummer oder Verbandszeichen DIN;
b) die von unabhängiger Seite (von der DGWK anerkannte neutrale Prüfstellen) bestätigte Normenkonformität mittels DIN-Prüf- und Überwachungszeichen aufgrund Prüfung und ggf. Eigen- und/oder Fremdüberwachung.

Für die Benutzung des Verbandszeichens gilt dessen Zeichensatzung, für die Benutzung des DIN-Prüf- und Überwachungszeichens gelten dessen Zeichensatzung sowie die „Richtlinien für die Erteilung des DIN-Prüf- und Überwachungszeichens". Die genannten Unterlagen können bei der DGWK angefordert werden.

Dieses Zeichen bestätigt die Übereinstimmung eines Produkts oder einer Leistung mit den in DIN-Normen festgelegten Anforderungen aufgrund Prüfung und Eigenüberwachung oder ggf. Fremdüberwachung durch eine neutrale, unabhängige Prüfstelle.

Grundlage für die Prüfung sind DIN-Normen, in denen alle wesentlichen Anforderungen an das betreffende Produkt (Güte- und/oder Sicherheitsanforderungen, Leistungsangaben) festgelegt sind.

Darüber hinaus enthalten die entsprechenden DIN-Normen in der Regel auch Festlegungen über Art und Umfang der Prüfung (z. B. Typprüfung, Erst- oder Zulassungsprüfung) bzw. die erforderliche Fremd- und/oder Eigenüberwachung, ferner über Probenahme und das Zertifikationsverfahren.

Sofern in bereits bestehenden Normen derartige Festlegungen noch nicht enthalten sind, können diese auch gesondert zwischen Normenausschuß, DGWK und ggf. Prüfstelle(n) vereinbart werden.

Die Errichtung eines Zertifikationsprogramms mit dem DIN-Prüf- und Überwachungszeichen kann für alle Produkte oder Produktbereiche erfolgen, für die entsprechende DIN-Normen existieren und für die eine Sicherung der Normenkonformität als wünschenswert oder notwendig angesehen wird.

16 Qualitätssicherung

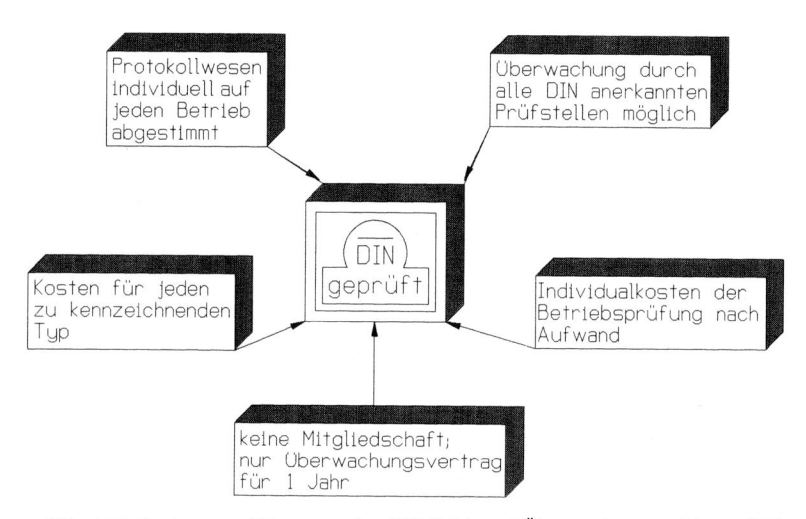

Abb. 16.3 System zur Erlangung des DIN-Prüf- und Überwachungszeichens [48]

Die Entscheidung für die Anwendung fällt in dem für die jeweilige Norm zuständigen Arbeitsausschuß. Die Anregung oder Empfehlung für die Einführung des Zeichens kann vom Arbeitsausschuß selbst, aber auch von der DGWK bzw. anderen Stellen erfolgen.

Mit der Entscheidung für die Anwendung des Zeichens ist auch darüber zu befinden, ob der Nachweis der Normenkonformität obligatorisch oder freiwillig sein soll.

Das System zur Erlangung des DIN-Prüf- und Überwachungszeichens ist aus Abb. 16.3 ersichtlich.

16.2.1 Prüfstellen

Für die Erteilung des DIN-Prüf- und Überwachungszeichens ist die Vorlage eines Prüfzeugnisses, in dem die Normenkonformität bestätigt sein muß, notwendig. Hierbei werden von der DGWK für die Durchführung der Prüf- und Überwachungstätigkeit Prüfstellen bezeichnet.

Anträge auf Anerkennung und Bezeichnung können von jeder Prüfstelle gestellt werden. Die DGWK berücksichtigt weitestgehend entsprechende Vorschläge der jeweiligen Normenausschüsse und nimmt die Bezeichnung einer Prüfstelle stets in Abstimmung mit dem Normenausschuß vor.

Die Anerkennung von Prüfstellen erfolgt nach den „Richtlinen für die Anerkennung und Bezeichnung von Prüf- und Überwachungsstellen".

Die DGWK achtet darauf, daß die Prüstellen nach einheitlichen Kriterien prüfen, um eine Vergleichbarkeit der Prüfergebnisse sicherzustellen.

Hierfür ist ein Prüfstellenausschuß, der aus den Mitgliedern des Zertifizierungskomitees gebildet ist, zuständig. Er sorgt für einen geregelten Erfahrungsaustausch unter den Prüfstellen.

16.2.2 Eigenüberwachung

Sie ist die vom Hersteller vorzunehmende kontinuierliche Überwachung der Einhaltung der festgelegten Anforderungen.

Basis sind DIN 18200 sowie das Zertifizierungsprogramm.

Für die Durchführung ist der Hersteller verantwortlich. Hierfür ist sowohl Überwachungspersonal als auch die notwendige Prüfungseinrichtung erforderlich.

Die Ergebnisse der Überwachung sind aufzuzeichnen (Prüfprotokolle) und auszuwerten. Die Prüfprotokolle müssen mindestens enthalten:

– Bezeichnung des Erzeugnisses;
– Art der Prüfung;
– Datum der Herstellung (soweit betriebstechnisch möglich) und der Prüfung des Erzeugnisses;
– Ergebnis der Prüfung und, soweit erforderlich, Vergleich mit den Anforderungen;
– Unterschrift des für die Eigenüberwachung Verantwortlichen.

Diese Aufzeichnungen werden von der fremdüberwachenden Prüfstelle überprüft und sind vom Hersteller mindestens drei Jahre aufzubewahren.

Wird bei der Eigenüberwachung festgestellt, daß die festgelegten Anforderungen nicht erfüllt werden, so ist unverzüglich Abhilfe zu schaffen; die weiteren Erzeugnisse sind auf den festgestellten Mangel zu überprüfen.

Durch laufende Kontrollen, beginnend mit der Eingangskontrolle über die Fertigungskontrolle bis zur Endkontrolle, werden Fehler sofort erkannt und können daher meist in kürzester Zeit behoben werden.

Die Eingangskontrolle überwacht alle Lieferungen:
- bei Holz und Plattenwerkstoffen z. B. Messung der Holzfeuchte, Überprüfung der Abmessungen, Kontrolle und Einhaltung geltender DIN-Vorschriften usw.;
- bei Zubehörteilen oder sonstigen Kaufteilen Kontrolle der Abmessungen, des Materials und Prüfung ob die Toleranzen und geltenden DIN-Vorschriften eingehalten sind; Vergleich mit den technischen Lieferbedingungen.

Die Fertigungskontrolle beurteilt das werdende Produkt z. B. nach folgenden Merkmalen:
- Maße;
- Material;
- Oberfläche.

Bei der Endkontrolle wird zusätzlich zu den obigen drei Merkmalen auch die Funktionstüchtigkeit überprüft.

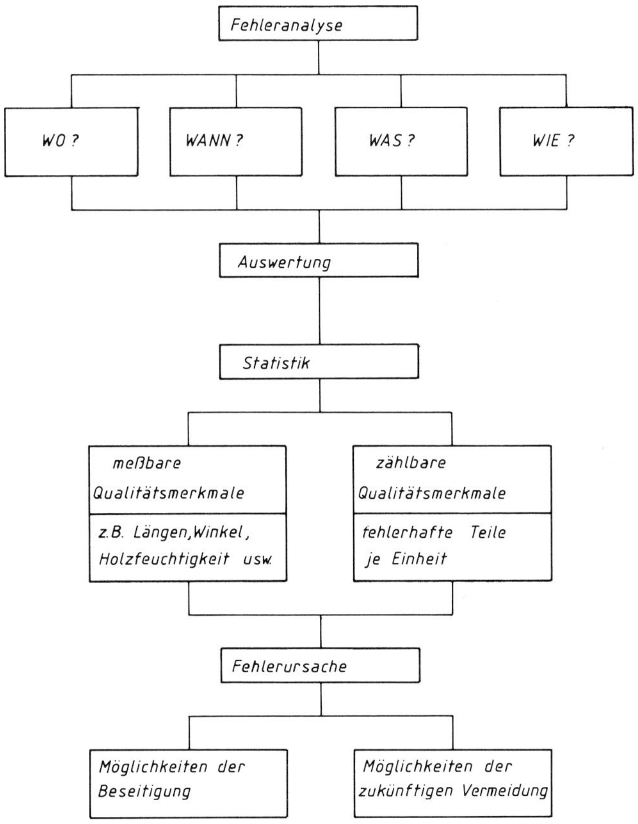

Abb. 16.4 Vorgehensweise bei der Fehleranalyse [42]

Wichtig ist vor allem eine intensive Auswertung der Reklamation und eine anschließende Rückkopplung.

Wichtigster Bestandteil der innerbetrieblichen Qualitätskontrolle ist die „Fehleranalyse" an Hand der Prüfprotokolle.

Die Fehleranalyse ist die Grundlage, um die auftretenden Fehler beurteilen und auswerten zu können (vgl. Abb. 16.4). Dabei wird folgendes schriftlich festgehalten:

- der Arbeitsplatz, an dem der Fehler passierte;
- der Zeitpunkt, zu dem der Fehler bemerkt wurde;
- die Art des Fehlers;
- eventuell die Ursache des Fehlers.

Die Aufzeichnungen werden nach den Regeln der Statistik erfaßt und ausgewertet. Aus diesen Erkenntnissen sieht man leicht, wo (an welchem Arbeitsplatz) verstärkt Fehler auftreten, wann (unter welchen Umständen) sie besonders oft auftreten (z. B. Schichtwechsel u. ä.) und geben somit die Grundlage, Möglichkeiten der zukünftigen Vermeidung zu finden.

16.2.3 Fremdüberwachung

Die Fremdüberwachung besteht mindestens aus:
- Erstprüfung,
- Regelprüfung,
- Sonderprüfung.

Sie ist im Zertifizierungsprogramm, das vom Zertifizierungskomitee erarbeitet wurde, festgelegt. Das Zertifizierungskomitee besteht aus Mitgliedern des Normenausschusses, z. B. einbruchhemmende Türen DIN V 18103 und einbruchhemmende Fenster DIN V 18054 = Zertifizierungskomitee „Einbruchhemmung", und Mitarbeitern der DIN-anerkannten Prüfstellen.

Die Erstprüfung dient der Feststellung, ob die personellen und einrichtungsmäßigen Voraussetzungen für eine ordnungsgemäße Qualitätsüberwachung gegeben sind. Des weiteren ist festzustellen, inwieweit die Erzeugnisse der jeweiligen Norm entsprechen (Typenprüfung oder Eignungsprüfung).

Die Regelprüfung ist ohne vorhergehende Ankündigung mindestens zweimal jährlich in einem angemessenen Abstand durchzuführen. Hierbei hat der Fremdüberwacher mindestens folgendes zu überprüfen:

- durchgeführte Eigenüberwachung an Hand der Prüfprotokolle;
- Bewertung der Prüfprotokolle und Vergleich mit dem Ergebnis aus der Regelprüfung;
- Prüfungen gemäß Überwachungsvertrag mit Hilfe der individuell erstellen Prüfprotokolle;
- ggf. Mitnahme von Proben zur Nachprüfung.

16 Qualitätssicherung

Eine Sonderprüfung findet statt bei

- Nichtbestehen einer Regelprüfung (Wiederholungsprüfung);
- Ruhen der Produktion von mehr als 6 Monaten;
- begründeter Anordnung des Fremdüberwachers (z. B. aufgrund von geringfügigen Konstruktionsänderungen);
- auf Antrag des Herstellers;
- evtl. auf Antrag einer zuständigen Behörde.

Art und Umfang der Sonderprüfung werden im Einzelfall vom Fremdüberwacher festgelegt.

Das Ergebnis der Fremdüberwachung ist in Form eines Prüfberichtes festzuhalten. Den Prüfbericht erhält der Hersteller sowie die überwachende Stelle; er ist mindestens fünf Jahre aufzubewahren.

Bei Erfüllen all dieser Anforderungen ist der Hersteller berechtigt, sein Produkt mit dem Qualitätszeichen „DIN-geprüft" zu kennzeichnen.

16.3 Arbeitsplatz-Qualitätssicherung

Im Handwerksbetrieb sollte generell eine 100 %ige Qualitätskontrolle stattfinden. Jeder Handwerker nimmt beispielsweise Friese vor dem Abrichten in die Hand, um zu entscheiden, welche Seite abgerichtet wird. Bei den weiteren Arbeitsgängen muß über die Winkelkante, die Falzseite, die Innenseite und oben bzw. unten entschieden werden. Per Augenschein und durch „Begreifen" wird hier bei jedem Arbeitsgang Qualitätskontrolle betrieben. Leider zeigen viele Gutachten, daß nicht immer mit der nötigen Sorgfalt operiert wird, und zwar unabhängig von der Betriebsgröße.

Durch eine sinnvolle Qualitätskontrolle, und dies bedeutet Arbeitsplatz-Qualitätssicherung, kann erreicht werden, was jeder Betrieb unter der Qualität seines Produktes versteht und sich für sein Image am Markt wünscht.

Für alle Betriebe ist es notwendig, nicht mit einer starren Qualitätssicherung zu beginnen, sondern für ihre Kunden die verlangte Qualität zu garantieren und zu liefern. Nur wenn jeder Mitarbeiter im Betrieb ein ausgeprägtes Qualitätsbewußtsein zeigt, kommt hierbei das gewünschte Produkt in der geforderten Qualität heraus.

Der Grundgedanke einer Arbeitsplatz-Qualitätssicherung basiert darauf, daß die Qualitätsverantwortung nicht zentralistisch auf eine Position konzentriert wird, sondern auf alle in der Produktion Beschäftigten gleichwertig verteilt wird. Jeder Mitarbeiter übernimmt für seinen Produktionsbereich neben der Erfüllung der vorgegebenen Produktionsmenge die Verantwortung für die Ausführungsqualität. Um dieses Ziel zu erreichen, sind folgende Maßnahmen für jeden Arbeitsplatz notwendigerweise durchzuführen:

1. In der Beschreibung des Fertigungsprozesses wird für jeden Arbeitsplatz die zu verrichtende Tätigkeit ausführlich erläutert. Weiterhin wird der vor- bzw. nachgeordnete Fertigungsschritt sowie der Stellenwert im gesamten Produktionsablauf definiert.
2. Die Qualitätsbeschreibung des Teil-/Fertigerzeugnisses legt die spezifischen Anforderungen an die Ausführungsqualität der durchzuführenden Teil-/Endarbeitsgänge fest. Als Bewertungsparameter werden Fertigteil- und Endmaße sowie visuelle Anforderungskriterien für jeden Arbeitsplatz festgeschrieben.
3. Einen besonders wichtigen Punkt stellt die Rückweisungsgrenze zu bearbeitender Lose aufgrund unzureichender Qualität vorhergegangener Arbeitsschritte dar. In der Qualitätsbeschreibung ist festzulegen, wann Produktionslose zur nachfolgenden Bearbeitung nicht aufgenommen werden dürfen, wer für eine Nachbearbeitung verantwortlich ist und wie in diesem Fall weiter zu verfahren ist.
4. Optische Qualitätsanweisungen durch Fotos, Tabellen und Zeichnungen bieten eine visuelle Unterstützung der Anforderungskriterien. Zeichnungen und Tabellen vereinfachen die Maßkontrolle an Teil-/Fertigerzeugnissen.
5. In Anweisungen zur Stichprobennahme und Dokumentation wird festgeschrieben, wann und von wem Stichproben während des Fertigungsprozesses zu nehmen sind. Weiterhin ist die Art der Dokumentation der Stichprobennahme festgelegt. Ein Verantwortlicher für die Ausführungsqualität ist daher zu benennen. In Auswertung der Gesamtheit aller in einer Produktion durchgeführten Stichproben läßt sich eine sehr gute Einschätzung des Gesamtqualitätsstandes durchführen.

Der Aufbau und die Einführung einer Arbeitsplatz-Qualitätssicherung wird schrittweise vollzogen. Am besten wird hierbei an den neuralgischen Stellen einer Produktion begonnen. Das Gesamtsystem entsteht nach und nach, bis eine Erfassung des gesamten Produktionsablaufes vollzogen ist. Für die Gesamteinführung eines solchen vollständigen Systems ist ein zeitlicher Rahmen von 1,5 bis 2 Jahren zu veranschlagen, wobei sich jedoch die Erfolge in Form von Qualitätssteigerungen in kürzester Zeit bemerkbar machen.

17 Prüfungen

17.1 Allgemeines

Geprüft wird immer ein begehbares Haustürelement einschließlich seiner Montageelemente. Die Prüfungen zur Erfüllung der Mindestanforderungen werden auch als Eignungs- bzw. Systemprüfung bezeichnet. Sämtliche Prüfschritte einschließlich der zugehörigen Normen und Normentwürfe sind in Abb. 17.1 wiedergegeben.

Der Prüfstelle sollten jeweils zwei Türelemente derselben Konstruktion zur Verfügung gestellt werden. Ein Türelement wird auf Einbruchhemmung nach DIN V 18103 geprüft, ein weiteres wird der Eignungsprüfung gemäß Abb. 17.1 unterzogen.

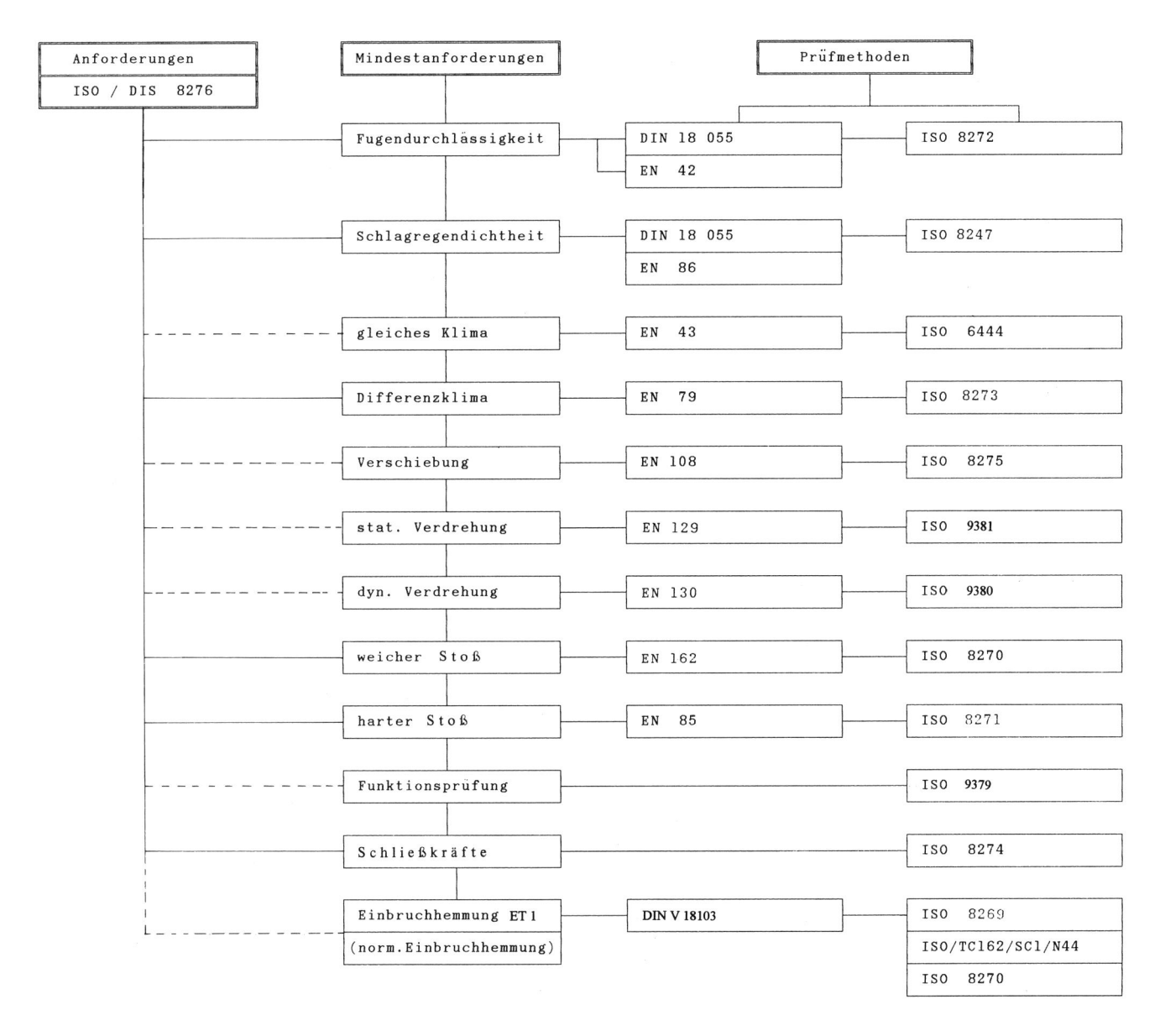

Anforderungen	Mindestanforderungen	Prüfmethoden	
ISO / DIS 8276			
	Fugendurchlässigkeit	DIN 18 055	ISO 8272
		EN 42	
	Schlagregendichtheit	DIN 18 055	ISO 8247
		EN 86	
	gleiches Klima	EN 43	ISO 6444
	Differenzklima	EN 79	ISO 8273
	Verschiebung	EN 108	ISO 8275
	stat. Verdrehung	EN 129	ISO 9381
	dyn. Verdrehung	EN 130	ISO 9380
	weicher Stoß	EN 162	ISO 8270
	harter Stoß	EN 85	ISO 8271
	Funktionsprüfung		ISO 9379
	Schließkräfte		ISO 8274
	Einbruchhemmung ET 1 (norm. Einbruchhemmung)	DIN V 18103	ISO 8269
			ISO/TC162/SC1/N44
			ISO 8270

Abb. 17.1 Nachweis der Mindestanforderungen an Haustürelemente

17 Prüfungen

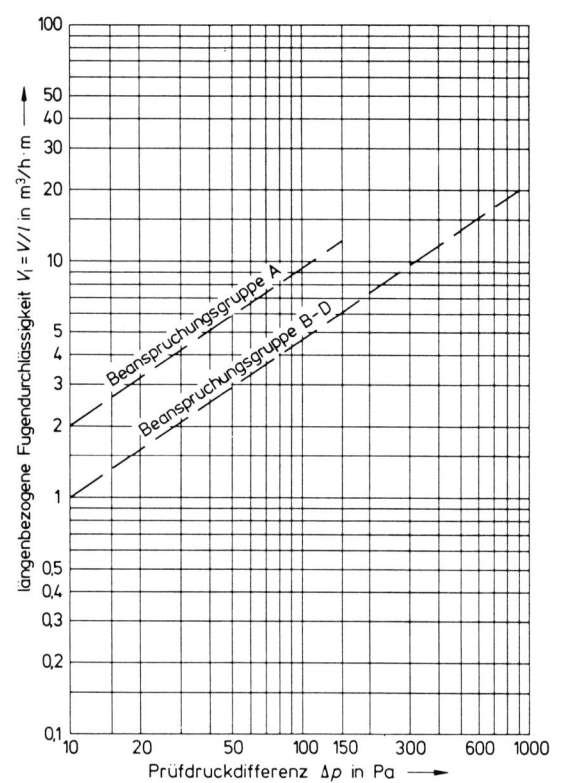

Abb. 17.2 Längenbezogene Fugendurchlässigkeit Grenzwertkurven nach DIN 18055

17.2 Erläuterung der Prüfmethoden

17.2.1 Fugendurchlässigkeit

Die Fugendurchlässigkeit V ist ein Volumenstrom, der in m³/h gemessen wird. Sie kennzeichnet den über die Fugen zwischen Flügel und Blendrahmen in der Zeit stattfindenden Luftaustausch, der die Folge einer an der Haustür vorhandenen Luftdruckdifferenz ist.

Die längenbezogene Fugendurchlässigkeit V_l ist der auf die Fugenlänge bezogene Luftvolumenstrom der Fugendurchlässigkeit V.

Unter Fugendurchlässigkeit wird demnach verstanden, daß das Haustürelement gegen Windbelastung eine gewisse Dichtheit aufzuweisen hat, in dem Sinne, daß keine Luft mehr durchgehen darf. Nach den Vorstellungen von DIN 18055 (vgl. Abb. 17.2) ist auf einen Meter Fugenlänge bei einer Druckdifferenz von 10 Pa ein Luftdurchtritt von 2,0 m³/hm zulässig (bei 100 Pa: ca. 9,6 m³/hm, bei 150 Pa: 12,5 m³/hm). Bezogen auf die gesamte Haustür von ca. 6 m Fugenlänge bedeutet dies, daß bei Windstärke 7 (ca. 150 Pa) immerhin eine Luftmenge von ca. 40 m³ je Stunde in das Hausinnere eindringen darf!

Bezüglich der Fugendurchlässigkeit und Schlagregendichtheit ist anzuführen, daß bei Vorhandensein von Mehrfachver-

Tabelle 17.1 Zusammenhänge zwischen Beanspruchsgruppen, Windstärke, Prüfdruck und Grenzwerte bei der Prüfung der Fugendurchlässigkeit

Beanspruchungs-gruppe DIN 18055 (Fenster)	Windstärke nach Beaufort[1]	Geschwindigkeit v in m/s	in km/h	Bezeichnung[2]	Staudruck[3] q kp/m²	Winddruck[3] in kp/m²	Prüfdruck[3] in Pa	Grenzwerte DIN 18055 in m³/hm
A (Einsatzbereich Haustüren)	0	0 – 0,5	0 – 1,8	Windstille, sehr leichter Zug	0 – 0,02	0 – 0,02	10 (a-Wert)	A = 2,0
	1	0,5 – 1,7	1,8 – 6,1	leichter Zug	0,02 – 0,2	0,02 – 0,2		B = 1,0
	2	1,7 – 3,3	6,1 – 12,8	leichte Brise	0,2 – 0,7	0,2 – 0,9		
	3	3,3 – 5,2	12,8 – 18,7	schwache Brise	0,7 – 1,7	0,9 – 2,2		100 Pa = 9,6
	4	5,2 – 7,4	18,7 – 26,6	mäßige Brise	1,7 – 3,5	2,2 – 4,5	150	(evtl. Haustüren)
	5	7,4 – 9,8	26,6 – 35,2	frische Brise	3,5 – 6,1	4,5 – 7,9		
	6	9,8 – 12,4	35,2 – 44,7	starker Wind	6,1 – 9,7	7,9 – 12,6		150 Pa = 12,5
	7	12,4 – 15,2	44,7 – 54,8	steifer Wind	9,7 – 14,6	12,6 – 19,0		
B (Einsatzbereich Laubengangtüren)	8	15,2 – 18,2	54,8 – 65,5	stürmischer Wind	14,6 – 20,9	19,0 – 27,2	300	9,8
	9	18,2 – 21,5	65,5 – 77,5	Sturm	20,9 – 29,2	27,2 – 38,0		
C	10	21,5 – 25,1	77,5 – 90,5	schwerer Sturm	29,2 – 39,8	38,0 – 51,8		
	11	25,1 – 29,0	90,5 – 105	orkanartiger Sturm	39,8 – 53,2	51,8 – 69,1	600	15,0
	12	über 29	über 105	Orkan	über 53,2	über 69,1		

[1] Beaufort 1805
[2] Kennzeichnung: leichter Zug: Rauch steigt fast senkrecht empor; leichte Brise: im Gesicht eben bemerkbar; schwache Brise: Blätter werden bewegt; mäßige Brise: kleine Zweige werden bewegt, Wimpel werden gestreckt; frische Brise: größere Zweige werden bewegt; starker Wind: Wind wird im Freien hörbar; steifer Wind: schwächere Baumstämme werden bewegt, Wind wird im Haus hörbar wahrgenommen; stürmischer Wind: beim Gehen merkliche Behinderung; Sturm: leichtere Gegenstände werden aus ihrer Lage gebracht; schwerer Sturm: Bäume werden umgeworfen; orkanartiger Sturm: zerstörende Wirkung; Orkan: verwüstende Wirkung.
[3] 10 Pa ≈ 1 kp/m²

17.2 Erläuterung der Prüfmethoden

riegelungen an Haustüren die Dichtheit erst nach Betätigung der Sperrelemente erbracht werden muß. Des weiteren ist es erforderlich, die Mehrfachverriegelung immer beim Verlassen des Hauses sowie in der Nachtzeit zu betätigen, da dadurch sowohl die Einbruchhemmung verbessert bzw. überhaupt erst hergestellt als auch die Verformung gemindert wird. (Achtung: Versicherungsschutz geht verloren, wenn nur die Falle im Schließblech wirksam ist!)

Die Zusammenhänge zwischen der Beanspruchungsgruppe, der Windstärke, dem Prüfdruck und dem Grenzwert sind aus Tabelle 17.1 ersichtlich.

Die Prüfdurchführung erfolgt nach ISO 8272 bis zur festgelegten max. Druckbelastung gemäß Abb. 17.3

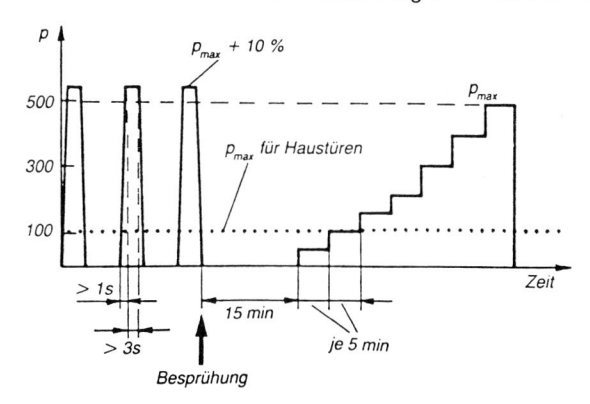

Abb. 17.4 Druckstufen bei der Prüfung der Schlagregendichtheit

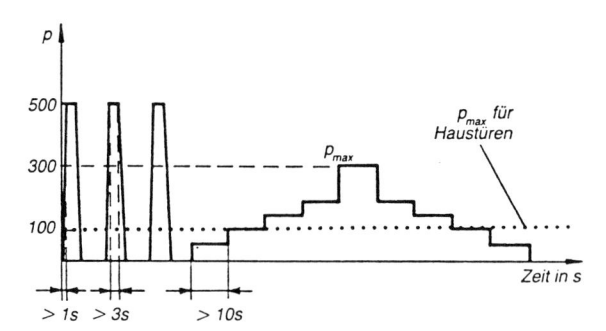

Abb. 17.3 Ermittlung der Fugendurchlässigkeit nach ISO 8272

Tabelle 17.2 Prüfdauer und Druckdifferenz bei der Schlagregendichtheitsprüfung

Unterschied zwischen dem Luftdruck im Prüfstand und dem Luftdruck im Raum, in Pascal	Dauer in Minuten
0	15
50	5
100	5
150	5
200	5
300	5
400	5
500	5
danach in Stufen von maximal 250 Pa	5 bei jeder Stufe

17.2.2 Schlagregendichtheit nach ISO 8247

Unter Schlagregendichtheit versteht man, daß bei Belastung der Fläche des Türblattes, die dem Freiluftklima ausgesetzt ist, durch Schlagregen keine Feuchtigkeit in das Rauminnere eintreten darf. Die Wassermenge, die als geschlossener Wasserfilm über die gesamte äußere Türblattfläche läuft, beträgt hierbei ca. 2 l/min je Meter Türbreite. Der Prüfablauf gemäß ISO 8247 ist aus Abb. 17.4 und Tabelle 17.2 ersichtlich.

17.2.3 Differenzklima nach ISO 8273

In ISO 8273 sind 4 verschiedene Gebrauchsklimata definiert, wobei die Kategorien III und IV lt. Anforderung ISO 8276 für Haustüren gelten. Haustüren werden normalerweise im betriebsfertigen, begehbaren Zustand dem Differenzklima ausgesetzt, da dies der Praxis entspricht. Die Aussetzungsdauer beträgt max. 28 Tage und kann schon früher abgebrochen werden, wenn eine Verformungskonstanz vorliegt, d. h. wenn die Zunahme der Verformung innerhalb 24 Stunden ≤0,1 mm beträgt.

17.2.4 Funktionsprüfung bei gebrauchsmäßiger Belastung

Diese Prüfung – dargestellt in Abb. 17.7 als Ablaufschema – soll einen normalen Gebrauch und einen normalen Mißbrauch simulieren. Auch nach längerer Nutzungsdauer müssen die Mindestanforderungen noch erfüllt sein.

Die einzelnen Prüfschritte sollen kurz erläutert werden.

17.2.4.1 Statische Vertikalbelastung (Verschiebung) nach ISO 8275

Diese Belastungsart soll etwa das Anhängen von Einkaufstaschen an dem Türknopf oder das Schaukeln von Kindern (aber auch Erwachsenen) am Türblatt simulieren.

Nachdem das Haustürelement, wie in der Montageanleitung vorgegeben, in den Prüfstand eingebaut ist, wird das Türblatt 45° geöffnet und vertikal 15 Minuten belastet. Vor der Belastung, unter Last und nach Belastung wird das vertikale Nachgeben des Türblattes an der Schloßseite ermittelt. Bei

17 Prüfungen

Abb. 17.5 Überprüfung einer Haustür auf Fugendurchlässigkeit und Schlagregendichtheit auf dem Prüfmobil (Foto: Prüfinstitut Türentechnik + Einbruchsicherheit, Rosenheim)

Abb. 17.6 Drei Haustüren im Differenzklimaraum (Foto: Prüfinstitut für Türentechnik + Einbruchsicherheit, Rosenheim)

(Anmerkung: Das Prüfinstitut ist als Prüfstelle für den Nachweis der Fugendurchlässigkeit in die Wärmeschutzverordnung aufgenommen worden.)

Rahmentüren wird noch die bleibende Verformung durch Ermittlung der Längenänderung einer der inneren Diagonalen festgestellt. (Bild 17.8)

17.2.4.2 Statische Horizontalbelastung (statische Verdrehung) senkrecht zur Türblattebene nach ISO 9381

Diese Prüfart soll simulieren, daß sich z. B. harte oder unzerdrückbare Gegenstände zwischen Türanschlag und Türblatt befinden und das Türblatt unter stärkerer Gewalteinwirkung geschlossen wird.

Das Türblatt wird 90° geöffnet und an der unteren freien schloßseitigen Ecke mit 200 N 5 Minuten belastet (Abb. 17.9).

Es wird sowohl die Bewegung im Lastangriffspunkt unter Last als auch 3 Minuten nach Lastabnahme gemessen. Die obere freie schloßseitige Ecke ist dabei so blockiert, daß keine Bewegung in Horizontalrichtung auftreten kann.

17.2.4.3 Dynamische Horizontalbelastung (dynamische Verdrehung) senkrecht zur Türblattebene nach ISO 9380

Wenn die bei der statischen Verdrehung erläuterte Belastung relativ häufig wiederholt wird oder das Türblatt an der unteren oder oberen Ecke klemmt, dann spricht man von einer dynamischen Belastung. Dieser Fall wird durch die Prüfmethode nach ISO 9380 simuliert.

17.2 Erläuterung der Prüfmethoden

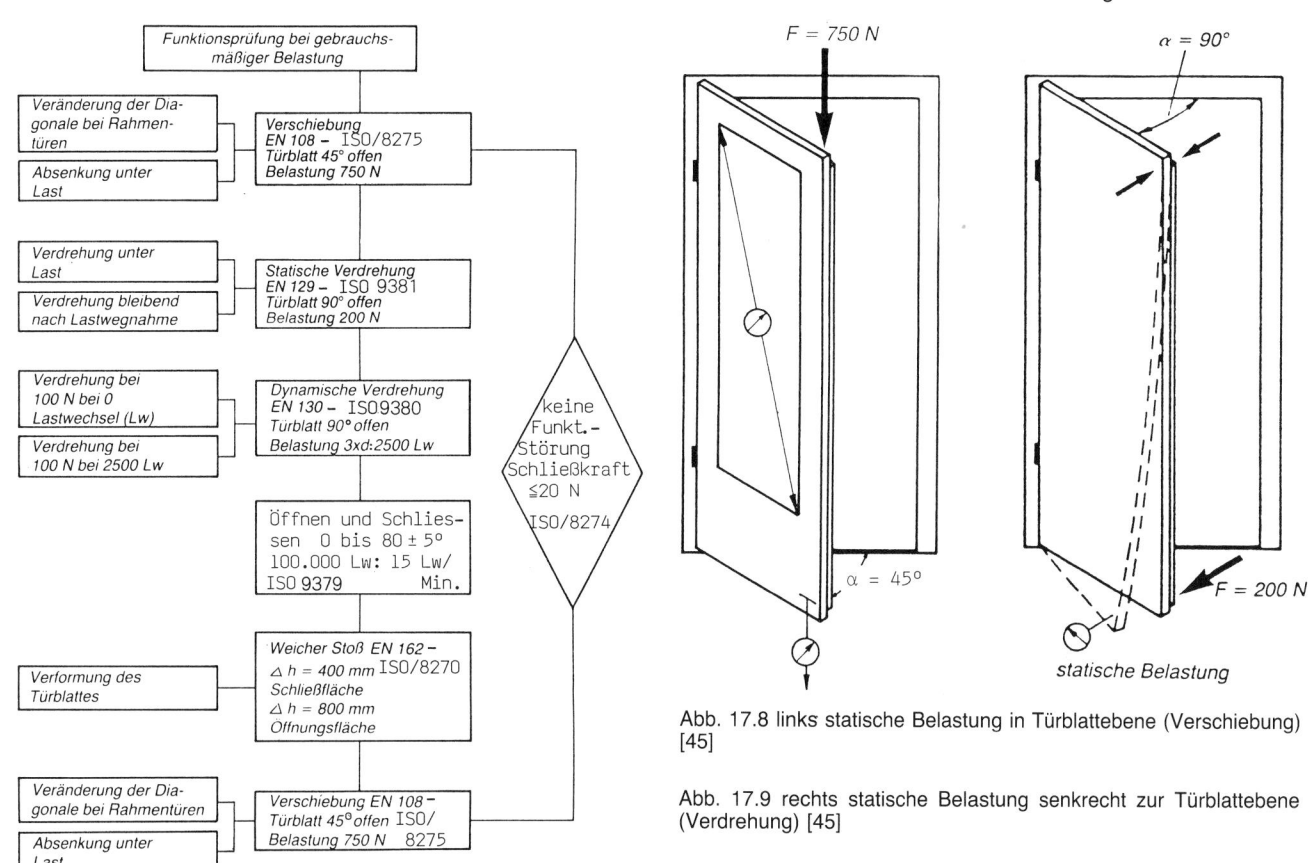

Abb. 17.7 Ablaufschema für die Funktionsprüfung von Haustüren [45]

Abb. 17.8 links statische Belastung in Türblattebene (Verschiebung) [45]

Abb. 17.9 rechts statische Belastung senkrecht zur Türblattebene (Verdrehung) [45]

Das Türblatt wird nach einer Ruhezeit von 15 Minuten 5 Minuten lang mit 100 N belastet; dabei wird der auftretende Verformungswert festgestellt. Anschließend wird das Türblatt durch eine in der Größe veränderliche Kraft 2 500mal so beansprucht, daß eine Auslenkung auftritt, die dem dreifachen vorher ermittelten Verformungswert (= 3 d) entspricht. Die obere freie Türblattecke ist derart blockiert, daß keine Horizontalbewegung auftreten kann. Nach den 2 500 Lastwechseln wird das Türblatt wiederum 5 Minuten lang einer Belastung von 100 N ausgesetzt und der Verformungswert d' gemessen.

17.2.4.4 Belastung durch einen weichen Stoßkörper nach ISO 8270

Diese Belastung soll das Dagegenstoßen mit einem schweren, weichen Körper simulieren. Hierbei darf das Türblatt weder beschädigt werden noch das Schloß oder Schließblech herausbrechen. Haustüren, die mindestens „einbruchhemmend" nach DIN V 18103/März 92 sind, müssen Belastungen dieser Art sowohl von der Öffnungsfläche als auch Schließfläche problemlos aus 800 mm Fallhöhe aufnehmen können.

Das Haustürelement wird im Türblattzentrum mit dem in ISO 8270 beschriebenen Stoßkörper von 30 kg je nach Anforderungsniveau Masse aus einer Fallhöhe von 200/400 oder 800 mm je dreimal bei den Türblattflächen belastet.

17.2.4.5 Belastung durch einen harten Stoßkörper nach ISO 8271

Die Prüfung simuliert die Belastung z. B. durch einen Besenstiel oder einen anderen harten Gegenstand, der auf die Türblattfläche auftritt. Die Prüfung erfolgt gemäß ISO 8271 und nur an Türblättern mit Hohlraumkonstruktionen. Das Türblatt wird horizontal auf zwei starre und biegesteife Längsschienen gelegt. Eine Stahlkugel mit 500 Gramm Masse fällt je nach Anforderung aus 1 000 bzw. 2 000 mm Fallhöhe zwanzigmal je Türblattfläche auf das Türblatt. Die Aufschlagstellen sind genau festgelegt und werden durch ein auf das Türblatt aufgelegtes Kohlepapier sichtbar gemacht. Ein Maß für die Beurteilung sind evtl. Zerstörungen, Aufschlagtiefe und Aufschlagdurchmesser.

17 Prüfungen

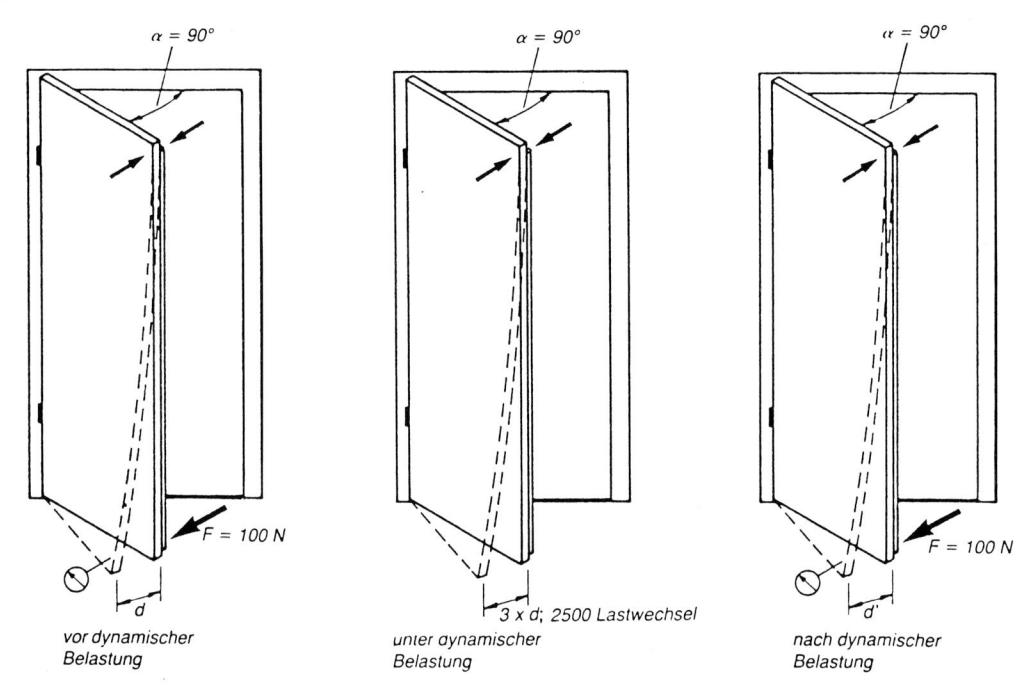

Abb. 17.10 Dynamische Verdrehung am Türblatt [45]

17.2.4.6 Statische Vertikalbelastung (Verschiebung) nach ISO 8275

Am Ende der Prüfung durch 100 000 Öffnungs- und Schließbelastungen nach ISO 9379 wird die unter 16.2.4.1 beschriebene Prüfung nochmals wiederholt.

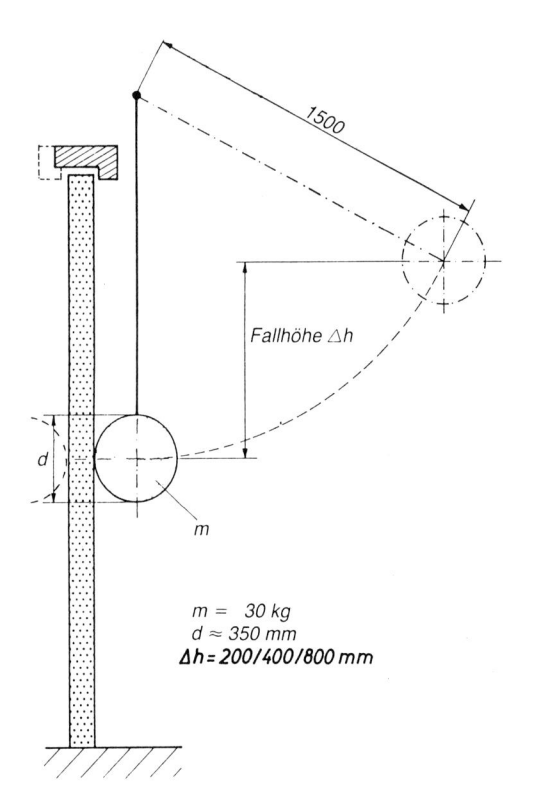

Abb. 17.11 Belastung durch einen schweren, weichen Stoßkörper [45]

18 Literaturverzeichnis

a) Zitierte Literatur

[1] Handbuch der Arbeitsgestaltung und Arbeitsorganisation. – Düsseldorf: VDI-Verlag
[2] Haustüren für Wohnbauten, Konstruktionen und Beispiele. – Düsseldorf: Arbeitsgemeinschaft Holz e.V.
[3] Zitz, G.: Türen- und Fensterbau. – Leipzig: VEB Fachbuchverlag
[4] Mucha, Dr. A.: Zur Bemessung mehrteiliger Querschnitte im Fenster- und Fassadenbau. – Frankfurt: Fenster und Fassade, Verband der Fenster- und Fassadenhersteller e.V.
[5] Seifert, E./Schmid, J.: Holzfenster. – Gießen: Arbeitskreis Holzfenster e.V.
[6] Müller, R.: Prüfung und Anforderungen an Türen für den Innenbereich. – In: Holz- und Kunststoffverarbeitung 6/1984
[7] Seifert, E./Reuter, H./Müller, R.: Untersuchung über das Stehvermögen von Sperrtüren bei klimatischer Belastung und über deren Widerstandsfähigkeit bei mechanischer Belastung. Forschungsvorhaben – F 69/26 – Abschlußbericht 1972. – München: Bayerisches Staatsministerium für Ernährung, Landwirtschaft und Forsten
[8] Technische Richtlinien des Glaserhandwerks Nr. 17, Verglasen mit Mehrscheiben-Isolierglas. – Schorndorf: Verlag Karl Hofmann
[9] Technische Richtlinie des Glaserhandwerks Nr. 3, Klotzungsrichtlinien für ebene Glasscheiben. – Schorndorf: Verlag Karl Hofmann
[10] Oberflächenbehandlung von Holz und Holzwerkstoffen, insbesondere bei Verwendung im Außenbereich, Merkheft Nr. 11. – München: Deutsche Gesellschaft für Holzforschung e.V.
[11] Profile und Rohre aus Aluminium und Aluminiumverbindungen. – Düsseldorf: Aluminium-Zentrale
[12] Müller, R. W.: Entwicklung einer Tabelle zur Bestimmung von Türbändern. – In: Fenster und Fassade 4/1980. – Frankfurt: Verband der Fenster- und Fassadenhersteller e.V.
[13] Schmidt, W.: Fensterbau mit Aluminium. – Düsseldorf: Aluminium-Verlag 1983
[14] hochbau report, 5. Ausgabe, RAU-SIK (Silikonkautschuk) im Hochbau. – Erlangen: Fa. REHAU
[15] Sobolewski, K.: Entwicklung geeigneter Prüfmethoden zur Ermittlung der Schließkräfte an Türen. Diplom-Arbeit. – Rosenheim: Fachhochschule
[16] Dokumentation für schalldämmende Konstruktionen HAWAPHON, – CH-8932 Mettmenstetten: Gebrüder K.+O. Haab
[17] Sälzer, E./Moll, W./Wilhelm, H.-U.: Schallschutz elementierter Bauteile. – Wiesbaden: Bauverlag GmbH 1979
[18] Müller, R.: Nach einbruchhemmenden Türen kommen einbruchhemmende Fenster. - In: PROTECTOR 8/1986
[19] Westphal, E.: Sicherheit gegen Diebstahl, Einbruch, Überfall. – Hannover: Curt R. Vincentz Verlag 1977
[20] Müller, R.: Geprüfte Türelemente auf Einbruchhemmung nach DIN 18103. – Rosenheim: Prüfinstitut Türtechnik + Einbruchsicherheit
[21] Brandschutz im Innenausbau, Rechtsgrundlage, Brandschutztüren, Werkstoffe. – In: Holz- und Kunststoffverarbeitung 10/1984
[22] Volkmann, P.: Brandschutztechnische Sicherheit am Arbeitsplatz, Vorbeugende Maßnahmen bei Brandgefahren. – In: Holz- und Kunststoffverarbeitung 10/1984
[23] Westhoff, W.: Rauchschutztüren. – In: DIN-Mitteilung 62 8/1983
[24] INFORMATIONSDIENST Holz: Fugen in Außenwänden. – Düsseldorf: Arbeitsgemeinschaft Holz e.V.
[25] Holler, G.: Isolierglas bildet noch keine Fenster. – In: Glaswelt 9/1986
[26] Biffar, O. D.: Alles über Haustüren, Schutz und Komfort, Wert und Ansehen. Ein Ratgeber für Hausbesitzer und Bauherren. – Edenkoben: Fa. Biffar
[27] entfällt
[28] Müller, R.: Qualitätssicherung für Mittel- und Kleinstbetriebe. 3. verbesserte Auflage 1977. – 25704 Meldorf: Ing.-Büro R. Müller, von Ankensweg 3
[29] Informationsschriften der DGWK (Deutsche Gesellschaft für Warenkennzeichnung), Berlin
[30] Volkmann, P.: Grundsätze für die Zertifikationsarbeit. – In: DIN-Mitteilung 64 4/1985
[31] Die Fibel für Dichtungsprofile. – Berlin: DEVENTER Profile GmbH & Co. KG
[32] VDI-Richtlinie 3728 Entwurf (Tabelle 3.1 und 4.1) – Berlin: Beuth-Verlag 1984
[33] Einbruchdiebstahl-Versicherung/Sicherungstechnik der Münchener Rückversicherungs-Gesellschaft, Königinstr. 107, 80802 München 40
[34] Technische Information, TROXI Ihre neue Verbindung. – CH-9053 Teufen AR: Firma W. Döring TROXI-Verbindungen
[35] Diepold, J.: Verhalten eines Haustürblattes im Hinblick auf die Verformung mit und ohne Vorsatzschale. Studienarbeit Sommersemester 1982 – Rosenheim: Technikerschule
[36] Rinn, S./Lil, F.: Erarbeitung von Konstruktionsprinzipien für Wohnungsabschlußtüren. Abschlußarbeit, Sommersemester 1981. Rosenheim: Fachhochschule
[37] Müller, R.: Eigenentwicklung des Prüfinstitut Türtechnik + Einbruchsicherheit, Rosenheim
[38] Müller, R.: Prüfung der Einbruchhemmung an Türen im europäischen Raum. – In: PROTECTOR 3/1985
[39] Müller, R.: Prüfung der Einbruchhemmung an Türen. – In: Bau- und Möbelschreiner 4/1986
[40] Müller, R.: Der Weg zum einbruchhemmenden Türelement. – In: Bau- und Möbelschreiner 5/1978
[41] Müller, R.: Ist die Fenster- und Türentechnik am Ende der technischen Entwicklung? – In: Holz- und Kunststoffverarbeitung 6/1985
[42] Müller, R.: Seminarmappe – Tür '86. – Rosenheim: Prüfinstitut Türtechnik + Einbruchsicherheit
[43] Müller, R.: Von der Planung zur Ausführung. – In: Bau- und Möbelschreiner 11/1984
[44] Müller, R.: Ausschreibungstexte für Fenster und Türen wenig handwerkerfreundlich? – In: Holz-Zentralblatt 31/1987
[45] Müller, R./Küchler, A.: Eignungsprüfung an Haustürsystemen. – In: Fenster und Fassade 3/1981
[46] Seminarmappe Vertiefungsseminar Montage von Bauelementen [i.v.e.]
[47] Vorbeugen ist besser als Nachsehen, Dipl.-Ing. (FH) Rüdiger Müller – DIE TISCHLERFACHZEITSCHRIFT, MAI 1991
[48] Qualitätssicherung ein notwendiges Übel? Dipl.-Ing. (FH) Rüdiger Müller/Jens Teune – Holzzentralblatt 31. 8. 1990
[49] Entwicklungstendenzen in der Fenster- und Türentechnik, Dipl.-Ing. (FH) Rüdiger Müller – Bausortiment Holz- und Ausbaubedarf Nr. 1 (B+H), 13. Januar 1993

18 Literaturverzeichnis

b) Weiterführende Literatur

[50] Pracht, K.: Holz-Außen-Türen. Gestaltung und Konstruktion. – Stuttgart: Deutsche Verlagsanstalt 1978

[51] Baker, J. M./Laidlaw, R. A./Miller, E. R. u. a.: Research on wood protection at the Princes Risborough Laboratory 1975 and 1976. – Hrsg.: Building Research Establishment, Princes Risborough Laboratory, Garston/Watford

[52] Reimayer, U.: Holztüren und Holztore. 8. durchgesehene Auflage. – Stuttgart: Julius Hoffmann, 1979

[53] Kitzberger, O.: Haustüren aus Holz. Hrsg.: Bundesholzwirtschaftsrat, Wien/Österreich. – Wien: Selbstverlag 1983

[54] Variationen zum Thema Hauseingang. BM-Entwurfsblätter Haustüren. – In: Bau- und Möbelschreiner (BM) 9/1980

[55] Bereits die Haustür zeigt, wer hier wohnt. Herzlich willkommen! – In: Mosaik 4 4/1980

[56] Meyer-Bohe, W.: Eingangstüren aus Holz. – In: Bauhandwerk 3 2/1981

[57] Einbrechen wird schwerer. Einbruchhemmende Tür aus Holz hat auch gute Brand- und Schallschutzeigenschaften. – In: Österreichische Holzindustrie 24 10/1981

[58] Spoerri, R.: Les portes, elements de construction exempts de problemes? (Sind Türen Bauelemente ohne Probleme?). – In: Chantiers 13 5/1982

[59] Doi, S./Saito, M.: The performance tests for preserved wood sills (Das Verhalten von schutzbehandelten Türschwellen). – In: J. Hokkaido Forest Prod. Res. Inst. 369/1982

[60] Newman, C. J.: Distortion of external doors. (Verwerfung von Außentüren). – In: Build. Res. a. Pract./Batiment internat. 1-2/1984

[61] Haustüren vom Schreiner. – In: Schweizerische Schreinerzeitung 94 43/1983

[62] Raiput, S. S./Gulati, A. S.: A nole on the classification of timbers for doors and windows (Klassifizierung von Hölzern für Türen und Fenster). – In: J. timber Dev. Assoc. India 29 1/1983

19 Abkürzungsverzeichnis

AD	= Anstrich deckend	NHM	= Normenausschuß Holzwirtschaft und Möbel (frühere Bezeichnung NAHolz) (Geschäftsstelle Kamekestraße 8, 50672 Köln, Tel.: 0221/5713-1
AND	= Anstrich nichtdeckend		
APTK	= Äthylen-Propylen-Terpolymer-Kautschuk		
ASTM	= American Society for Testing and Materials		
AW 100	= Außensperrholz	OFF	= Oberkante Fertig-Fußboden (planmäßige Lage des Fertig-Fußbodens)
a-Wert	= Fugendurchlaßkoeffizient (bezogen auf 1 m Fugenlänge bei 10 Pa Druckdifferenz)		
		OFR	= Oberkante Roh-Fußboden (planmäßige Lage des Roh-Fußbodens)
CEN	= Europäische Organisation für Normung		
DGfH	= Deutsche Gesellschaft für Holzforschung e.V., München	PS	= Polystyrol
		PU/PUR	= Polyurethan
DGWK	= Deutsche Gesellschaft für Warenkennzeichnung GmbH	PVC	= Polyvinylchlorid
		R	= Wiederholungsanstrich
DIN	= Deutsches Institut für Normung e.V.	RAL	= Deutsches Institut für Gütesicherung und Kennzeichnung e.V.
DIN EN	= Europäische Norm mit DIN-Charakter		
DIN ISO	= Internationale Norm mit DIN-Charakter	RAU-SIK	= Firmenbezeichnung für ein Dichtungsmaterial auf Silikonbasis (14)
DIN-Normen	= Deutsche Normen		
E	= Entwurf(sfassung einer Norm)	RE	= Erneuerunganstrich
E	= Erstanstrich	RÜ	= Überholungsanstrich
EN	= Europäische Norm	SC	= Sub-Komitee (in ISO)
EPDM	= internationale Bezeichnung für APTK	T30	= Feuerschutztür (leistet dem Feuer 30 Minuten Widerstand)
FPY	= Flachpreßplatte		
GT	= Arbeitsgruppe (in CEN)	TC	= Technisches Komitee (in ISO)
ISO	= Internationale Organisation für Normung, Internationale Norm	V 100	= Spanplatte, begrenzt wetterbeständig
		V 100 G	= Spanplatte, begrenzt wetterbeständig geschützt gegen holzzerstörende Pilze
ISO/DP...	= Internationaler Normentwurf		
ive	= Institut für verbraucherrelevanten Einbruchschutz e. V., Rosenheim	VDI	= Verein Deutscher Ingenieure
		V DIN	= Deutsche Vornorm
LV	= Leistungsverzeichnis (genaue Beschreibung der vom Auftragnehmer zu erbringenden Leistung)	VL	= Längenbezogene Fugendurchlässigkeit
		VOB	= Verdingungsordnung für Bauleistungen
		WG	= Arbeitsgruppe (in ISO)
M	= Modulmaß auf der Basis 1 M = 100 mm	WVO	= Verordnung über den energiesparenden Wärmeschutz bei Gebäuden (Wärmeschutzverordnung)
MDF	= Halbharte Faserplatte (Medium Density Fibreboard)		
NABau	= Normenauschuß Bauwesen (Geschäftsstelle Burggrafenstr. 4–10, 10787 Berlin, Tel.: 030/2601501)		

20 Normenverzeichnis

Internationale Normen

ISO/R 1226	06/70	Symbolbezeichnung der Schließeinrichtung und der entsprechenden Flächen von Türen, Fenstern und Fensterläden; Teil 1
ISO 1804	05/72	Türen; Terminology
ISO 2776	03/74	Modularkoordination; Koordinierungsgrößen für Türeinheiten; Außen- und Innentüren
(EN 24)* ISO 6442	01/81	Türblätter (-flügel); Messung der Fehler hinsichtlich der Grundebenheit
(EN 25)* ISO 6443	12/80	Türblätter; Messung der Dimension und der Fehler hinsichtlich der Rechteckigkeit
(EN 43)* ISO 6444	12/80	Türblätter; Prüfung des Verhaltens unter Feuchtigkeitsänderungen (aufeinander folgende Einheitsklimate)
ISO 6445	12/89	Türen und Zargen; Prüfverfahren, Verhalten von Türblättern zwischen zwei unterschiedlichen Klimaten
ISO/DIS 8247	07/86	Außentüren, Fenstertüren und Fenster; Prüfung der Schlagregensicherheit unter statischem Druck
ISO 8269	07/85	Türeinheiten (Stock und Blatt); statische Belastungsprüfung
ISO 8270	06/85	Türeinheiten (Stock und Blatt); Stoßprüfung mit weichen, schweren (Prüf-)Körpern
ISO 8271	07/85	Türelemente; Prüfung der Fugendurchlässigkeit
ISO 8272	06/85	Türeinheiten (Stock und Blatt); Luftdurchlässigkeitsprüfung
ISO 8273	07/85	Türen und Türelemente; Normklimate für die Funktionsprüfung von Türen und Türelementen zwischen unterschiedlichen Klimaten
ISO 8274	07/85	Türelemente; Bestimmung der Schließkraft
ISO 8275	08/85	Türeinheiten (Blatt und Stock), senkrechte Belastungsprüfung
ISO 9379	12/89	Türelemente; Dauerfunktionsprüfung
ISO 9380	02/90	Türelemente; Prüfung durch wiederholtes Verdrehen (Verwinden)
ISO 9381	10/89	Türelemente; Prüfung der statischen Verwindung

Europa-Normen

EN 24	07/76	Türen; Prüfung von Fehlern in der allgemeinen Ebenheit von Türblättern
EN 25	07/76	Türen; Prüfung der Abmessungen und der Rechtwinkligkeit von Türblättern
EN 42	01/81	Prüfverfahren für Fenster; Prüfungen der Fugendurchlässigkeit
EN 43	11/90	Prüfverfahren für Türen; Verhalten von Türblättern unter verschiedenen Feuchtigkeitsbedingungen in aufeinanderfolgenden allseitig einheitlich einwirkenden konstanten klimatischen Verhältnissen
EN 79	11/90	Prüfverfahren für Türen; Verhalten von Türblättern zwischen zwei unterschiedlichen Klimaten
EN 85	11/81	Prüfverfahren für Türen; Prüfungen von Türblättern gegen harten Stoß
EN 86	01/81	Prüfverfahren für Fenster; Prüfung der Schlagregendichtheit unter statischem Druck
EN 108	01/82	Prüfverfahren für Türen; Verschiebung in der Türblattebene
EN 129	11/90	Prüfung für Türen;
EN 130	11/90	Prüfverfahren für Türen; Prüfung der Steifigkeit von Türblättern durch wiederholtes Verwinden
EN 162	11/90	Prüfverfahren für Türen; Prüfung von Türblättern bei Aufprall eines weichen schweren Stoßkörpers

Deutsche Normen

DIN 107	04/74	Bezeichnung mit links oder rechts im Bauwesen
DIN 820 T. 1	01/86	Normungsarbeit, Grundsätze
DIN 1052 T. 1	04/88	Holzbauwerke: Berechnung und Ausführung
DIN 1055 T. 3	06/71	Lastannahmen für Bauten: Verkehrslasten
DIN 1055 T. 4	08/86	Lastannahmen für Bauten: Verkehrslasten, Windlasten bei nicht schwingungsanfälligen Bauwerken

DIN 1356	07/74	Bauzeichnungen
E DIN 1356 T. 1	10/88	Bauzeichnungen; Grundregeln, Begriffe
DIN 1960	07/90	VOB Verdingungsordnung für Bauleistungen, Teil A: Allgemeine Bestimmungen für die Vergabe von Bauleistungen
DIN 4076 T. 1	10/85	Benennung und Kurzzeichen auf dem Holzgebiet: Holzarten
DIN 4076 T. 3	01/74	Benennungen und Kurzzeichen auf dem Holzgebiet; Klebstoffe, Verleimungsarten, Beanspruchungsgruppen für Holz-Leimverbindungen
DIN 4102 Bbl. 1	05/81	Brandverhalten von Baustoffen und Bauteilen; Inhaltsverzeichnisse
DIN 4102 T. 1	05/81	Brandverhalten von Baustoffen und Bauteilen; Baustoffe; Begriffe, Anforderungen und Prüfungen
DIN 4102 T. 2	09/77	Brandverhalten von Baustoffen und Bauteilen; Bauteile, Begriffe, Anforderungen und Prüfungen
DIN 4102 T. 3	09/77	Brandverhalten von Baustoffen und Bauteilen; Brandwände und nichttragende Außenwände, Begriffe, Anforderungen und Prüfungen
DIN 4102 T. 4	03/81	Brandverhalten von Baustoffen und Bauteilen; Zusammenstellung und Anwendung klassifizierter Baustoffe, Bauteile und Sonderbauteile
DIN 4102 T. 5	09/77	Brandverhalten von Baustoffen und Bauteilen; Feuerschutzabschlüsse, Abschlüsse in Fahrschachtwänden und gegen Feuer widerstandsfähige Verglasungen, Begriffe, Anforderungen und Prüfungen
DIN 4102 T. 13	05/90	Brandverhalten von Baustoffen und Bauteilen; Brandschutzverglasungen; Begriffe, Anforderungen und Prüfungen
DIN 4102 T. 18	03/91	Brandverhalten von Baustoffen und Bauteilen; Feuerschutzabschlüsse; Nachweis der Eigenschaft „selbstschließend" (Dauerfunktionsprüfung)
DIN 4108 Bbl. 1	04/82	Wärmeschutz im Hochbau: Inhaltsverzeichnisse; Stichwortverzeichnis
DIN 4108 T. 1	08/81	Wärmeschutz im Hochbau: Größen und Einheiten
DIN 4108 T. 2	08/81	Wärmeschutz im Hochbau; Wärmedämmung und Wärmespeicherung; Anforderungen und Hinweise für Planung und Ausführung
DIN 4108 T. 3	08/81	Wärmeschutz im Hochbau; Klimabedingter Feuchteschutz; Anforderungen und Hinweise für Planung und Ausführung
DIN 4108 T. 4	11/91	Wärmeschutz im Hochbau; Wärme- und feuchteschutztechnische Kennwerte
DIN 4108 T. 5	08/81	Wärmeschutz im Hochbau; Berechnungsverfahren
DIN 4109	11/89	Schallschutz im Hochbau; Anforderungen und Nachweise
DIN 4109 Bbl. 1	11/89	Schallschutz im Hochbau; Ausführungsbeispiele und Rechenverfahren
DIN 4109 Bbl. 2	11/89	Schallschutz im Hochbau; Hinweise für Planung und Ausführung; Vorschläge für einen erhöhten Schallschutz; Empfehlungen für den Schallschutz im eigenen Wohn- oder Arbeitsbereich
DIN 4172	07/55	Maßordnung im Hochbau
DIN 6834 T. 1	09/73	Strahlenschutztüren für medizinisch genutzte Räume; Anforderungen
DIN 6834 T. 2	09/73	Strahlenschutztüren für medizinisch genutzte Räume; Drehflügeltüren, einflügelig mit Richtzarge, Maße
DIN 6834 T. 3	09/73	Strahlenschutztüren für medizinisch genutzte Räume; Drehflügeltüren, zweiflügelig mit Richtzarge, Maße
DIN 6834 T. 4	09/73	Strahlenschutztüren für medizinisch genutzte Räume; Schiebetüren, einflügelig, Maße
DIN 6834 T. 5	09/73	Strahlenschutztüren für medizinisch genutzte Räume; Schiebetüren, zweiflügelig, Maße
DIN 7982	08/90	Senk-Blechschrauben mit Kreuzschlitz
DIN 18025 T. 1	01/72	Wohnungen für Schwerbehinderte; Planungsgrundlagen, Wohnungen für Rollstuhlbenutzer
E DIN 18025 T. 1	08/89	Wohnungen für Menschen mit Behinderungen; Planungsgrundlagen; Wohnungen für Rollstuhlbenutzer
DIN 18025 T. 2	07/74	Wohnungen für Schwerbehinderte; Planungsgrundlagen, Wohnungen für Blinde und wesentlich Sehbehinderte
DIN V 18054	12/91	Fenster, einbruchhemmende Fenster; Begriffe, Anforderungen, Prüfungen und Kennzeichnung

20 Normenverzeichnis

Norm	Datum	Titel
DIN 18055	10/81	Fenster; Fugendurchlässigkeit, Schlagregendichtheit und mechanische Beanspruchung; Anforderungen und Prüfung
DIN 18093	06/87	Feuerschutzabschlüsse; Einbau von Feuerschutztüren in massive Wände aus Mauerwerk oder Beton; Ankerlagen, Ankerformen, Einbau
DIN 18095 T. 1	10/88	Türen; Rauchschutztüren; Begriffe und Anforderungen
DIN 18095 T. 2	03/91	Türen; Rauchschutztüren; Bauartprüfung der Dauerfunktionstüchtigkeit und Dichtheit
DIN 18100	10/83	Türen; Wandöffnungen für Türen; Maße entsprechend DIN 4172
DIN 18101	01/85	Türen; Türen für den Wohnungsbau; Türblattgrößen, Bandsitz und Schloßsitz; Gegenseitige Abhängigkeit der Maße
DIN V 18103	03/92	Türen; Einbruchhemmende Türen; Begriffe, Anforderungen
DIN 18111 T. 1	01/85	Türzargen; Stahlzargen; Standardzargen für gefälzte Türen
DIN 18201	12/84	Toleranzen im Bauwesen; Begriffe, Grundsätze, Anwendung, Prüfung
DIN 18202	05/86	Toleranzen im Hochbau; Bauwerke
DIN 18203 T. 1	02/85	Toleranzen im Hochbau; Vorgefertigte Teile aus Beton, Stahlbeton und Spannbeton
DIN 18203 T. 2	05/86	Toleranzen im Hochbau; Vorgefertigte Teile aus Stahl
DIN 18203 T. 3	08/84	Toleranzen im Hochbau; Bauteile aus Holz und Holzwerkstoffen
DIN 18250 T. 1	07/79	Schlösser; Einsteckschlösser für Feuerschutzabschlüsse, Einfallenschloß
DIN 18250 T. 2	07/79	Schlösser; Einsteckschlösser für Feuerschutzabschlüsse, Dreifallenverschluß
DIN 18251	03/91	Schlösser; Einsteckschlösser für Türen
DIN 18252	03/91	Schließzylinder für Türschlösser; Begriffe, Benennungen
DIN V 18254	07/91	Profilzylinder mit Stiftzuhaltungen für Türschlösser; Maße, Werkstoffe, Anforderungen, Prüfungen, Kennzeichnung
DIN 18255	03/91	Baubeschläge; Türdrücker, Türschilder und Türrosetten; Begriffe, Maße, Anforderungen
DIN 18257	03/91	Baubeschläge; Schutzbeschläge; Begriff, Maße, Anforderungen, Prüfungen und Kennzeichnung
DIN 18263 T. 1	01/87	Türschließer mit hydraulischer Dämpfung; Oben-Türschließer mit Kurbetrieb und Spiralfeder
DIN 18263 T. 2	01/87	Türschließer mit hydraulischer Dämpfung; Oben-Türschließer mit Lineartrieb
DIN 18263 T. 3	01/87	Türschließer mit hydraulischer Dämpfung; Boden-Türschließer
DIN 18263 T. 4	03/91	Türschließer mit hydraulischer Dämpfung; Türschließer mit Öffnungsautomatik (Drehflügelantrieb)
DIN 18263 T. 5	03/91	Türschließer mit hydraulischer Dämpfung; Feststellbare Türschließer mit und ohne Freilauf
DIN 18264	09/78	Baubeschläge; Türbänder mit Feder
DIN 18265	09/78	Baubeschläge; Pendeltürbänder mit Feder
DIN 18268	01/85	Baubeschläge; Türbänder; Bandbezugslinie
DIN 18273	03/91	Baubeschläge; Türdrückergarnituren für Feuerschutztüren und Rauchschutztüren; Begriffe, Maße, Anforderungen und Prüfungen
DIN 18355	09/88	VOB Verdingungsordnung für Bauleistungen, Teil C: Allgemeine Technische Vorschriften für Bauleistungen, Tischlerarbeiten
DIN 18357	09/88	VOB Verdingungsordnung für Bauleistungen, Teil C: Allgemeine Technische Vorschriften für Bauleistungen, Beschlagarbeiten
DIN 18360	09/88	VOB Verdingungsordnung für Bauleistungen, Teil C: Allgemeine Technische Vorschriften für Bauleistungen, Schlosserarbeiten
DIN 18361	09/88	VOB Verdingungsordnung für Bauleistungen Teil C: Allgemeine Technische Vorschriften für Bauleistungen, Verglasungsarbeiten
DIN 18363	09/88	VOB Verdingungsordnung für Bauleistungen, Teil C: Allgemeine Technische Vorschriften für Bauleistungen, Maler- und Lackiererarbeiten
DIN 18540	10/88	Abdichten von Außenwandfugen im Hochbau mit Fugendichtstoffen
DIN 18545 T. 1	08/82	Abdichten von Verglasungen mit Dichtstoffen; Anforderungen an Glasfalze
DIN 18545 T. 2	05/85	Abdichten von Verglasungen mit Dichtstoffen; Dichtstoffe, Bezeichnung, Anforderungen, Prüfung
E DIN 18545 T. 3	02/90	Abdichten von Verglasungen mit Dichtstoffen; Verglasungssysteme
DIN 33402 Bbl. 1 T. 2	10/84	Körpermaße des Menschen; Werte; Anwendung von Körpermaßen in der Praxis

20 Normenverzeichnis

DIN 33402 T. 4	10/86	Körpermaße des Menschen; Grundlagen für Bemessung von Durchgängen, Durchlässen und Zugängen
DIN 50010 T. 1	10/77	Klimate und ihre technische Anwendung, Klimabegriffe, Allgemeine Klimabegriffe
DIN 50010 T. 2	08/81	Klimate und ihre technische Anwendung, Klimabegriffe, Physikalische Begriffe
DIN 52210 T. 1	08/84	Bauakustische Prüfungen; Luft- und Trittschalldämmung; Meßverfahren
DIN 52210 T. 2	08/84	Bauakustische Prüfungen; Luft- und Trittschalldämmung; Prüfstände für Schalldämm-Messungen an Bauteilen
DIN 52210 T. 6	05/89	Bauakustische Prüfungen; Luft- und Trittschalldämmung; Bestimmung der Schachtpegeldifferenz
DIN 52210 T. 7	05/89	Bauakustische Prüfungen; Luft- und Trittschalldämmung; Bestimmung des Schall-Längsdämm-Maßes
DIN 52290 T. 1	11/88	Angriffhemmende Verglasungen; Begriffe
DIN 52290 T. 2	11/88	Angriffhemmende Verglasungen; Prüfung auf duchschußhemmende Eigenschaft und Klasseneinteilung
DIN 52290 T. 3	06/84	Angriffhemmende Verglasungen; Prüfung auf durchbruchhemmende Eigenschaft gegen Angriff mit schneidfähigem Schlagwerkzeug und Klasseneinteilung
DIN 52290 T. 4	11/88	Angriffhemmende Verglasungen, Prüfung auf durchwurfhemmende Eigenschaft und Klasseneinteilung
DIN 52290 T. 5	12/87	Angriffhemmende Verglasungen; Prüfung auf sprengwirkungshemmende Eigenschaft und Klasseneinteilung
DIN 53504	03/85	Prüfung von Kautschuk und Elastomeren; Bestimmung von Reißfestigkeit, Zugfestigkeit, Reißdehnung und Spannungswerten im Zugversuch
DIN 55350 T. 17	08/88	Begriffe der Qualitätssicherung und Statistik; Begriffe der Qualitätsprüfungsarten
DIN 68100	12/84	Toleranzsystem für Holzbe- und -verarbeitung; Begriffe, Toleranzreihen, Schwind- und Quellmaße
DIN 68100 Bbl. 1	06/78	Toleranzen für Längen- und Winkelmaße in der Holzbe- und -verarbeitung; Maßänderung durch Feuchtigkeitseinfluß längs zur Faser bei Vollholz, radial und tangential bei Fichte, Tanne, Lärche, Kiefer und Douglasie
DIN 68100 Bbl. 2	06/78	Toleranzen für Längen- und Winkelmaße in der Holzbe- und -verarbeitung; Maßänderung durch Feuchtigkeitseinfluß bei Afrormosia, Afzelia, Bongossi (Azobe), Buche, Eiche, Esche, Iroko, Khaya, Makore und Meranti-gelb, jeweils in radialer und tangentialer Richtung
DIN 68100 Bbl. 3	06/78	Toleranzen für Längen- und Winkelmaße in der Holzbe- und verarbeitung; Maßänderung durch Feuchtigkeitseinfluß bei Meranti-rot, Muhuhu, Niangon, Nußbaum, Pappel, Sapeli, Sipo, Teak, Ulme und Wenge, jeweils in radialer und tangentialer Richtung
DIN 68100 Bbl. 4	06/78	Toleranzen für Längen- und Winkelmaße in der Holzbe- und -verarbeitung; Maßänderung durch Feuchtigkeitseinfluß bei Spanplatte (V20, V100, V100G), Furnierplatte und Hartfaserplatte in Richtung der Dicke sowie der Länge und Breite
DIN 68140	10/71	Keilzinkenverbindung von Holz
DIN 68150 T. 1	07/89	Holzdübel; Maße, Technische Lieferbedingungen
DIN 68360 T. 1	05/81	Holz für Tischlerarbeiten; Gütebedingungen bei Außenanwendung
DIN 68360 T. 2	05/81	Holz für Tischlerarbeiten; Gütebedingungen bei Innenanwendung
DIN 68364	11/79	Kennwerte von Holzarten; Festigkeit, Elastizität, Resistenz
DIN 68705 T. 2	07/81	Sperrholz; Sperrholz für allgemeine Zwecke
DIN 68705 T. 3	12/81	Sperrholz; Bau-Furniersperrholz
DIN 68705 T. 4	12/81	Sperrholz; Bau-Stabsperrholz, Bau-Stäbchensperrholz
DIN 68705 T. 5	10/80	Sperrholz; Bau-Furniersperrholz aus Buche
DIN 68705 T. 5 Bbl. 1	10/80	Bau-Furniersperrholz aus Buche; Zusammenhänge zwischen Plattenaufbau, elastischen Eigenschaften und Festigkeit
DIN 68706 T. 1	01/80	Sperrtüren; Begriffe, Vorzugsmaße, Konstruktionsmerkmale für Innentüren
E DIN 68706 T. 1	11/87	Innentüren aus Holz und Holzwerkstoffen; Sperrtürblätter; Begriffe, Vorzugsmaße, Konstruktionsmerkmale

20 Normenverzeichnis

DIN 68750	04/58	Holzfaserplatten; Poröse und harte Holzfaserplatten, Gütebedingungen
DIN 68752	12/74	Bitumen-Holzfaserplatten; Gütebedingungen
DIN 68754 T. 1	02/76	Harte und mittelharte Holzfaserplatten für das Bauwesen; Holzwerkstoffklasse 20
DIN 68761 T. 1	11/86	Spanplatten; Flachpreßplatten für allgemeine Zwecke; FPY-Platte
DIN 68761 T. 4	02/82	Spanplatten; Flachpreßplatten für allgemeine Zwecke; FPO-Platte
DIN 68763	09/90	Spanplatten; Flachpreßplatten für das Bauwesen, Begriffe, Anforderungen, Prüfung, Überwachung
DIN 68764 T. 1	09/73	Spanplatten; Strangpreßplatten für das Bauwesen, Begriffe, Eigenschaften, Prüfung, Überwachung
DIN 68764 T. 2	09/74	Spanplatten; Strangpreßplatten für das Bauwesen, Beplankte Strangpreßplatten für die Tafelbauart
DIN 68800 T. 1	05/74	Holzschutz im Hochbau; Allgemeines
DIN 68800 T. 2	01/84	Holzschutz im Hochbau; Vorbeugende bauliche Maßnahmen
DIN 68800 T. 3	04/90	Holzschutz im Hochbau; Vorbeugender chemischer Holzschutz
DIN 68800 T. 5	05/78	Holzschutz im Hochbau; Vorbeugender chemischer Schutz von Holzwerkstoffen
DIN 68871	10/88	Möbel-Bezeichnungen

Richtlinien

VDI 3728	11/87	Schalldämmung beweglicher Raumabschlüsse; Türen, Tore und Mobilwände

Institutsrichtlinie zur Prüfung von Austauschteilen und Zusatzausstattungen für Türen, Fenster, Gitter, Rolläden und Dachflächenfenster [ive]

Technische Richtlinien des Glaserhandwerks

TR Glas 1	05/86	Glaserarbeiten; Dichtstoffe für Verglasungen und Anschlußprüfungen; Arten, Eigenschaften, Anwendung, Verarbeitung
TR Glas 2	03/87	Glaserarbeiten; Windlast und Glasdicke
TR Glas 3	06/89	Klotzung von Verglasungseinheiten
TR Glas 17	07/86	Verglasen mit Mehrscheiben-Isolierglas einschließlich Erläuterungen zu DIN 18545 Teil 1–3
TR Glas 20	09/87	Glaserarbeiten; Montage von Fenstern mit Anwendungs- und Einbaubeispielen

Richtlinien für die Erteilung des DIN-Prüf- und Überwachungszeichens

DIN-Taschenbücher

Nr. 33	Bauwesen	Baustoffe, Bindemittel, Zuschlagstoffe, Mauersteine, Bauplatten, Glas und Dämmstoffe, Normen
Nr. 34	Bauwesen	Holzbau, Normen
Nr. 35	Bauwesen	Schallschutz, Anforderungen, Nachweise, Berechnungsverfahren
Nr. 38	Bauwesen	Bauplanung, Normen
Nr. 39	Bauwesen	Ausbau, Normen
Nr. 110	Bauwesen	Wohnungsbau, Normen
Nr. 114	Bauwesen	Kosten von Hochbauten, Flächen, Rauminhalte, Normen, Gesetze, Verordnungen
Nr. 120	Bauwesen	Brandschutzmaßnahmen, Normen
Nr. 158	Bauwesen	Wärmeschutz, Planung, Berechnung, Prüfung, Normen, Gesetze, Verordnungen, Richtlinien
Nr. 199	Bauwesen	Bauen für Behinderte und alte Menschen. Normen, Rechtsvorschriften
Nr. 240	Bauwesen	Türen und Türzubehör. Normen
Nr. 253	Bauwesen	Einbruchschutz. Normen, Technische Regeln

Stichwortverzeichnis

Abachi 81
Abreißkante 59
Abdichtung im Fußbodenbereich 95
Abura 81
Abweichung 97
Abzeichnen 129
Abzeichnen durch Tauwasser 129
Afrormosia 72
Afzelia 72
Alerce 72
Anerkennung von Prüfstellen 148
Anforderung, – an Fugen 93
– ästhetisch 11
– funktional 14
– nach ISO/DIS 8276 13
– technisch 11
Angriffseite 115
Anpressen der Dichtlippen 103
Anpreßkraft 102
Anschlagdichtung 61, 86
Anschlaghöhe 58
Anschlagschiene 58
Anschlagschwelle 59
Anschlußort 96
Anschlußbereich
Haustür – Bodenplatte 95
– Tür – Decke (Sturz) 94
– Tür – Wand 94
Anstrich, deckend 49, 77, 78
– filmbildend 78
– nichtdeckend (AND) 79
– offenporig 78
Anstricharbeiten 75
Anstrichgruppe 77
Anstrichschaden 91
anstrichstörende Inhaltsstoffe 73
APTK 86, 87
Arbeitshöhe 89
Armierung 46, 51
– metallisch 129
– mit Metallprofil 52
Äste 73
ästhetische Anforderung 11
Aufenthaltsraum 99
Aufhängebeschlag 54
Aufkantung 59
Auflagebreite 61
Aufmaß 32
Aufschraubband 80
Aufspalten 112
Ausfachung 27, 34, 64, 116, 122, 139
Außenklima 68, 127, 129
Außenmaß 29
Ausschreibung 136, 137
Aussetzungsdauer 153
a-Wert 94
Azobe, Bongossi 72

Band 80, 112
Bandanzahl 81
Bandauswahl 80
Bandbolzensicherung 112
Bandkonstruktionsart 80

Bandmontage 81
Bandsicherung 112
Bandstift 112
Basistürblatt 47, 52
Bauabdichtfolie 97
Baubeschreibung 136
Bauhöhe 89
Baukörper 93
Baukörperanschluß 93
Bauleistungen, DIN 1960 136
Baurichtmaß 30, 31
Bauteil, einschichtig 122
– maßhaltig 68
– mehrschichtig 124, 126
Beanspruchungsgruppe 63, 153
Bedienbarkeit 91
Befestigungsmittel 117
Befestigungspunkt 117
Befestigungsschraube 113
Begriffsnormen 144
Behaglichkeit 127
Belastung 36, 37
Belüftungsöffnung 63
Beschlag 80, 106, 112
Beschlagsnut 91
Bettbeschlag 54
Bewegungsrichtung 85
Bewitterung 60, 64
Bezeichnungsnormen 144
Biegefestigkeit 72
Biegemoment 112
Biegesteifigkeit 101
Bleigleichwert 133
Blendrahmen 111
Blendrahmenaußenmaß 29
Blendrahmenverformung 89
Bodendichtung 86, 106
Bohrschutz 115
Bolzen 114
Brandschutztür 130
Breitenänderung 49
Brettertür 26
Bruchdehnung 88
Bruchfestigkeit 82

Cedro 72
Clips 54

Dachdichtung 88
Dämmschaum 106
Dampfdruckausgleich 63
Dampfsperre 51, 66
Dämpfung 60
Dämpfungs-Dichtungsebene 103
Dämpfungseigenschaft 82
Dämpfungsfunktion 103
Dämpfungsprofil 89
Dark Red Meranti 71, 81
Dauerdichtfunktion 87
Delignit Panzerholz® 110, 118
DGWK 118, 147
Dichtbalg 87
Dichtfunktion 87

Dichtheit 84, 152
Dichtlippe 87
– Anpressen 103
Dichtstoffase 63
Dichtstoffgruppe 63
Dichtstoffvorlage 61
Dichtung, Anforderungen 89
– Austauschbarkeit 91
– Mindestauflagenbreite 91
Dichtungsart 86
Dichtungsband, komprimierbar 96
Dichtungsebene 60, 103
Dichtungsecke 87
Dichtungsfluß 91
Dichtungsform 86, 88
Dichtungshaltenut 91
Dichtungslippe 91
Dichtungsmaterial 86
Dichtungsnut 91
Dichtungsprofil 86
– Breite 91
Dichtungsproblem 102
Dichtungsrahmen 90
– vulkanisiert 87
Dichtungsroller 91
Dichtungssystem 60
Dichtungsweg 89
Dichtungswerkstoff 87
Dickschichtlasur 79
Differenzklima 50, 151, 153
Dimensionierung 35, 53
DIN-Norm 141, 145, 147, 149
DIN-Prüf- und Überwachungszeichen 147
Distanzklotz 63
Doppelbolzen 114
Doppelfalz 58, 60
Doppelzapfen 69
Douglasie 72
Drehknebel 90
Drehknopf 83
Drehmoment 90
Drehrosette 115
Druckausgleichsöffnung 63
Druckdifferenz, Schlagregen-
dichtheitsprüfung 153
Druckfestigkeit 72
Druckformungsrecht 87
Druckknopf 54
Druckstufe 153
Dübel 69, 70
Dünnschichtlasur 79
Durchbiegung, gemessen nach
  DIN EN 24 50
durchbruchhemmend 67
durchschußhemmend 67
durchwurfhemmend 67
Durchgangsmaß 29

Ecke, frei 111
– vulkanisiert 87
Eckausbildung 91
Eckverbindung 69
Eiche 71, 72, 81

165

Stichwortverzeichnis

Eigenspannung 55
Eigenüberwachung 148
Eignungsprüfung 149
Einbauanleitung 117
Einbaufeuchte 49
Einbohrband 81
– mehrteilig 112
Einbruchhemmung 109, 114, 116, 151
Einbruchschutz 84, 107
Einfachbolzen 114
Einfachfalz 58
Einfachverriegelungsschloß 113
Einfederung 102
Eingangskontrolle 149
Einlage 46, 47
– hohlzellig 111
Einrohrband 112
Elastizität 87
Elastomere 87
E-Modul 36, 72
Endkontrolle 149
Entwässerungsöffnung 63
EPDM 86, 87
Erstprüfung 147
Eukalyptus 72

Falle 83
Fallensperre 113
Falzbreite 61
Falzdichtung 86
Falzgrund, dichtstofffrei 63
Falzraum, ausgefüllt 62, 63
– dichtstofffrei 62, 63
Farbgebung 78
Fasersättigung 70
Feder 70
Federweg 82
Fehleranalyse 149
Fertigungskontrolle 149
Feuchte 49
Feuchteabgabe 70
Feuchteübertritt 59
Feuchtezunahme 70
Feuchtigkeitsabdichtung 96
Feuchtigkeitsnest 69
Feuerschutz 130
Feuerwiderstandsdauer 130
Feuerwiderstandsklasse 130
Fichte 71, 72, 81
Fitschenband 81
Flachschließblech 112, 114
Fluchtlinie 81
Flügelast 73
Flur 127
Folie 97
Formstabilität 48
Framire 71, 81
Fremdüberwachung 149
Fries 48, 50, 70
Fuge 94
– Anforderung 93
Fugenausbildung 96
Fugenbreite 94, 96
Fugendichtmasse 96
Fugendurchlässigkeit 151, 152
Fugentiefe 96
Füllung 27, 64, 116, 122
– austauschbar 65
– nichttransparent 64
– transparent 66

Füllungsbreite 66
Füllungstür 46, 116
Füllungstürblatt 48
Funktionsbereich 14
Funktionsbeschlag 80
Funktionsprüfung 151
– Ablaufschema 155
– bei gebrauchsmäßiger Belastung 153
Funktionssicherheit 93
Fußbodenbereich, Abdichtung 95

Gebrauchsklima 153
Gebrauchstauglichkeitsnormen 144
Gebrauchstemperaturbereich 87
Gefälle 59
Gegenplatte 114
Gesamtträgheitsmoment 38
Geschwindigkeit 152
Gestaltungsmöglichkeit 16
Gitter 27
Gitterrost 59
Glaseinstand 61
Glasfalz 61, 63
Glasflächenanteil 121
Glashalteleiste 61
Glaswolle 106
Grenzhöhe 89
Grenzwert 48, 152, 153
Grenzwertkurve 152
Größtmaß 31
Grundraster 30

Härtegrade, Veränderung 88
Harzaustritt 72, 78
Hauptschloß 111, 114
Hebelwerkzeug 107
Hebelwirkung 82
Hemlock 72
Herstellernachweis 118
Hintergriff 112
Hinterhaken 112
Hinterlüftung 54
– druckfest 117
Hohldichtung 88
Hohlraumtür 111
Hohltürblatt 47
Holz, Eigenschaften 72
– Spaltbarkeit 81
Holzart 71, 72, 75, 82
Holzfeuchtegleichgewicht 49
Holzschutz 68
– chemisch 75
– durch Materialauswahl 70
– konstruktiv 69
Holzwerkstoff 73, 75
Horizontalbelastung, dynamische
– statische 154

Inhaltsstoff, anstrichstörend 73
Innenklima 129
Insektenausflugloch 73
Iroko 72
ISO 8276, Anforderung 153
ISO-Norm 143
Isolierglas 36

Kälteelastizität 88
Kammermaß 117
Kastenschloß 114
Kaufvertrag 145
Kellertür 114

Kennzeichnung 144
Kennzeichnungsschild 131
Kettendübel 73
Kiefer 71, 72, 81
Kleinstmaß 31
Klima 49, 127, 151
Klotzbrücke 63
Klotzungsrichtlinie 63
Knebellänge 90, 91
Knopf 83
Kompressionsdichtung 90
Kondensataustritt 127
Kondenswasserbildung 95
Konstruktion 34, 55, 105
Kontaktmaterial 86
Kontrollkriterium 91
Kopplung 35, 69, 70
Korrosionsbildung 59, 71
Kreuz 27
Kunstschaumstoffbänder 96
Kunststoffplatte, glasfaserverstärkt 51
k-Wert 122, 124, 127
– einzelner 125
– erforderlicher 129
– mittlerer 125, 127

Lamellendicke 51
Lamellierung 50
Längenausdehnung, ungehindert 55
Lappenband 81, 112
– mit Tragzapfen 112
Lärche 71, 72, 81
Lastaufteilung 36
Lasuranstrich 49, 78
Laubengangtür 127
Laubholz 75
– tropisch 78
Leistungsbeschreibung 137
Leistungsverzeichnis (LV) 136
Lichtausschnittsfläche 121
Lichtechtheit 87
Limba 81
Lippendichtung 88, 103
Lochleibungsdruck 112
Luftdurchgang 93
Luftfeuchte, relative 127
Luftschallisolations-Index 100
Luftschicht 122, 126
Luftspalt 117
Lufttemperatur 127
Luftzwischenraum 126

Mahagoni, Echtes 72
– Khaya 72
– Sipo 72
Makoré 81
Masse, flächenbezogen 100
Maße nach DIN 4172 30
Maßnehmen am Bau 32
Massivholz 70, 75
Massivholztürblatt 45
Materialkennwert 36
Maueranker 114
MDF 75
Mehrfachverriegelung 114
Mehrfachverriegelungsschloß 83, 113
Mehrpunktverriegelung 90
Meranti, Rotes dunkles 72
Merbau 72
Meterriß 31, 98

Stichwortverzeichnis

Mindestanforderung 11, 151, 153
Mindestquerschnitt 52
Mindestriegelausschluß 83
Mindestschichtdicke 79
Mineralwolle 106
Minizinken 69
Mitteldichtung 60, 86
Mittelpfosten 35
Montage 98, 116, 139
Montageschaum 97, 106
Montagezarge 97

Nachgeben des Türblattes 153
Nachschlüssel 116
Nadelholz 78
Nebeneingangstür 114
Nebenweg 102
Nebenwegübertragung 102
Nennmaß der Wandöffnung 30
Niangon 72
Norm 134, 137
Normbedeutung im Rechtsbereich 145
Normmaß 29
Normung 141
Nußbaum 81
Nutwange 91
Nutzung 135
Nutzungsdauer 153
n-Verfahren 35

Oberfläche des fertigen
  Fußbodens OFF 31
Oberflächenbehandlung 78, 139
Oberflächenschutz, Verträglichkeit 63
Oberflächentemperatur 78, 127

Öffnungsfläche 84
Öffnungsgeschwindigkeit 82
Öffnungsrichtung 84
Okumé 81

Papierwabe 111
Paßleiste 97
Passung 33
Pilze 75
Pitch Pine 72
Planung 134
Probenahme 147
Profilgestaltung 59, 69
Profilkante 69
Profilleiste 28
Profilquerschnitt 35, 45, 88
Profilraum 88
Prüfdauer 153
Prüfdruck 152
Prüfnachweis 117
Prüfprotokolle 148
Prüfschritt 151, 153
Prüfstelle 147, 148
Prüfung 137
PVC (Polyvinylchlorid) 86

Quadra-Port-Modul 118
Qualitätskennzeichen 144
Qualitätssicherung 146
Qualitätsüberwachung 149
Qualitätszeichen DIN-geprüft 150
Quellung 49, 70
Querriß 73
Querschnittsausbildung 48

Rahmen 48
– eingeputzt 96
– vulkanisiert 87
Rahmenbreite 52
Rahmendicke 52
Rahmentür 16
Ramin 81
Rauchschutz 130
Rauchschutztür 132
Raumklima 127
Redcedar, Western 72
Redwood, Kalif. 72
Regeln des Handwerks 137
Regelprüfung 149
Regenschutzschiene 58
Regensperre 59
Reklamation 75
Resistenzklasse 73, 75
Restverformung 89
Riegel 83
Richtungsbezeichnung
  (DIN links, rechts) 84
Riegeleingriff 114
Riegelschloß 114
Rißbildung 78
Rohdichte 72
Rotbuche 81
Rückstellfähigkeit 86
Rückstellkraft 87
Rückstellvermögen 87
Rüster 71, 81

Sättigung 127
Sapelli 71
Schale 47, 52
Schalenbauweise 102
Schalentür 24, 55, 101
Schalldämm-Maß 105
Schalldämm-Maß, bewertet 99, 101
Schalldämmverlauf 103
Schalldämmwert 101
Schallschutz 99
Schallschutzklasse 104
Schichtholz 112
Schlagregendichtheit 151, 153
Schlagregendichtheitsprüfung,
  Druckdifferenz 153
Schlauchdichtung 88, 103
Schließblech 83, 84
Schließblechbereich 83
Schließblechverschraubung 111
Schließdruck 88
Schließfläche 84, 103
Schließfuge 93
Schließkante 60
Schließkraft 60, 86, 89, 151, 155
Schließkräfteanteil 90
Schließmoment 89
Schließsystem 83
Schließzylinder 83
Schließzylinder, Eingerichtete 115
Schlitzdämmung 102
Schloß 83
Schloßkasten 84
Schloßstulp, Befestigung 84
Schloßtasche 84
Schlüsselkanal 115
Schutz 135
Schutzbeschlag 115
Schwachstelle 110

Schwelle 58
Schwenkriegel 114
Schwerpunktachse 38
Schwindung 49, 70
Shore 86
Sicherheit 135
Sicherheit, optisch 115
Sicherheitsbeschlag 115
Sicherheitsglas 67
Sicherheitsrosette 115
Sicherheitstürschild 115
Sicherheitswert 115
Sicherungsschein 116
Silikon 86, 87
Sipo 71, 81
Sollage 31
Sollmaß 30
Sonderanforderung 12, 139
Sonderprüfung 149
Sonderzubehör 80
Spaltbarkeit, Holz 81
Spanplatte V 100 75
Spanplatte V 100 G 75
Sperrholz 75
Sperriegel 114
Sperrschicht 59
Sperrtür 101
Spielraum, freier 61
Spion, optisch 131
Spreizstift 114
Sprosse 27
Sprossenverglasung 63
Stabilisator 46
Stahlarmierung 129
Stahlblech-Grundkonstruktion 118
Stammzapfen 70
Staudruck 36, 152
Stehvermögen 48, 70, 81
Steiner Satz 38
Steinwolle 106
Stoß 151
Stoßfuge 31
Stoßkörper 155
Strahlenschutztür 133
Strangpreßplatte 73
Streifeneinlage 111
Stützweite 36
Sub-Komitee 143
Swietenia 71
Systembeschreibung 135, 137
Systemprüfung 151
Systemschwerelinie 38
Synthesekautschuk 87

Tanne 81
Tätertyp 110
Taupunkt 129
Taupunkttemperatur 127
Tauwasserbildung 93, 127
Tauwassergefahr 129
Teak 71, 72, 81
Toleranz 32
Tourenstift 115
Trägheitsmoment 36, 45
Tragklotz 63
transparente Füllung 66
Trapezlast 36
Trennungsebene 49
Trittschwelle 59
Tropfbrücke 61

Stichwortverzeichnis

tropisches Laubholz 78
TROXI®-Verbinder 54, 55
Türblatt 34, 45, 111
Türblatt, einschalig
– zweischalig 101
Türblatt, Nachgeben 153
Türblattdicke 50
Türblattgewicht 81
Türblattkonstruktion, einschalig
– zweischalig 101
Türblattverformung 89
Türfeststeller 80
Türfutter 111
Türschließer 83
Türspion 80, 84
Türstock 111
Türstopper 80
Türumrahmung 34, 111
Türzarge 111
Typprüfung 147

Übereinstimmung eines Produkts 147
Ulme 71
Undichtigkeit 86
Undichtigkeit, punktförmig
– schlitzförmig 102
UV-Licht 78

VDI-Richtlinie 99
Verarbeitung, formgebende 70
Verarbeitungskriterium 91
Verbandszeichen DIN 147
Verbindungsbeschlag 54
Verdrehung, dynamisch 151, 154
– statisch 151, 154
Verdunstung 127
Vereisung 95
Verformung, zulässig 52
Verglasung, durchbruchhemmend
– durchschußhemmend
– durchwurfhemmend 67
Verglasungsarbeit 66
Verglasungseinheit 61

Verglasungssystem 62, 63
Vergrauung 79
Verformung 36, 52
Verformung aufgrund hygrothermischer
  Belastung 49
Verformung, zulässige 52
Verformungsbehinderung 83
Verformungskonstanz 153
Verformungskurve 48
Verformungswert 11, 48
Verklotzung 63
Verleimungsart AW 100 75
Verriegelungsmoment 89
Verschiebung 151, 156
verschweißbar 87
Verstärkungsprofil 44
Vertikalbelastung, statisch 153
Verträglichkeit mit Oberflächenschutz 63
Vertragsbedingung 137
Verziehen 88
Vollflächentür 25
Vollholz, Merkmale 74
Vollholztürblatt 45
Vollraumtürblatt 45, 46
Volumenabnahme 70
Volumenzunahme 70
Vorsatzschale 47, 52, 129
vulkanisiert, Dichtungsrahmen
– Ecke 87
– Rahmen 87

Wabeneinlage 111
Wandöffnung 31
Wangen 69
Wangendicke 69
Wärmebrücke 94
Wärmedurchlaßwiderstand 122, 124
Wärmeleitfähigkeit 122
Wärmeleitfähigkeitsbereich 124
Wärmeleitzahl 122, 126
Wärmeschutz 121
Wärmeschutzverordnung 94, 121
Wärmeübergangswiderstand 124

Wärmeverlust 94
Wartung 140
Wasserabreißkante 59, 61
Wasserabreißnut 59, 91
Wassermenge 153
Wassernase 59
Wassersammler 59
Wechsel 83
Weichmacherwanderung 86
Weißeiche 71
Weiterreißfestigkeit 88
Wenge 71
Werkstoff 49
Wetterschenkel 28
Wetterschutz 14
Widerstandsklasse 109
Windbelastung 152
Windfang 99
Windgeschwindigkeit 36
Windlast 35, 37
Windsperre 59
Windstärke 152
Winkelschließblech 114
Winkelstulpschloß 115
Witterungsbeständigkeit 87

Zapfendicke 69
Zerreißfestigkeit 88
Zertifikationsaktivität des DIN 147
Zertifikationsprogramme 147
Zertifizierungskomitee 149
Z-Schließblech 112, 114
Zugfestigkeit 82
Zuhaltungsschloß 113
Zulassungsbescheid 130
Zulassungsprüfung 147
Zusatzbeschlag 84
Zwängkraft 81
Zwängspannung 81, 84
Zwischenanstrich 79
Zylinderschloß 83